中南民族大学行政管理国家级一流专业建设点示范教材

中南民族大学教材建设项目资助出版

中国古代行政管理思想概论

主　编／方　堃
副主编／张振昌 明珠 普戥倪

华中科技大学出版社
http://press.hust.edu.cn
中国·武汉

图书在版编目(CIP)数据

中国古代行政管理思想概论 / 方堃主编. -- 武汉：华中科技大学出版社，2025. 2. -- ISBN 978-7
-5772-1647-8

Ⅰ. D691.2

中国国家版本馆 CIP 数据核字第 2025G8J820 号

中国古代行政管理思想概论 方 堃 主编

Zhongguo Gudai Xingzheng Guanli Sixiang Gailun

策划编辑：庹北麟 傅 文
责任编辑：庹北麟
封面设计：原色设计
责任校对：张汇娟
责任监印：曾 婷
出版发行：华中科技大学出版社（中国·武汉）　　电话：(027) 81321913
　　　　　武汉市东湖新技术开发区华工科技园　　邮编：430223
录　排：华中科技大学出版社美编室
印　刷：武汉市洪林印务有限公司
开　本：787mm×1092mm　1/16
印　张：17.5
字　数：404 千字
版　次：2025 年 2 月第 1 版第 1 次印刷
定　价：59.80 元

内容简介

中国古代先贤究天人之际、通古今之变、察万物之源得出的许多治国之道、为人之学、修身之法具有超越时空的价值。本书坚持古为今用、推陈出新，运用"史、论、辩一体化"研究范式，以公共行政运行的结构为框架，以思想为经、人物为纬，系统概述了中国古代思想家、政论家、政治家关于行政权力、行政体制、行政组织、行政领导、人事行政、财务行政、行政监督、行政道德、行政法治、应急行政、行政改革等方面的思想，并从辩证唯物主义的立场、观点和方法出发，对中国古代行政管理思想的理论特质、精髓要义、学理价值及当代借鉴进行探赜，以期植根于中华优秀传统文化深厚沃土，挖掘和传续其中的治国理政智慧，为构建中国特色公共管理学科话语体系、推进国家治理现代化提供历史镜鉴。

本书适合公共管理类专业师生作为教材使用，也可供公共管理部门从业人员阅读和参考。

作者简介

方堃，湖北武汉人，管理学博士，政治学博士后，副教授。中南民族大学行政管理系主任，国家民委中华民族共同体研究基地特聘研究员，湖北民族地区经济社会发展研究中心副主任，入选"国家民委中青年英才""湖北省优秀青年社科人才"培养计划，担任《中国大百科全书》（第三版）"公共管理"学科部分条目撰稿人，主持完成国家和省部级科研课题10余项，出版著作和教材6部，发表各类学术论文50多篇。研究论著获全国民族研究优秀成果奖三等奖、湖北省社会科学优秀成果奖三等奖、民政部全国民政政策理论研究成果奖一等奖。

序 言

在新时代背景下，构建具有中国特色的公共管理学科知识体系，不仅是学术界的迫切任务，也是国家治理体系和治理能力现代化的重要支撑。中南民族大学公共管理学院方堃老师组织编写的《中国古代行政管理思想概论》一书，正是对这一目标的回应。作者深入挖掘中国古代行政管理思想精髓，系统提炼古人在治国理政方面的经验与智慧，探寻其与现代国家治理的契合点及转化路径，这无疑是对中华优秀传统文化创造性转化和创新性发展的一种有益尝试。

中国文化源远流长，中华文明博大精深，其中蕴含的治国理政智慧，尤其是行政管理思想，内容丰富、历久弥新。譬如，儒家学说深植"仁政"理念，主张以德治国，强调道德教化在治理国家中的重要作用。孔子提出的"为政以德"，孟子倡导的"民为贵，社稷次之，君为轻"，这些观点都深刻地揭示了以德服人、以仁爱之心治理国家的真谛。法家主张"依法治国"，认为法律是维护社会秩序、保障国家稳定的重要工具。商鞅变法中的一系列改革举措，韩非子在法治思想方面的深刻论述，都强调法律的公正性和权威性，以及法律在国家治理中的不可或缺。道家倡导"无为而治"，认为政府应顺应自然规律，减少不必要的干预，让事物按照其内在的逻辑自然发展。老子在《道德经》中提出的"治大国，若烹小鲜"，形象地指出了治理国家应像烹饪小鱼一样，需掌握适当的火候，避免过度干预而破坏其原有的美好。中华优秀传统文化中有很多宝贵的治国理政智慧，虽然这些治国理政智慧产生于古代，但是不论时代如何变迁、社会如何变化，人们总能从中找到一些基本的共同规律，为中国式现代化服务，为实现中华民族伟大复兴提供精神源泉。将这些传统文化中的行政管理思想与现代公共管理理论有机结合，有助于形成符合中国国情、具有深厚文化底蕴的公共管理学科知识体系，为中国特色治理创新与发展提供独特的视角和方法。

公共管理学本质上是一个"舶来品"，是由西方产生的学说，带有明显的西方价值观烙印。自引进公共管理学以来的 40 余年里，"以西方为中心"的学术体系、话语体系在相当长的时期内构成中国公共管理学的主流共识，也就导致本土化公共管理理论建构缺失、学科自主性发展受限。这迫切需要植根我国悠久的历史沃土，超越西方的概念、理论、模型，形成既有中国特色又能与世界对话的知识体系和话语体系，彰显中国公共管理学的原创性，提升其学术解释力、问题解决力和在全球文明互鉴中的影响力。正如习近平总书记所强调的："要以中国为观照、以时代为观照，立足中国实际，解决中国问题，不断推动中华优秀传统文化创造性转化、创新性发展，不断推进知识创新、理论创新、方法创新，使中国特色哲学社会科学真正屹立于世界学术之林。"每个公共管理学人都有责任聚焦治理现代化进程中的重大理论和实践问题，积极开展本土化探索，以真正契合中国国情、解释中国道路、解决中国问题、推动中国之治。在这个意义上，《中国古代行政管理思想概论》的问世，可谓正当其时、十分必要。

一本好的教材，不仅能帮助学生系统掌握专业知识，还可以激发他们的学习兴趣，培养其批判性思维和创新意识。值得一提的是，该书作为一部教材，具有三个方面的特点。其一，内容系统全面。作者并非简单机械堆砌或罗列古人的观点，而是从行政学的逻辑脉络出发，为读者呈现了一幅相对清晰又完整的中国古代行政管理思想画卷。其二，现实观照性较强。作者试图从古代行政管理思想中汲取养分来呼应当代公共管理领域的改革热点，如审视古代"法治"思想，思考现代法治政府建设，或借鉴古代"仁政"理念，推动以人为本的基本公共服务均等化。如此等等，实现了历史与现实的巧妙衔接。其三，启发性和创新性并存。作者不拘泥于传统观点，而是坚持批判性继承与创新性发展辩证统一，勇于提出新的见解，鼓励读者从多层次多维度作出观察和解读。例如，在阐述古代人事行政思想时，不仅提炼出识人、选人、任人、御人等思想，还延伸探讨了这些思想在当代公共人力资源管理中的潜在价值与改进空间。

总的来说，《中国古代行政管理思想概论》一书的出版，不仅为公共管理学科建设贡献了一部优秀教材，而且为构建中国特色公共管理学科知识体系提供了助力。我衷心祝愿该书能够尽早与读者见面，希望广大学者、教师及实际工作者通过此书，深入了解中国古代治国理政智慧，将其转化为推动国家治理现代化的动力。

丁　煌

2024 年 12 月 26 日于武汉大学

目录

绪 论

在漫长的历史进程中，中华民族创造了独树一帜的灿烂文化。中华文化体现了中国人几千年来积累的知识智慧和理性思辨，积累了丰富的治国理政经验，蕴藏着解决当代人类难题的重要启示。习近平总书记强调："要治理好今天的中国，需要对我国历史和传统文化有深入了解，也需要对我国古代治国理政的探索和智慧进行积极总结。"这一重要论述为我们在新时代推进国家治理体系和治理能力现代化指明了前进方向、提供了重要遵循。《中国古代行政管理思想概论》旨在深入探讨中华民族悠久历史中的行政管理智慧及其在现代社会的应用价值，带领读者穿越时空，领略历代先贤们的治理思想，挖掘其思想意蕴，为现代公共管理的创新发展提供宝贵借鉴。

一、为什么要学习和研究中国古代行政管理思想

学习和研究中国古代行政管理思想是一个涉及多个层面的话题，这里将从四个方面来阐明其重要性。

第一，中国古代行政管理思想作为中华文明的重要组成部分，承载着丰富的历史文化信息。从先秦百家争鸣到汉唐盛世的治国方略，再到宋明理学的发展，无不体现了中华民族在长期历史发展过程中形成的独特治理理念。这些思想不仅是过去社会运作的基础，也是连接当代与历史的文化桥梁，如《周礼》中的"六官"制度，《尚书》里的"九德"论、"三公九卿"之设等，都是当时为了维护社会稳定而设立的机构、职位或准则。它们体现出来的组织架构、职能划分、权力制约等原则，在今天看来依然具有参考价值。

第二，中国古代行政管理思想并非空洞的理论阐述，而是历经无数次社会实践检验的结果。无论是法家主张的严格法制还是儒家推崇的人治之道，都是在具体的历史情境中得到应用并不断完善的。再者，古代的官员选拔制度，如科举考试制度，本身就是一种基于公平竞争原则的人才选拔方式，不仅促进了当时社会阶层的流动，也为国家选拔了大量有能力有德行的官员。这种理论与实践相统一的特点，使得古代行政管理思想具有较高的实用性和可操作性。

第三，推进国家治理体系和治理能力现代化，可以从古代行政管理思想中寻找灵感。比如，古代强调以德治国、重视伦理道德教育的做法，在今天仍具有现实意义。另外，古代对于官员廉洁自律的要求以及相应的监督机制，也为现代反腐败斗争提供了有益经

验。古代行政管理思想中蕴含着丰富的民本思想，如孟子所言"民为贵，社稷次之，君为轻"。这种以民为本的思想，在当前倡导建设服务型政府、改善民生的大背景下，为我们提供了一个思考如何更好地服务人民群众的角度。

第四，学习和研究中国古代行政管理思想，有助于增强中国文化软实力，在向世界展示中国悠久历史和灿烂文化的同时，促进中外文明交流互鉴。通过对比分析东西方不同的行政管理思想，我们可以看到不同文明观照下人们对于理想政府治理模式的理解差异。这种对比研究有助于深化对中国古代行政管理思想的认识，为我们提供更多元化的善治思路。

总之，学习和研究中国古代行政管理思想不仅是一种对传统行政文化遗产的保护与传承，更是连接古今、沟通中外的有效途径。它对于提升个人政治素养、增强民族文化自信有着重要作用，也为现代公共管理实践发展提供了理论资源。在这个意义上可以说，这是一门兼具理论深度与实践广度的学问。

二、如何学习和研究中国古代行政管理思想

从我国的学科发展来看，行政管理学自 20 世纪 80 年代中期才渐次从政治学中独立出来，学科范畴、理论方法大多引进自欧美等西方国家。从威尔逊在《行政学研究》中强调政治是在重大而且带普遍性事项方面的国家活动，而行政管理则是国家在个别和细微事项方面的活动，到古德诺以《政治与行政：对政府的研究》全面论述"政治—行政"二分理论，政治与行政的分合关系贯穿于整个西方行政学发展史。但不同于西方社会传统，我国古代社会的政治与行政根植于独特的"中央集权君主政治"的历史文化土壤，二者相衔、相承，政治为"体"、行政为"用"，并无现代意义上的"二分"一说。事实上，现代政治一词中的"治"本身就有治理之义，政治具备行政的内涵。中国古代的"政"，包含哲学、政治、行政、教化、民生等多种含义，中国古代行政管理思想融汇于政治思想，其内核是"安邦治国之道"，表现为古代统治者、贤臣名相的治人、治事、治国理念与相应施政经验。因此，要协调政治与行政的"体""用"关系，既不能单纯援引政治思想内容，避免因强烈的政治倾向性而无法全面阐释产生于具体行政管理实践的认知体系，也不能径直从某个行政管理实践去讨论行政管理思想的内容，避免忽略政治情景而缺乏历史意义。

中国古代行政管理思想不仅对我国从古至今的行政管理实践产生了重要影响，其蕴含的理论、原则和方法，更是深刻影响着中国特色公共管理学科体系的构建与发展。我们认为，将中国古代行政管理思想纳入公共管理学科知识体系，具有如下显著的经验优势和理论贡献：一是充分汲取中国古代行政管理思想精髓，结合时代背景将中国话语和叙事体系融入现代公共管理价值系统，能够切实增强对于当代中国公共管理热点议题与复杂难题的解释功能；二是通过对中国古代行政管理组织运行、人才选拔、监督制约、财政管理等内容的深度挖掘和解读，既为中国公共管理的研究提供鲜活素材，也为理解中国公共管理本质、推动更有效的治理模式创新提供源头活水；三是立足中国历史政治

传统分析中国古代行政管理思想的理论特点、学理逻辑、价值与意义，有助于去除当前公共管理研究的西方中心主义色彩，总结中国式治理经验，一方面用西方学者能听懂的语言讲好中国故事，另一方面在中国经验的基础上融合重构现有理论，提出新的概念和命题，建构解释力更强、解释面更广、包容性更大的知识体系。

扬弃这一概念源自辩证法思维，指的是对传统的东西进行批判性继承和发展。在学习中国古代行政管理思想时，首先应当明确哪些是值得保留和发扬的精华，哪些是应该摒弃的历史局限性或不合时宜的部分。例如，古人关于国家机构设置的思想可以作为构建现代政府组织架构的参考，而其中一些与现代社会价值观相悖的内容则需要被舍弃。所谓比较研究，是指将中国古代行政管理思想与其他文化背景下的行政管理理论进行对比分析，从而更加清晰地认识到自身的特点与不足，而这种从传统智慧中衍生的启示性意义往往超脱文本呈现。通过与西方的比较可以发现，中国古代思想中更强调"德治""人治"而非严格意义上的"法治"，同时在中央集权与地方自治的关系处理上颇有独特见解。这种比较研究有助于厘清不同文化下行政管理理念的发展脉络，并为当今社会提供多元化的思考路径。系统分析则要求我们将中国古代行政管理思想视为一个整体来考量，注重其内部各部分之间的相互联系及其与外部环境之间的互动关系。在研究过程中，不仅要关注具体的管理制度和技术手段，还要考虑这些制度所反映的政治哲学和社会伦理观念。例如，管仲的财政思想不仅涉及具体的经济政策，还包含对社会秩序和谐的看法。综上，通过扬弃的方法论来甄别精华与糟粕；利用比较研究来拓宽视野，理解自身特色；借助系统分析来把握整体结构，三者结合可以使我们对中国古代行政管理思想的整体架构及其运作规律有更加深刻和准确的认识。

三、本书对中国古代行政管理智慧的解读

改革开放以来，我国行政管理学科先后经历了恢复与重建、快速发展和转型发展时期，走过了极不平凡的 40 多年。进入新时代，中国行政管理学学科体系日趋完善，研究层次不断提升，研究成果日益丰硕，为促进政府治理科学化、制度化、规范化，推动政府治理体系改革和完善提供了重要理论支撑和智力支持。当前，随着国家治理体系和治理能力现代化的推进，中国行政管理学立足中国实际，主动回应时代需求，强化问题导向，学科发展和学术研究不断取得新进展、迈上新台阶。当然，我们也应看到，在国内高校行政管理专业教学中，相较于西方行政学说史（西方公共行政思想史）等必修课，中国古代行政管理思想相关课程及教材建设仍然十分滞后，除朱仁显《中国传统行政思想》、葛荃《中国古代行政管理思想史》两部著作外，相关论著寥寥无几，这也是我们呼吁重视本土化教学研究，编撰本书的初衷。

行政管理学又称行政学，也称公共行政学或公共管理学。它是一门研究政府对社会进行有效管理规律的科学，是国家公务员和其他公共部门工作人员必备的知识。从公共行政运行的结构看，其包括以下内容：① 行政权力，探讨行政机构如何合法地行使权力，确保权力的正当性和透明度；② 行政体制，研究政府架构及其运作方式，包括层级

设置、职能划分和机构间的协调机制；③ 行政组织，关注组织结构设计、功能定位及流程优化，以提高行政效率和服务质量；④ 行政领导，分析领导者的行为模式、领导风格及其对组织绩效的影响，强调领导力的重要性；⑤ 人事行政，涵盖人员招聘、培训、激励、考核等公共人力资源管理活动，实现人才的合理配置和利用；⑥ 财务行政，涉及财政预算、资金管理、审计监督等方面，促进公共资源使用的经济性、效率性和效果性；⑦ 行政监督，通过建立有效的监督体系防止腐败行为，保证政策执行的公正性和合法性；⑧ 行政道德，强调公务员的职业操守和社会责任感，维护公众信任和支持；⑨ 行政法治，提倡依法行政，保障公民权利不受侵犯，维护法律尊严及社会秩序稳定；⑩ 应急行政，研究突发事件应对机制，包括预警系统、应急预案、救援行动等方面，提高应对危机的能力；⑪ 行政改革，探索持续改进政府职能和服务的方式方法，推动政府向服务型政府转变，增强政府治理效能。

尽管由于时代久远、制度差异，古今概念变化巨大，难以一一对应，但我们可以透过历史文献和考古资料发现，中国古代社会中同样存在着有关公共事务管理和组织协调的做法及经验。历史上的统治者和官员不仅负责制定国家的大政方针，同时也承担着诸如赋税征收、人才选拔、德治教化、治安维护以及央地关系处理、兵役户籍管理等具体的治国理政工作。这些活动虽然形式上与现代行政管理有明显不同，但在本质上都是为了维持社会秩序和促进经济发展。随着时间的推移，国家形态的演变及社会复杂性增加，行政管理逐渐从综合的政治活动中分化出来，成为一门专门的学问和技术。鉴于此，本书将分为 11 章，系统概述中国古代思想家、政论家、政治家在行政权力、体制、组织、领导、人事、财务、监督、道德、法治、应急和改革等方面的观点。从辩证唯物主义的角度，探讨这些思想的理论特质、精髓要义及学理价值，并从中挖掘可资借鉴的治国理政智慧，旨在中华优秀传统文化的基础上，提炼出有助于构建中国特色公共管理学科话语体系、推进国家治理现代化的历史经验与智慧。

本书的特点与价值表现在以下三个方面。

其一，以思想为经、人物为纬，全方位立体化呈现中国古代行政管理发展的"隐在结构"。通过将行政管理思想之核心内容作为主线（经线），代表性人物及其活动作为交叉点（纬线）来探查中国古代治国理政的全貌，这种方法不仅强调了思想变迁对于历史进程的重要性，同时突出了个人在历史中的作用。我们跳出传统史学的局限，在体例方面一改前人按朝代顺序论述的习惯，以公共行政运行的结构为框架，对中国古代传统行政管理实践及思想进行多维诠释，试图编写一部有鲜明中国特色且符合现代公共管理学科规范的教材。

其二，从理论与实践结合的角度，对中国古代行政管理思想的历史价值、现实镜鉴和发展趋势作出学术论断。本书尝试运用"史、论、辩一体化"研究范式，提炼古代行政管理思想的历史价值，客观分析优劣利弊之处，探寻流变发展规律，最终深化行政体制机制改革以及推进国家治理体系和治理能力现代化，促进传统行政管理思想古为今用。这不仅能让读者了解古代思想的精华，还能启发人们思考如何将这些古老的智慧应用于现代社会，以应对当今面临的各种挑战。

其三，内容上既体现广阔的理论视野与深厚的历史底蕴，又反映行政管理实践和改革的最新动态，凸显规范性与可读性。本书基于思想性、学理性、现实性原则，充分融入公共管理学科中相对成熟、稳定的教学经验及学术成果，构建了系统完整的中国古代行政管理思想体系，而且每章最后还附有本章小结、关键术语、思考题和一些趣味性阅读资源，避免了教学枯燥化，引导学生在探索中建构知识，在求解中创新思维，培养其把握传统行政管理思想内涵要义、解决现实治理问题的能力。

第1章

中国古代行政权力思想

在几千年的历史长河中，我国先民围绕权力来源、特点、主旨及方式等形成了一系列复杂而深邃的思辨，它们构成了中国古代行政权力思想演进的理论基石。在奴隶制国家、封建制国家，国家权力一般不作划分，一切最高权力都集中在国王、皇帝手中。本章从君民、君臣关系的角度，阐述殷商帝王的神祖崇拜与个人专权思想、老子的无为而治和与民休息思想、董仲舒的天人合一理论与君权神授说、黄宗羲的君臣"共治天下"权力论，意在以古鉴今，推动行政权力规范运行，发挥好政府在国家治理体系中的主体作用，提升国家治理现代化水平。

1.1　殷商帝王的神祖崇拜与个人专权思想

商朝（约公元前 1600—前 1046 年），也称殷商，是中国历史上的第二个朝代，也是中国第一个有同期文字记载的王朝。商朝经历了三个大的阶段。第一阶段是"先商"，第二阶段是"早商"，第三阶段是"晚商"，前后相传 17 世 31 王，延续 500 余年。在殷商时期，帝王的神祖崇拜与个人专权思想联系紧密，二者在统治实践中相互映衬、相互支持，前者为后者提供合法性基础，后者又进一步强化前者，这种依赖关系在奴隶制国家政治权力的集中化以及行政管理的稳定和持久中起到了重要作用。殷商帝王的神祖崇拜与个人专权思想使其维系的民族认同感进一步加强，形成了严密的宗法社会网络，成为支配中国几千年封建王权思想的文化心理和社会历史根源。

1.1.1　殷商帝王的神祖崇拜思想

根据殷商的神话传说和信仰体系，帝王被视为神祖后裔，具有特殊血统。帝王通过祭祀仪式与神祖通灵，并实施国家治理。这种神圣的血统成为权力的合法来源，使帝王在人民中产生至高威信，可谓神授的统治者。

（1）神明崇拜

中国上古时代的人们由于生产力水平低下，无法解释许多自然现象，从而相信万物有灵，奉之为神而崇拜它们（例如自然崇拜、图腾崇拜），这就是最早的神明崇拜。在众多崇拜对象中，人们将一些灾难性的自然现象，诸如风、雨、雷、电等归结于上天对人的惩罚，所以对天尤其敬畏。在远古暨三代以前，古人信奉的是原始宗教。到商代时，原始宗教已经变成人为的宗教，当时的鬼神崇拜观念已形成了一套完整的理论体系，造神和敬神活动也进入新的时期。

在殷人的宗教信仰中，上帝是十分流行的观念。他们崇拜上帝、敬畏上帝，赋予上帝极大的权能。在甲骨卜辞中有很多关于帝与风云雷电、农业收成、城邑建筑、方国征伐，以及帝能降人间以福祸，保佑或作祟于商王，可以发号施令等内容的记载。如历史学家胡厚宣先生指出："在殷人心目中，这个至神上帝，主宰着大自然的风云雷雨，水涝干旱，决定着禾苗的生长，农产的收成。他处在天上，能降入城邑，作为灾害，因而辟建城邑，必先祈求上帝的许可。邻族来侵，殷人以为是帝令所为。出师征伐，必先卜帝是否授佑。帝虽在天上，但能降人间以福祥灾疾，能直接护佑或作孽于殷王。帝甚至可以降下命令，指挥人间的一切。殷王举凡祀典政令，必须揣测着帝的意志而为之。""由于帝的权能极大，所以帝又称帝宗，帝宗即经籍上所说的天宗。帝的下面有帝使帝臣。日月星辰风云雷雨等都供帝驱使，所以称为帝使。其所从来的五方，各有专神主之，则称为帝五臣或帝五工臣。""殷人以为帝有全能，尊严至上，同他接近，只有人王才有可能。商代主要的先王，像高祖太乙、太宗太甲、中宗祖乙等死后都能升天，可以配帝。因而上帝称帝，人王死后也可以称帝。从武丁到帝乙，殷王对于其死了的生父都以帝称。"[①]

可见，在殷人的观念中，帝的权威是多么大，因此殷人渐渐将"帝"尊为至上神。后来，人们又将天与帝结合起来称为"天帝"，尊其为众神之王，列居诸神之上，不仅掌管一切自然现象，而且掌管人间一切事务。从此，自发的、盲目的神明崇拜被天命崇拜所代替，开始了天命崇拜的系统化、制度化、政治化过程。一方面，在理论上，殷商时期的至上神"帝"，是殷人以自己的抽象思维能力，借助人间王权的摹本，为满足方国联盟的政治需要建构出来的。虽然它被层层神秘的面纱包裹，充满恶魔般的力量，但其所固有的概括性，使人们在风、雨、雷、电、山、河、大地乃至社会生活等具体的自然现象与社会现象之中发现了统一，中国古代政治哲学的基本问题——天人关系，或许就滥觞于此。另一方面，在实践中，殷商帝王被视为天命的代表，享有高度的威信和威望，被认为是神祇的传承者，拥有象征神圣力量的玛瑙玉圭，通过祭祀沟通神祇来维护统治地位。商王宣称是上帝的化身，代表上帝统治人间，使至上神完全变成最高统治者的形象，这样就给国家管理罩上了神圣的灵光。

---

① 胡厚宣：《殷卜辞中的上帝和王帝（下）》，《历史研究》1959 年第 10 期，第 89—110、118 页。

（2）祖先崇拜

除敬天之外，古代人们也把祖先作为崇拜的对象。商朝是中国历史上比较发达的奴隶制社会，祭祀是奴隶主阶级的一项重要的社会政治活动，如《左传》所说："国之大事，在祀与戎。"① 其中的"祀"，就是祭祀。当时，关于祖先灵魂的观念与王室政权正统性的观念是贯通的。从甲骨卜辞中可知，商王是祭祀活动的主持者，自称为神的后裔，把神权掌握在自己手里，并通过神权与王权结合的形式来管理国家。

对祖先的崇拜最初源于原始社会的灵魂崇拜和图腾崇拜，那时的人们感到氏族或部落的一切都来自先祖的传授和遗赠，因而对祖先格外敬奉。到殷商时代，人们会在特定的时间和场所向神祖祭祀，供奉美食、酒和其他祭品，旨在取得神祖的庇佑和祝福，为国家和人民带来繁荣和平安。帝王不仅亲自主持宗教仪式，向神祖表达尊敬和谢意，还与巫师或祭司密切合作。巫师被视为通灵的人，在祭祀仪式上扮演着重要的角色，他们能够与神祖交流，解读神祖的旨意，为帝王提供咨询与指导。由殷墟卜辞发现，殷人的宗教发展阶段已由自然宗教（亦称自发宗教）发展到人为宗教的民族宗教阶段，此时王室故去的祖先被奉为殷商民族和国家的神。此外，殷人还寻求一种在能力上超出祖先神与自然神的统一世界的力量，在此过程中所创造的神即"上帝"。总之，人间的"王"与思想中的"帝"同时存在，他们把现实世界的统治者称为王，把理想世界的主宰称为帝。王室对祖先的崇拜甚于对天神的崇拜，并使祖先崇拜与天神崇拜渐趋融合，形成天人合一的"一元神"崇拜。

从甲骨文资料中可看到，祭祀祖先与神明似乎只是王室贵族的活动。造就这一现象的原因有二：其一，当时人们认为祖先的神灵能降灾祸和授福佑于商王；其二，每次祭祀都会花费大量的人力、物力和财力，普通人无法承担。所以，祖先神的祭祀卜辞也就是王室的占卜记录，对祖先神的崇拜也就是商王对先王的崇拜。在商代，天、地、神的观念已经系统化，天被看成是自然万物和社会的最高主宰，只有通过祭天才能上达天意，而祭天成了殷商王室的特权。

1.1.2 殷商帝王的个人专权思想

根据《尚书·商书》的记载，殷商的帝王视自己为天命之子，具有神圣的血统和合法的统治权力，因此对国家事务和人民生活有着绝对的控制力。殷商帝王的个人专权思想集中体现在以下几个方面。

（1）独揽朝政

殷商帝王拥有绝对的权力，是军事、行政和司法的最高决策者，他们通过任命和罢

---

① 《左传·成公十三年》。

免官员、制定法律和政策行使权力，并采取措施确保权力的顺利继承。与刚刚迈入文明时代门槛的夏朝相比，商代的行政管理水平向前迈进了一大步。

一方面，殷商帝王是最高统治者，对天下臣民拥有绝对的统治权和支配力。据卜辞和文献记载，殷商的王自称"余一人"，又作"予一人"，即生杀予夺全凭君主个人，如《礼记·曲礼下》所载："君天下，曰'天子'，朝诸侯，分职授政任功，曰予一人。"在祭祀、征伐这些重大事务上，王拥有最终决策权，享有独尊的地位。《尚书·盘庚上》记述："勉出乃力，听予一人之作猷。"猷的意思是"已"，或"谋"，商王命令臣民为他效力，须努力勤勉，完全听从其一人指挥。同时，商王要求臣子"明听朕言，无荒失朕命"[1]，意思是要绝对服从王的命令，"暨予一人猷同心"[2]，否则就要施予刑罚。商王宣布，对于不从王命者，"我乃劓殄灭之，无遗育"[3]。劓是古代割鼻之刑；育，意同胄，后代的意思，即违背王命者不仅个人要受到酷刑的惩罚，甚而被处以极刑，没了性命，而且其家属子孙也要连带受刑，以致断绝后代。

另一方面，殷商帝王扩张中央王朝的管理机构，按职能设官定制，其职官大体分为宗教、政务、事务三类。宗教官被称为"巫"或"卜"，负责祭祀、占卜和联系神灵。他们通过祭祀、占卜、祈祷等仪式来维持与神灵的沟通，以获取神灵的指引及保佑，为国家和王室带来吉祥和安宁。政务官负责国家的行政、军事、财政等事务，是维持国家运转和实施治理政策的骨干力量。殷商社会的政治体制具有严格的等级，政务官通常由贵族阶层担任，不仅是国家行政管理的执行者，亦是王权统治的支持者。事务官主管王廷内务，即专司宫廷奴隶事务的官吏，比如：管理奴隶的总管称"宰"，管理农事的称"小耤（藉）臣"，管理众人的称"小众人臣"，管理山林的称"小丘臣"，管理手工业奴隶的称"司工"（司空）。

从上可看出，商代中央机关已拥有众多职官，但结构松散，相互之间的关系并无明确的界定。一般来说，上述三类官员中，宗教官、政务官多出身贵族，事务官多出身奴隶。但这种划分并非绝对，三类职官中，只要得到商王的信任都可以被提拔为辅弼大臣。三类官员的分工也不是绝对的，卿士可兼管祭祀，"巫"凭借王的信任同样可掌管国政，小臣得到王的宠幸也可参与朝政。[4]

（2）"家天下"观念

《礼记·礼运》有云："今大道既隐，天下为家。"伴随着私有制和阶级的出现，我国原始氏族社会开始解体，最后一位华夏部落联盟首领禹之后，其子启继位，史称"夏后"，开始了"父传子，家天下"的王位继承制。"家天下"作为原始社会向奴隶社会过渡时期出现的一种政治理念和社会观念，意指帝王将国家财富、资源和权力视为家族的私产，通过世袭制度将权力传承给家族成员。这种观念在殷商时代与帝王个人专权思想相辅相成，帝王以家族的名义行使权力，通过贵族间的联姻巩固自己的权位。

---

①　《尚书·盘庚中》。

②　《尚书·盘庚中》。

③　《尚书·盘庚中》。

④　虞崇胜：《中国行政史》，高等教育出版社 1999 年版，第 20 页。

这种"家天下"的观念给殷商及后世带来了一系列深远影响。第一，它强调家族的延续和家族利益至上。帝王通过世袭制将权力传给子孙，确保家族在政治统治上的连续性，同时赋予家族成员政治特权和显贵地位。第二，它使国家事务与家族事务紧密相连。帝王的决策及相关政策往往以家族的利益为导向，国家政治被家族利益所牵制。第三，它造成了社会不平等和阶级固化问题。家族成员享有优先权和特权，而普通民众则被置于较低的社会地位。从这个意义上说，殷商的"家天下"观念是一种在帝王统治下，将国家与家族融合为一体的社会共同体理念，其不仅强调帝王的个人专权和家族利益的特殊性和权威性，而且主张政治上将人分为三六九等，实行差别化管理。

综上，殷商帝王是祭祀仪式的主导者和神祖的代言人，通过原始宗教仪轨证明自身统治的合法性；与此同时，通过个人专权实践强化对国家和社会的控制，以形塑帝王在神祖崇拜中的地位和权威。这种互动关系使神祖崇拜与个人专权上升为主流思想，为殷商帝王建立起强大的统治根基，但也为权力滥用和王朝衰败埋下了隐患。上述思想都是专制统治色彩浓厚的思想，表明该时期的统治者在国家治理方面，突出的是君主个人独裁，在其神秘主义的神祖崇拜信仰操纵下，是君主的强权和暴政。因此，殷商时代的治国理政思想还处于萌芽状态，行政管理与政治统治思想尚未分离，具有鲜明的强制特征。

1.2　老子的无为而治和与民休息思想

老子（约公元前571—前470年），姓李名耳，字聃，又字伯阳（或谥伯阳）。据《史记》等多部古籍记载，老子为春秋时期陈国苦县（今河南省鹿邑县，一说安徽省涡阳县）人，道家学派创始人和主要代表人物，与庄子并称"老庄"，后被道教尊为始祖，化称"太上老君"，著有《道德经》传世。老子对行政权力的认识可以概括为"无为而治"和"与民休息"，即统治者应无欲不争，反对横征暴敛等扰民行为，让百姓几乎察觉不到政府在管理行政事务方面有所作为，从而在无形之中提升政府治理效能，促进社会和谐稳定。西汉初期，统治者选择黄老思想（始于战国，盛于西汉，假托黄帝和老子的思想，实为道家和法家思想的结合，兼采阴阳、儒、墨等诸家观点而成）作为治国理念，采取休养生息的政策，使汉初经济社会得以全面恢复。应当说，老子的无为而治和与民休息思想主张以"无为"实现"无不为"，是古代行政管理思想史上的奇葩，对当今深化政府职能转变具有重要借鉴意义及参考价值。

1.2.1　道法自然

（1）何谓"道"

"道"是老子思想体系的最高范畴，居于核心地位。"道"究竟是什么呢？首先，老子的"道"是指宇宙万物的本原，是一个先天的、独立的、不可名状的存在，是"天下之母""万物之根"。正如老子说："道生一，一生二，二生三，三生万物。万物负阴而抱阳，冲气以为和。"① 这揭示了以无生有的宇宙本质，指出了"正、反、合"这三个事物发展演变阶段。在此基础上，老子从"人法地，地法天，天法道，道法自然"② 的宇宙自然观出发，论述了政治与自然的一体化，也就是"道法自然"，要求统治者遵循自然法则，一切按照客观规律办事，做到因道、因自然。由此，老子从他的宇宙自然观演绎出行政权力的主题精神——无为而治。③

（2）以道行政之方法

以道行政之方法主要包括两个方面。

一方面是"弱者道之用"④。在老子看来，道的功效体现在柔弱上，即以柔克刚，柔弱是"道"得以运动和发展的基本动因。他主张以"贵柔守弱"的柔性管理原则来达到善治。以道行政即遵循道的规律，这能够简化矛盾，促进行政行为的顺利进行，如为政者在施政过程中采用守柔的方式，注重柔性管理，可以减少和避免刚性冲突，更易取得被管理者的理解与配合，从而使行政管理活动顺利开展。

另一方面是"反者道之动"⑤。对此，有两种理解：其一，道的运动原则是向自己相反的方向转化。"其政闷闷，其民淳淳；其政察察，其民缺缺"⑥，意思是政令模模糊糊，民众反而淳朴敦厚；执政者过于明察秋毫，民众反而狡诈。其二，道的运动体现在返回上。以道行政就是在行政行为完成后，还要总结、探讨道的规律，回到道的本初根源上，以指导下次行政活动。

1.2.2　老子的无为而治思想

（1）无为而治思想的意义及原则

老子的无为而治思想的首要意义是"无事"。"治大国，若烹小鲜"⑦，老子将治理国家比喻为烹饪小鱼，将鱼放到锅里，放好水调好味道之后就不要乱搅拌了，否则搅烂后无法享受鱼的美味。治国亦如此，不能胡乱折腾，扰乱事物的自然发展进程。其次，无为而治是要处理事情于无形。真正的"无为"是让百姓察觉不到的"为"，好的统治者在

---

① 《道德经·第四十二章》。
② 《道德经·第二十五章》。
③ 田兆阳：《中国古代行政学说史》，北京出版社 2007 年版，第 39 页。
④ 《道德经·第四十章》。
⑤ 《道德经·第四十章》。
⑥ 《道德经·第五十八章》。
⑦ 《道德经·第六十章》。

治理国家时应润物无声。最后，老子还提出凡事"图难于其易"①，什么事都从简单做起，要求统治者有准确的预知力和看透事物本质的洞察力，对一些事情的发生预兆有深刻的认识，在问题处于萌芽时就将其化解。无为而治在为政治民方面的四个原则是"无为""好静""无事""无欲"。在教化方面，统治者"无为"，人民便可以自我教化；在治理社会方面，统治者"好静"，不临之以法，威之以刑，人民自然安分守己；在民生方面，统治者"无事"，无事则无战，无劳役兵役，少赋税，人民便安心农事，自然富足；在民风民俗方面，统治者"无欲"，顺其自然，不尚奢华，人民自然质朴。②

（2）无为而治思想的两条实现路径

其一，君道无为。"无为而无不为。取天下常以无事"③，这就是简政和不干预的行政管理思想主旨。老子在政治上基本属于积极主治派，从行政管理角度提出的君道无为，是希望君主能遵循道的无为原则，清虚自守，以静制动，后发制人，尽量减少对民众正常生活的干预，在政策上表现为轻徭薄赋、减轻刑罚、节用和慎用兵等。其二，百姓无为。关于这一点，老子有两点设想：一是迫使民众不敢有为。老子认为，人们正是因为有了"有为"的能力，才会在社会政治生活中造成危害，所以在管理民众的政策上，老子倾向于愚民。所谓"夫唯不争，故无尤"④"绝圣弃智，民利百倍"⑤，意思是要使百姓没有知识和欲求，只保留生存本能，循规蹈矩，凡是表达出有欲望或智慧者，就要给予惩罚。二是构建以"无为"为特色的社会治理模式，即"小国寡民"的理想国。老子主张，行政管理既要约束君主，也要管制百姓，"使有什伯之器而不用，使民重死而不远徙。虽有舟舆，无所乘之；虽有甲兵，无所陈之。使民复结绳而用之。甘其食，美其服，安其居，乐其俗。邻国相望，鸡犬之声相闻，民至老死，不相往来"⑥。可以看出，老子的管理目标是一种简约化治理，构建一个消弭一切心机、贪欲、攘夺，实现平稳秩序的封闭系统。他的治理理念并非历史倒退，而是在积极求治："是以圣人之治，虚其心，实其腹，弱其志，强其骨。常使民无知无欲，使夫智者不敢为也。为无为，则无不治。"⑦

（3）无为而治思想的历史局限性

老子并非完人，他的行政管理思想中也存在一些瑕疵，这表现在：主张愚民政策，反对教化百姓，"古之善为道者，非以明民，将以愚之。民之难治，以其智多。故以智治国，国之贼；不以智治国，国之福"⑧。老子主张统治者放任自流，让百姓"自为""自

---

① 《道德经·第六十三章》。
② 丁小萍：《中国古代政治智慧》，浙江大学出版社 2005 年版，第 91 页。
③ 《道德经·第四十八章》。
④ 《道德经·第八章》。
⑤ 《道德经·第十九章》。
⑥ 《道德经·第八十章》。
⑦ 《道德经·第三章》。
⑧ 《道德经·第六十五章》。

化", 这种不加区别地反对任何 "有为" 的观点显然是片面的。除此之外, 老子有云: "不尚贤, 使民不争; 不贵难得之货, 使民不为盗; 不见可欲, 使民心不乱。"[①] 虽然他看到争与尚贤、盗与贵货之间的联系, 但将其绝对化了。

1.2.3　汉初的与民休息政策

西汉建立初期, 统治者选择休养生息。其实行与民休息政策的原因有二。其一, 吸取秦朝快速灭亡的教训。他们清醒地认识到统治者贪鄙、暴虐和严刑酷法带来的严重后果, 故易接受老子的无为而治思想。其二, 秦朝统治者对百姓的严重压榨, 加上连年征战, 使汉初社会经济凋敝, 这种状况使统治阶级不得不转变政策。

（1）与民休息政策的具体内容

第一, 调整土地关系。一方面, 政府允许农民耕种秦朝养鸟兽的苑囿之地, 扩大耕种面积, 使农民有田可耕; 另一方面, 刘邦称帝后, 封王拜侯赐爵, 与各级功臣共享胜利果实, 满足军功贵族利益需求, 还针对旧贵族或因战乱而离开固有土地的一般地主进行招抚, 稳定社会秩序。第二, 赋予军功贵族免役特权。诸侯国的人户籍仍在关中的, 免除 12 年赋役; 已回到关东地区的, 免除 6 年赋役。不仅如此, 刘邦还下诏: "其有功者上致之王, 次为列侯, 下乃食邑。而重臣之亲, 或为列侯, 皆令自置吏, 得赋敛, 女子公主。为列侯食邑者, 皆佩之印, 赐大第室。吏二千石, 徙之长安, 受小第室。入蜀、汉定三秦者, 皆世世复。"[②] 第三, 赦免部分官私奴婢为庶人。由于社会动荡, 流民失所, 饿莩遍野, 汉初曾准许卖子为奴婢。汉五年, 刘邦诏曰: "民以饥饿自卖为人奴婢者, 皆免为庶人。"[③]《汉书》卷四《文帝纪》曰: "四年夏四月丙寅晦, 日有蚀之。五月, 赦天下。免官奴婢为庶人。"这是汉文帝在位时采取的一项重要举措, 使得大批官私奴婢成为自由民, 客观上有利于农业生产发展。第四, 减免田税口算徭戍（口赋是汉代政府向 14 岁及以下儿童征收的人头税, 算赋是汉代政府对成年人征收的一种人头税, 徭戍即服劳役与戍守边疆）, 减轻人民负担。第五, 崇尚节俭。西汉初的统治者以秦亡为鉴戒, 躬修节俭。而且历经秦末农民战争、楚汉战争, 经济凋敝, 民不聊生, 客观上也不允许追求奢侈腐化的生活。第六, 轻刑慎罚。刘邦入关中后, 约法三章; 西汉建立后, 萧何作《九章律》, 对秦的苛法加以革除, 千方百计减轻刑罚, 为百姓提供了较为宽松的政治环境。

（2）与民休息政策的治理效果

与民休息政策的实施, 一是解放了生产力, 农民的生产积极性得到激发。农业是西

---

① 《道德经·第三章》。
② 《汉书·高帝纪》。
③ 《汉书·高帝纪》。

汉经济最重要的部门，楚汉战争后，数十万吏卒解甲归田，分得土地，安心耕种，生活有了保障。这为经济发展营造出相对和平稳定的社会氛围，在一定程度上解决了温饱问题。二是迅速恢复了经济。在统治者宽松政策的激励下，农、虞、工、商"人各任其能，竭其力，以得所欲。故物贱之征贵，贵之征贱，各劝其业，乐其事，若水之趋下，日夜无休时，不召而自来，不求而民出之"①，出现"衣食滋殖""天下殷富、粟至十余钱"的繁荣兴旺景象。三是西汉专制主义中央集权进一步强化，经济的恢复和国力的提升使国家政治、军事、文化实力空前强盛。

1.2.4　老子的无为而治和与民休息思想的启示

随着当代行政管理学科的发展和社会的迫切需求，政府角色和职能发生深刻变革，服务型政府的理念由之而出。政府要把握好自身在社会中所扮演的角色——服务型政府是掌舵者而不是划桨者。老子无为而治的思想要求政府在尊重规律的前提下顺道而为，放松政府管制，提供良好服务，树立亲民形象，让人民充分发挥主观能动性。政府要履行好解决市场失灵和促进社会公平正义这两项重要职能，其重心在于制定和完善政策法规以及提供高质量公共服务，营造公平竞争的市场氛围和制度环境，让原本属于社会和市场的功能得以回归。老子的无为而治思想同样适用于有限责任政府的塑造，政府职能由放任型政府到全能型政府再到有限责任政府的演变，使政府"守夜人"的角色有了重新界定。这里的"有限"指的是政府不肆意妄为，政府的行为和政策导向必须顺应民意，否则就违背了道的准则。同时政府职能转变要明确责任范围：一是政府应承担公共服务职责，推动教育、医疗卫生、社会保障等事业有序发展；二是加强立法责任和执法监督。政府向有限责任政府转变，就是要把物资、经费、精力集中起来，在民生等关键领域有所作为。

老子对圣人的形象做过很多描述和定义，在圣人治理国家过程中，老子提出"不自见，故明；不自是，故彰；不自伐，故有功；不自矜，故能长"②。一方面，为政者在道德素质上要向圣人看齐，以缩小与圣贤的差距为终身目标；另一方面，为政者要具备治国理政的职业素养。"我有三宝，持而保之。一曰慈，二曰俭，三曰不敢为天下先"③，对于行政工作人员来说，面对群众应抱有慈善和节约心态，保持谦虚。"圣人无常心，以百姓心为心"④，为政者治理国家、服务人民，必须坚持以人民的利益为出发点，对待群众要"柔弱处下"。就像老子所说的，柔弱并不是懦弱或屈服，而是包含着持之以恒的特质，犹如一滴水穿透石头那样，贵在坚韧与专一。

---

① 《史记·货殖列传》。
② 《道德经·第二十二章》。
③ 《道德经·第六十七章》。
④ 《道德经·第四十九章》。

1.3　董仲舒的天人合一理论与君权神授说

董仲舒（公元前 179—前 104 年），广川（今河北省景县）人，西汉学者，著名政治家、思想家。汉景帝时为博士，讲授《公羊春秋》。元光元年（前 134 年），汉武帝下诏征求治国之策。经历汉初黄老之治，武帝不得不迁徙富豪，打击豪强。董仲舒上《举贤良对策》，主张教化民众，唯贤是举，提出"天人感应""大一统"之说，并进言"诸不在六艺之科、孔子之术者，皆绝其道，勿使并进"。所谓"罢黜百家，独尊儒术"，据说即导源于董仲舒此议，故而其意义被分外强调。他一生历经三朝，度过了西汉王朝的极盛时期，公元前 104 年病故，享年 75 岁。董仲舒适应封建统治需要，以儒家宗法思想为中心，杂以阴阳五行、法、墨等学说，把神权、君权、父权、夫权贯穿在一起，形成有利于封建专制统治的"天人合一"儒家神学理论体系。天人合一理论与君权神授说对中国古代政治思想的形成与发展有着重大影响，可谓前承孔、孟，后启朱、王。

1.3.1　权力来源："天人合一"

先秦以来就有"天"的概念，但孔儒一派没有把天作为核心命题。汉武帝即位后，董仲舒在继承孔孟思想基础上吸收阴阳五行等诸家精华，从"天人观"的高度对君主权威进行详细论证，通过一系列理论建构，提出"君权神授"观点，为维护封建统治及推行德治奠定了坚实的学理基础。

（1）"天"的体系与天人合一

董仲舒整合先秦以来关于天的论述，创造性地把阴阳五行学说融入其中。他认为，天由十项内容组成，称为"十端"或"天之数"，即"天地阴阳木火土金水，九，与人而十者，天之数毕也"[①]。同时，董仲舒赋予天至上地位，天是神上之神，是神灵世界的主宰："天者，百神之君也，王者之所最尊也。"[②] 所谓"百神"，不仅包括各种自然神灵，如山神、水神、地神，也包括社会神灵，如祖先神。天也是缔造宇宙万物的造物主，"天者，万物之祖。万物非天不生"[③]。天还是人类的创造者，"为生不能为人，为人者天也。人之（为）人本于天，天亦人之曾祖父也"[④]。

人是天的造物。天依照自己的形态和规律造出了人，人的形体和内在道德、情感、意志等都从天那里演化而来。董仲舒称之为"人副天数"。具体言之，"天以终岁之数，

---

① 《春秋繁露·天地阴阳》。

② 《春秋繁露·郊义》。

③ 《春秋繁露·顺命》。

④ 《春秋繁露·为人者天》。

成人之身，故小节三百六十六，副日数也；大节十二分，副月数也；内有五藏，副五行数也；外有四肢，副四时数也；乍视乍暝，副昼夜也；乍刚乍柔，副冬夏也；乍哀乍乐，副阴阳也……"①。他用人身的骨节、五脏、四肢等比附一年的日数、月数，以至五行、四时之数，来论证"为人者天也"的观点，再如"人之血气，化天志而仁；人之德行，化天理而义；人之好恶，化天之暖清；人之喜怒，化天之寒暑；人之受命，化天之四时"②。换言之，天与人外在相同，内在相通，小而为人，大而为天，"以类合之，天人一也"③。

"天人相类"，自然与人类社会是一个有机联系的整体，自然现象与社会行为都彼此感应、相互作用、相互影响。董仲舒认为，政治活动必须与天相应，王道可求于天。他将"道"与天人关系相匹配，人道源于天道，决定于天道，却又与天道相通、相类，"天人之际，合而为一。同而通理，动而相益，顺而相受，谓之德道"④。道的权威性是超越社会并高于帝王的，是永恒不变的法则。董仲舒提出"道之大原出于天，天不变，道亦不变"⑤。据此认识，行政管理的各种方法和政策原则无不以道为依据，凡德、刑、礼、法、仁政、教化，既是人道的内涵，又是天道的体现。

（2）君权至上与"一统"政治

董仲舒以维护君主统治秩序和巩固汉家天下为目的，发挥《公羊春秋》中的微言大义，把"大一统"解释为尊崇一统，即拥护天下统一于王，这主要是指政治和国家行政管理上的大一统。董仲舒提出："屈民而伸君，屈君而伸天，《春秋》之大义也。"⑥ 主张人民服从君主，君主服从天，把君权至上作为统一的关键。那么，君主缘何能成为一统之关键？

首先，以"君权神授"说论证君权的合理性。"受命之君，天意之所予也。"⑦ 董仲舒认为，君主是沟通天与人的中介，"天子受命于天，天下受命于天子，一国则受命于君"⑧。他从"王"字的构成上找到了"证据"："三画而连其中，谓之王。三画者，天地与人也，而连其中者，通其道也。取天地与人之中以为贯而参通之，非王者孰能当是?"⑨ 天、王、民三者，必须是民法王、王法天，这进一步体现了董仲舒维护君权的主张。

其次，以"深察名号"说确立君权的至尊性。董仲舒把"深察名号"作为治理天下

① 《春秋繁露·人副天数》。
② 《春秋繁露·为人者天》。
③ 《春秋繁露·阴阳义》。
④ 《春秋繁露·深察名号》。
⑤ 《汉书·董仲舒传》。
⑥ 《春秋繁露·玉杯》。
⑦ 《春秋繁露·深察名号》。
⑧ 《春秋繁露·为人者天》。
⑨ 《春秋繁露·王道通三》。

的关键，因为"事各顺于名，名各顺于天"①，一切事物都得从属于名，而一切名又得服从天意，名号是天意的表达。"尊者取尊号，卑者取卑号。故德侔天地者，皇天右而子之，号称天子。其次有五等之爵以尊之，皆以国邑为号……无名姓号氏于天地之间，至贱乎贱者也。"② 根据他的名号观，君主的名号为天子，表明其身份为天之子，身份至尊；平民百姓没有任何名号，最为卑贱；其他贵族也依据各自的名号与君主形成不同的从属关系。董仲舒通过神化圣人，即圣人才能"发天意""知天命"，来论证君主的至尊地位。

最后，以"强干弱枝"说捍卫君权的至上性。所谓"强干弱枝"，是董仲舒从《公羊春秋》中概括出来的，"干"指君主，"枝"喻群臣，指的是要强化君权，确立君主的绝对主宰地位，抑制群臣百官。"君人者，国之元，发言动作，万物之枢机。""君人者，国之本也。夫为国，其化莫大于崇本。"③ 董仲舒认为，君是国家之元首，治国之根本。君主"立于生杀之位"④，"操杀生之势"⑤，执掌着绝对权力；群臣百官奉君主为主宰，"下至公侯伯子男，海内之心，悬于天子"⑥，绝对服从君主的权威。

1.3.2　权力运行："大德小刑"

董仲舒系统总结先秦以来的儒家思想，认为遵循天道来治理国家，应采取大德小刑的措施，并提出一系列治国方略，从而奠定了此后中国两千多年的德治为主、刑罚为辅的基本理念和政策。

（1）德治为主

所谓"大德"，是说君主治理国家必须以德政为主。董仲舒说："天之生民，非为王也，而天立王以为民也。故其德足以安乐民者，天予之；其恶足以贼害民者，天夺之。"⑦ 又说："天道之大者在阴阳。阳为德，阴为刑；刑主杀而德主生。"⑧ 天道的选择是"亲阳而疏阴，任德而不任刑也"⑨。君主遵循天道"任德"治理天下，具体包括以下两个方面。

其一，行教化，以德化民。董仲舒认为，道德教化是主动的、治本的，因此"圣人之道，不能独以威势成政，必有教化"⑩。他极其重视教化的政治功能，把教化比喻为防止犯罪的堤防，"故教化立而奸邪皆止者，其堤防完也；教化废而奸邪并出，刑罚不能胜

---

① 《春秋繁露·深察名号》。

② 《春秋繁露·顺命》。

③ 《春秋繁露·立元神》。

④ 《春秋繁露·王道通三》。

⑤ 《春秋繁露·威德所生》。

⑥ 《春秋繁露·奉本》。

⑦ 《春秋繁露·尧舜不擅移、汤武不专杀》。

⑧ 《汉书·董仲舒传》。

⑨ 《春秋繁露·基义》。

⑩ 《春秋繁露·为人者天》。

者，其堤防坏也"①。教化建立，堤防完善，奸邪就会止息，相反教化废弃，则奸邪并生，而"刑罚不能胜"。聪明的帝王"南面而治天下，莫不以教化为大务"②。实行教化最重要的是道德和思想教育，"立大学以教于国，设庠序以化于邑"③，通过广泛的教育宣传，使每个人都能做到"贵孝弟而好礼义，重仁廉而轻财利"④，从而成为君主的忠臣和顺民。

其二，施仁政，反对暴政。董仲舒认为，仁是天固有的德行。他说："天，仁也。天覆育万物，既化而生之，有养而成之。事功无已，终而复始，凡举归之以奉人。察于天之意，无穷极之仁也。"⑤君主效法天道治理天下，就要推行以仁治国。董仲舒考察时弊，查其根源，指出"大富则骄，大贫则忧。忧则为盗，骄则为暴"⑥，认为贫富对立不利于政治稳定。为消除危机，防范动乱，董仲舒提出，要推行仁政，"使富者足以示贵而不至于骄，贫者足以养生而不至于忧。以此为度而调均之，是以财不匮而上下相安，故易治也"⑦。施行仁政的做法是严禁统治者与百姓争利，"使诸有大奉禄，亦皆不得兼小利、与民争利业，乃天理也"⑧。他还提出许多具体措施："限民名田，以澹不足，塞并兼之路""薄赋敛，省徭役，以宽民力""去奴婢，除专杀之威"⑨ 等。董仲舒深知民是君的统治对象和财利之源，于是设法通过对统治者的某种限制，使"民财内足以养老尽孝，外足以事上共税，下足以畜妻子极爱"⑩，以此保障民的基本生活需求，从而最大限度维护统治者的物质利益和巩固君主统治的社会之基。

（2）刑罚为辅

所谓"小刑"，是说在提倡德治的同时也不忽视刑罚在行政管理中的作用。只是与德相比，刑是第二位的。董仲舒说，"天数右阳而不右阴，务德而不务刑。刑之不可任以成世也，犹阴之不可任以成岁也"⑪，否则就是"逆天，非王道也"⑫。他认为，德与刑的施用比例是百与一，恰如天之"暖暑居百而清寒居一。德教之与刑罚犹此也"⑬。可见，管理好一个国家必须有刑罚，但刑罚的施用必须基于公正的原则，这是天道的要求。"刑罚不中，则生邪气；邪气积于下，怨恶畜于上。上下不和，则阴阳缪戾而妖孽生矣。此灾

---

① 《汉书·董仲舒传》。
② 《汉书·董仲舒传》。
③ 《汉书·董仲舒传》。
④ 《春秋繁露·为人者天》。
⑤ 《春秋繁露·王道通三》。
⑥ 《春秋繁露·度制》。
⑦ 《春秋繁露·度制》。
⑧ 《春秋繁露·度制》。
⑨ 《汉书·食货志》。
⑩ 《汉书·食货志》。
⑪ 《春秋繁露·阳尊阴卑》。
⑫ 《春秋繁露·阳尊阴卑》。
⑬ 《春秋繁露·基义》。

异所缘而起也。"① 意思是说，如果刑罚不公正，就会产生灾异。对于刑罚的使用，董仲舒还强调如下几点：其一，治狱量刑要具体问题具体分析，动机和效果理应兼顾，所谓"《春秋》之听狱也，必本其事而原其志"②；其二，治狱者要分清首从、邪直、始随、初屡、轻重，作出正确的判决，反对"连坐""族诛"等滥刑之法；其三，治狱者要具有持平、不阿、至公的立场，做到"至清廉平，赇遗不受，请谒不听，据法听讼，无有所阿"③。

1.3.3　权力监督："以天道制约君主"

董仲舒关于行政权力的思考颇为缜密，既赋予君主至高无上的权力，又考虑到权力的滥用会带来灾难。在吸取桀、纣等亡国之君的教训的基础上，他认为应当利用天的权威给予君主权力一定的制约，并提出两个具体方法。

（1）四时之政

所谓"四时之政"，"天有四时，王有四政，四政若四时，通类也，天人所同有也"④。天之四时为春夏秋冬，王之四政曰"庆赏罚刑"。董仲舒认为"庆赏罚刑，异事而同功，皆王者之所以成德也"⑤，都是君主治理天下的手段。本着"人副天数"的原则，君主进行政治活动必须与四时相配合，"故以庆副暖而当春，以赏副暑而当夏，以罚副清而当秋，以刑副寒而当冬"⑥。四政与四时"以类相应也，如合符"⑦，形成政治运行的规律和秩序，君主只能遵行，不得随意扰乱。"庆赏罚刑，当其处不可不发，若暖暑清寒，当其时不可不出……四政者，不可以相干也，犹四时不可相干也。四政者，不可以易处也，犹四时不可易处也。"⑧ 这是对君主的权威或行为的一种约束和限制。

为进一步加强四时之政的有效性，董仲舒又对君主的情感好恶、行为举止和政治素质等提出种种要求。君主在个人情感上要与天道相契合，"天亦有喜怒之气，哀乐之心，与人相副……春，喜气也，故生；秋，怒气也，故杀；夏，乐气也，故养；冬，哀气也，故藏。四者，天人同有之。有其理而一用之"⑨。君主个人的情感好恶要随四时流转而变化，施行庆赏罚刑就会恰如其分、合乎时宜，"与天同者大治，与天异者大乱。故为人主

---

① 《汉书·董仲舒传》。
② 《春秋繁露·精华》。
③ 《春秋繁露·五行相胜》。
④ 《春秋繁露·四时之副》。
⑤ 《春秋繁露·四时之副》。
⑥ 《春秋繁露·四时之副》。
⑦ 《春秋繁露·四时之副》。
⑧ 《春秋繁露·四时之副》。
⑨ 《春秋繁露·阴阳义》。

之道，莫明于在身之与天同者而用之"①。在行为举止和政治素质方面，董仲舒提出王者"五事，一曰貌，二曰言，三曰视，四曰听，五曰思。何谓也？夫五事者，人之所受命于天也，而王者所修以治民也"②。具体言之，君主之"貌曰恭"，"言王诚能内有恭敬之姿，而天下莫不肃矣"；"言曰从"，"言王者言可从，明正从行，而天下治矣"；"视曰明"，"王者明，则贤者进，不肖者退"；"听曰聪"，"王者聪，则闻事与臣下谋之，故事无失谋矣"；"思曰容"，"王者心宽大无不容，则圣能施设，事各得其宜也"。董仲舒认为"五事"乃君主理应具备的品行或素质，在实际政治活动中均与四时之政相呼应，例如，君主貌能恭敬，"则春气得，故肃者主春"，于是行"春政"，万物遂生；又如，君主视能明，知善恶，"则夏气得，故哲者主夏"，万物生长茂盛。

在董仲舒看来，四时之政是天道运行规律在人间政治生活中的体现，对君主的政治活动、政治素质、情感好恶及举止等有一定的约束作用。在生产力水平极其低下的古代，自然条件对于人类社会政治的影响力不可低估。他要求君主的政治活动顺从四时流转，或有其合理的一面，不过，试图用天道规律约束君主个人的情感好恶、行为举止和政治素质，则难以取得实效。

（2）天谴说

"天谴说"并非始于董仲舒，但真正发扬光大并在政治实践中具体施用，当以董氏公羊学为典型。董仲舒认为，许多天象变化和自然灾害，如"日蚀、星陨、有蜮、山崩、地震、夏大雨水、冬大雨雪、陨霜不杀草"③ 等，并不是自然界的偶然现象，而是"上天"有意示警。"灾者，天之谴也；异者，天之威也"④，做皇帝的，须时刻注意这些"变异"，反思自己的行动有哪些地方违背了天意，借以"改过自新"，挽回天意。董仲舒对武帝说："观天人相与之际，甚可畏也。国家将有失道之败，而天乃出灾害以谴告之；不知自省，又出怪异以警惧之；尚不知变，而伤败乃至。以此见天心之仁爱人君而欲止其乱也。自非大亡道之世者，天尽欲扶持而全安之，事在强勉而已矣。"⑤ 他的意思是说，当政治开始出现不善的苗头时，上天马上就会降下小灾小害以示谴责。如果执政者没有醒悟察觉，上天会降下大灾以促使君主悔过自新。如果君主仍然执迷不悟、一意孤行，上天会毫不留情地进一步降下灾祸，迫使人君改邪归正。只有到了不得已的情况，上天才会剥夺人君的权位，实现改朝换代。

"天谴说"在当时条件下有其合理之处。君主专制统治下的古代中国，天灾总是与人祸相伴行，政治越腐败，压榨越残酷，自然灾害的危害程度就越大，而且有些天灾就是由人祸引发的。由于君主专制不允许"政治反对"的存在，人们批评君主常常招来杀身

① 《春秋繁露·阴阳义》。
② 《春秋繁露·五行五事》。
③ 《春秋繁露·二端》。
④ 《春秋繁露·必仁且知》。
⑤ 《汉书·董仲舒传》。

之祸，董仲舒利用天的权威批评君主，把君主视为天灾人祸的总根源，这种理论虽经不起推敲，但在那个时代不失为一种明智之论。

1.3.4　董仲舒的天人合一理论与君权神授说的启示

第一，道德教化对于改造社会、改造人性，实施以德治国具有正向作用。"质朴之谓性，性非教化不成；人欲之谓情，情非度制不节。是故王者上谨于承天意，以顺命也；下务明教化民，以成性也；正法度之宜，别上下之序，以防欲也；修此三者，而大本举矣。"① 这里所谓的"大本"，可理解为"纲常"秩序。只要做到王者上承天意，明教化民，正法度之宜，就能很大程度上改造人性，塑造理想人格，维护社会秩序。董仲舒的思想对今天解决在市场经济发展过程中出现的道德问题，以及建立社会核心价值体系，并使之成为全体人民普遍认同和自觉遵守的规范有借鉴意义。

第二，天人合一理论对君权的限制体现了一定的民主理念，有助于形成行政权力制衡。董仲舒在竭力维护君主权威的同时提出了天谴说，认为君主须奉天行事，否则就会收到上天降下灾异的警告。一方面，人类对大自然过度索取，导致生态环境破坏，各种自然灾害频发，这是大自然对人类的警醒。董仲舒的天人感应说启示我们，必须在今天坚持"两山"理论，走人与自然和谐共生的中国式现代化之路。另一方面，董仲舒借天意对国君进行直接劝告，虽有迷信之嫌，但对于防止权力滥用、严惩腐败行为、建立健全公共权力监督制约机制不无益处。

第三，大一统理念对巩固国家统一和增强社会凝聚力具有现代价值。董仲舒立足当时的政治现实，阐述大一统的主张，包括政治一统、思想一统。"大一统"是一种不同于"大统一"的共同体理念。"大统一"单纯关注地域统一，而"大一统"更多是指国家政治社会上的整齐划一、经济制度和思想文化上的高度集中。虽然这一理念是在距今两千多年的西汉时提出来的，但我们今天可以深入研究其丰富内涵和深邃价值，做到古为今用。这对于完善行政管理体制和制度，铸牢中华民族共同体意识，促进祖国完全统一，以中国式现代化全面推进强国复兴有着极强的现实意义。

1.4　黄宗羲的君臣"共治天下"权力论

黄宗羲（公元 1610—1695 年），字太冲，号南雷先生，浙江余姚人，明末清初经学家、启蒙主义思想家、史学家。他从小随父读书求学，19 岁时入京，拜刘宗周为师。清军入关后，招募里中子弟数百人组成"世忠营"，在余姚举兵抗清，达数年之久，被南明授予监察御史兼兵部职方司主事之职。顺治十年（1653 年），返回故里，课徒授业，著述以终。康熙二年（1663 年）至十八年（1679 年），于慈溪、绍兴、宁

---

① 《汉书·董仲舒传》。

波等地设馆讲学，撰成《明夷待访录》《明儒学案》等。朝中屡次招其出仕，皆推辞不就。康熙三十四年（1695 年），因病去世。黄宗羲所处的明清之际，社会矛盾极其尖锐，农民起义、明朝灭亡、清军入关，这一系列巨大的变革他都亲身经历。他对君主专制的弊端有深刻认识，在对其进行反思和批判的基础上，逐渐形成了关于君臣"共治天下"的权力论。

1.4.1 君臣关系之辨：君道与臣道

"盖天下之治乱，不在一姓之兴亡，而在万民之忧乐。"[1] 黄宗羲认为，君与臣在身份上是平等的，君和臣的存在都是为"天下之责"和"天下之事"，只是在为天下万民办理事务时分工不同而已。"夫治天下犹曳大木然，前者唱邪，后者唱许。君与臣，共曳木之人也。若手不执绋，足不履地，曳木者唯娱笑于曳木者之前，从曳木者以为良，而曳木之职荒矣。"[2] "臣之与君，名异而实同耶"[3]，在黄宗羲看来，天子并没有什么超人的地方，只不过是比公卿高一级的官而已，就好像公比侯高一级，卿比大夫高一级一样，"盖自外而言之，天子之去公，犹公、侯、伯、子、男之递相去；自内而言之，君之去卿，犹卿、大夫、士之递相去。非独至于天子遂截然无等级也"[4]。

"君臣之名，从天下而有之者也。吾无天下之责，则吾在君为路人。出而仕于君也，不以天下为事，则君之仆妾也；以天下为事，则君之师友也。"[5] 黄宗羲认为，臣如果不以天下为责，对君来说就如同陌路人。为臣的出仕于君，如果不以天下为事，则臣只是君的仆妾。臣以天下为事，则臣与君是师友，即君与臣是"名异而实同""共曳木之人"。他将千百年来人们视之当然的不平等的君臣关系做了重新审视，提出近乎君臣平等的见解，这一思想动摇了封建纲常名教的核心——君为臣纲。

（1）"天下为主，君为客"的君道观

黄宗羲在《明夷待访录》中阐述了其对君主的全新看法和定位，在开篇他就以人之自私自利为根据论证君主权力的来源："有生之初，人各自私也，人各自利也。天下有公利而莫或兴之，有公害而莫或除之。"[6] 为兴公利和除公害，就需要出现一人，"不以一己之利为利，而使天下受其利；不以一己之害为害，而使天下释其害。此其人之勤劳必千万于天下之人"[7]。因此，君主存在的必要性和合理性完全建立在天下百姓需要的基础上。黄宗羲的"天下为主，君为客"思想并非无源之水，他吸收借鉴了传统儒家的民本理念

---

① 《明夷待访录·原臣》。
② 《明夷待访录·原臣》。
③ 《明夷待访录·原臣》。
④ 《明夷待访录·置相》。
⑤ 《明夷待访录·原臣》。
⑥ 《明夷待访录·原君》。
⑦ 《明夷待访录·原君》。

和明初以来的变革思想，对君与民关系的理解，相较于以往传统的民贵君轻、君舟民水的观点有了巨大突破。

在黄宗羲看来，"古者以天下为主，君为客，凡君之所毕世而经营者，为天下也"①。其意思是，相对于天下来说，君主不过是客体，君主的更换伴随的不再是天下的灭亡，君主也不再具有与天下、国家同样的地位。"岂天地之大，于兆人万姓之中，独私其一人一姓乎！"② 君主只是一姓之私，而天下却并非一姓之私，这对传统的君国一体学说提出了疑问。不管黄宗羲是不是说天下是民众的天下，但至少天下不再是一姓之私，天地不再是一家一姓的私产，自然也就不会仅仅庇护一家一姓的江山，因此，谁若欲将天下私有，这样的国家就不会长久。黄宗羲在著作中，屡次将"天下"与"万民"并提，将"君主"与"一姓"并论，这明确表明君主不同于天下，仅仅是一姓之"朝廷"而已，君主不再是天下的代表，也就不再是"公"的代表，而民众才是国家之本。民众在社会生活中比君主重要，君主应该顾及民众的忧乐疾苦。这反映了黄宗羲"天下为主，君为客"的君道观。

（2）"为天下，非为君"的臣道观

在过去，君主总揽政治大权，君臣之间是一种主仆关系，这种君臣关系模式深刻地影响着臣的政治意识和态度，"臣为君而设者也。君分吾以天下而后治之，君授吾以人民而后牧之，视天下人民为人君橐中之私物"③。在这一认识的支配下，臣只知为君"奔走服役"，有的甚至"君有无形无声之嗜欲，吾从而视之听之"④。在黄宗羲眼里，这些想法都是"宦官宫妾之心"，是"私昵者"。

那么，究竟怎样做才能成为黄宗羲理想中的"臣"呢？臣子事君为天下人谋利，就是君的师友。师友关系与主奴关系迥然有异，"师友以规过失为贤，奴婢而过失其过失"⑤，奴婢"舍其师友之道而相趋于奴颜婢膝之一途"⑥。黄宗羲认为，臣子要有独立人格和意识，而不是以君主之是非为是非，唯命是从，卑躬屈膝。"缘夫天下之大，非一人之所能治，而分治之以群工。故我之出而仕也，为天下，非为君；为万民，非为一姓也"⑦，臣并不是"为君而设者也"，所以，臣的职责不是看君主的眼色行事，以至于杀身以报君，而是"为天下也""为万民也"，即以天下万民之忧乐为己任。

"吾以天下万民起见，非其道，即君以形声强我，未之敢从也，况于无形无声乎！非其道，即立身于其朝，未之敢许也，况于杀其身乎！"⑧ 即便是"立身于其朝"，对于君主

---

① 《明夷待访录·原君》。
② 《明夷待访录·原君》。
③ 《明夷待访录·原臣》。
④ 《明夷待访录·原臣》。
⑤ 《明夷待访录·奄宦》。
⑥ 《明夷待访录·奄宦》。
⑦ 《明夷待访录·原臣》。
⑧ 《明夷待访录·原臣》。

的无道行为，也"未之敢许也"。从中不难看出，黄宗羲强调臣必须"以天下万民起见"，以天下万民为立身处世的标准。

1.4.2 "共治天下"的分权主张

治国理政事务繁杂，这不是君主个人可以独立承担的，必须有大量行政官吏来辅佐，但"普天之下，莫非王土；率土之滨，莫非王臣"① 是封建专制的最高政治信条，因此这种"举贤任能、君臣共治"体制要遵循一个基本原则——君主专权。黄宗羲对这种"家天下"的君主制深恶痛绝，认为其是荼毒百姓的最大祸根。他首先以"三代之治"为例证，在《明夷待访录》中阐述"天下为主，君为客"的观点，然后立足当时经济社会发展现实改造传统心性哲学，从人性角度反思明末清初的政治状况，进而提出"有生之初，人各自私也，人各自利也"的人性论。为兴"公利"，释"公害"，政治社会就需要进行必要的分工，而社会分工又要求政治社会实现共同治理。这一思想同样以"举贤任能、君臣共治"为主旨，但较于前人有了根本性的改进。在封建君主政治前提下，黄宗羲"共治天下"的分权主张包括以下内容。

（1）恢复宰相制度

《明夷待访录·置相》中说："天子传子，宰相不传子。天子之子不皆贤，尚赖宰相传贤足相补救，则天子亦不失传贤之意。""有明之无善治，自高皇帝罢丞相始也。"黄宗羲希望以宰相之职辅助不贤的君或限制无限的君权，提高君主施政效率和水平。"宰相一人，参知政事无常员。每日便殿议政，天子南面，宰相、六卿、谏官东西面以次坐。其执事皆用士人"②，在政治权力系统的内部，丞相可以代表朝中百官与"内廷"展开对话，是一个体现政治系统中权力制衡机制的关键职位。明初朱元璋因宰相谋反废除宰相制，黄宗羲认为此乃明朝乱政之根源，并提出以宰相代行天子之职，"凡章奏进呈，六科给事中主之，给事中以白宰相，宰相以白天子，同议可否。天子批红。天子不能尽，则宰相批之，下六部施行"③。他设计的宰相制包括"合议制"和"政事堂制"两项：前者意味着以宰相为主的行政官员每天与君主在便殿共同议政，对政事作出决策，再由君主或宰相批红交付六部执行；后者是君主与官员之间有效联结的决策性机制。

（2）设方镇以利共治

"自三代以后，乱天下者无如夷狄矣"④，外族频频侵扰乃至入主中原，"则是废封建

---

① 《诗经·小雅》。
② 《明夷待访录·置相》。
③ 《明夷待访录·置相》。
④ 《留书·封建》。

之罪也"[1]。黄宗羲分析唐代的盛衰，认为"唐之所以亡，由方镇之弱，非由方镇之强也"[2]。他更倾向于封建制，主张恢复方镇来抗击边境敌人。当然，分封制与郡县制各有其弊，兴利除弊之法是"欲去两者之弊，使其并行不悖"，因此"沿边之方镇"最为可取。具体来说，他主张在北方辽东、蓟州、宣府、榆林、宁夏、固原、延绥等地设立方镇，混合"郡县"和"封建"因素，"务令其钱粮兵马内足自立，外足捍患。田赋商税听其征收，以充战守之用。一切政教张弛，不从中制。属下官员亦听其自行辟召"[3]，具有财政、人事、税收等诸多方面的自主权，"一方之财自供一方"，"一方之兵自供一方"[4]，而中央保留对负责人的任免权。明确方镇职责，并赋予其高度的自主权，对于发挥地方的积极性和主动性、减轻朝廷压力起到一定作用，有助于边关稳定。而从另一角度看，方镇拥有强兵，朝廷自然会有所顾忌，不敢恣意妄为，这便使方镇成为一支制衡力量，对高度集权的中央政府有一定牵制，可以在一定程度上削减中央集权之弊。以上就是他提出"共治天下"的重要原因。

（3）学校议政协助共治

"天子之所是未必是，天子之所非未必非，天子亦遂不敢自为非是，而公其非是于学校。"在《学校》一章中，黄宗羲指出，古之学校不仅是培养士林之地，还是明辨是非、探讨真理、议论国事的理论平台和思想场域。"学校，所以养士也。然古之圣王，其意不仅此也，必使治天下之具皆出于学校，而后设学校之意始备。"[5]黄宗羲肯定并继承中国历史上知识分子积极参政议政的优良传统，批评明朝的学校教育沦为追权逐贵的工具。他强调，天下乃天下人的天下，士大夫知识分子是民意的代表，学校作为议政机构的功能不能丧失，应予恢复。他极力主张将学校议政制度化为决定国是并对皇权和政府权力具有监督制约作用的民意组织和机构。比如，将地方学官由国家委派改为公议推举，改寺庵堂为书院或小学，建立君臣定期亲临太学听谏制度、地方官员接受舆论监督制度、学校荐举人才制度，等等。学校议政的设想不仅体现了上至朝廷、下达乡野的民主精神，而且有助于分议事、监察和用人之权，形成抗君权、表民意、商共治的主体。

1.4.3 黄宗羲的君臣"共治天下"权力论的启示

黄宗羲权力思想的核心在于重新定义君臣关系，主张"天下为主，君为客"，强调君主权力来自民众的信任与授权，君臣关系建立在相互尊重、平等互利的基础上，这是中国古代行政管理思想中的一次革命性进步。他的君臣"共治天下"权力论源于对君权神

---

① 《留书·封建》。
② 《明夷待访录·方镇》。
③ 《明夷待访录·方镇》。
④ 《明夷待访录·方镇》。
⑤ 《明夷待访录·学校》。

授理论的质疑和对儒家政治伦理的反思。传统观念认为，君权来自上天，君为臣纲，民众必须绝对服从君权。然而，黄宗羲的理解是，君主权力的合法性体现在为民造福上，君主要以民众利益为己任，实行仁政，维护社会公平正义。通过对历史文献和经典的解读，他提出"以王治国""以民为本"的理念，强调君主获得民众信任和支持的重要性，否则君主将会失去统治的合法性。黄宗羲"共治天下"思想具有启蒙意义，它深刻影响了明清之际的政治改革和知识界的理论变革，也为中国现代政治思想的萌芽奠定了基础。在当今社会，权力运行的制衡和监督是构建民主社会的重要保障。在现代治国理政中，民主制度和法治建设需要强化对权力的制约和监督，以确保权力不被滥用，始终服务于全体人民的利益。黄宗羲的思想对于审视权力的合法性和正当性，推动政治与行政体制改革创新，构建有效治理实践机制，完善国家治理体系，实现长治久安，有一定的可取之处。

 本章小结

权力能否在正确的轨道上运行，决定了国家的治乱兴衰。通过本章的学习，读者可以把握封建皇权专制的权力渊源，理解"无为而治"作为一种政治主张对中国历代王朝安邦治国产生的重大影响，思考天人合一与王权主义的关系及其现代价值，洞悉士大夫与君主共治天下的治理智慧，总结中国古代行政权力的演变规律，"以古人之规矩，开自己之生面"，继而结合时代条件和现实需要，对其中的思想精华进行创造性转化和创新性发展，并将其广泛应用到当今国家和社会的治理实践中。在新时代背景下，规范行政权力，协调政府、市场与社会的关系需要从多方面着手：首先，要强化法治建设，确保行政权力运行有法可依、有规可循；其次，要推进政务公开透明，增强公众监督力度；再次，要明确政府职能定位，聚焦公共服务供给和市场监管，减少对微观经济活动的直接干预，同时激发市场活力，构建公平竞争环境，让市场在资源配置中起决定性作用；最后，要支持社会组织发展，鼓励其参与社会治理，形成多元共治格局。这些措施，可以有效促进政府、市场与社会三者之间的良性互动与平衡发展。

 关键术语

余一人　家天下　道法自然　贵柔守弱　强干弱枝　大一统　四时之政　共治天下

思考题

1. 殷商帝王的神祖崇拜与个人专权思想有何关联？
2. 试述老子无为而治思想的意义及实现路径。

3. 在董仲舒看来，君主缘何能成为一统之关键？

4. 黄宗羲认为理想的君臣关系是怎样的？

 课外资源

1-1	"家天下"还是"天下一家"	1-2	光明日报：《老子》：	1-3	光明日报国学版：
	——重审儒家秩序理想		治大国若烹小鲜		董子其人其学

第 2 章

中国古代行政体制思想

古代中国的政体形式是官僚制中央集权君主政治，而地方政府层面有分封制和郡县制两种行政体制。在中国历史上，分封制有西周分封诸侯的封建制和西汉以来的封国制之分；郡县制源自春秋战国，秦代起始，广泛设置。分封制与郡县制孰优孰劣的争论几乎贯穿于我国整个封建时代，其焦点是中央与地方的行政关系。历朝历代的政治家、思想家围绕这两种制度提出了丰富的行政体制思想，其中，李斯、仲长统、柳宗元、顾炎武等人的思想最具代表性，对我国"大一统"格局的形成以及国家长治久安具有重要指导意义。

2.1 李斯推行郡县制背后的行政体制思想

李斯（？—公元前208年），楚国上蔡（今河南省上蔡县）人，平民出身，曾任"郡小史"，后师事荀子，学习帝王之术，为实现政治抱负和富贵理想投奔秦国，得到秦王重用，由"郎"（卫士）升任"长史"，后迁为廷尉，嬴政称帝后任丞相之职。秦统一六国后，李斯参与主持议定皇帝名号以及相关礼仪制度，坚持以郡县制取代分封制，统一车轨、文字和度量衡，建议禁私学，焚诗书，并制定相应法令。秦始皇驾崩，李斯参与赵高、胡亥的阴谋，矫诏册立胡亥为帝。后赵高为独揽大权，诬陷李斯父子勾结陈胜、吴广，最终李斯被迫认罪。秦二世二年（前208年）七月，李斯被腰斩于咸阳市集。在秦统一六国、建立并巩固中央集权制国家政权的过程中，李斯起了很重要的作用，其推行郡县制背后的行政体制思想影响深远。

2.1.1 李斯推行郡县制的行政体制思想背景

公元前221年，秦剿灭六国，统一天下，疆域空前扩大。据司马迁在《史记·秦始皇本纪》中记载，秦帝国的国土，东至海滨暨朝鲜地方，西至临洮（今甘肃岷县）及羌人居地，南至"北向户"（北回归线以南的地方），北边据河为界，国防线与阴山并行且东至辽东。那么，面对如此广阔的疆域，是沿用周朝的分封制，还是采用春秋战国以来新兴的郡县制来治理？李斯和秦帝国的其他臣子们曾就此进行过两次激烈的辩论，在此基础上完整地提出了关于推行郡县制的行政体制思想。

（1）郡县制是实现海内承平的安宁之术

第一次辩论发生在秦统一六国之初，当时的丞相王绾等人说："诸侯初破，燕、齐、荆地远，不为置王，毋以填之。请立诸子，唯上幸许。"[①] 意思是诸侯初破，燕国、齐国、楚国旧地距离关中非常遥远，如不分置诸侯王，就没有办法镇抚管理，建议秦始皇实行传统的分封制，立诸子为诸侯，以统治距离国都咸阳较远的地方。群臣大都表示赞同，只有廷尉李斯提出不同的政治见解。他议曰："周文武所封子弟同姓甚众，然后属疏远，相攻击如仇雠，诸侯更相诛伐，周天子弗能禁止。今海内赖陛下神灵一统，皆为郡县，诸子功臣以公赋税重赏赐之，甚足易制。天下无异意，则安宁之术也。置诸侯不便。"[②] 他认为周文王、周武王分封了许多同姓子弟为诸侯，但后来他们和周王朝的关系越来越疏远，彼此如同仇敌一般互相攻击，连周天子也没法加以禁止。如今，全靠陛下英明神武，海内完成了一统，都成为直属朝廷的郡县，对待诸子和功臣可以用国家的赋税收入给予丰厚的赏赐，以便于控制天下，这才是实现海内承平的安宁之术，而分置诸侯的分封制不宜施行。始皇曰："天下共苦战斗不休，以有侯王。赖宗庙，天下初定，又复立国，是树兵也，而求其宁息，岂不难哉！廷尉议是。"[③] 嬴政的态度很明确，天下苦于战争长久不息，正是由于侯王割据互相争夺。现幸有祖先神灵保佑，使天下终于得到安定，如重新分立诸侯，将再次埋下战乱的隐患，到时候想谋求海内安定就困难了。于是经过斟酌，秦始皇采纳了李斯的建议。

（2）郡县制是与时俱进"师今"思想的体现

公元前 213 年，秦始皇置酒咸阳宫，君臣就是否推行郡县制，又发生了一次著名的御前辩论。仆射周青臣进颂曰："他时秦地不过千里，赖陛下神灵明圣，平定海内，放逐蛮夷，日月所照，莫不宾服。以诸侯为郡县，人人自安乐，无战争之患，传之万世。自上古不及陛下威德。"[④] 他认为以往秦国地方不过千里，如今赖陛下神灵明圣，日月所照的地方，全都成了陛下的国土。在诸侯统治旧地上设立郡县，将人人安乐，不再有战争的祸患，天下可以传之万世。随后，博士齐人淳于越进言，直接反驳了周青臣的说法。他辩解道："臣闻殷周之王千余岁，封子弟功臣，自为枝辅。今陛下有海内，而子弟为匹夫，卒有田常、六卿之臣，无辅拂，何以相救哉？事不师古而能长久者，非所闻也。今

---

①　《史记·秦始皇本纪》。

②　《史记·秦始皇本纪》。

③　《史记·秦始皇本纪》。

④　《史记·秦始皇本纪》。

青臣又面谀以重陛下之过，非忠臣。"① 淳于越认为殷周政权能维持一千多年，正是由于封子弟功臣。今陛下有海内，却废除分封制而推行郡县制，这样不遵循古训行事，怎么能够长久呢？

丞相李斯曰："五帝不相复，三代不相袭，各以治，非其相反，时变异也。今陛下创大业，建万世之功，固非愚儒所知。且越言乃三代之事，何足法也？异时诸侯并争，厚招游学。今天下已定，法令出一，百姓当家则力农工，士则学习法令辟禁。今诸生不师今而学古，以非当世，惑乱黔首。丞相臣斯昧死言：古者天下散乱，莫之能一，是以诸侯并作，语皆道古以害今，饰虚言以乱实，人善其所私学，以非上之所建立。今皇帝并有天下，别黑白而定一尊。私学而相与非法教，人闻令下，则各以其学议之，入则心非，出则巷议，夸主以为名，异取以为高，率群下以造谤。如此弗禁，则主势降乎上，党与成乎下。"②

上述李斯的表述指出，五帝不相重复，三代不相沿袭，各按自己的方法治理国家，不是后者要与前者相违背，只是时代不同罢了。现在陛下开创伟大的基业，创建万世的功勋，本来就不是愚蠢的儒生所能够理解的。况且淳于越讲的只是三代的事，有什么值得效仿呢？从前诸侯并立竞争，以优厚的待遇招揽周游列国的学者。现在天下已平定，法令都由陛下统一颁布，百姓在家就应该努力务农做工，士人就应该学习和遵守法律。现在的儒生们不学习当今的法令，却效仿古代的制度，以此指责当代的政治，迷惑平民百姓。

李斯指出，古时候天下分离混乱，没有人能够统一号令，所以诸侯并立，说话都是称引古人为害当今，用虚伪的言论来掩盖事情的本质。人们赞美自己所偏爱的学说，以此指责陛下所创建的新制度。现在皇帝兼并天下，辨别黑白而乾纲独断。人们在命令下达后，就用各自所学来议论，入朝时在心里指责，出门后街谈巷议，或夸奖主上来博取名声，或表达异议来抬高自己，或率领众人来造谣生事。像这样却不禁止，无疑会削弱君主的威望，使臣下结党营私。

可以看出，辩论中李斯批驳"师古"的主张，以为五帝的政策不相重复，三代不相沿袭，但是各自都实现了安定和进步，行政体制只能依时势而变化演进，进而明确了郡县制改革的现实意义。他又指出，古来天下散乱，不能统一，以致出现"诸侯并作""诸侯并争"等严重危害，而郡县制对于"创大业，建万世之功"有重要作用。只有实行郡县制，使同姓子弟和功臣依附于皇帝，让他们失去发动战争的政治条件和物质基础，才能彻底断绝其不臣之心。唯此，才能巩固中央集权，确保君权稳定，推动国家统一和社会发展。基于当时的政治思维习惯，这场辩论是在"师古"与否的理论背景下展开的。李斯反对博士淳于越"事不师古而能长久者，非所闻也"的观点，批评愚儒们"不师今而学古，以非当世"是惑乱人民，明确主张要"师今"。在"古今"问题上，他继承法家

---

① 《史记·秦始皇本纪》。
② 《史记·秦始皇本纪》。

学派"分期进化"的历史观，表示要看到事物的发展变化。"物极则衰，吾未知所税驾也!"[①] 事物发展到了顶点就会走向自己的反面，这就叫"物极则衰"。由此他提出国家的行政管理应根据现实需要，从实际出发来制定政策，而不应囿于古人，因循守旧。

2.1.2 李斯推行郡县制背后的行政体制思想内容

（1）郡县制的政策实施

李斯推行郡县制的想法得到了秦始皇的大力支持。王绾的丞相之职被罢免后，李斯取而代之。在明确了治理之策之后，李斯等人精心策划，制定中央政府和地方郡县的行政体制实施方案，在中央设三公、九卿，在地方设郡、县。分天下为三十六郡，每一个郡，设置守、尉、监诸官职，分别负责行政、军事、监察等，从而彻底固化郡县制度，完成体制定型。多数学者认可全祖望在《汉书地理志稽疑》中的考据，认为秦王朝最初设置的三十六郡包括：陇西、北地、上郡、汉中、蜀郡、巴郡、邯郸、巨鹿、太原、上党、雁门、代郡、云中、河东、东郡、砀郡、三川、颍川、南郡、黔中、南阳、长沙、楚郡、九江、泗水、薛郡、东海、会稽、齐郡、琅邪、广阳、渔阳、上谷、右北平、辽西、辽东。管辖京畿附近诸县的"内史"，是和郡平级的行政单位，不在三十六郡之内。后来随着疆域的扩展，又设九原、南海、桂林、象、闽中五郡。因此，除内史管理的京畿地区外，秦共有四十一郡。在秦的地方行政体系中，郡的下级单位是县。民族地区的县级行政单位称"道"，这是因为当时的中央政府对于这些地区一般只控制主要的交通线，并由此推行政令、集散物资。秦县的数量大约有一千个。

政区范围的确定，标志着秦帝国最基本的文化圈初步形成。后来中土文化向四方传播，都以此作为基点。李斯构建的一套完整的行政管理制度，有效地强化了中央政权对全国范围的控制，同时郡县制作为巩固中央集权君主专制和防止国家分裂的重要制度，切合实际且符合"大一统"历史发展规律，代表了进步的方向，应予以充分肯定。郡县制意义重大，影响深远，为我国行政区划奠定了基础。在以后两千多年漫长的封建历史上，各朝代对地方政权的管理基本承袭郡县制，并不断发展与完善。这一行政体制对于巩固国家统一和促进经济社会发展起到了支撑作用。[②]

（2）郡县制的主要特点

分封制和郡县制这两种体制背后实际上是两种不同的权力分配方式。前者意味着地方分权，分封的诸侯国自成权力系统，拥有和行使相对独立的行政权；后者意味着行政权力全部归于中央朝廷，由皇帝掌控，国家实行官僚制度，各级官员由中央任命，地方政府执行中央的命令，不拥有独立的行政权力。李斯主张国家行政权力必须集中于中央，

---

① 《史记·李斯列传》。
② 田兆阳：《中国古代行政学说史》，北京出版社 2007 年版，第 85 页。

由国家最高行政权力主体——皇帝一人牢牢掌握。为此，他主张绝对尊崇皇帝的权威，以此作为行政管理的原则。李斯所推行的郡县制有如下几个特点。

第一，地方行政机构设郡、县（道）两级，县以下有乡、里等基层政权组织。当时地方上实行的基本是郡县制，封君食邑的"国"数量很少，且实际上仅相当于县一级建制。中央政府之下设有数十个郡，作为地方最高行政区划的郡规模相对较小。第二，郡县主官一律由中央政府任免，其他各种重要官吏的任免权亦操于中央。各级官吏的职责及行政行为根据国家制定的统一法规加以规范。一切地方官都属于官僚制度中的一员，他们必须服从国家及上司的法令、政令，定期向上一级政府报告政务，并接受考课。此外，中央还在地方设置专门的派出机构，以监察郡县百官或直接管理有关事务。第三，国家将各项重大权力集中于中央政府，通过掌握大政方针的决策权、国家法规和制度的制定权、各级主要官吏的任免权、所有军队的调动权以及最高司法权、最高监察权、财政权等，加强对郡县的控制，使地方很难形成对抗性的政治势力。第四，初步形成地方官吏分权制衡的机制。比如，在郡一级，郡守、郡尉、监察御史在行政、军事、监察方面各有分工，同时军事、监察权力有相对的独立性。第五，中央赋予地方较多的实权，使之有一定的自主权。各级政权机构基本上实行行政、司法、军事、财政、监察等诸权合一。郡守和县令有制定地方性法规、政令和选任低级官吏、属吏的权力。每一级行政机构只有一个权力中心，行政首长的权力较大。地方享有的权力足以承担其职权范围中的各项日常政务，必要时郡守还可以集中包括军事力量在内的特殊资源以应对危机。[①]

2.1.3　李斯推行郡县制的行政体制思想简评

许多研究者认为秦朝灭亡的原因之一是嬴政嗜权如命，中央集权过甚，而地方权力太少，其实不然。自春秋至秦兼并六国，列国普遍推行郡县制，逐步取代了分封制。综观中国古代行政制度发展历程，在历代王朝中，秦的郡县一级政权以及行政长官的实际权力是较大的。虽然当时还有封国存在，但封君在封国内已无行政、军事大权，只是"衣食租税"而已。而且，后世各朝行政区划尽管有不同名称，或有不同层级的变化，但基本沿用了郡县的行政区划。秦确立郡辖县、县辖乡、乡辖亭、亭辖里，民众以什伍编制的行政管理制度，这套制度在封建统治中显示出了强大的生命力，历久而不衰。李斯在全国范围内推行郡县制，只是继承前烈，适应时代变化发展需要，把郡县制制度化、系列化而已。这乃是历史的必然，没有什么"过急之弊"，更不是秦朝短命的原因。明代思想家李贽在《史纲评要》中称李斯倡行的郡县之议是"千古创论"，就"置郡县"之举多加赞誉，认为其人是应运豪杰、因时大臣，假使圣人复生，所推行的政策也不会改变。

从客观上来评价，李斯关于推行郡县制的行政体制思想对历史发展的积极作用表现在以下方面。其一，进一步摧毁了旧氏族贵族控制的封地，使郡县土地和人民属于国君。

---

① 马平安：《政治家与古代国家治理》，团结出版社 2018 年版，第 127—128 页。

政府直接从郡县征收赋税，从而增加了财政收入，促进了按地域统治民众的政治发展。其二，使不同经济、政治、文化风俗甚至不同血缘的族群都按什伍编制起来，实行统一的行政管理，加强了中央对地方的统辖，有利于控制人口，使民众"生者著，死民者削。民众从不逃粟，野无荒草"①，国家可以直接向居民征集劳役，从而促使阶级关系发生新变化。其三，为取消封君的世袭特权，以官僚制取代世卿世禄制提供了条件。郡县制的确立，官僚制的形成，使官吏由国君直接任免，不准世袭，使国家从中央到地方的军政、财税大权完全集中到国君一人之手，这是对分封制的彻底否定。当然，郡县制的行政体制思想也存在诸多不足。一是地方主官的权力太集中。由于秦朝立国时间短，这个问题没有充分暴露，但后来项梁、刘邦等一批豪杰只要夺取守令印信，便能形成一股推翻秦统治的势力，这在一定程度上说明李斯设计的郡县制不乏漏洞。二是地方最高一级行政区划规模太小。全国共划分为四十多个郡，中央直接管理的下一级政权机构数目多，郡一级行政区划小，致使力量过于"细碎化"。当国家出现危机时，仅凭各个郡县的实力，很难在更大范围内组织有效的应对，而中央王朝的权力又难免鞭长莫及。②

2.2　仲长统反对分封的行政体制思想

　　仲长统（公元 180—220 年），字公理，山阳郡高平（今山东省邹城市）人，东汉末年著名思想家、政治理论家，少好学，博涉书记，善文辞。20 岁左右，在青徐并冀之间游学。他生性倜傥不羁，言辞辛辣，不拘小节，时人称为"狂生"。仲长统屡被征辟，皆称疾不就。建安中，得尚书令荀彧赏识，被举为尚书郎，后参与丞相曹操军事谋划。面对当时严重的社会政治危机，他著书救世，幻想存亡续绝，有《昌言》34 篇，十万余字。原书在宋朝散佚，《后汉书·仲长统传》录有《理乱》《损益》《法诫》3 篇，其他散见于《群书治要》、严可均的《全后汉文》和马国翰的《玉函山房辑佚书》。仲长统为维护封建中央集权，针对错误观点和社会流弊，主张"政在一人"，实行推恩削藩政策，其反对分封的行政体制思想影响甚大。

2.2.1　仲长统反对分封的行政体制思想背景

（1）外戚宦官专权

　　戚宦争权是东汉王朝衰亡的主要原因之一，也是这一时期突出的政治特点。东汉末年的皇帝普遍年幼上位，且夭殇短命。他们无力亲政，只能依靠母后辅政，由其代行皇权，因此外戚势力不断膨胀。"东京皇统屡绝，权归女主，外立者四帝，临朝者六后。莫

---

①　《商君书·去强》。

②　马平安：《政治家与古代国家治理》，团结出版社 2018 年版，第 128—129 页。

不定策帷帘，委事父兄，贪孩童以久其政，抑明贤以专其威。"① 这句话的意思是，东汉皇家世系屡次断绝，权力落于女主之手。援引外系立帝的有安帝（清河王子）、质帝（渤海王子）、桓帝（蠡吾侯子）、灵帝（解渎亭侯子），临朝听政的太后有章德窦太后、和熹邓太后、安思阎太后、顺烈梁太后、桓思窦太后、灵思何太后，她们无不决定政策谋略于闺房内室之中，把国家大事委托其父兄。太后喜欢控制幼主以便长久执政，抑制排斥明达贤良的人才，以专擅朝政而逞威风。皇帝成年后，沦为傀儡之主，试图依靠宦官势力肃清外戚，而建功的宦官们"遂享分土之封，超登宫卿之位"②，国家大权渐而沦入宦官之手。正如历史学家翦伯赞在《秦汉史》中所说："从外戚政治到宦官政治，其意义只是宣告贪官污吏的换班而已。"

（2）士人痛苦彷徨

外戚宦官势力的急剧膨胀直接阻碍了士人的仕途，他们对外戚宦官乱政的危害深有体会，认为这不仅妨碍个人的前途，而且直接关系到国家的存亡兴衰。士人对国家的责任感在朝政日乱的情况下愈加强烈，有的品核公卿，裁量执政，对当权者公开批评，有的激扬名声，互相提拂，自我宣扬和相互标榜，从而激化了与外戚宦官的矛盾，引发两次党锢之祸。整个士人阶层受到残酷打压，被迫退身穷处。残酷的现实使这些有识之士陷入极度痛苦和彷徨之中。

仲长统生活的时期恰逢东汉末年，战乱频繁，戚宦擅权，纲纪毁坏，"权移外戚之家，宠被近习之竖，亲其党类，用其私人，内充京师，外布列郡，颠倒贤愚，贸易选举，疲驽守境，贪残牧民，挠扰百姓，忿怒四夷，招致乖叛，乱离斯瘼"③。从这段话可见，实权转移到皇后家族，宠信则施加到皇帝身边的宦官。这些人亲近自己的同类同党，任用私己，在内充斥京城，在外遍布州郡。他们颠倒贤能与愚劣，利用举荐的机会进行私人交易，使无能不才者守卫疆土，贪婪凶残者统治人民。黎民百姓受到搅扰，四方外族又被激怒，终于导致反叛，带来战乱流亡和忧患疾苦。外戚和宦官专权是人治，因此也是封建专制的必然产物。如仲长统所分析，他们凭借与君主个人的关系，逐渐操纵政权，"光武夺三公之重，至今而加甚，不假后党以权，数世而不行，盖亲疏之势异也"④。也就是说，随着外戚宦官势力的增强，君主权力或朝廷大权不断被转移、分割和削弱，最后成为祸国殃民的工具，这使以仲长统为代表的一众士人深恶痛绝。

仲长统在《昌言·理乱》中对士人的困境有如下归纳："清洁之士，徒自苦于茨棘之间，无所益损于风俗也……夫乱世长而化世短。乱世则小人贵宠，君子困贱。当君子困贱之时，局高天，蹐厚地，犹恐有镇厌之祸也。逮至清世，则复入于矫枉过正之检。老者耄矣，不能及宽饶之俗；少者方壮，将复困于衰乱之时。是使奸人擅无穷之福利，而

---

① 《后汉书·皇后纪》。
② 《后汉书·宦者列传》。
③ 《昌言·法诫》。
④ 《后汉书·王充王符仲长统列传》。

善士挂不赦之罪辜。"其意思大致是，乱世长而治世短。乱世时小人贵宠，君子陷入困贱。当遭遇乱世，君子困贱，天虽高而不敢不弯腰屈背，地虽厚而不敢跨大步走路，唯恐大祸临头。及至清明之世，又进入了矫枉过正的局面。由于治世短而乱世长，老者来不及看到治世，少者又将遭遇下一乱世。这就使奸人独得无穷的福利，而善良的人却遭受不赦的罪孽。居住在茅屋清苦自守的人，则无力扭转这一世风。

（3）豪强地主势力膨胀

豪强地主凭借经济实力和政治依靠获得强势，并对皇权和民生造成危害，成为突出的社会问题。在经济上，豪强地主肆意兼并土地，导致土地高度集中，大批自耕农破产。失去土地的农民日益贫穷成为流民，过着颠沛流离的生活。对此，仲长统指出："豪人之室，连栋数百，膏田满野，奴婢千群，徒附万计。"[①] 农民脱离封建国家的户籍，极大减少了东汉政府的赋役资源，对经济基础造成了破坏。所以在东汉末年灵帝时，国家财政拮据到不得不以减少百官俸禄、卖官鬻爵等方式填补军国急需。在军事上，东汉世族豪强发展私人武装，不仅豢养大量耕战结合的私人奴婢，还在田庄内制造兵器，时常干涉地方政务，扰乱社会治安。"身无半通青纶之命，而窃三辰龙章之服；不为编户一伍之长，而有千室名邑之役。荣乐过于封君，势力侔于守令。财略自营，犯法不坐。刺客死士，为之投命。"[②] 仲长统以此描述道，豪强地主没有半个青纶的命，却穿着有三辰龙章的服色；不是一伍之长，却有千室名邑的仆役。他们所获得的荣乐超过了封君，所拥有的势力相当于守令。有的世族豪强用武力抗拒官府，更有甚者率领宗族武装攻击郡县。可以说，皇权与豪强之间的矛盾已十分尖锐化，底层劳动人民与大地主之间的矛盾也越来越难以调和，最终袁绍、曹操等军事集团在乱世中崛起。

2.2.2　仲长统反对分封的行政体制思想内容

（1）构建"政在一人"的体制框架

面对东汉末年的政治形势，仲长统提出强化中央集权的主张。首先，必须避免外戚和宦官专权。仲长统认为，统治者要以历史为鉴，不靠外戚和宦官来实施决策，不给其执掌大权的机会，使"政不分于外戚之家，权不入于宦竖之门"[③]。针对东汉中后期，外戚、宦官、朝臣、太学生等形成多个利益集团，彼此激烈争斗，致使政治混乱的现象，仲长统进行了批判及分析，指明问题的根源在于体制。他深入思考东汉时期的政治体制特点，特别是各行政管理部门之间的职权划分和相互关系。在他看来，东汉体制的一个致命缺点是丞相职权虚设，削弱了中央王朝的掌控权，导致君主大权旁落，外戚、宦官

---

① 《昌言·理乱》。
② 《昌言·损益》。
③ 《昌言·法诫》。

等趁机弄权，从而造成秩序混乱。据此，他力主重新设立实职丞相，恢复其作为百官之长的地位，总理中央政务，使君主通过丞相统领全国，总揽天下，实现所谓"政在一人"。

总之，仲长统分析弊政，主张从行政体制改革入手，"未若置丞相自总之。若委三公，则宜分任责成"①。如果选择让三公参与政务，那么应明确各自的职责与责任，保证他们各尽其职。其意在通过相权的完备，以强化中央集权和皇权对国家的掌控，从而消弭党争，实现有效的治理。为保证行政权力的良性运转，各职权部门及其之间要做到权责分明。其中，丞相管理权的正常运作，要避免其他势力的影响或干扰。仲长统认为丞相不可与皇室有姻亲关系，他说："夫使为政者，不当与之（皇室）婚姻；婚姻者，不当使之为政也。"② 这句话的意思是说，执政者不应该与皇室成员结婚，以保持政治的中立与公正。同时，已联姻的人也不应参与政治，避免权力过于集中或产生利益冲突。因此，建立这样一种回避制度，有助于防范外戚、宦官等政治利益集团的干政。

（2） 实行推恩削藩的政策

在行政体制设计上，仲长统坚决反对分封，支持实行郡县制，通过削夺王权、降爵削土，"收其奕世之权"。这一结论得自他对历史经验尤其是西汉分封诸侯的历史总结。汉初分封子弟，朝廷赋予其独立行政之权，所谓"委之以士民之命，假之以杀生之权"③，将决定官员和民众命运的权力交给地方诸侯，同时授予他们掌握民众生死的权力，结果是这些子弟利用手中权力，牺牲民众利益以满足个人欲望，"鱼肉百姓，以盈其欲；报蒸骨血，以快其情。上有篡叛不轨之奸，下有暴乱残贼之害"④。

仲长统认为分封制有其固有弊端，"盖源流形埶（势）使之然也"⑤。对此，要对那些受封者夺其爵位，收其封土，改成郡县，能胜其任者可留下来继续代表中央在当地行使行政管理权，不能胜任者要早易他人。他的这种策略具有现实针对性，看到了分封与集权的矛盾以及分封制给国家行政管理带来的危害，要求必须彻底解决这一问题，以排除由此给中央集权造成的威胁。东汉王朝诚然主要实行郡县制，但历代皇帝都分封皇家子弟为王，后来外戚、宦官甚至皇帝的乳母也能够封侯食邑，这不能不说是汉末政治动荡的一大隐忧。后来，西晋又重蹈东汉覆辙，大行分封，最终招来"八王之乱"，中央政府对地方严重失控，形成新的割据局面。从某种意义上讲，仲长统在理论上是有预见性的，关于这一地方行政体制的争论，无论结果如何，他的见解和观点都有助于打击骄逸自恣、鱼肉百姓的势力，具有积极的时代意义。

---

① 《昌言·法诫》。
② 《昌言·法诫》。
③ 《后汉书·王充王符仲长统列传》。
④ 《昌言·损益》。
⑤ 《昌言·损益》。

仲长统强调，现有行政体制如果对时局有利，就要坚定不移去贯彻，如果不能顺天安民，或者法令达不到规范现实生活的目的，就应积极改革。他提出改革的目的是"利于时"和"便于物"，改革的原因是"乖于数"和"玩于时"，判断改革成败的标准是有"功"，要看改革的社会成效，重视社会政治的功利。仲长统举例说，西汉初年，汉高祖诚亡秦之失，凡其子弟一律封王，作为朝廷藩屏。诸王分疆裂土，都有生杀予夺的权力，于是骄傲起来，放肆无度，贪得无厌，对皇上有篡夺叛逆、图谋不轨的野心，对下残害百姓、横行乡里。虽然与朝廷血肉相连，但"源流形势"足以令他们放纵不法。后来推恩令等削藩政策的实行，使他们化大为小，化整为零，甚或只是被供养起来。仲长统赞赏这项改革，说道："是故收其奕世之权，校其从横之势，善者早登，否者早去，故下土无壅滞之士，国朝无专贵之人。此变之善，可遂行者也。"① 其大意是要求收回世代相传的权力，审视权力的纵横交错情况，让有才能的人早日得到提拔，让无能的人早日离开职位。这样，下层社会就没有被压制的人才，国家朝廷中也没有独揽大权的人物。这项改革利于加强皇权，巩固中央集权，避免社会纷乱和战争。此外，他认为推恩削藩政策必须适应千变万化的情况，"遭运无恒，意见偏杂，故是非之论，纷然相乖"②。也就是说，命运变幻无常，人们的观点也多种多样，因此对于行政体制的是非讨论，纷繁复杂，甚至相互矛盾。要认真加以研究，因时制策，切忌墨守成规。

2.2.3　仲长统反对分封的行政体制思想简评

仲长统在中央与地方关系层面，论述分封制的弊端，主张强化中央集权，通过实施郡县制合理分配行政权力，根据因时利民原则制定政策，旨在构建一个更为稳定和高效的行政体制。他针对外戚宦官专权问题，创造性地提出政府体系应独立于君主，以避免政权被特定集团所操纵的观点，从理论上说明了取消分封，将地方统一纳入中央政府的行政管理之下，有助于减少诸侯豪强的威胁，维护国家的"大一统"。仲长统关于行政改革"利于时"和"便于物"的思想内蕴实事求是精神。在"遵古"和"法圣贤"的古代中国，尤其是在形名学甚嚣尘上的时代，这是非常难能可贵的。同时，在他看来，废除郡国并行制，改用郡县制，使"下土无壅滞之士，国朝无专贵之人"，不仅有利于君主权力的集中，也有利于维护社会的公平正义。这体现了仲长统对中央政府在处理地方事务时需要具备灵活性的深邃思考。

很显然，仲长统的言论是激进而切中时弊的，他的《昌言》即为激愤之作。对强化中央集权、反对分封、实现"政在一人"等政策，他态度坚决，很少有折中调和之意，提出的行政改革建议既切流弊，又抓根本，较为全面深刻，有拨乱反正的气概。仲长统的思想是当时历史环境的客观反映，其行政体制思想建立在对现实批判的基础之上，通过对社会政治乱象的揭露阐发自己的治国方案，对汉末的社会百病进行大胆

---

① 《昌言·损益》。
② 《后汉书·王充王符仲长统列传》。

剖析和批判，试图革除时弊，使社会重新回到正常的发展轨道。尽管仲长统在如何进一步完善郡县制上没有提出更多新内容，但强烈要求改变现状、完善国家行政管理体制的理念宗旨以及一些具体的政策建议，折射出他高度的社会责任感和积极参与政事的心态。

2.3　柳宗元坚持郡县制的行政体制思想

柳宗元（公元773—819年），字子厚，唐代著名思想家、政治家、文学家，祖籍河东郡（今山西省运城市永济、芮城一带）人，出身河东柳氏，世称柳河东、河东先生。他的父亲柳镇曾任录事参事、长安主簿、殿中侍卿史等，对其有一定的影响。据载，柳宗元自幼聪敏，无不通达。德宗贞元年间，21岁的柳宗元进士及第，授校书郎，"俊杰廉悍，议论证据今古，出入经史百子，踔厉奋发，率常屈其座人，名声大振，一时皆慕与之交。诸公要人，争欲令出我门下，交口荐誉之"①。贞元十九年（803年）任监察御史里行。顺宗即位后，被提拔为礼部员外郎。从此，他与王伾、王叔文、刘禹锡等人成为永贞革新集团中的重要人物。革新失败后，被贬为永州司马，元和十年（815年）应召回京，不久又外放柳州刺史，后卒于任所，享年47岁。秦汉以降，古人对分封制与郡县制的优劣问题争辩不休，对此柳宗元提出了自己的主张，其行政体制思想在他的著作《封建论》中得以体现，代表着这场争辩中有关郡县说的最高成就。

2.3.1　柳宗元坚持郡县制的行政体制思想背景

唐初贞观时，太宗李世民曾与萧瑀等人"讲封建事，欲与三代比隆"②，受到魏征、李百药的反对。颜师古建议"建诸侯当少其力，与州县杂治"③，此事才暂且放下。此后，名儒刘秩目武氏之祸，则建论以为，设爵无土，署官不职，非古之道，故权移外家，认为"郡县可以小宁，不可以久安"④。唐中叶以后，随着藩镇割据的加剧，中央与地方的矛盾日益尖锐，为此有人提出："封建者，必私其土，子其人，适其俗，修其理，施化易也。守宰者，苟其心，思迁其秩而已，何能理乎？"⑤于是极力主张废除郡县制，恢复分封制。在此背景下，柳宗元专门撰写《封建论》一文，驳斥这个复古倒退的论调，全面深入地阐述郡县制优于分封制的观点。

---

① 《韩昌黎文集·柳子厚墓志铭》。
② 《新唐书·李戡列传》。
③ 《柳宗元集·封建论》。
④ 《新唐书·李戡列传》。
⑤ 《柳宗元集·封建论》。

（1）藩镇割据：中晚唐严重的社会政治问题

唐玄宗在位期间，由于均田制的瓦解，自北周直至初唐实行的府兵制渐遭破坏。所谓府兵是指各地方的军府管辖的职业军人，他们平时轮番守卫，战时出征打仗，参战武器和马匹均须自备。战事发生时，朝廷一声令下，编在军籍的府兵就得自备武器，自带干粮，出征作战。盛唐时期，府兵制就开始瓦解，朝廷实行募兵制，但募兵制后来恶性发展，形成藩镇割据的局面。为拒止外敌的入侵，玄宗朝大量扩充边防军政，设立节度使，赋予其军事统帅权、财政支配权以及监督州县的权力。安史之乱发生后，为抵御叛军的进攻，军镇制度又扩展到内地。当时比较重要的州都设立了节度使，而且他们可以指挥好几个州的军事。较次要的州则设立防御使或团练使，以扼守军事要塞。这些军事长官由于常常兼任所在道的观察处置使，就成为实际的地方行政长官。因此，在州一级行政单位之上又出现军事行政单位，大则节度、小则观察，就构成了唐代后期所谓的藩镇，又称方镇。安史之乱被平息后，叛军党羽纷纷投降唐朝，但朝廷无力彻底消灭这些势力，便以赏功为名授予节度使称号，由他们分统原来叛军所占据的地盘。

从代宗到德宗朝，这些强藩大镇互相兼并，竞相叛乱，严重祸害百姓，危及国家存亡。建中二年（781 年），一起规模很大的割据战争——"建中之乱"爆发了。这起战乱的直接起因是成德镇节度使李宝臣病死，其子李惟岳擅自遵循"河朔旧事"（唐后期藩镇主帅的世袭特权和相对自治现象），且得到河北另外二镇和山南东道节度使梁崇义的支持。当时，德宗初即位，颇想重振朝纲，不允其请。于是四镇一起反叛。朝廷历经 4 年，才平定了这次藩镇叛乱。但是，最终安定局面的形成依然是以朝廷向强藩妥协为代价。"建中之乱"发生在柳宗元童年时期，他的家庭深受战乱带来的骨肉分离之苦，使其从小就对藩镇割据深恶痛绝。

（2）永贞革新：反对藩镇割据

在柳宗元成长的贞元年间，是唐朝社会矛盾深化和复杂化的时期，朝廷中的有志之士都在积极寻求变革。唐顺宗李诵早在为太子时即有变革新政之志，即位后宠信王伾，赏识王叔文。同时，刘禹锡、柳宗元等一批朝士也与二王志同道合，集结为一个以"二王刘柳"为核心的革新派。二王集团推行的政治革新措施，一方面是下令改革积弊，以争取民心，另一方面是要为朝廷收回财权、军权，抑制藩镇势力。但因二王刘柳等人自身的缺点、革新力量的单薄以及宦官藩镇势力的强大，这场新政最后以失败告终。公元805 年 8 月，宦官逼迫李诵退位，让其禅位于太子李纯。宪宗即位后贬逐二王，又将韦执谊、刘禹锡、柳宗元、韩泰等八人贬至外州任司马。此事件被学界称为永贞革新，或称二王八司马事件。宪宗虽贬谪了革新派，但在反对藩镇割据、重树中央权威方面，则与之一脉相承。元和年间，柳宗元先是被贬永州司马，后又再贬柳州刺史，但他在任时一直没有停止对政治革新失败的反思，而且在大量作品中发表了对解决藩镇割据问题的看法和见解。

2.3.2 柳宗元坚持郡县制的行政体制思想内容

（1）郡县替代分封是历史之"势"

分封论的主张者通常打着圣人旗号，将其作为立论依据。柳宗元从历史的角度考察，认为"近者聚而为群。群之分，其争必大，大而后有兵有德。又有大者，众群之长又就而听命焉，以安其属。于是有诸侯之列，则其争又有大者焉。德又大者，诸侯之列又就而听命焉，以安其封。于是有方伯、连帅之类，则其争又有大者焉。德又大者，方伯、连帅之类又就而听命焉，以安其人，然后天下会于一。是故有里胥而后有县大夫，有县大夫而后有诸侯，有诸侯而后有方伯、连帅，有方伯、连帅而后有天子。自天子至于里胥，其德在人者，死必求其嗣而奉之。故封建非圣人意也，势也"[①]。

上述观点的大意是，相近的人们聚居在一起就成为群体。当人们分成了群体的时候，争斗一定扩大，争斗扩大以后就产生军队和德望这些东西，争斗的规模就更大了。各个群体的领袖又去找那些军队强、德望高的人来判断是非曲直并听从他的指挥，借以安定他们的部属，于是就产生了一系列的诸侯，那么他们之间的争斗又扩大了。对于这些德望更大的人，诸侯们又去找他判断是非曲直并听从他的指挥，借以安定他们的封地。于是就产生了一方诸侯的领袖方伯和十国诸侯的领袖连帅这种人。这么一来，他们之间的争斗更加扩大了。方伯、连帅们又去找德望更大的人判断是非曲直而听从他的指挥，借以安定他们的人民。这样之后，天下就统一在天子一个人身上了。所以说，有了里胥这些乡镇小官，然后才有县长官，有了县长官然后才有诸侯，有了诸侯然后才有方伯、连帅，有了方伯、连帅然后才有天子。从天子到里胥，他们之中有恩惠于人民的，死了以后人民一定寻求他们的继承人并加以拥护。因此，封建制的出现并不是圣人的意志决定的，而是形势发展的必然结果。

柳宗元的理论分析紧扣一个"势"字，摆事实，讲道理，逻辑缜密，阐明人类社会的发展是时势使然，行政体制的发展有其客观规律。"非圣人意也，势也"[②]，即使是"圣人"，也不能违背"势"，不能按自己的主观愿望来决定国家制度的兴替，而只能因势定制，顺应大趋势。他指出，周的灭亡"失在于制，不在于政"，而秦的灭亡则"失在于政，不在于制"[③]。尽管分封制经历有尧、舜、禹、汤及文、武数代，但历史发展的大趋势决定了它必为另一种更完善的体制所替代，这就是郡县制。

（2）郡县制优于分封制

柳宗元分析周秦以来兴衰成败的历史事实，阐述了郡县制优于分封制的理由。他说：

---

① 《柳宗元集·封建论》。
② 《柳宗元集·封建论》。
③ 《柳宗元集·封建论》。

"周有天下，裂土田而瓜分之，设五等，邦群后，布履星罗，四周于天下，轮运而辐集。"然而，自周夷王之后，礼制遭到破坏，至于幽、厉，"王室东徙，而自列为诸侯矣"，"厥后，问鼎之轻重者有之，射王中肩者有之，伐凡伯、诛苌弘者有之，天下乖戾，无君君之心"。周王室衰微，诸侯国强盛，形成了尾大不掉之势。周朝陷入四分五裂的状态，徒建空名，终于"威分于陪臣之邦，国殄于后封之秦"。其根本原因是分封制削弱了中央集权，到后来已不利于中央对地方的控制，"则周之败端，其在乎此矣"①。

他针对当时流行的"夏、商、周、汉封建而延，秦郡邑而促"的看法，即夏、商、周、汉诸朝由于实行分封制，所以国祚绵长，秦朝之所以二世而亡，则是由于实行郡县制这一观点，剖析了秦王朝命运短促的原因。"秦有天下，裂都会而为之郡邑，废侯卫而为之守宰，据天下之雄图，都六合之上游，摄制四海，运于掌握之内，此其所以为得也。"他指出秦统一四海，废封建而置郡县，有利于国家的统一，巩固了封建统治，具有历史进步意义。秦朝灭亡的真正原因是实行暴政，"时则有叛人而无叛吏，人怨于下而吏畏于上，天下相合，杀守劫令而并起。咎在人怨，非郡邑之制失也"②。

相反，柳宗元认为秦汉以后，分封制才是导致地方割据、社会秩序混乱的主要缘由。汉初，"矫秦之枉，徇周之制，剖海内而立宗子，封功臣"，实行分封制与郡县制并行的行政体制，结果"数年之间，奔命扶伤之不暇，困平城，病流矢，陵迟不救者三代"③。汉初七十年，郡县制与分封制参半，叛乱迭起，但"有叛国而无叛郡"④，发生动乱的根本原因是地方封主的权力过大，与郡县制无关。这足以说明，郡县制比分封制更有利于统治。

有唐以来的历史亦可说明这一点。柳宗元说："唐兴，制州邑，立守宰，此其所以为宜也"，故延祚二百余年而不衰。虽至唐中叶，藩镇割据，战乱频发，侵权扰民，危害统治，他认为其原因在于兵骄将悍，"失不在于州而在于兵""有叛将而无叛州"。只有坚持郡县制，即"州县之设，固不可革也"⑤，把兵权和州县官吏的任免权收归中央，善治兵，谨择守，国家仍然可以治理好。

（3）柳宗元的"公私论"

柳宗元思想的价值还在于，他隐约地看到在历史发展中人的主观愿望与客观作用之间的联系和区别，提出了颇有见地的"公私论"。他认为，汤、武实行分封制是不得已而为之，与当时的形势、风俗和政治格局是相适应的，"非公之大者也，私其力于己也，私其卫于子孙也"⑥。西周统治者正是出于驭使诸侯为我所用的私心才分封天下，这出于统治者根本利益的考虑，而并非出自公心。他批评分封制下的贵族世袭制，认为其最大弊

---

① 《柳宗元集·封建论》。
② 《柳宗元集·封建论》。
③ 《柳宗元集·封建论》。
④ 《柳宗元集·封建论》。
⑤ 《柳宗元集·封建论》。
⑥ 《柳宗元集·封建论》。

端是消解了国家权力。天下原本不是一家一姓之天下，在政权的交替过程中，篡权与禅让没有什么不同。他列举道，尧、舜、禹之间禅让继承，商汤以武力夺位，曹魏不动干戈而代汉，在本质上都是一样的。秦朝实行的郡县制是合理有效的，它从制度上保证了中央集权和任贤用能，避免了世袭制带来的藩镇割据的危害，有利于王朝的巩固和统一行政管理秩序的构建。虽然从统治者的主观动机来看，秦朝实行郡县制是出于维护帝王权威、令天下臣民服从统治的私心，但在行政制度层面，与分封世袭制相较，它体现了最大的公利。据此，柳宗元认为"公天下之端自秦始"①。

（4）分封制失败的原因

柳宗元将分封制失败的原因归咎于制度造成的"贤不肖混乱"。他指出，"夫天下之道，理安，斯得人者也。使贤者居上，不肖者居下，而后可以理安"②。按照常理，政治清明、社会安定才能得到民众拥护。使贤能的人在上统治，坏人在下被统治，如此才能善治。但分封制采用的是贵族世袭制，统治者是否贤能完全出于偶然。"今夫封建者，继世而理。继世而理者，上果贤乎？下果不肖乎？则生人之理乱，未可知也。"③ 意思是诸侯一代一代地世袭罔替，在上的统治者真的都贤能吗？在下的被统治者真的都不好吗？民众到底享受太平还是遭受苦难不得而知。所以，柳宗元强调这就是分封制造成的危害，而郡县制由君主委派官吏，可以做到选贤任能，避免上述问题。

2.3.3　柳宗元坚持郡县制的行政体制思想简评

客观上讲，郡县制的形成是封建中央政权在地方行政管理上的一大进步。郡县的长官由君主任免，官职不能世袭，他们只是皇权的辅助，替国君尽守土安民之职，重大事项应由中央决策处理，郡县官员不能擅自做主。实行郡县制是强化中央集权的必要条件，从这个意义上说，柳宗元的思想无疑顺应了历史发展的趋势，他的《封建论》是中国历史上关于"封建"问题长期争论的一个总结。其关于郡县制优于分封制的论述，受到后世中央集权论者的高度评价，比如《新唐书》称之为"深探其本，据古验今"。苏东坡也对他的观点大加赞赏，说："昔之论封建者，曹元首、陆机、刘颂，及唐太宗时魏徵、李百药、颜师古，其后有刘秩、杜佑、柳宗元。宗元之论出，而诸子之论废矣。虽圣人复起，不能易也。"④ 尽管这一评论过于绝对，且后来仍有郡县制与分封制的体制之争，但是柳宗元确实代表着郡县说的集大成者，他的思想一直作为后继者的理论武器。

事实上，柳宗元的论证缜密程度不够，他把郡县制过于绝对化，几乎认为其就是可

---

① 《柳宗元集·封建论》。
② 《柳宗元集·封建论》。
③ 《柳宗元集·封建论》。
④ 《东坡志林·秦废封建》。

使"天下理平"的完美制度，甚至走向偏激，因而有一定局限性。他在比较分封制和郡县制时强调秦制的优越，除以汉承秦制为依据外，还声称"继汉而帝者，虽百代可知也"①，从而隐含着对郡县制之弊视而不见的危险。"有罪得以黜，有能得以赏。朝拜而不道，夕斥之矣；夕受而不法，朝斥之矣。"② 他只看到实行郡县制可以充分发挥君主支配行政官僚的权威性，而忽视皇帝私天下的根本制度弊端。同时，他把分封看作私天下，而把郡县看作公天下。"秦之所以革之者，其为制，公之大者也；其情私也，私其一己之威也，私其尽臣畜于我也。然而公天下之端自秦始。"③ 柳宗元把帝制之私轻描淡写为能力之私而非产权之私，却把驱使天下为其一己之利的皇帝视为"公天下"的当然代表，显然立论有误。这种偏差正是他在论证中把制与政完全分开，无视二者的关联和通融所导致的。

2.4　顾炎武寓封建于郡县的行政体制思想

顾炎武（公元 1613—1682 年），明末清初思想家、学者，南直隶昆山人，名继绅、绛，字忠清，后改名炎武，字宁人，居亭林镇，后世尊称亭林先生，与黄宗羲、王夫之合称清初三先生，加上唐甄合称明末清初四大启蒙思想家。早年他加入以改革明末弊政为宗旨的复社，议论时政，反对宦官权贵，27 岁时因乡试屡次落第而绝意科举。清兵入关后，从明福王抗清，在昆山等地参与抗清斗争十余年。抗清失败后，遍历山东、山西、陕西、河北等地，广交志士豪杰，沿途考察各地政事、风俗及百姓疾苦，矢志匡复明室。晚年顾炎武定居陕西华阴，著书立说，清廷曾多次请其入仕，他恪守嗣母"无为异国臣子"④ 之训，多次坚拒征召。顾炎武著述宏丰，计有四十多种、四百余卷，其行政体制思想主要体现在《亭林文集》和《日知录》中，他主张的寓封建于郡县的观点独到且深刻。

2.4.1　君主高度集权之弊端

明代以来，由于实行高度集权的政治统治，封建君主专制达到登峰造极的地步，君权被神圣化和绝对化。国家政治权力的中心是以君主为首的朝廷，一切行政、军事、财政、人事、外交等大权均由朝廷掌控，各级地方官吏只是中央的派出机构和人员而已。顾炎武认为，君主集一切权力于一身是造成各种政治弊端的根源。"古之圣人，以公心待天下之人，胙之土而分之国；今之君人者，尽四海之内为我郡县，犹不足也。"⑤ 在他看

---

① 《柳宗元集·封建论》。
② 《柳宗元集·封建论》。
③ 《柳宗元集·封建论》。
④ 《顾亭林诗文集·先妣王硕人行状》。
⑤ 《顾亭林诗文集·郡县论》。

来，三代盛世与后世弊政的区别在于前者是"公天下"，后者是"私天下"。专制君主出于"专大利"的目的视天下为私财，集大权于一身，由此造就维护私天下的法律制度及官僚体制。

首先，顾炎武认为如果君主把一切权力都集中到自己手里，凭一人的才能根本无法胜任治理天下之责，"后世有不善治者出焉，尽天下一切之权而收之在上。而万几之广，固非一人之所能操也"①。其次，君主高度集权使行政事务完全依靠法令贯彻和刑罚震慑，虽然能使恶人有所顾忌，但也造成是非不分、赏罚不公，限制有所作为之士的积极性和创造性。他指出，君主"欲专大利而无受其大害，遂废人而用法，废官而用吏"，结果导致"一兵之籍，一财之源，一地之守，皆人主自为之"，"今内外上下，一事之小，一罪之微，皆先有法以待之"，兼以"前人立法之初，不能详究事势，豫为变通之地。后人承其已弊，拘于旧章，不能更革，而复立一法以救之，于是法愈繁而弊愈多"②。意思是说繁刑苛法一旦发展到"法败则法从人"的地步，就会造成事功日堕、风俗日坏。君主集权使"权乃移于法"，"于是多为之法以禁防之。虽大奸有所不能逾，而贤智之臣亦无能效尺寸于法之外，相与兢兢奉法，以求无过而已"③。最后，过度的中央集权剥夺了地方官员的事权，他们在具体政务方面就不可能有所建树。"守令日轻而胥史日重，则天子之权已夺，而国非其国矣，尚何政令之可言耶?"④ 地方行政官员因没有自主权，滋生不求有功、但求无过的心理，不仅被法束缚手脚，而且因法例如毛而莫知所从，只得倚重无能的小官吏。

2.4.2 分天子之权以各治其事

"人君之于天下，不能以独治也。独治之而刑繁矣，众治之而刑措矣。"⑤ 顾炎武力主矫正君主集权之弊，改革行政权力配置，分天子之权以各治其事，进而实现长治久安。在他看来，"所谓天子者，执天下之大权者也。其执大权奈何? 以天下之权寄之天下之人，而权乃归之天子。自公卿大夫至于百里之宰，一命之官，莫不分天子之权以各治其事，而天子之权乃益尊"⑥。顾炎武所谓的分权众治，不是分权制衡，而是君臣众治分事，避免权力过度集中，这就是将天子的职权向下逐级分给公卿大夫以至郡县官吏，让其代理繁杂政务。天子是天下一切政治权力的归结点，但唯有合理配置与公卿大夫、百里之宰之间的权力，发挥朝臣及地方的作用，才能总天下大权于天子，使自身统治地位愈益尊崇。

---

① 《日知录集释·守令》。
② 《日知录集释·法制》。
③ 《日知录集释·守令》。
④ 《日知录集释·守令》。
⑤ 《日知录集释·爱百姓故刑罚中》。
⑥ 《日知录集释·守令》。

（1）下放权力给地方

顾炎武指出，当时行政体制最大的弊病就是郡县无权。"辟官、莅政、理财、治军"是"郡县之四权"，但郡县"而今皆不得以专之"，这不利于富国裕民和抵御外患，造成"言莅事而事权不在于郡县，言兴利而利权不在于郡县，言治兵而兵权不在于郡县"[①] 的窘境。他认为适度强化地方权力有利于外捍边患、内平民乱，"唐之弱者，以河北之强也；唐之亡者，以河北之弱也"。"呜呼！世言唐亡于藩镇。而中叶以降，其不遂并于吐蕃、回纥，灭于黄巢者，未必非藩镇之力。"[②] 又云："明代之患，大略与宋同。"[③] 宋代"惩五季之乱，削除藩镇，一时虽足以矫尾大之弊，然国以寖弱，故敌至一州则一州破，至一县则一县残"[④]。这些都从边防与社会治理的角度论证了加强地方权力的重要性。

对此，顾炎武提出，解决之道在于"复四者之权一归于郡县"[⑤]，当务之急是强化郡县长官的职权，即将辟官、莅政、理财、治军四权授予郡县行政官员。"是故天下之尤急者，守令亲民之官，而今日之尤无权者，莫过于守令。守令无权，而民之疾苦不闻于上，安望其致太平而延国命乎？"[⑥] 唯有切实下放行政权力，使地方拥有一定的自主权，才能消除弊端。地方官拥有一定的自主权后，其责任心和积极性自然会提高，则"必称其职"。如此一来，"国可富，民可裕，而兵农各得其业矣"[⑦]。

（2）寓封建之意于郡县

顾炎武认为，秦汉以来，郡县制已走到尽头，"方今郡县之敝已极"，"此民生之所以日贫，中国之所以日弱而益趋于乱也"，必然应有所更革，"知封建之所以变而为郡县，则知郡县之敝而将复变"[⑧]。顾炎武推崇三代圣王之制，但从现实出发，又主张不能简单地废郡县而复"封建"。一是"封建"有"其专在下"之弊；二是历史发展中有不以人们意志为转移的"固其势之所必至"，它注定了"封建"成为历史陈迹，欲从郡县时代倒退回分封时代，是切不可行的。"封建之废，非一日之故也，虽圣人起，亦将变而为郡县。"[⑨] "秦虽欲复古之制，一一而封之，亦有所不能。"[⑩] 同时，他也指出两种行政体制各有其弊："封建之失，其专在下；郡县之失，其专在上。"[⑪] 换句话说，在分封体制下，

---

① 《日知录集释·守令》。

② 《日知录集释·藩镇》。

③ 《日知录集释·藩镇》。

④ 《日知录集释·藩镇》。

⑤ 《日知录集释·守令》。

⑥ 《日知录集释·守令》。

⑦ 《日知录集释·守令》。

⑧ 《顾亭林诗文集·郡县论》。

⑨ 《顾亭林诗文集·郡县论》。

⑩ 《日知录集释·郡县》。

⑪ 《顾亭林诗文集·郡县论》。

地方诸侯权力过大，导致王室衰弱，政局混乱；在郡县体制下，君主权力太集中，地方缺乏灵活性，难以兴利除弊。

顾炎武在《郡县论》中主张在两种体制之间取其中，提出"寓封建之意于郡县"的思想，意在将西周的分封制与秦汉以后的郡县制的优点结合起来。所谓"寓封建之意于郡县"，就是将分封制的某些优点融入郡县制，以化解君权太重、官僚腐败之弊。从中央到地方层层分权，由郡县分割中央权力，由乡亭分割郡县权力，由宗族治理族众。其中心环节是"尊令长之秩，而予之以生财治人之权，罢监司之任，设世官之奖，行辟属之法，所谓寓封建之意于郡县之中，而二千年以来之敝可以复振"①。对这种构思，顾炎武充满自信，正如他说："后之君苟欲厚民生，强国势，则必用吾言矣。"② 其实质是使郡县制中的县令可终身任职并世袭，"天下之人各怀其家，各私其子，其常情也"③。以终身之任、世袭之职鼓励之、奖赏之，"使县令得私其百里之地"④，地方官员的个人利益就会直接攸关当地百姓的利益。县令就不会如以往异地为官那样，对地方政务漠不关心，甚至鱼肉百姓，反而会像关心自己的家财私事一样治理县政，以"自为"之心，爱其子民，治其田畴，缮其城郭。但是，这种县令又不同于小国封君，他必须向皇帝负责，受郡的统领，由上级行政部门对其政绩进行考察，可以随时罢撤，"不职者流，贪以败官者杀"⑤。总之在顾炎武看来，这种体制可以同时防止分封制"其专在下"和郡县制"其专在上"的两种偏弊。

（3）央地关系调整的"顾炎武方案"

其一曰尊令长之职，即改七品知县为五品县令，由千里以内熟悉当地风土人情的贤才担任。县令以下除县丞由中央选授外，其他吏职均由县令选聘。县令初任三年为试令，经过三年的试用期和十二年的考察期，称职者可"进阶益禄"，并"任之终身"。获终身留任的县令，年老退休可传子或荐贤为新县令，前任县令"所举之人复为试令"，"三年称职为真，如上法"⑥。县令如得罪于民，轻则流放，重则处死。数县为一郡，设太守，太守三年一换。朝廷派御史巡视四方，一年一换。

其二曰谨乡里之治，即从中央到地方实行层层分治，效法周秦乡里制度，完善乡、亭行政组织。中央分权给郡县后，县令以一人之身，"坐理数万户口"，这些事务"色目繁猥又倍于昔时"⑦。县令难以将全县事务总揽于一身，要发挥乡里基层管理作用，使之负责乡里的教化、狱讼、税收和治安等工作，防止郡县过度集权。

其三曰复宗族之制，即为防止地方守宰专断，恢复古代宗族制，由"天下之宗子各

① 《顾亭林诗文集·郡县论》。
② 《顾亭林诗文集·郡县论》。
③ 《顾亭林诗文集·郡县论》。
④ 《顾亭林诗文集·郡县论》。
⑤ 《顾亭林诗文集·郡县论》。
⑥ 《顾亭林诗文集·郡县论》。
⑦ 《日知录集释·里甲》。

治其族，以辅人君之治，冈攸兼于庶狱，而民自不犯于有司。风俗之醇，科条之简，有自来矣"[1]。由宗族治理族众，实行"一家之中，父兄治之；一族之间，宗子治之"，达到"宗法立而刑清"[2]。这样，就形成了中央治郡，以郡治县，以县治乡，以乡治保，以保治甲，既统一于上又层级负责的"若网之在纲，有条而不紊"[3] 的行政体系。

2.4.3　顾炎武寓封建于郡县的行政体制思想简评

顾炎武同宋明以来的士大夫一样，认识到君主专制的诸多弊端，试图从行政体制切入革除弊政，拨乱反正，予以救世。从某种意义看，"寓封建之意于郡县"的思想是一种关于中央集权与地方分权的行政学说，具有早期启蒙思想的理性色彩和朴素的民主主义精神。顾炎武继承和发展了唐宋以来兼取郡县与封建之长的观点，提出自己的政治设计，如通过扩大守令在政治、经济方面的自主权，一方面限制君主独断专权，挽救过度集权带来的损失，另一方面调动地方行政官员的主观能动性，以改善基层治理。此外，无论是论郡县还是论生员、胥吏，他都本着经世致用的理念，无不希望最高统治者关注民生疾苦，采纳自己的观点。顾炎武的这一设计也源于其对人性的独到认知，他希望把人性自利的本性变为守令经营地方的行政动力，以及借赋权一家一族之长来治理家族，从而实现封建地主阶级的"公"。这种做法可谓用心良苦。

自秦始皇废分封、立郡县，以至顾炎武的时代，已有近两千年，关于分封与郡县在政治实践中和理论上的优劣之争出现过多次。至唐代柳宗元写出《封建论》，关于这方面的探讨达到了很高的水平。然而，自宋明以来，皇权高度集中，郡县制的弊端日益显露，分封与郡县之争再度为世人所关注。顾炎武的思想固然受到前人的启发，但因其对历史的洞察和对封建政治制度的深刻见识，他发现了分封与郡县各有利弊，尤其看到郡县制弊端的产生与君权的高度集中是密不可分的，在此基础上提出二者不可偏废的见解。这种思想的提出，是走向衰落时期的封建社会在行政管理领域中的必然反映。顾炎武的批判是犀利的，但并未找到真正的出路，他的央地关系改革"药方"，仅仅是为了维护和调整君主专制的社会结构及政治制度。从传统的儒家思想中寻求改造现实的武器，注定是个无言的结局。既然皇帝执掌天下之大权，以天下为一家私产，会导致法之弊和民之困，那么地方官执掌地方之权，同样会以地方为一家之私产，出现类似于君主专权的弊政。这丝毫不可能改变封建吏治，因此他的改革方案仍停留在理想状态。

本章小结

行政体制与行政权力分配、中央和地方机构设置、各级官吏选拔任用等内容有关，

---

① 《日知录集释·爱百姓故刑罚中》。
② 《日知录集释·爱百姓故刑罚中》。
③ 《日知录集释·乡亭之职》。

几乎历代政治家、思想家都对此有所述及。但限于篇幅，本章基于中国古代行政体制的宏观视野，聚焦实行分封制抑或郡县制的核心话题，选取李斯、仲长统、柳宗元、顾炎武等代表性人物，对行政体制思想的产生背景、主要内容及历史意义进行介绍和阐释，力图廓清贯穿整个封建时代分封与郡县之争的沿革脉络。读者通过学习，可以探寻中国古代君主专制中央集权体制的演变规律，理解"大一统"格局形成的过程和治理理念，并汲取其中丰富的智慧养分。中央与地方行政体制改革的思路包括：其一，确保中央政令畅通无阻，地方须按中央统一部署行使权力；其二，调动地方积极性，形成规范有序且充满活力的互动机制；其三，适当加强中央事权，实现政府支出责任与事权划分的制度化；其四，突出地方政府在公共服务中的角色，推动治理重心下沉；其五，推动责权配置由政策向立法主导转变，完善相关法律法规体系。如上措施旨在促进中央与地方良性互动，强化中央权威的同时提升地方活力，明确权责关系，为国家治理现代化提供制度保障。

 关键术语

师今　政在一人　因时利民　府兵制　藩镇　分权众治

 思考题

1. 如何从秦朝初期两次辩论中理解李斯的行政管理思想？
2. 结合东汉末年史实，简述仲长统"政在一人"思想的内容。
3. 为什么柳宗元认为郡县制替代分封制是历史之"势"？
4. 央地关系调整的"顾炎武方案"包括哪些举措？
5. "寓封建之意于郡县"的优势是什么？

 课外资源

2-1　中国古代治理智慧　　2-2　程浩：大一统视野下的　　2-3　中国传统社会的双轨治理
郡县制：郡县治，天下安　　　　西周分封制　　　　　体系——封建与郡县之辨

第 3 章

中国古代行政组织思想

　　我国是历史悠久的文明古国，很早就形成了一套体系严密的行政组织制度，与此相对应，其管理思想也源远流长、内容丰富。秦始皇的"三公九卿"行政组织思想、汉武帝的"中外朝"行政组织思想、隋文帝的"三省六部"行政组织思想、忽必烈的"行省制"行政组织思想、明成祖的"内阁制"行政组织思想、清雍正的"军机处"行政组织思想等，对数千年中国行政制度的形成、发展、成熟以及历代政治家的行政行为产生了不容低估的影响。谨慎地对待这些珍贵的文化遗产，使之在新时代放射出不朽的光芒，将有助于中国特色行政学理论建构及行政组织改革与创新。

3.1　秦始皇的"三公九卿"行政组织思想

　　秦始皇（公元前259—前210年），嬴姓，名政，中国古代杰出的政治家、战略家、改革家，中国历史上第一个专制主义中央集权国家——秦朝的建立者，中国第一位称皇帝的君主。公元前221年，嬴政"奋六世之余烈，振长策而御宇内，吞二周而亡诸侯，履至尊而制六合，执敲扑而鞭笞天下，威振四海"，最终灭六国，完成统一，建立了秦朝。"中国之教，得孔子而后立。中国之政，得秦皇而后行。"秦代国家机构的设置和封建制度的安排，为历代封建王朝所继承，"其创制立法，至今守之以为利"。秦始皇本人的思想性言论并不多，但他推动建立的包括三公九卿在内的一系列制度却是其行政组织思想的最佳注脚。

3.1.1　秦始皇的"三公九卿"行政组织思想背景

　　在春秋时期，周代封为公爵的基本是周王宗族，并世袭。普遍意义上的三公职官理论源自战国时代，在不同的思想流派中均有所体现。《墨子·尚同》《荀子·儒效》《孟子·尽心上》《鹖冠子·泰录》《韩非子·难三》《吕氏春秋》等诸子著作都有三公说，

《周礼》中的三公思想大约也是在战国时掺入的。然而战国时有三公说，却没有明确何为三公，仅把三公视为王下的最高官职。加之战国政制因渊源不同而差异明显，较为普遍的是具有官僚性质的将相制，而非三公制，原因在于：其一，任师、傅的多是辅佐太子而非君主，其二，师、傅的职权不能与将、相的权力相提并论，将、相作为战国时期最高行政长官和军事长官，直接负责国家的治理和军事指挥，拥有极大的权力。随着战国末期中央集权制度的产生，昔日的公卿大夫退出历史舞台成为必然。秦朝建立后，继承战国三公说并加以发展的主要是儒家学派，如《大戴礼记·保傅》云："昔者，周成王幼在襁褓之中，召公为太保，周公为太傅，太公为太师。"《今文尚书》《礼记·昏义》《韩诗外传》《伪古文尚书》《伪孔传》《春秋繁露·官制象天》《白虎通》《尚书大传》等儒家典籍皆有类似的三公说。可见，在秦代的官僚制度中，三公开始由一种泛称、一种理论，向实际的行政组织制度转化。

先秦文献中关于九卿之说的确切记载是："立春之日，天子亲率三公九卿诸侯大夫，以迎春于东郊。"[①] 九卿理论与先秦实际制度情况并不一样，周代有卿，但无九卿。春秋列国，国君之下或有"二卿"，或有"三卿"，或有"六卿"，殊为不一，即便有九卿也完全是一种人数上的巧合，与九卿说无关。卿有等级，有的称"卿"，有的称"上卿""客卿"等。但目前学界主流观点是，无论是西周的卿还是春秋列国的卿，均是位，而不是官，卿位可袭而官职一般不可袭。在秦代亦是如此，卿是位次，而不是官秩。战国时期的九卿说与三公说一样，也是传统思想与当时政治体制中各种因素相结合的产物。先秦制度中虽无九卿，但有公、卿、大夫、士的位次排列，列国制度中也有"二卿""三卿""六卿"等执政的情形。之所以要称"九"卿，这与称"三"公有类似的原因。这里的"九"，不能看作实数，所谓三公九卿的提法本质上是用以概括公卿之位，战国时期的九卿说就是在此基础上产生的。

3.1.2 秦始皇的"三公九卿"行政组织思想内容

三公九卿是对秦朝中央职官体系的一种统称，其不仅包括三公，即丞相、太尉、御史大夫，也包括九卿，即奉常、郎中令、卫尉、太仆、廷尉、典客、宗正、治粟内史、少府。此外，还有上卿级别的前后左右将军、中尉、将作少府等。这些职官的最大共同点是不由世袭而来，而皆出于皇帝任命（见图3-1）。三公九卿制的创设体现了秦始皇在行政组织方面的思想主张，其特点体现在以下几个方面。

（1）权力分配与相互制约

宰相，是对中国古代君主之下的最高行政长官的通称或俗称，并非具体的官名。丞相作为中国古代官名，指辅佐皇帝总理百政的官员，即百官之长。宰相不一定是丞相，宰相在不同朝代有不同的官职。丞相只有在掌握决策权时，才能被称为宰相。秦武王二

---

① 《吕氏春秋·孟春纪》。

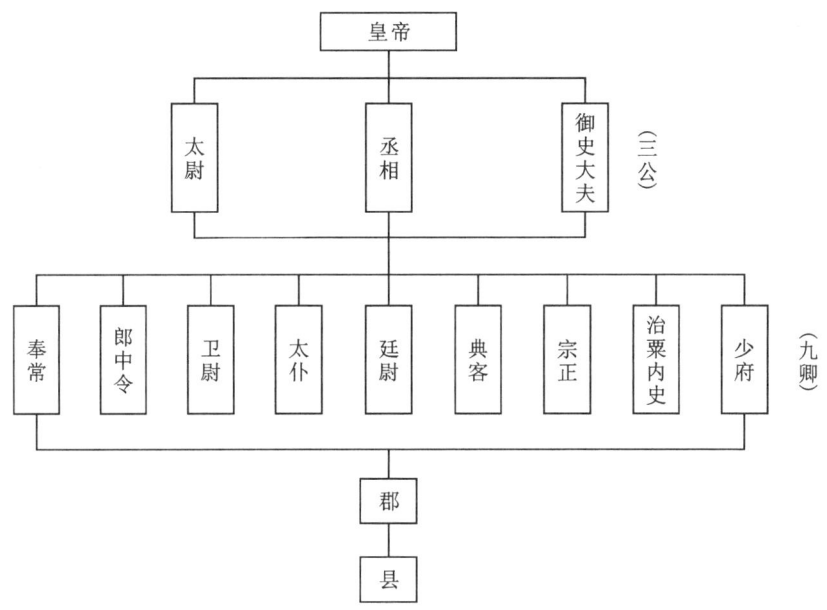

图 3-1　三公九卿组织结构图

年（前 309 年），初置丞相，以樗里疾、甘茂为左右丞相，这里的"丞相"不是指相国或宰相，而是相国的辅助人员。在秦始皇统一全国前，曾有两位相国拥有最高权力——魏冉和吕不韦。始皇统一后废止相国，复置丞相，设一员称丞相，设二员称左、右丞相，正式确立了丞相制度。秦二世诛右丞相冯去疾、左丞相李斯后，又以赵高为中丞相，于是秦代宰相又有中丞相一名。秦始皇在设立丞相的同时，还设御史大夫以牵制丞相。秦始皇时期御史大夫的设立提高了御史的地位，其仅次于丞相，乃中央政府的核心人物之一。秦朝御史大夫的职掌范围相当广泛，"掌图籍秘书"，"受公卿奏事，举劾按章"①，还负责掌管律令和司法审判事务。可以说，御史大夫和丞相既相互辅佐又相互制约的设置方案对后代影响深远。此外，马端临《文献通考》卷四十八说道："太尉，秦官。汉因之，金印紫绶，掌武事。"这说明，秦朝还设有"太尉"一职，职掌军事，其地位也与丞相相当。然而，遍览古籍尚不见秦朝有哪一人被授予太尉之职，实际情况可能是当时不一定存在太尉那样固定的最高武官职位，领兵出征多为临时差遣。除白起、王翦等著名武将外，有时丞相也可出征，有时则委派一般官吏，而调兵之权都集中在秦王手中。这一设置体现了军事与政务的相对分离，有利于防止军权过分集中。

（2）皇权至上与中央集权

九卿仰丞相政令，分掌国事。九卿之一的奉常，银印青绶、秩二千石（九卿皆同），掌管宗庙祭祀和国家礼仪制度；九卿之二的郎中令，掌管殿中议论、宾赞、受奏事、宫廷宿卫之事；九卿之三的卫尉，掌管皇宫诸门屯兵；九卿之四的太仆，掌管皇家车马；

---

①　《汉书·百官公卿表》。

九卿之五的廷尉，掌管国家刑辟，相当于全国最高司法官；九卿之六的典客，掌管诸侯与少数民族部族首领朝觐事务；九卿之七的宗正，掌管皇族亲属及登记宗室谱牒；九卿之八的治粟内史，掌管贮放谷物、金玉的国库；九卿之九的少府，掌管皇帝私产，照料皇帝日常生活起居。

一般认为，三公是政务官，而九卿则是事务官、行政官，九卿的职能主要是与天子的私事有关，但秦朝的九卿并非单纯的皇室内部服务机构，这点可以从他们与皇权、中枢的关系上得到印证。一方面，九卿与皇帝关系密切，九卿无须经过三公而可以直接与皇帝联系，甚至参与中枢、节制三公。关于皇帝重用九卿参与决策，《史记·秦始皇本纪》中有记载："二世皇帝元年，年二十一。赵高为郎中令，任用事。"二世时的许多重大决策，都是赵高以九卿之一的郎中令身份参与决定的。另一方面，皇帝还往往打破九卿的行政分工，使其职能交叉，这种现象只能从强化皇权与中央集权方面来解释。

（3）机构协同与高效运转

"丞相诸大臣皆受成事，倚办于上。"[①] 丞相作为百官之首，总领全国政务，其地位与权力均体现中央行政机构的最高权威。而太尉与御史大夫，则分别负责军事和监察，与丞相形成稳固的三角关系，共同辅佐皇帝治理国家。三者之间，既相互制约，又相互支持，从而确保国家大政方针的贯彻落实。九卿作为三公之下的具体执行机构，在处理国家重大事务时，共同参与讨论和决策，形成紧密的分工与协作关系。这种行政组织设计，不仅有助于提高行政效率，也保证了国家各项事务有序运转。三公九卿制的运行还得益于严密的机制，包括政令的传达、执行和监督等环节。政令由皇帝颁发，通过三公传达给九卿和各级地方政府。各级官员在接到政令后，必须迅速执行，并及时向上级汇报情况。御史大夫则负责对官员执行情况予以监察，对失职或违法官员进行惩处。可见，这种组织机制使政令得以迅速传达和有效执行，实现中央与地方行政机构的协同与高效运转。

（4）依法定责与防范滥权

秦始皇统一六国后，为维护国家的统一和稳定，采纳法家治国理念，推行法治，"一法度衡石丈尺，车同轨，书同文字"[②]。秦朝在统一度量衡、车轨和文字的同时，也在推行统一的法律制度。三公九卿作为中央政府的最高行政机关，负责执行和解释法律，确保法律得到严格执行。丞相、太尉、御史大夫等三公，以及九卿中的廷尉等官员，则在各自的职责范围内，维护法令的权威性和公正性。法家思想中的权力制衡理念在三公九卿制的运行中得到充分体现。三公之间，丞相负责政务，太尉掌管军事，御史大夫负责监察，三者相互牵制，构成制约关系。这种安排防止了某一官员或某一部门权力的过度

---

① 《史记·秦始皇本纪》。
② 《史记·秦始皇本纪》。

集中，从而降低了权力滥用的风险。同时，"始皇初并天下，罢诸侯，置守尉，遂分天下为三十六郡，每郡置一守、一丞、两尉以典之"①。这一制度设计不仅加强了中央对地方的管控，也使行政权力在各层级政府之间得到分配和实现均衡。另外，三公九卿等官员的选拔及考核，也是法家"不相爱，不相利，必相害"思想的具体体现。法家认为，人与人之间应通过竞争来展现各自能力，而非相互帮助或利用。在秦朝，官员的选拔和晋升主要依据其政绩和才能，而非血缘或关系。这种以能力与业绩为导向的晋升制度激发了行政人员的竞争意识，促使他们更努力地工作，以提高自身的地位和待遇。

3.1.3　秦始皇的"三公九卿"行政组织思想简评

秦始皇结束了自春秋战国以来五百余年诸侯分裂割据的局面，建立了中国历史上第一个统一的多民族专制主义中央集权的封建国家。他通过设置三公、九卿等官职，形成以权力分配与相互制衡、皇权至上与中央集权、机构协同与高效运转、依法定责与防范滥权为特点的行政职能体系，使国家政权的效率和权威性得到有效提升。三公九卿制的基本结构从秦朝一直沿用到两晋，直至隋文帝创三省六部制。隋朝三省六部制的结构也无处不有三公九卿制的影子。此后，一直到明太祖朱元璋废掉中书省和丞相制度，六部直接对皇帝负责，中国古代中央行政机构的三级制度才算寿终正寝。三公九卿这一制度的沿用长达八百余年，并左右中国古代中央官制约七百年。在此意义上可以说，三公九卿制，上承夏商周，下接隋唐宋元，在中国历史上留下了浓重的一笔。秦始皇的"三公九卿"行政组织思想是中国古代行政管理思想史上的一个重要里程碑。

秦始皇的"三公九卿"行政组织思想对于现代行政组织管理具有重要意义。通过深入研究这一制度的设计理念及运作机制，我们可以从中汲取智慧和启示。从权力分配与制衡的角度来看，秦始皇的"三公九卿"思想强调权力之间的相互制约与平衡，这与现代行政管理组织在权力分配上应实现科学、合理、有效配置，避免权力过度集中或分散，确保各部门之间权力制衡十分吻合；从行政效率与专业化管理的角度来看，秦始皇在设三公九卿时，根据三公、九卿的职责和特点，合理配置人力资源，突出部门间的分工与协作，这有利于政府职能专业化、精细化，以及形成共同实现行政目标的合力；从人才选拔与激励机制的角度来看，秦始皇重视人才的作用，主张建立以能力与业绩为导向的人才选拔机制，这为政府工作提供了有力的保障。现代政府组织人事管理也应通过合理的薪酬制度和晋升机会，激发行政人员的积极性和创造力，推动政府治理不断创新和发展；从决策机制与科学管理的角度来看，三公九卿制的设立与现代行政管理的科学决策与民主决策理念有所相通，有助于决策者在充分听取各部门意见和建议基础上，实事求是、尊重规律、因时因势作出精准判断。

---

① 《夜航船·地理部》。

3.2 汉武帝的"中外朝"行政组织思想

汉武帝刘彻（公元前156—前87年），初名彘，后改名为彻，西汉第七位皇帝，年号建元、元光、元朔等，中国历史上杰出的政治家、军事家、战略家。他在位五十四年，功业甚多。对内加强中央集权，颁行推恩令，提拔有才之士为侍从以备顾问，裁抑相权，依靠亲信、近臣、宦官参与决策，形成中外朝制；改革币制，推行盐铁官营、均输平准；建立规范的察举制，举孝廉及秀才、贤良方正；实行独尊儒术政策，设五经博士，兴建太学。对外打通西域，出击匈奴，开疆拓土，宣扬国威，是完成封建专制主义中央集权的重要历史人物。武帝的思想性言论及政策主张为后世所沿用，其创设的中外朝制反映出他在行政组织方面的深邃见解，具有深远影响和意义。

3.2.1 汉武帝的"中外朝"行政组织思想背景

秦实行丞相制，"相"的本意是辅助。战国后期，相逐渐变成百官之长。秦朝时，丞相总揽全国政务，是一人之下、万人之上的政府首脑，起着"辅翼国家，典领百僚"的作用。汉承秦制置丞相，丞相金印紫绶，掌丞天子，处理万机。《史记·陈丞相世家》记载陈平言论："宰相者，上佐天子理阴阳，顺四时，下育万物之宜，外镇抚四夷诸侯，内亲附百姓，使卿大夫各得任其职焉。"具体说，丞相的主要职责有：选用官吏；弹劾百官及执行奖惩；主管郡国上计及考课；总领百官朝议及奏事；对皇帝的诏令进行封驳与谏议。正是因为丞相有这些职权，所以丞相位高权重，地位特殊。皇帝是地主阶级的最高代表，也是中央集权的象征。要加强地主阶级内部集权，提高皇帝的绝对权力，必须从解决皇权与相权之间的矛盾开始。

西汉初期的政权机构中，丞相权力颇大，皇帝在诸多事情上要听取丞相的意见。窦太后曾想封皇后兄王信为侯，景帝不敢独自作主：请得与丞相计之。而丞相周亚夫说："高皇帝约'非刘氏不得王，非有功不得侯。不如约，天下共击之'。今信虽皇后兄，无功，侯之，非约也。"[①] 丞相不同意，景帝也只好作罢。丞相甚至还有先斩后奏的职权，比如景帝时晁错曾以过得罪丞相申屠嘉，申屠嘉欲诛杀之。晁错听说后赶忙跑到皇帝面前求救，以致申屠嘉后悔说："吾当先斩以闻，乃先请，为儿所卖，固误。"[②] 汉朝规定，丞相有权任命四百石以下的中都官和郡国官，对六百石至二千石的高级官员的任用，丞相也有权荐举。武帝初即位时，丞相田蚡无视武帝的权威，荐人或起家至二千石，权移主上。丞相有如此大的权力，皇帝要加强专制皇权，必然与丞相发生矛盾。所以武帝责

---

① 《史记·绛侯周勃世家》。
② 《史记·袁盎晁错列传》。

问说："君除吏已尽未？吾亦欲除吏。"① 汉武帝为加强皇权，便有意让身边的近臣参与重大决策，以削弱相权。这些受皇帝宠信的近臣，便形成所谓中朝或内朝，与以丞相为首的外朝相制衡。

3.2.2 汉武帝的"中外朝"行政组织思想内容

中朝即内朝，由皇帝左右的亲信和宾客所构成；外朝也称外廷，指公卿大夫。中外朝之分出现于汉武帝时期。西汉早期，皇帝处理国家大事，丞相也参与谋议。为加强君权而削弱相权，武帝依靠一些亲信在宫廷之内对重要政事作出决策，中朝由此形成。有了中朝，便有与之区别对应的外朝，外朝则指由丞相、御史大夫、太尉及九卿构成的官僚集团（见图3-2）。汉武帝的"中外朝"行政组织思想要点包括以下方面。

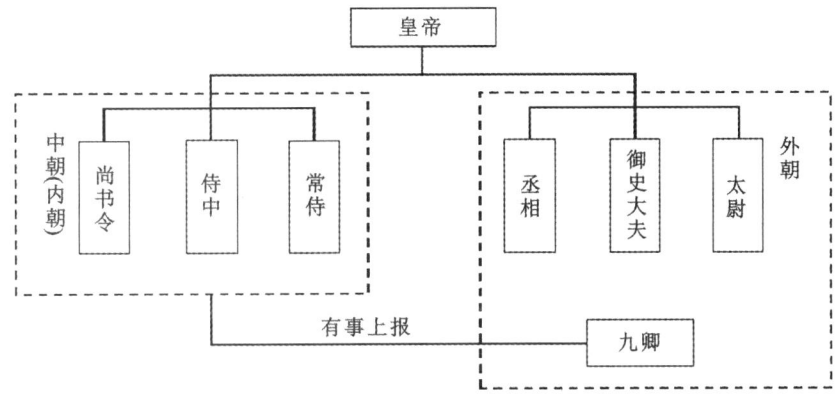

图 3-2 "中外朝"组织结构图

（1）行政权力之二分

中外朝制将朝廷权力分为两个系统，即中朝与外朝。中朝拥有参与机密、出纳王命、选任官吏、考课殿试、弹劾官员、诛罚刑赏等大权，是实际的权力中心。而外朝的组织机构虽与秦及西汉前期无根本变化，但从职能上看，只负责处理和执行一般政务，成为政令的执行机关，且外廷官员只有通过内廷官员才能觐见皇帝，各种文书也须通过内廷上达皇帝。恰如萨孟武在《中国历代中央政制》中说："天子畏帝权旁落，惧大臣窃命，欲收其权于近臣，常用中朝官来抑制外朝官。历时既久，近臣便夺取大臣的职权，因此外朝官乃退居于备员的地位，而中朝官却渐次变为外朝官。中朝官一旦演变为外朝官，天子复欲夺其权，而更信任其他近臣。这样由近臣而大臣，演变不已。"这种二元结构使皇权得以集中，同时丞相等外朝官员的权力受到制约。

---

① 《史记·魏其武安侯列传》。

（2）皇帝独揽决策权

汉武帝把原属于外廷的重大决策权收归于内廷，形成"臣下章奏上尚书，尚书进于天子，乃下丞相；有政事，天子常与之议"① 的行政决策程序。这意味着皇帝能够通过中朝尚书系统更加直接地控制朝政，避免丞相等外朝官员对决策的过度干预。如元朔三年（前 126 年），西汉在所控制的河套地区建筑朔方城。当时初任御史大夫的公孙弘多次上书，"以为罢敝中国以奉无用之地，愿罢之"②。汉武帝派中大夫、侍中朱买臣等和公孙弘辩，"发十策，弘不得一"③。弘乃谢曰："山东鄙人，不知其便若是，愿罢西南夷、沧海而专奉朔方"④。汉武帝还经常令他的侍从们与大臣辩论，"中外相应以义理之文，大臣数诎"⑤。与此同时，中朝官员可以代替巡察，加强了皇帝对地方的控制和监察。然而，武帝晚年重用近臣霍光。霍光利用"出入禁闼二十余年"的机会，以大将军名号与金日䃅、上官桀、车千秋、桑弘羊等人结成辅政班子，专制朝事，专权自恣。名义上同丞相车千秋内外而治，实际上"政事一决大将军光"。霍光在打散辅政班子后，又与其亲信和亲属构成了一个牢固的"中朝"，而"置宰相不选贤，苟用可颛制者"⑥，以致"百官以下，但事冯子都、王子方等（皆霍光家奴），视丞相亡如也"⑦。

（3）全方位削弱相权

汉武帝不仅在组织机构上有意分割相权，使其退居执行政务的地位，同时也在各方面打压丞相。《汉书·公孙弘传》记载，从丞相公孙弘去世后，"李蔡、严青翟、赵周、石庆、公孙贺、刘屈氂继踵为丞相。自蔡至庆，丞相府客馆丘虚而已，至贺、屈氂时，坏以为马厩、车库、奴婢室矣"。《盐铁论·救匮》也有类似记载，这些说法虽有夸大之处，但也不会毫无根据。从丞相府客馆衰败的景象中，可看出相权的萎缩和地位的下降。这从武帝对丞相的态度中亦可见一斑。汉武帝在接见丞相时采取"不冠"而见的不恭行为，稍不如意即当面斥责，一触犯禁令，就被治罪处死。在继公孙弘后任丞相的多人中，获罪自杀者二人（李蔡、严青翟），被下狱处死者三人（公孙贺、赵周、刘屈氂）。由于上述情况的出现，有人被任命为丞相时诚惶诚恐，不敢充任。如公孙贺被任为丞相时，"不受印绶，顿首涕泣"⑧。有些人任丞相后虽终老相位，但只是空有其名。例如石庆为丞相时，"九卿更进用事，事不关决于庆，庆醇谨而已。在位九岁，无能有所匡言"⑨。可

---

① 《汉官答问》。
② 《史记·平津侯主父列传》。
③ 《史记·平津侯主父列传》。
④ 《史记·平津侯主父列传》。
⑤ 《汉书·严朱吾丘主父徐严终王贾传》。
⑥ 《汉书·公孙刘田王杨蔡陈郑传》。
⑦ 《汉书·霍光金日䃅传》。
⑧ 《汉书·公孙刘田王杨蔡陈郑传》。
⑨ 《史记·万石张叔列传》。

见，石庆任丞相只是承旨顺命，办理例行之事而已。这时和前期相比，丞相地位变化之大，是异常明显的。昭帝后，霍光以大司马大将军之职，掌握"中朝"全部政务，"政事一决于光"①，而丞相只是"唯唯而已"，逐渐改变了其原有的作用和权限。所以到哀帝时，连丞相之名也废掉，改为大司徒，而大司马大将军仍居其上。

（4）重内轻外的用人观

中朝官员享有较大的出入宫禁的自由，可以随侍皇帝左右，且能在宫中办公。他们直接听命于皇帝，具有特殊的地位和权力。汉武帝重内轻外的用人观使中朝官员在朝廷中具有更大的影响力，同时也增加了他们对皇帝的依赖。侍中，是在汉代宫内侍候皇帝，职掌乘舆、服物之类的官。汉武帝为削弱相权，将这个头衔加在宠幸的官员本衔上，称为加官，让其出入宫廷，参预朝政。从此以后，侍中成为皇帝的腹心之臣。凡贵族子弟大多希望得此职位，因为这样便能够与皇帝亲近。如果得到皇帝的宠幸，就很容易升迁，例如卫青、霍去病、霍光、桑弘羊等，就是以侍中起家而贵极一时的代表人物。因此，侍中在汉代加官中最贵。在武帝朝，为亲信官吏加侍中称号者，既有文官，也有武将，至于没有别的官职，只称侍中者，地位也渐高。《后汉书·孝献帝纪》注引《汉官仪》载："武帝时，孔安国为侍中，以其儒者，特听掌御唾壶，朝廷荣之。"可见，侍中在汉代特别是武帝以后，是非常荣贵的。

3.2.3　汉武帝的"中外朝"行政组织思想简评

从理论上说，虽然丞相制也体现了专制主义中央集权制的加强，但因丞相在行政上有一定职权范围，皇帝就不能实行个人独裁。现在形成了中朝（一切文书、奏章、政令由皇帝身边亲信官员如尚书、中书、侍中等负责），皇帝就可直接指挥中朝官，"如身之使臂，臂之使指""辐凑并进而归命天子"②，把朝廷大权集中于自己手中。这样，就出现了完全按照皇帝意志办事的行政系统。因此，可以说，自秦建立起来的封建专制主义中央集权制度，到汉武帝时期进入了成熟的发展阶段。汉武帝宠幸中朝官，从中选拔了一批官吏，出任外朝的大臣，如卫青、霍去病、桑弘羊、主父偃等，这些人既是内朝的侍从顾问，同时出任外朝官，一身二任。有的是在经济上贯彻盐铁官营，实行均输、平准政策，改革币制，有的是代替皇帝巡视各地。这样既打击了富商大贾的势力，又削弱了地方豪强力量，加强了中央对全国各地的控制，使中央集权进一步强化。当然，我们也必须认识到这种制度的局限性，如有的学者指出，中外朝制度本身就是一种不平衡的制度，内朝为了掌控权力而将外朝排斥在外。这一制度并不会为封建统治者加强中央集权，反而还会引起权力的斗争，让统治集团内部出现更加腐败的行为。

汉武帝的"中外朝"行政组织思想也给今天的行政管理带来了一些启示，它提醒人

---

① 《汉书·霍光金日磾传》。
② 《汉书·贾谊传》。

们权力的集中和滥用，可能会导致政治动荡和社会不安，而建立有效的制衡机制和监督体系，对于维护政治稳定和社会和谐至关重要。在探讨这一历史上的行政组织设置时，我们应该反思如何平衡权力和合理分配权力，以确保国家长治久安。现代行政组织管理中，应将监察权从行政系统中独立出来，使之自成体系。对行政机关及国家公职人员的监督历来是我国行政管理的重点工作，这可以确保国家政策能够落实到位，保护公民的合法权益，尤其是在腐败现象较为突出时，决策、执行与监督的"行政权力三分"改革就迫在眉睫。阳光是最好的防腐剂，只有完善健全的监督制度和信息公开制度，才能让公权力在法律的约束下运行，让国家行政机关的运转更加规范、高效。

3.3　隋文帝的"三省六部"行政组织思想

隋文帝杨坚（公元541—604年），弘农郡华阴（今陕西省华阴市）人，隋朝开国皇帝，庙号高祖，谥号文皇帝，中国历史上杰出的政治家、军事家、改革家。在位期间，他在政治、经济、军事等制度方面实施了一系列改革，确立三省六部制，将地方的州、郡、县三级制改为州、县两级制，巩固了中央集权。他安抚岭南，修建隋大兴城，开创科举制度，制定开皇律，多次减税使人民减轻负担，促进农业生产，稳定经济发展，开启了极为辉煌的盛世——开皇之治。隋文帝在治理国家方面，极力主张改革官制，初步搭建起以三省六部为主体的封建国家行政管理制度框架，对中国古代行政组织思想的不断完善、趋于成熟贡献巨大。

3.3.1　隋文帝的"三省六部"行政组织思想背景

开皇九年（589年），隋文帝打败陈后主实现全国统一，基本结束了西晋末年以来持续270多年之久的大分裂局面，开创了中国历史上继秦汉以后第二次大一统时期。然而，版图的统一只是再造统一的第一步。南北朝时期王朝的频繁更替，中央及地方冗官冗吏、机构臃肿的混乱状况给刚刚统一的隋朝遗留了诸多难题，比如：国家官僚制度混乱，各部门各机构各自为政，行政效率低下，对中央集权极其不利；官员多意味着俸禄多，对国家财政和民生也非常不利；存在大量官吏为官不仁、鱼肉百姓的现象，社会充斥着不公正。这一系列问题无疑会使民心涣散，对巩固王朝统一成果，实行有效的政治统治带来极大负面影响。为加强中央集权，改变现有行政体制冗杂的困境，隋文帝亟须转变思想，构建一套全新的行政组织体系来为其服务。

尽管三省六部制是隋文帝行政组织思想的智慧结晶，但这并不是他一夜之间突发的天才想法，更不是无中生有的政治观念。事实上，据《隋书·百官志》记载，"高祖既受命，改周之六官，其所制名，多依前代之法。置三师、三公及尚书、门下、内史、秘书、内侍等省，御史、都水等台……朝之众务，总归于台阁"。可见，"三省"和"六部"在两汉魏晋时期便已出现。隋文帝废弃北周的六官制度，恢复汉魏旧制，设置三师、三公以及尚书、门下、内史、秘书、内侍五省。其中，三师"不主事，不置府僚"[①]，三公"参议国之大事，依后齐置府僚。无其人则阙"[②]，二者实为虚职。五省当中，秘书省职务较为清闲，内侍省均为宦官，尚书、门下、内史三省分掌朝廷大权，三省长官均为宰相。尚书省管理全国政务，门下省审查政令及封驳，内史省管诏令起草，三省互相牵制。尚书省置令、左右仆射各一人，下设吏、度支、礼、兵、都官、工六曹。可以说，五省六曹是隋文帝"三省六部"行政组织思想的雏形。

3.3.2 隋文帝的"三省六部"行政组织思想内容

三省六部制是中国古代封建社会一套组织严密的中央官制。始于隋朝五省六曹制、五省六部制，于开皇元年（581 年）由隋文帝杨坚确立，在唐朝进一步完善，此后经历代演变，一直延续到清末，基本沿袭未改。如图 3-3 所示，三省指中书省、门下省、尚书省，六部指尚书省下属的吏部、户部、礼部、兵部、刑部、工部。每部各辖四司，共为二十四司。三省六部主要掌管中央政令和政策的制定、审核及贯彻执行。

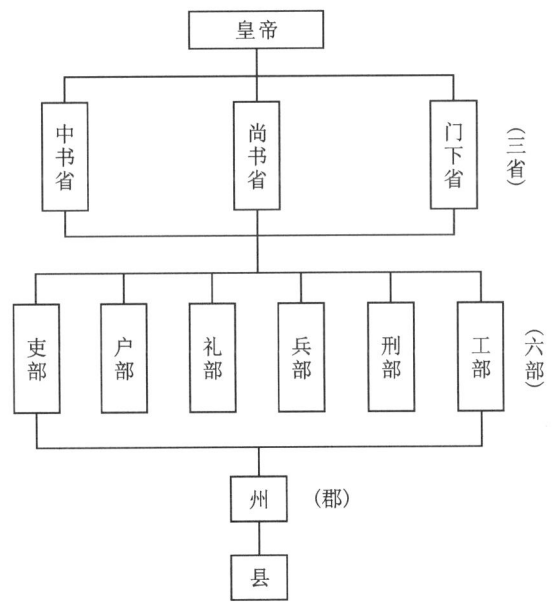

图 3-3 三省六部组织结构图

（1）隋文帝的"三省六部"行政组织结构设计

中书省，即内史省，因避文帝父杨忠讳而改名，长官为内史令，是国家政务的决策机构，负责草拟和颁发诏令，协助皇帝作出决策。秦汉之际，中书本是掌管禁中书记的

---

① 《隋书·百官下》。
② 《隋书·百官下》。

小吏，多由宦官担任。曹操称帝后，设秘书令，作为王府幕僚。曹丕即位后，改秘书令为中书令，并置监。以秘书左丞刘放为中书监，右丞孙资为中书令，并掌机密。中书监令从此始。中书监令为中书省的长官，副职有通事郎、中书侍郎，人数不等。自中书省出现后，宰相的权力逐渐由尚书令转给中书令。汉时尚书令"出纳王命"，居喉舌之地位。魏晋南北朝以后，中书令掌机要，居宰相之地位，有"阿衡"之称，"凡国之政事，并由中书省"① "至中书之职，至梁陈而弥重，故大臣之预国论者，必兼中书监令，尤为政本之地"②。

门下省，长官称纳言，负责对政令进行审核。门，指宫门、禁门，门下省因掌宫内往来奏事和侍从皇帝而得名。东汉灵帝熹平六年（177年），置侍中寺，仍隶属于少府，这可以说是门下省的前身。三国时已有门下之名，如"弼遂不得在门下"。晋时成立门下省，"给事黄门侍郎……与侍中俱管门下众事"③。当时门下省长官为侍中，晋武帝时任恺担任侍中，"万机小大多管综之"④。此时侍中虽有特殊作用，但仍未称宰相。直到南朝齐时，才称侍中为门下，如梁武帝的侍中为门下，黄门侍郎为"小门下"。故门下省长官侍中就有了宰相之称，黄门侍郎亦有"小宰相"之称。

尚书省，是行政执行机构，负责政令的落实，长官称尚书令，副长官称仆射。该省由尚书、尚书台发展而来。尚，主也；书者，文书也。秦朝皇帝身边有四个主管文书的小吏为尚书，隶属于少府。建始四年（前29年），汉成帝把尚书由宦官改为士人，设仆射一人，下分四曹。曹者，众也，群也，系指设官分职后的官署或部门。东汉光武帝时，设立尚书台，下分三公曹、吏曹、民曹、客曹、二千石曹和中都官曹。东汉时，尚书台虽有"天子之喉舌""事归台阁"之名，但制度上仍隶属于少府。南朝梁时正式设尚书省，置尚书令一人，左右仆射各一人，下分六尚书。北朝的北齐尚书正式称省。至此，南北朝时尚书台正式变为尚书省，成为宰相的官府，而尚书令、左右仆射则成为正副宰相。

三省形成后，出现了中书省出令、门下省复核、尚书省执行的协作制衡关系。中书省是掌管机要的最高出令机关，一切重大的军事、政治都由中书省起草，皇帝画敕后，送门下省复核。所以，中书省是最高的出令、决策机关。门下省的职责是掌封驳之事，"佐天子而统大政者也"⑤。凡军国大事，侍中可以参而总之，坐而议之，举而行之，审议上行文书，复核中书省下发的诏旨。如有不当之处，有权驳回再议；如无不当之处，则下发尚书省执行。

六部是尚书省所属行政机构，从汉代的四曹尚书和六曹尚书发展而来。"尚书省，事无不总。置令、左右仆射各一人，总吏部、礼部、兵部、都官、度支、工部等六曹事，

---

① 《文献通考·职官考五》。
② 《钦定历代职官表·内阁上》。
③ 《晋书·职官志》。
④ 《晋书·任恺列传》。
⑤ 《唐六典·卷八·门下省》。

是为八座。属官左、右丞各一人，都事八人，分司管辖……"① 开皇元年（581 年），隋文帝正式建立六部制，并任各部尚书。尚书省下分设吏、礼、兵、都官、度支、工部等六部。开皇三年（583 年），改都官为刑部，度支为户部。吏部的主要职责是"掌天下官吏选授、勋封、考课之政令"；户部的主要职责是"掌天下田户、均输、钱谷之政令"；礼部的主要职责是"掌天下礼仪、祭飨、贡举之政令"；兵部的主要职责是"掌天下武官选授及地图、舆马、甲仗之政令"；刑部的主要职责是"掌天下刑法及徒隶、勾覆、关禁之政令"；工部"掌天下百工、屯田、山泽之政令"。②

（2）隋文帝的"三省六部"行政组织思想特点

其一，权力制衡原则。三省六部制可以称为中国古代权力分立与制约关系的典范。隋文帝在行政组织设计中，注重权力之间的单向或相互制约，以权力的相对分工为前提，"以权制权"，使制度更加规范化。这种使决策与行政分离的设计，契合现代行政学的分权理念，具有一定的科学性。三省六部制下的中枢权力相互制衡原则，贯穿于决策、执行、监督的各个阶段与不同环节。"中书省取旨，门下省复奏，尚书省施行"，这句话概括了三省之间的工作流程：一方面，中书省负责起草皇帝的旨意，门下省负责审核复奏，尚书省则负责具体执行。这种分工明确、相互协同的特点保证了政令的畅达。另一方面，三省中的尚书省是中央政务总机关，但无参与政令制定之权；中书省负责诏令撰写，但无发布之权；门下省虽无政务执行和诏令撰写之权，但有诏令的审查、签署和封驳权，三省相互牵制、彼此制衡，使君主专制集权较前代得以加强。

其二，部门协同原则。三省六部制的部际协同机制，最重要的当属政事堂集体议政制度。宰相集体办公的政事堂会议是协助皇帝统治全国的最高决策机关，一切军国大政都在这里讨论商定，最后由皇帝裁决并下达指令。三省长官既各自统领本省政务，又以宰相身份联袂入朝，在政事堂轮流秉笔决事，共议国政，通过类似联席会议的形式将三个职能不同的机构整合于一个统一高效的行政中枢。这样，三省既独立发挥各自的功能，又打通了政府职能部门之间的界限，相互配合发挥整体功效，推动着整个国家机器的高效运转。同时，三省分担相权，使行政权力由个人掌握转变为由特定机构共同掌握，在一定程度上有利于避免宰相个人专权。

其三，职级分层原则。隋文帝设置三省六部，就政务的决定、审议及执行，形成了一种分层负责、权责明晰并有序运行的行政组织，有利于政令的贯彻执行，充分发挥国家机器的效能。这在封建时代行政机构设置的科学化与精细化方面，体现出明显的制度优势。具体来说，在中枢决策机构中，采取中书、门下和尚书三省分层决策，互相制约，防止宰相个人独断，以最大可能地减少政令失误。三省都由长官负责，有组织严密的下级机构，三省的长官与中下级官员在工作上有明确的隶属关系。在最高政务机关尚书六部中，每部的机构设置均实行三级制，即部、司、具体办事机构，其长官分别为尚书、

---

① 《隋书·百官志下》。
② 《太平御览·职官部》。

郎中、主事等。而与六部相对应的事务机构九寺五监同样实行三级制，即寺（监）、署、具体办事机构。上下级的纵向统属关系相互对应，三个层级间的管理幅度适中，形成自上而下的金字塔式组织结构。在行政管理和执行系统中，形成以纵向分层为特征的政务运行模式，即以中央尚书省为核心，六部及其所辖的司为主线，以御史台、九寺、五监和诸卫等机构为补充。分层决策机制更加成熟完备，机构分工也更趋细致明确。

3.3.3 隋文帝的"三省六部"行政组织思想简评

隋文帝一生做了许多意义深远的大事，但真正象征着时代转折变革的有两件。第一件是结束自西晋末年以来延续270多年的南北分裂局面，使华夏再次统一起来，为中华文明的传承与延续贡献了力量；第二件则是总结两汉至南北朝的中央官制经验，因时作法，沿革变通，废除不合时宜的北周六官制，恢复汉魏时期的体制，确立了三省六部制。隋文帝的三省六部制，开启了中国官制史上的一个新阶段，开启了封建中央集权制度的新阶段，开启了中国古代行政组织思想的新阶段。

三省之名，隋以前早有，而三省并立、各有分工，三省长官共同向皇帝负责，则始于隋文帝之时。三省职责，或决策（中书省），或审议（门下省），或执行（尚书省），分工明确，互相牵制，互相补充，保证政令畅通，同时避免了权臣专权。尚书省下辖吏部、礼部、兵部、刑部、户部、工部六部，每部设尚书，处理日常具体军政事务。这种协同合作、相互制衡的行政组织设计，影响后世乃至周边国家1000多年之久。唐承隋制，继承和发展了三省六部行政组织制度，确立并完善了"三省六部-州县-乡里制"，构建起从中央到地方的层级井然、上下通贯、分工清晰、职责明确的行政决策及执行系统，有力保障了封建国家的治理秩序和效率。

三省六部制将政府行政管理分为决策、审议、执行三个环节，每个环节都有明确的职责与分工，有助于提高政府运行的专业化和科学化水平。通过分权制衡的方式，将行政权力分散至不同的部门，可以避免权力过度集中，防止权力滥用和腐败现象，保障政府行政过程中的廉洁与公正。各职能部门的合理分工与协作，加快了行政决策和执行的速度，能够减少重复工作，降低行政成本，优化政府资源配置，提高政府治理效能。总之，隋文帝的"三省六部"行政组织思想及实践作为中国古代行政管理的重大创新，反映出我国封建时代高度的政治文明和治理智慧，可以为现代行政组织机构改革特别是大部制改革，提供思路和方法。

3.4 忽必烈的"行省制"行政组织思想

元世祖孛儿只斤·忽必烈（公元1215—1294年），大蒙古国第五位大汗，元朝开国皇帝，成吉思汗铁木真之孙，监国拖雷第四子，元宪宗蒙哥弟。他自幼便接触蒙古帝国的扩张和征服事业，参与了众多战争，展现出卓越的领导才能与果敢的决断力。在蒙哥大汗逝世后，成功夺得汗位，于 1260 年在开平城即位，定年号为中统。至元十六年（1279 年），消灭南宋残余势力，完成了全国的大一统。忽必烈是少数能重视汉文化、推崇儒术的蒙古统治者之一。其在位期间，建立了包括行省制在内的各项制度，加强对边疆的控制，注重农桑，倡办学校，使社会经济得以恢复和发展。行省制的实施加强了中央集权，使得中央能有效控制地方，并掌握兵权和财政大权，从而稳定了社会局势。这一举措彻底改变了自唐宋以来沿用的道路制，对后世中国的行政区划产生了深远且持久的影响，其中蕴含的行政组织思想具有重要的研究价值及借鉴意义。

3.4.1　忽必烈的"行省制"行政组织思想背景

　　1206 年，成吉思汗统一漠北诸部，于斡难河（今鄂嫩河）建立大蒙古国，先后攻打西夏、金朝，发动了三次西征，使蒙古帝国称霸欧亚大陆。忽必烈继位后灭宋，统一全国，疆域"北逾阴山，西极流沙，东尽辽左，南越海表"[①]。但由于经历了一系列的征战，在统一初期，元代政权面临着政治社会秩序尚不稳定的挑战，各地区存在强大的地方势力，行政权力的分散与割据问题突出。为更好地管理庞大的领土和人民，元朝统治者须建立一种既能够适应多民族、多地区特点，又能够维护中央集权统一的行政组织。行省制度的出现正是为解决这一现实问题而提出的，其通过强化对地方的控制，以实现行政权力的集中化。同时，忽必烈也清楚地认识到，国以民为本，民以衣食为本，衣食以农桑为本，于是他推行以"农桑为急务"的政策，这一导向也反映在行省制的设置上。行省作为地方最高官府，不仅负责地方政务，还承担着推动农业发展的重任，行省制使元朝政府能够更好地调动地方资源，促进农业生产，保障国家的经济稳定与社会安宁。

　　蒙古族与汉族文化的融合也是"行省制"行政组织思想产生的背景。正如《元文类》所载，"世祖皇帝建元中统以来，始采取故老诸儒之言，考求前代之典，立朝廷而建官府"[②]，忽必烈深受汉文化影响，对中原政治制度的先进性有着深刻的认识，立志推行变通创新的改革，将蒙古族的统治经验与汉族的政治制度有机结合，以适应管理广袤统治区域的需要。忽必烈一方面借鉴金朝的行尚书省和蒙古国燕京等地方的三断事官制，另一方面意识到唐朝的节度使制度导致权力分散和国家动乱，宋朝过于依赖文官而忽略武官的作用。在总结历史教训基础上，忽必烈提出有必要建立一种既能有效管理地方又能防止割据势力的行政组织制度，行省制正是基于这样的考虑而建立的。

3.4.2　忽必烈的"行省制"行政组织思想内容

　　行省制源于魏晋时期的行台，原本是中央政权处理军国大事时的临时派出机构。到

---

① 《元史·地理志》。
② 《元文类·经世大典序录》。

了金朝，开始在边境地区广泛设置行台尚书省。蒙古人入主中原后，仿照金制设立行尚书省来统辖一个大区的路府州县，这一制度逐渐演变成地方最高行政机构。在元世祖中统年间，尚书省并入中书省，地方机构也改称行中书省，简称行省。从此，地方行政组织进入划省而治的阶段（见图 3-4）。行省制在元朝得到广泛实施，全国共设辽阳、陕西、甘肃、四川、河南江北、云南、江浙、江西、湖广、岭北（成宗时增设）10 个行省，而山东、山西、河北和内蒙古等地则由中书省直辖，称为"腹里"。

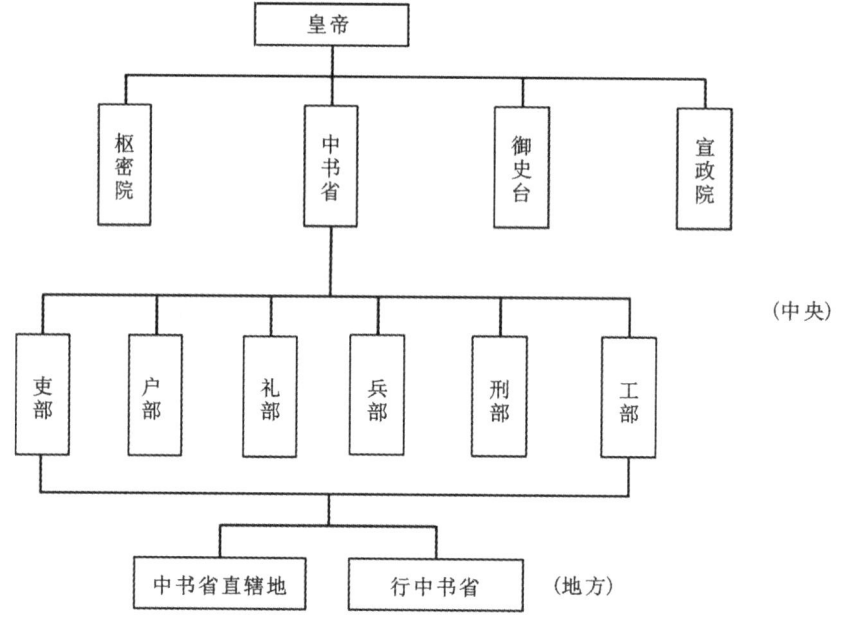

图 3-4　行省制组织结构图

（1）"中央收权、地方留权"的央地关系理念

元朝疆域之广，可谓前所未有。面对如此辽阔的领土，国家治理无疑面临巨大挑战。为应对这一挑战，强化国家的治理力度，忽必烈进行大刀阔斧的行政组织改革。在中央政府层面，他摒弃自隋唐以来沿用的三省六部制，转而推行一省制，将中书省确立为国家的最高行政机关，直接管理大都及周围地区，使中央政权能直接掌控国家政治、经济、文化的核心区域，以"握天下之机"；在地方政府层面，通过设立行中书省"分天下之治"，成功地将中央政府权威延伸到遥远的地区，加强了中央对地方的管控。行中书省作为地方的最高官府，与中书省相辅相成，履行着"掌国庶务，统郡县，镇边鄙"[①] 的职能。许有壬在《陕西行中书省题名记》中说："行省遵成宪以治所属，决大狱，质疑事，皆中书报可而后行。"由此可见，行省虽对地方行使直接管理权，但在重大案件判决等事务处理上仍须经中书省认可后才能执行。朝廷严格掌握地方的人事任免权，行省辖下的

---

①　《元史·百官志》。

各级官员均须接受中央的考核与任免。据《元史·百官志》记载，地方官吏的选任，从七品至从九品者，由吏部进行初步拟注，随后提交至中书省参知政事等高层官员进行审核，此过程每月定期举行一次；对于正三品至正七品的官员，由中书省直接进行任免；二品以上的高级官员，如行省长等，则采用特旨选拔的方式，由皇帝根据实际需要亲自挑选。即便是未入流品的吏员，其选拔标准亦由中书省吏部统一制定，每月都会按既定标准进行一次铨注。

行省在代表中央控驭地方行使大权的同时，也替地方分留有部分权力。以财政权为例，如元朝史官黄溍所说，"昔之有国家者，藏富之所，散于列州。而今也，藏富之所，聚于诸省"①。行省将各路州的财赋集于行省治所后，成为唯一拥有较为灵活支配地方留用财赋的机构。既然行省是从中书省分出去的"治外"机构，它便承担着代表中央管理各地的职责，因此也被赋予与中书省类似的集中权力。行省"自人民、军旅、赋役、狱讼、缮修、政令之属，莫不总焉"②。在某种程度上，行省在一个地区的权力集中度甚至超过中书省，因为中书省在制度层面并不掌握军权。行省制有效弥补了传统郡县制的不足，元中央在原有郡县制基础上，巧妙地增设行省这样的高层督政组织，将其置于中央与路府州县之间，使之成为分权与集权的枢纽。这一制度设计，既强化了中央对地方的有效控制，又激活了地方的主动性，使得元朝的行政组织更加完善、更为高效。

（2）"民族共治、多元融合"的区域治理理念

在推行行省制过程中，忽必烈考虑到边疆地区的特殊性，设立不同的行政机构进行管理。在澎湖和台湾地区"立巡检司，以周岁额办盐课中统钱钞一十锭二十五两，别无科差"③，确保对这片海域的有效管辖；在漠北地区设立和林宣慰司都元帅府，掌漠北军民政务；在西藏地区始置总制院，"掌浮图氏之教，兼治吐蕃之事"④，因所统藏族地区军民财政赋税事关重要，故 1288 年改称为"宣政院"，全面管理吐蕃地区的政务，院使升正一品。宣政院设于大都，在西藏境内设宣慰司。正如元人所云："自河以西，直抵土蕃、西天竺诸国邑，其军旅、选格、刑赏、金穀之司，悉隶宣政院属。"⑤ 因此，宣政院成为中央政府最早设立的管理西藏事务的行政机构，与中书省、枢密院、御史台同为四大中央政府机构。忽必烈在平定云南后，"招降临安、白衣、和泥分地城寨一百九所，威楚、金齿、落落分地城寨军民三万二千二百，秃老蛮、高州、筠连州等城寨十九所"⑥，并对能率部归附者，授以各种官职，如宣慰使、宣抚使、安抚使等，使"官吏军民各从其俗，无失常业"，这一举动为土司制度的形成奠定了基础。除因地制宜设置各种机构管理边疆地区外，元朝中央政府还在全国范围内设立驿站来巩固对边疆的控制。这些驿站

---

① 《金华黄先生集·重修广济库记》。
② 《道园学古录·送文子方之云南序》。
③ 《岛夷志略·地理类十》。
④ 《元史·阿合马列传》。
⑤ 《存复斋集·行宣政院副使送行诗序》。
⑥ 《元史·世祖本纪》。

不仅为军队提供了便捷的交通与通信条件，也促进了边疆与内地的经济文化交流。同时，他还推行万户制度，通过设立万户府来统辖各地的军队和民事事务，从而确保地方治安的稳定。

（3）"相互牵制、分权制衡"的组织协调理念

行省内部实行群官圆署和种族交参制，有效地实现了官员间的权力分散和相互制约。赵天麟在《太平金镜策》中说："今立行省于外，维持错综，众建其官，有诸侯之镇而无诸侯之权，可谓于审力之形矣。"行省的财政、军事、行政、司法等事务，并不是由单一长官独断专行，而是由左丞相、平章、右丞、左丞、参知政事等六七人通过圆署会议协定，其结果要以与议者押署的形式达成统一。元朝在行省长官的人选上采取种族交参制。中统年间，中书省宰执由藩邸旧臣和汉族官僚构成。据不完全统计，中统元年到四年，18名宰执中，蒙古人 5 名，色目人 3 名，汉人 10 名，汉人占总数的比例达 55.6%[①]。同样，行中书省官员也常是蒙古人、色目人、汉人交参任用，且重要政务事从公议。这种不同身份和种族的官员配置，不仅有利于各民族的融合与交流，更在权力制衡上发挥了有效作用。

忽必烈在地方设立行御史台，并在各道设立肃政廉访司，形成以行御史台及廉访司为核心的地方监察网络，不仅有效监督了地方政府的运行，而且将行省本身作为重点监督对象，确保了行省权力的合法与规范。更为独特的是，在行省的区域划分上，他打破按自然境界划分的传统做法，采取"犬牙交错"的原则。这种布局使行省之间的边界错综复杂，如五岭地区在元朝被重新划分，江西与广东被合并成为江西行省，而湖南、湖北和广西则归入湖广行省，分别设立治所于南昌和武昌。如此一来，五岭地区便不再具备割据一方的地理优势。又如，秦岭以南的汉中地区被划归陕西行省管辖，这使四川盆地的北向门户暴露无遗，无险可守。这种设计不仅加强了中央对地方的控制力，更在地理上形成以北制南格局，行省之间的相互制衡有效防止了地方割据势力的膨胀。

3.4.3 忽必烈的"行省制"行政组织思想简评

元朝创设的行省制是我国历史上行政区划制度的一次重大变革，也是省制的开端。忽必烈的"行省制"行政组织思想，成为中国历史上行政组织思想发展的又一里程碑，对元朝及后世的政治格局产生了巨大影响。首先，他在设计上将中央集权和地方自治相结合。行省作为中央的派出机构，负责执行中央的决策和政策，同时又作为地方的最高行政机构，拥有一定的自治权。这种双重属性使行省既能够加强中央对地方的控制，又能够照顾到地方的实际情况和具体需要，不仅保证了中央有足够的力量统辖全国，而且确保了地方有适度的权力投入建设，有效地规避了地方分裂，顺利地解决了唐末五代以来藩镇割据的弊端，对后世产生了积极意义。其次，元朝是中国历史上第一个由少数民

---

① 李治安：《忽必烈传》，人民出版社 2004 年版，第 135 页。

族建立的大一统王朝，忽必烈推行行省制，有助于消除民族隔阂，促进各民族之间的交往、交流和融合。行省作为中央政府的派出机构，在推动民族政策实施、促进民族经济发展等方面发挥了不可忽视的作用。

当然，行省制也有一些负面影响，如行省将路府州县各基层区划的权力削夺大半，使其处理政务的正常功能降低，犬牙交错的政区划分方式，又人为地割断了省内经济、文化联系，不利于协调发展。任何制度都不是完美的，行省制自然也存在一些需要改进和完善的地方。但无论如何，忽必烈的"行省制"行政组织思想为后世的行政管理创新发展提供了宝贵经验和启示。一方面，行省制在加强中央集权的同时，注重发挥地方的积极性。这种平衡中央与地方关系的思想对于现代国家治理体系构建具有指导意义。在推动国家治理体系和治理能力现代化过程中，需要明确中央与地方之间的权责关系，既要保证中央政府的权威和统一领导，又要激发地方政府的积极性和创造力，实现央地良性互动和协同发展。另一方面，面对复杂多变的社会环境和民族关系，忽必烈不断调整和优化行省制，以适应时代需求和变化。这种灵活性与适应性使行省制在元朝历史上始终保持旺盛的生命力。在全球化的今天，如何处理多元文化和民族关系已成为一个世界性难题，忽必烈为我们提供了一种以尊重和包容为基础的解决方案，即通过建立公正、平等、包容的地方行政组织制度，增进共同性，推进中华民族共同体建设。

3.5　明成祖的"内阁制"行政组织思想

明成祖朱棣（公元 1360—1424 年），明朝第三位皇帝，明太祖朱元璋第四子，年号"永乐"，故后人称其为永乐帝、永乐大帝、永乐皇帝。洪武三十一年（1398 年），朱元璋死，明惠宗朱允炆继帝位，与朝臣密谋，欲铲除诸王，危及朱棣燕王位。朱棣遂于北平起兵，自诩"靖难"之师，攻打朱允炆，朱允炆逃而不知所终。建文四年（1402 年），朱棣攻破南京，即皇帝位。朱棣在位期间，励精图治，君臣一体，将靖难之后的疮痍局面推向经济繁荣、国力强大的盛世局面，史称"永乐盛世"。自朱元璋废宰相、仿宋制设置内阁大学士以来，内阁结构在永乐年间基本稳定下来，在这之后从未中断，且不断发展。永乐时期，内阁开始参预机务，在内廷办事，充当皇帝顾问，并逐渐制度化，成为明代最重要的中枢辅政机构。这一制度创举反映出明成祖的"内阁制"行政组织思想，对封建君主专制强化时期我国行政制度的完善与发展产生了重要影响。

3.5.1　明成祖的"内阁制"行政组织思想背景

朱元璋废除丞相制度，六部直接向皇帝负责，皇权得到空前加强，全国的政务都积压到皇帝身上，即使其"昧爽临朝，日晏忘餐"[①]，整日批阅奏章也难以抽身。洪武十三

---

① 《明实录·太祖高皇帝实录》。

年（1380年）九月，他告太庙，命设立四辅官，以儒士王本、杜佑、龚敩为春官，杜敩、赵民望、吴源为夏官，秋、冬官由春、夏官兼任，任务是协资政事、刑官议狱，"四辅及谏院覆奏行，有疑谳，四辅官封驳"。但王本、赵民望都已年老，并不能给朱元璋提供许多实际帮助，因此洪武十四年（1381年）四辅官就被废罢。第二年，朱元璋又仿效宋朝制度，"置殿阁大学士以备顾问"①，以礼部尚书邵质为华盖殿大学士，翰林院检讨吴伯宗为武英殿大学士，翰林学士宋讷为文渊阁大学士，典籍吴沉为东阁大学士。又置文华殿大学士，征耆儒鲍恂、余诠等为之，辅导太子，秩皆五品。这形成了后来内阁制的雏形。

明朝建立之初，朱元璋通过一系列措施加强中央集权，为明朝的统治奠定了基础。然而，随着建文帝的即位和削藩改革，中央与地方的关系、皇权与官僚体系之间的平衡出现了新的问题。建文四年（1402年），燕王朱棣以清君侧为名，起兵北平，在"靖难之役"中夺取皇位。之后，他面临着如何巩固自身统治、调整政治格局的重大现实任务。一方面，朱棣深知要实现政治稳定和国家长治久安，必须建立一套行之有效的行政组织制度；另一方面，明朝初年社会动荡不安，民族矛盾、阶级矛盾等问题凸显，文化教育事业也亟待恢复发展。据《明史·儒林传》载："成祖即位，诏修《永乐大典》，命解缙等总裁，采四方书，上自古初，迄于当世。"朱棣通过推行教化政策等，完善科举制度，选拔优秀人才纳入内廷为己所用。因此，他在继承太祖政治遗产基础上，结合自身的经验和智慧，形成了具有高度君主专制色彩的"内阁制"行政组织思想。

3.5.2 明成祖的"内阁制"行政组织思想内容

建文年间，悉数罢免大学士，改大学士为学士。此后改谨身殿为正心殿，设正心殿学士。明成祖朱棣虽有朱元璋一样独揽大权的雄才伟略，但一次又一次的御驾亲征让他不能真正意义上总揽政事，于是一个帮助皇帝的"助手"机构——内阁应运而生。明成祖即位后，特派解缙、胡广、杨荣等入午门值文渊阁，参预机务，称为内阁。内阁制度至此建立。如图3-5所示，宰相过去拥有决策权、议政权和行政权，但明成祖成立内阁以后，把宰相拥有的决策权牢牢掌握在自己手中，议政权分给内阁，行政权分给六部，地方上分三司，分管司法、军事、行政，直接对六部负责。

（1）明成祖的"内阁制"行政组织职能作用

朱元璋废除宰相之后进行了一系列辅政制度的探索与尝试，以协助处理政务，强化专制集权，朱棣在此基础上又对中枢辅政机制实施进一步改造，进而创立内阁制。他即位后不久，为巩固新生政权，配合翰林学士参预国政的需要，建立起一个附属于文渊阁的皇帝秘书班子，即"特简讲、读、编、检等官参预机务，谓之内阁"②，"常侍天子殿阁

---

① 《明通鉴·洪武十五年纪》。
② 《明史·职官志二》。

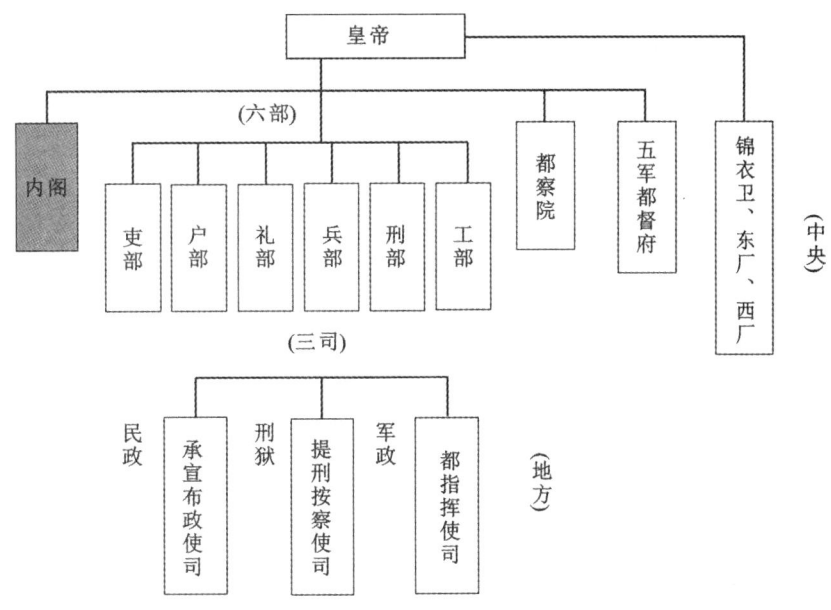

图 3-5　内阁制组织结构图

之下"①，"阁臣之预务自此始"②。可见，内阁之称谓是在明成祖时期才出现的。朱棣从洪武时期的殿阁大学士制入手，对其加以继承和发展，使得这一时期形成的内阁不同于洪武时所设立的殿阁大学士。"固非仅以文字翰墨为勋绩"③，而能"从容密勿，随事纳忠"④，这与洪武之大学士"燮理无闻，何关政本"⑤迥然有别。

内阁的职责有二：草拟诏敕，行代言之职；建言献纳，备顾问之虚。参预机务是阁臣入值的主要内容，其主要内涵包括：一是备顾问，了解机务信息，参与核心机密的最初咨询；二是担任秘书，作为代言之司，代皇帝草拟诰敕。内阁作为代言之司，与诸司有文移往来，实际上起着皇帝智囊团或天子幕僚的作用，成为皇帝专制统治的工具。阁臣侍帝左右，"从容献纳，帝尝虚己以听"⑥，从事的是一种建言献纳、出谋划策的机要秘书工作。但在官制的设置上，阁臣仍为五品以下官员，抵不上一个外省的知府（正四品），更不能与六部尚书（正二品）相比，职位之重与官位之卑形成鲜明的差距。而且，明成祖在位时期励精图治，虽重用阁臣，却又设置一系列规章制度约束内阁官员的行为，"其时，入内阁者皆编检讲读之官，不置官署，不得专制诸司。诸司奏事，亦不得相关白"⑦。这说明，朱棣对阁臣参预机务进行了严格限制，使其难以拥有弄权的空间，只发挥顾问或机要秘书的功能。

---

① 《明史·职官志一》。
② 《明史·职官志一》。
③ 《明史·胡俨列传》。
④ 《明史·胡俨列传》。
⑤ 《明史·宰辅年表一》。
⑥ 《明史·解缙传》。
⑦ 《明史·职官志一》。

（2）明成祖的"内阁制"行政组织思想特点

其一，平衡君权与相权，保证统治的权威性。朱元璋废相使当时集中的相权向皇帝、六部及都察院转移，然而这并不能使上情下达的相责随之消亡。同时，在历史惯性作用下，官僚集团受宰相制度长久刺激所形成的观念与意识仍很牢固。这样，必然需要寻找一种新的存在填补相权被废后留下的空白，以维护国家统治。于是，内阁满足了这种需要。从永乐开始，已有较多人数的阁臣同时入值内阁，保证了内阁这一机构人员来源的稳定性，并形成一个稳固的、能长期协作共事的官僚集团，发挥较大的辅政作用。从明成祖时期起，阁臣的设置就从未中断过，并从制度上保证了内阁成员的相对稳定，这就意味着内阁作为中枢机构，已向永久性建制转变。在内阁制度下，内阁作为皇帝的辅政机构，不仅协助皇帝处理日常政务，还拥有一定的决策权，这使政务处理更为高效，皇帝能专注于国家大政方针的研究与制定。同时，内阁成员之间以及内阁与六部、宦官系统之间又形成相互制衡的关系，有效地避免了权力的过度集中和滥用，从而通过平衡权力来保证君主专制独裁统治的权威性。

其二，寻求文官集团支持，彰显统治的合法性。由于朱棣夺取皇位的非法性，设立内阁便成为他谋求文官集团支持的措施。朱棣在"靖难之役"中成功登上皇位，即位不到两个月便设立了内阁。新的统治需要建立一个听命于己的新的官僚集团。当时，这种官僚集团的人才来源主要有三个途径：燕王府旧有的文武大臣；建文朝中的亲己分子；地方贤能。而燕王府主要是武将居多，同时朱棣招降以方孝孺为首的建文朝的核心官僚遭遇失败，迫使其提拔和任用了一些前朝职位低微的新人，组成朝廷新的骨干力量，内阁就在这样的政治背景下产生了。朱棣即位后为表明自身正统，忠于祖制，对建文时所行新法全部废止。慑于成祖威严，几乎无人敢言。建文旧臣塞义上言道，这种不加区别的做法未必尽当，明成祖非但没治罪于他，反而对他更加器重。朱棣一方面要求官员直言敢谏，博采众议，另一方面加以辨析，善者从之，以此来拉拢人心，建立新的官僚支持力量，并逐渐彰显其新政权统治的合法性。

其三，最终目的是加强皇权，维护专制统治。废除丞相使大量政务集中于皇帝手中，表面上皇权得到加强，实际上皇帝每天要处理烦琐政务，无法关注其余事务，无形中削弱了皇权。明成祖考虑到如果内阁权力过大，也会影响皇权稳固，所以在内阁协助处理事务的同时，不设立隶属下级机构，所奏报之事亦不得独立裁决，这也就避免了内阁发展成为一个独立的、高于其他行政机构的庞大组织。这与朱元璋废置宰相和新立辅政机构的思路是一脉相承的。这样，朱棣就在制度上对内阁的权力和职能进行了削弱和限制，以防范内阁成为威胁君主集权的"新宰相制"。这一制度性的规定，为后来最高统治者所继承和沿用，通过授予阁臣各种保、傅、尚书衔来提高其政治地位，但内阁的品级始终只是正五品，造成"虽居内阁，官必以尚书为尊"① 的局面。这种现象是和明成祖朱棣对

---

① 《明史·职官志一》。

内阁权力的压制分不开的，内阁成为巩固和强化专制皇权的政治工具，它的形成和发展标志着君主专制制度在明代得到进一步发展与极大强化。

3.5.3　明成祖的"内阁制"行政组织思想简评

明成祖创立的内阁制是中国封建晚期产生的一种新型行政组织体制，其目的是解决废除丞相后出现的皇帝政务繁多问题，强化君主集权制度。内阁制的出现缓解了皇权与文官集团因相权削弱而产生的矛盾，使统治阶级内部趋于稳定。但内阁始终未成为中枢一级行政机构，仅是辅助性机构。内阁阁臣多为翰林文学之士，科举制下重八股取士、诗词文章，轻视处理政务的能力，造成明朝上层官员多有才学而无政才。明后期，内阁制弊端在国家动荡年代愈加明显，没有经世之才能够挽救国家的衰亡。内阁制是帝王集中皇权，突显"九五之尊"的体现，既受皇帝的操纵，又受宦官的牵制，并无丝毫独立的权力。根本上说，其是皇帝独裁专制的产物和有力工具。

内阁制在大明王朝二百多年的历史中展现出顽强的生命力。明初政治的稳定和良好发展离不开阁臣的作为，明初阁臣在军国大事、立储、举贤和委任等方面均发挥着重要作用，他们起到了在宰相制度废除后调节和稳定政府机构运作的职能。明朝中后期，皇帝长期未上朝堂，但在内阁的管理下，明王朝甚至出现"万历中兴"的局面，经济繁荣，文化昌盛，在南方地区还出现了资本主义萌芽。因此，明成祖的"内阁制"行政组织思想对于整个明朝都产生了巨大的影响力。尽管皇权时盛时衰，但就总趋势而言，皇帝的专制独裁是不断强化君权至上、君权无限的皇权主义，实际上支配了秦汉以来的历史。清朝也延续了明朝的这种制度，在内阁的基础上进一步发展，使皇权达到顶峰。

明成祖的"内阁制"行政组织思想不仅对后世朝代产生了深远影响，而且对当代的行政组织管理也有一些启示意义。首先，内阁制体现了权力分配和制衡的思想。在明朝，皇帝虽掌握最高权力，但内阁作为辅助机构，也在一定程度上分担了部分行政权力。这种权力的适度分散和制衡启示我们，需要构建一个合理的权力结构，明确政府各部门的职责和权限，避免权力过度集中，以实现更高效和公正的治理。其次，内阁在明朝的决策过程中扮演重要角色，为皇帝提供咨询和建议，充当智库和智囊团。现代政府管理也需要行政组织在管理过程中高度重视智力支持，借助专业人士的知识和经验，提高决策的科学性和精准性。最后，内阁制在演变发展中不断适应时局变化，体现出较强的灵活性。面对当今复杂多变的外部环境，行政组织也应具备韧性能力，根据时代的变迁和社会进步的需要，及时调整和优化组织结构、职能设置和运行机制，以更好地服务于社会和人民，完善自身建设，提高行政效率和质量水平，回答好新时代的政府治理"答卷"。

3.6　清雍正的"军机处"行政组织思想

清世宗爱新觉罗·胤禛（公元 1678—1735 年），清朝第五位皇帝，定都北京后第三位皇帝，年号雍正。他在位期间，实行改土归流，废除贱籍制度，推行摊丁入亩，减轻了无地、少地农民的经济负担，促进了人口增长。大力整顿财政，实行耗羡归公，建立养廉银制度，实行官绅一体当差、一体纳粮。雍正元年（1723 年）出兵青海，次年平定罗卜藏丹津叛乱。在政治上，整饬吏治，创立密折制度监视臣民，设立军机处以专一事权。改善秘密立储制度，使皇位继承办法制度化，在一定程度上避免了康熙帝晚年诸皇子互相倾轧的局面。雍正勤于政事，自诩"以勤先天下""朝乾夕惕"，其一系列政治社会改革举措对于康乾盛世的连续发展具有关键性作用。其中，设立"军机处"的举措是清朝政治体制中一次重大的改革，标志着封建君主专制的集权统治达到顶峰。这不仅改变了朝廷内部的权力结构，也体现出雍正独具特点的行政组织思想。

3.6.1　清雍正的"军机处"行政组织思想背景

清初沿明旧制，"章疏票拟，主之内阁，军国机要，主之议政处"①。雍正继位后，立志改革时弊，解决康熙遗留的诸多弊政。雍正七年（1729 年），再次爆发准噶尔之战，清朝西北地区的两路大军进攻噶尔丹策零。初因"内阁在太和门外，儤直者多，虑漏泄事机"②，当时所有军事奏报要先经六部（主要是兵部），后再经内阁，最后才呈到皇帝手里。由此可见，这一军事奏报的流程效率低下，军务的机密性也难以保障。军事行动特别强调保守机密，但已有的内阁和议政王大臣会议的保密性堪忧。康熙时曾训斥议政王大臣曰："今闻会议之事尚未具题，在外之人即得闻知。"③ 这种问题一直延续到雍正时期。雍正多次告诫大学士等人："凡大小臣工，面奉谕旨，皆国家政务，不当轻泄于外。"④ 这从侧面反映了内阁大学士泄密情况之严重，皇帝不便亲授机宜。内阁如此，议政王大臣会议亦然。由于西北军务繁忙，亟须成立一个应军务筹备所需的机构，于是雍正从内阁和兵部抽调和前线有关的朝廷大员，设立军机房值庐于隆宗门附近，"地近宫庭，便于宣召"⑤，宜于迅速处理军务，保守军事机密，提高奏报效率。

由于议政王大臣近半数是"贵胄世爵"，必然会与皇帝产生利益冲突，对皇权产生一定威胁，不利于集权统治。过去军事机要掌于议政处，机务出纳掌于内阁，康熙在位期

---

① 《枢垣记略·诗文三》。
② 《檐曝杂记·卷一》。
③ 《清实录·圣祖仁皇帝实录》。
④ 《清实录·世宗宪皇帝实录》。
⑤ 《檐曝杂记·卷一》。

间设立南书房，以削弱议政王大臣会议的权力，这是实施高度集权的重要步骤。而雍正设军机处的目的则是"架空"议政王大臣，弱化其权力，进一步收束皇权。军机处设立之初名为军机房，雍正十年（1732 年），军机房改名为"办理军机处"。自军机处产生后，军事权力集于一处，"凡当命将出师征剿情形，皆令以邮函直达。圣神烛照，洞悉机宜，军机大臣承旨书宣，帅臣等仰凭授算"①，这使议政王大臣会议徒具空名，形同虚设。一切机要章奏均由军机大臣拟旨，皇帝朱批，内阁则票拟一般例行公事，从此"承旨出政"都在军机处。军机处的设立，实际上是雍正把一切军政大权集于自身的措施之一，它逐渐演变为帝王加强皇权的"私人秘书处"。雍正时期，专制皇权开始达到顶峰，皇帝不会轻易将权力下放，旁假于人，但西北用兵处于紧迫形势，他不得不将权力临时性地授予臣僚。在这种情况下，一个既可以保证君权乾纲独断，又可协助皇帝分理机务的非正式、临时性的机构——军机处应运而生。

3.6.2 清雍正的"军机处"行政组织思想内容

所谓军机处，指清朝官署名，又称"军机房""总理处"，于雍正七年（1729 年）因用兵西北而设立，雍正十年（1732 年）改称"办理军机处"，设军机大臣、军机章京等，均为兼职。乾隆帝时期复设军机处，军机处从此成为清朝的中枢权力机关（见图 3-6）。军机处总揽军政大权，完全置于皇帝直接掌握之下，等于皇帝的私人秘书处。在权力上它是执政的最高国家机关，在形式上却始终处于临时机构的地位。军机处在办公场所及官员设置上没有正式规定，也无品级和俸禄。宣统三年（1911 年）四月，责任内阁成立后，军机处被撤销。

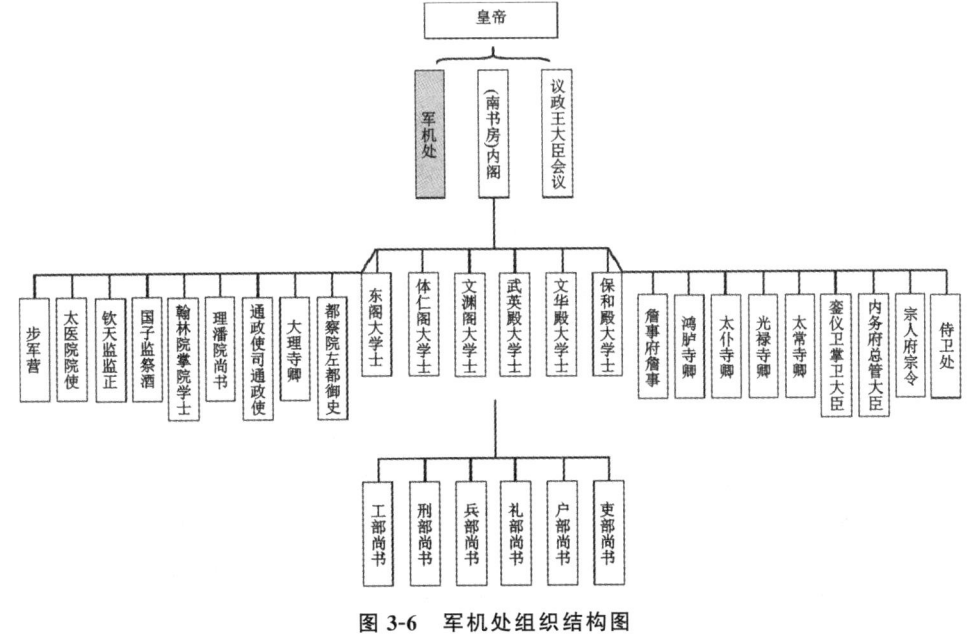

图 3-6 军机处组织结构图

---

① 《枢垣记略·杂记一》。

（1）清雍正的"军机处"行政组织职能作用

其一，承旨上谕。这是军机处负责的最主要的日常工作，即负责皇帝下达的谕旨的撰拟和参与对官员上报的奏折的处理。为皇帝撰写谕旨，即票拟。不管是皇帝主动发出的指令，还是对臣下奏折的处理意见，都要秉承皇帝的意志，或当面请旨，或根据皇帝的批示"写旨来看"。由军机大臣亲自动手，或授意军机章京撰拟，军机大臣审后，再呈皇帝最后定夺，御笔批出，然后正式誊清发布。在雍正时期，"承旨"方式以一人"独见"，即军机大臣单独朝见皇帝。

其二，办理皇帝交议的大政与谳大狱。凡国家之施政方略、军事谋划以及官员的重要条陈意见等，皇帝交给军机大臣们讨论，提出办理的意见，然后由自己裁酌。一般官员的升转、奖叙、弹劾、惩处，或地方财政、较大型的工程等事务，有时也交由军机大臣会同各分管部院的衙门会议。会议事件复奏时，一般也是由军机处主稿。所谓"大狱"，指的是大案要案。凡有大案要案时，皇帝就会将其交予朝中大臣审办。奉旨交审的重要案件也分两种：一是特交军机大臣审办；二是同刑部会审。如此，军机处不仅拥有行政权，也触及司法权，且以其地位的优越在会办会审中起主导作用。

其三，参与人事任免及考试。全国文武官员，上至大学士、六部尚书、各省总督、巡抚，下至各道、府，关差、盐政、学差，以及驻各地区的领队大臣、办事大臣、参赞大臣等，应升调补放等事务，均由军机大臣负责开列名单，奏交皇帝遴选任用。每遇科考时，会试的主考、总裁阅卷等官员，由军机大臣开列名单；考试题目由军机大臣参酌上三届试题开单请皇帝御览；当复试、殿试时，由军机大臣负责核对卷面笔迹。

其四，供皇帝顾问和咨询。军机大臣要在军机处轮流值宿，以备皇帝随时召见，召见无定时，每日或一次或数次，商讨各种重要政事。皇帝每年驻跸圆明园或西苑，亦入值如常。皇帝巡行如谒山陵或木兰行辕等，除将命留京办事或奉差外出者外，军机大臣一般都要随往入值，随时等候皇帝的咨询召见。雍正朝的军机大臣，不过是传旨办事，对制定政策起的作用并不大。雍正创立军机处，把它和奏折制度相结合，即以朱批谕旨答复臣下奏折，召见军机大臣授以政事机宜，天下庶务总归他一人处理。

（2）清雍正的"军机处"行政组织思想特点

军机处的设立，是近两千年来皇权逐渐加强的结果，这种新的行政组织设计在强化中央集权以及提升政务处理效率方面发挥了显著作用。一方面，雍正设军机处，展现了他在行政管理上的系统思维和战略眼光；另一方面，作为特殊的行政机构，军机处凝结了他强化皇权的政治智慧。归结来看，其行政组织思想特点包括以下方面。

一是不存定制。军机处是一个非正式、临时性机构，设置简单。它虽然是中枢机构，但名义上却不是中央政府。"其制无公署，大小无专官"①，军机处办公地点不称衙署，仅称"值房"，军机大臣的值房称"军机堂"。它最初只有板屋数间作为值庐，地点同样不

————————

① 《枢垣记略·诗文三》。

稳定，始设于乾清门外西，又迁于门内，最后才选定于隆宗门西。直到乾隆初年，才盖了几间固定的瓦房，因此有明显的非正式机构特点。军机大臣的任命，并无制度上的规定可供遵循，完全出于皇帝的自由意志。军机处无专官，军机大臣、军机章京都是以原官兼职，皇帝可随时令其离开回本衙门，且军机处无属吏，均是由皇帝指派，其班次和升降也都按其本任官秩而定。军机处官员虽位高权重，但此权力也仅是临时性的，所以军机大臣只是承旨办事而已，不能有个人主张，而这正和雍正帝所要求的臣下与其"一心一德"思想一致。只要皇帝信任，交差办事，那么军机官员的地位和权威就存在，反之则是无事可做。

二是运行高效。军机处的办事效率很高，与雍正皇帝的执政理念相吻合，具有"速""勤"的特点。根据内阁制度，下属官员有事题奏，或皇帝颁发诏旨，都是经过层层机构，辗转交送，通常要花费较多时间。而在军机处中，军机大臣每日早上五点左右进宫应召觐见皇帝，有时一天召见数次，主要是承受谕旨，然后回堂拟写。每日一切奏折，都必须当天直呈皇帝亲批，由军机大臣和军机章京承旨拟缮后，立即发出。承旨拟缮起先由大臣亲自主稿，后才改由章京起草，大臣拟定。经皇帝认可后，按谕旨的性质分"明发上谕"和"廷寄上谕"两种形式向下传达。尤其是机要章奏，由廷寄直达地方，既免除了中途周折，不至贻误大事，还加强了皇帝与基层的直接沟通，再加上军机处成员通达聪慧，熟谙政体，使军机处成为具有高效率的中枢机构和皇帝的得力助手。上下官员各司其职，整个机构高效运行，为巩固统治和集权奠定了组织基础。

三是严格保密。雍正继位后，由于政治斗争复杂尖锐，其保密意识极强，经常通过亲信大臣用寄信的方式秘密传旨，当时的寄信无固定格式，承旨寄信的廷臣也不固定。雍正设立军机处后，廷寄被广泛使用，作为制度固定下来，成为军机大臣专责。凡机密奏折，均由军机大臣亲封钤印，交兵部发驿传递。凡有关机要谕旨，如告诫臣工、指授兵略、查核政事、责问刑罚之不当等，不便由内阁明发，而由军机大臣用寄信的形式，直接传达给受命臣工，以防泄露机密。出于保密需要，军机处地处内廷，非皇帝召见不得入内。军机大臣要"谨密"，皇帝召见时连太监亦要回避。同时，军机处上呈的章奏还有奏匣封固，由皇帝亲自启封。军机处值庐更为森严，没有皇帝的批准，外人不得擅入，乾隆时还专派御史往复稽查。军机处所用的听差，也都选自十五岁以下不识字的幼童（"小幺儿"），这样就防止了外间的干扰和掣肘，保证皇帝的旨意不受滞碍，得以贯彻。为严格制约军机处成员，雍正规定，满汉成员只能查阅本民族文字的奏章。如有逾阅者必得请旨批准方可，军机大臣钤封印信也必得在几方监督下进行。雍正帝每月还要兵部将军机大臣所寄的信件数目及收信人名单汇奏一次，以防有私托等情弊。

3.6.3　清雍正的"军机处"行政组织思想简评

中国帝制时代集权制度得到强化是不争的事实，而由秦始皇建立的君主专制中央集权制度在明清时期上升到一个全新阶段，皇权的强化达到了无以复加的高度。明朝丞相制度废除后，雍正设立军机处，彻底清除了宰相制度的残余和影响，使清朝军事、财政、行政大权几乎完全统一在由皇帝直接控制和掌握的军机处。它逐步取代满贵族议政制度，削弱了内阁承旨出政的权力，实际上成为清朝的核心中枢机构，是皇帝集权的工具，标志着封建专制主义中央集权达到了顶峰。军机处是清代历史上的一个独特机构，其随着极端化皇权的出现而诞生，而又随着皇权衰弱走向消亡。极端化的皇权不愿意将权力"稍有旁假"，但个人能力和精力有限，庞杂的国家行政事务不可能由一个人完全承担下来，因此，皇帝又不得不将具体事务授予臣僚。当皇权强化、皇帝个人统治能力强时，军机处可以"只供传述缮撰"[①]，秉承皇帝旨意办事，但当皇权弱化、皇帝个人统治能力不足时，军机大臣有可能僭越皇权。

清雍正的"军机处"行政组织思想对于现代行政管理具有启示意义，这一观点不仅基于历史经验回顾，更在于其深刻反映了行政组织设计的核心原则。从设计理念角度来看，雍正设立军机处体现了权力集中与高效决策的思想。在现代社会，行政组织面临日益复杂棘手的环境和挑战，如何确保行政权力的合理配置和高效运作成为亟待解决的难题。现代行政管理组织应注重权力的集中与协调，建立科学决策机制，优化决策流程，提高决策效率及质量。与此同时，注重权力监督和制衡，防止权力滥用和腐败现象的发生。从运作机制角度来看，军机处的设立和运行体现了严格的信息管理和保密规则。在现代行政管理中，信息资源的获取、处理和利用对于组织的决策和执行至关重要，政府数据开放面临着隐私安全、行政安全、经济安全、国家安全等方面的风险和挑战。应通过加密化的信息流程，保障行政活动的准确性和安全性，完善数据隐私保护和脱敏处理机制，提高政府数据公开的技术保障水平，筑牢数据安全屏障。从制度建设角度来看，军机处不存定制的人事制度也为现代行政管理提供了参考，比如完善归口管理、委员会、领导小组、工作组等形式，加强对行政机关及各职能部门的领导，通过政治权力与治理权力的统筹设置以及制约、监督、协调等机制的相互配合与动态调整，达到国家治理体系效率与廉洁双重目标的平衡。

 本章小结

在时间的长河里，中国古代行政组织展现出恒久的生命力，不断革故鼎新、推陈出新。这得益于历代统治者与思想家们的持续探索。从秦始皇确立三公九卿制，到隋文帝设置三省六部制，从忽必烈由于疆域扩大实行行省制，到明成祖在其父废除宰相制后创设内阁，再到雍正设立军机处，无一不体现古人在行政机构设置、职责划分、权力运作、监督保障等方面的智慧。本章的学习，有助于总结中国古代行政组织发展的历史经验及教训，引发对现代政府优化组织体制、提高行政效能的思考，为新时代政府组织变革与创新提供有益的思路和方向。在机构改革中，可探索如下创新思路：运用大数据、AI等技术提升政府效能和服务质量；简化层级，实行扁平化管理，提高决策效率与灵活性；加强政企社跨界合作，共同解决治理难题；按职能相似性整合部门，增强协调性；实施

_____

① 《檐曝杂记·卷一》。

结果导向的考核机制，增强责任意识；重视内外部人才的培养与引进；整合部门信息，以大数据支持精准决策；打造服务型政府，更好聚焦民生，提供更优质的公共服务；提升政策制定中的公众参与度，提高决策透明度。

 关键术语

三公九卿　中外朝　三省六部　行省制　内阁制　军机处

 思考题

1. 为什么说三公九卿制体现了机构协同与高效运转的行政理念？
2. 简述中外朝制的形成及其作用。
3. 三省六部制的组织设计原则有哪些？
4. 为何说行省制是我国历史上行政区划制度的一次重大变革？
5. 内阁制行政组织的职能作用表现在哪些方面？
6. 怎样看待军机处不存定制的行政组织特点？

 课外资源

3-1　唐代的中央军事　　3-2　中国古代　　3-3　如何以一人治天下：
决策及其特点　　　　宰相制度的演变　　　　军机处的秘密

第 4 章

中国古代行政领导思想

　　行政领导是公共管理活动中的一种重要类别，其具有"统领"与"引导"功能，能够决定行政行为的方向及效能。现代意义的行政领导包含职位、职权、职责等多层含义，既指行政组织的领导者，如行政首长、领导集体、领导干部等，又指为实现既定目标而实施的组织、指挥、协调、控制、监督等行政活动及其过程。我国行政领导思想至少可以追溯到春秋战国时期，其与"仁政""德治""民本"等传统治国理政思想紧密联系，涵盖行政领导素质、行政领导活动、行政领导角色、行政领导关系等内容，具有独特的历史底蕴和重要的当代价值。

4.1　《中庸》《大学》关于行政领导素质的认识

　　《中庸》和《大学》是儒家早期经典《礼记》中的两篇。其中，《中庸》为战国时期的子思所著，《大学》著者说法不一。宋代理学家朱熹将这两篇与《论语》《孟子》合编注释，形成了《四书章句集注》，在编排次序上首列《大学》，次列《论语》和《孟子》，最后列《中庸》。《大学》阐述君子之学，《中庸》提出圣人之道，二者立论的重点虽有所不同，但义理上相互印证。在内容上，这两篇经典相互呼应，都继承了先秦儒家学派有关贤人政治和道德治国的行政管理思想，注重施政者的政治和道德素质，主张以修身作为治国之本。

4.1.1　行政领导素质的主要内容

　　从我国古代行政领导思想的发展过程看，先贤们曾在诸多经典著作中讨论过领导者有效行使权力、履行职责应当具备的各种素质条件，其核心观点可以概括为"为政以德"与"修身立德"。纵观《中庸》和《大学》这两篇经典，作者都围绕"修身"的道德素养和"中庸"的道德准则进行精细论证，并将"德"视为领导者最基本的政治素质，以及治国理政的根本要求。

（1）"为政以德"的渊源

西周初年，周公将"德"的概念引入政治领域。孔子"从周"，极为重视道德的教化功能。此后，以孔子为代表的儒家学派更是把统治者具有良好道德品质视作治国前提，同时提出"为政以德"的治国方略和为政原则，其思想实质即"内圣为外王之根基"。儒家学派认为，在尊卑高低、等级森严的封建社会政治结构中，执政者承载着民众的道德期望和道德理想，他们理应成为道德精英的代表。为政者只有具备优秀的品德和修养，发挥出人格力量的引领作用，才能担当起治世的神圣使命。

《中庸》《大学》继承儒家传统"为政以德"的主张，认为作为主体的人对行政管理至关重要，因此非常强调管理者的道德素质，也就是我们常说的"人治"思想。《中庸》说："其人存，则其政举；其人亡，则其政息……为政在人，取人以身，修身以道，修道以仁。"① 大意是说，统治者是一项政策能否实行的关键，也是治理国家的核心。政事的执行完全取决于用什么人，要得到适用的人就要修养自己，修养自己就要遵循大道，遵循大道就要从仁义做起。《大学》还说："一家仁，一国兴仁；一家让，一国兴让；一人贪戾，一国作乱。其机如此。"② 因此，不可小看个人德行和家庭影响，其对于扩大社会影响力、转变社会风气的作用非常之大。在《中庸》《大学》的作者看来，"一言偾事，一人定国"③，国之治乱系于一人之身，而影响个人行为的决定性因素就是道德修身。在这个意义上，儒家行政领导思想奠基于主体的道德自觉，其深信人们可以经由教化而成圣成贤，并据此形成以修身为基础、士人为主体、礼治为路径，以及修己与治人、德性与教化、伦理与政治合一的治国理政系统。

（2）"修身"的道德素养

《中庸》和《大学》都强调修身是行政领导者应具备的道德素养，而修身的要义在于顺性、诚心。在顺性方面，《中庸》开篇就指出："天命之谓性，率性之谓道，修道之谓教。"④ 意思是说，人的自然禀赋叫作本性，顺着本性去做事叫作道，人们培养并遵守道叫作教化。先有"性"，后有"道"，再有"教"，三者在逻辑上有着前因后果的联系。《大学》也提出"大学之道，在明明德，在亲民，在止于至善"⑤，认为大学之道，在于弘扬内心的光明品性，在于亲近民众，使人弃旧图新、去恶从善，在于让所有人都回归到本性，以美善目标为终身追求。所谓诚心，即真心、真诚，这是顺性而行的关键，在道

---

① 《中庸·第二十章》。
② 《大学·第十章》。
③ 《大学·第十章》。
④ 《中庸·第一章》。
⑤ 《大学·第一章》。

德上谓之"诚"。《中庸》说:"诚者,天之道也;诚之者,人之道也。诚者,不勉而中,不思而得,从容中道,圣人也。诚之者,择善而固执之者也。"[①] 意思是说精神和道德上的真实无妄是合乎天之道的,亦是圣人之道。由于圣人天生至善,真实无妄,自然地达到了"诚"。一般人由于私欲困扰,需修身养性以达到诚,要执着于善,持之以恒。

修身还要讲究方法,即"博学之,审问之,慎思之,明辨之,笃行之"[②],通过学、问、思、辨,择善而从,唯善是行。"道也者,不可须臾离也,可离非道也。是故君子戒慎乎其所不睹,恐惧乎其所不闻。莫见乎隐,莫显乎微,故君子慎其独也。"[③] 这是说,道是不可以片刻离开的,可以离开的就不是道了。所以,品德高尚的人在没人看见的地方也是谨慎的,在没人听见的地方也有所戒惧。从最隐蔽、最细微的言行上往往更能看出一个人的品质,君子慎独就是要人前人后都无愧于良心。

(3)"中庸"的道德准则

"中"与"和"是中庸之道最为重要的概念。"中",强调不偏不倚、无过之亦无不及,保持一种适可而止的处事态度,合乎自然的中正之道;"和",就是和谐、平常,是对待事物能保持一颗平常心,不与自然之道相背离。《中庸》提出,人生的理想道德修养状态就是中庸,又谓之中和。"中也者,天下之大本也;和也者,天下之达道也。"[④] 在作者看来,"中"是天下人们最大的根本,"和"是天下人们共行的普遍规则。"致中和,天地位焉,万物育焉。"[⑤] 只要达到"中和"境界,天地万物就能各安其位,人和自然的世界也都会秩序井然,彰显无限生机。

《中庸》征引孔子的话说道:"君子中庸,小人反中庸。"[⑥] 认为中庸之德精微至极,只有君子才能体认和达成,小人无德,故而与中庸是背道而驰的。中庸并非"折中",它有很强的法度和原则,不是随随便便的调和,而是在把握事物对立矛盾的基础上,洞悉事物存在和发展变化的规律,保证整体的公正与不偏颇。因此,中庸思想作为中国传统文化的一个重要方面,具有相当丰富的人生哲理,也是实用的立身处世学问,将其运用于行政领导乃至整个行政管理活动大有裨益。进一步说,了解中庸思想精髓,践行中庸之道,是行政领导者执政修德的重要组成部分。君主政治条件下,最高统治者按照"中庸"的至高道德准则行事,有助于达成"中和"的理想状态。

须注意的是,中庸与修身二者密不可分。达成中庸之德需要加强自身的道德修养,坚持以修身为本。"修身"是"齐家、治国、平天下"的基点,也是成为"中庸"的理想管理者的必要条件。就此而言,中庸既是修身的目标,也是修身的行为准则。一个在道德上达到中庸境界的人,其内心可以做到诚,即真实无妄,因而能够率性而为;在行为

---

① 《中庸·第二十章》。
② 《中庸·第二十章》。
③ 《中庸·第一章》。
④ 《中庸·第一章》。
⑤ 《中庸·第一章》。
⑥ 《中庸·第二章》。

上，能够遵守儒家认可的各种道德教条和行为规范，做到不偏不倚。这样表里如一、内外澄明的人，是《中庸》《大学》赞美和推崇的领导者。只有具备如上道德境界的人，才是政治领袖、领导者或国家管理者的理想人选。

4.1.2　行政领导与修身的关系

修身是一种个人行为，而行政领导是行政管理活动的重要环节，二者在主客体、行为方式和规律等方面均有所不同。《中庸》和《大学》将修身与行政领导联系起来，成功论证了它们的内在联系，即通过修身才可能成为领导者，修身本身是行政领导过程的前提、基础和必要环节，是行政管理活动的有机组成。

（1）行政领导的基础：“修身为本”

按《中庸》与《大学》的观点，为政者应秉承“修身为本”的价值观念和行为规范，修身是行政领导活动乃至行政管理的基础。那么，什么叫作“修身为本”？从《大学》的论述看，其有两层含义：一是齐家治国平天下的根基在于修身；二是所有人都要将修身当作为人处世的根本要求。正如《大学》所提到的：“欲治其国者，先齐其家；欲齐其家者，先修其身……”[①]“自天子以至于庶人，壹是皆以修身为本。其本乱而末治者，否矣。其所厚者薄，而其所薄者厚，未之有也。”[②] 大意是说，“修身”是齐家、治国、平天下的前提，是立身处世的根本。无论贵为天子还是黎民百姓，都要以修养品性为根本。若这个根本被扰乱，家庭、家族、国家、天下要治理好是不可能的。不分轻重缓急、本末倒置，却想做好事情，这同样是不可能的。

在关于领导方式的讨论上，《中庸》《大学》坚持孔子由己及人、道德感化的观点，并有所发展。《大学》说：“君子有诸己，而后求诸人；无诸己，而后非诸人。”[③] 凡要求别人做到的自己首先要做到，自己善，然后再要求别人善，自己无恶，再要求他人无恶。对于被领导者来说，领导者的所作所为影响甚大，这体现在被领导者的思想、行为总是模仿和追随领导者的。《大学》有云：“尧、舜率天下以仁，而民从之。桀、纣率天下以暴，而民从之。其所令反其所好，而民不从。”[④] 尧舜以仁表率天下，民众都效法其仁，桀纣施暴于天下，民众也效法其暴。所以，《中庸》《大学》认为，领导者不能身体力行，却要求庶民服从，民众是不会听从的，一个国家政治社会秩序稳定与否在很大程度上取决于统治者、管理者的行为表率。

---

① 《大学·第一章》。
② 《大学·第一章》。
③ 《大学·第十章》。
④ 《大学·第十章》。

（2）行政领导的过程：从"修身"到"平天下"

自古以来，我国就把"家"和"国"联系在一起，形成家国同构的独特文化。这一传统直至当代仍然具有较强生命力和积极现实意义。我国古代社会以自我和家庭为中心，衍生出一整套思维方式和处世逻辑。《大学》开篇就提道："大学之道，在明明德，在亲民，在止于至善。"[①] 这也是后人所说的"三纲领"。《大学》进一步明确："古之欲明明德于天下者，先治其国。欲治其国者，先齐其家。欲齐其家者，先修其身。欲修其身者，先正其心。欲正其心者，先诚其意。欲诚其意者，先致其知。致知在格物。"[②] 格物、致知、诚意、正心、修身、齐家、治国、平天下被称为"八条目"。其中，修身之前的部分对应"三纲领"中的"明明德"，齐家到平天下则对应"亲民"。格物、致知属于人的道德认知活动，诚意、正心是道德修习的内容，治国、平天下是领导者的政治行为和管理活动。格物、致知、诚意、正心四目是修身的方法，齐家、治国、平天下三目是修身的目的，也可以说是修身的效果。

以上八项构成了一个完整的序列，它起始于道德认知，源于人的内心，而归结于社会政治层面，即人的全部政治活动。天子有天下，诸侯有国，卿大夫有家，家、国、天下是层次、大小不同的实体，实现治国、平天下的理想目标，须从格物、致知、诚意、正心、修身、齐家做起。"修身治国平天下"不仅反映"家"与"国"之间的同质联系，而且映射着"个人-家庭-国家"的行政领导逻辑。这也是儒家行政领导思想的核心价值认同（见图 4-1）。

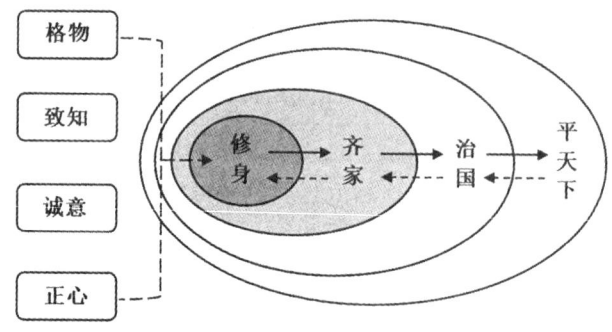

图 4-1　从"修身"到"平天下"的行政领导逻辑

《大学》将修身与齐家、治国、平天下等管理活动联系在一起，指出修身与行政领导行为之间存在着共同的规律和原则。"所谓治国必先齐其家者，其家不可教而能教人者，无之。故君子不出家而成教于国。孝者，所以事君也；弟者，所以事长也；慈者，所以使众也。"[③] 孝、悌、慈都是儒家所倡导的道德条目，这些教育来自家庭，同时也是治理国家应具备的道德修养。作为个人道德修养的核心，事长、使众、尊亲、事君之道等道

———————————

① 《大学·第一章》。

② 《大学·第一章》。

③ 《大学·第十章》。

德准则不仅在家庭生活中得到践行，而且起到规范社会行为和调节社会关系的作用。领导者经格物、致知、诚意、正心、修身、齐家之后，既具有良好的道德修养，又具备一定的管理经历和经验。当其进行行政领导活动时，这些通过道德修身而形成的认知、积累的经验、培养的行为方式可以运用到实践中，最终实现治国、平天下的目标。

4.1.3 行政领导素质转化的基本路径

人伦之理与为政之道是相通的。确切地说，为政之道是人伦之理的推广与外化。在古代中国，治国安民讲究"修身""立德"，如此方能"安人""安百姓"。领导者不只是地位、身份的象征，更是整个国家、社会道德的化身与人格的典范。他们通过提升道德修养并建构自我道德体系，将自我推向家庭、推向社会、推向国家、推向天下，进而使自我价值与社会价值合二为一。至于这一道德体系包括哪些内容，《大学》和《中庸》作了详细说明。《中庸》提出，天下国家有"九经"，为政之道也应遵循此原则："修身也，尊贤也，亲亲也，敬大臣也，体群臣也，子庶民也，来百工也，柔远人也，怀诸侯也。修身则道立，尊贤则不惑，亲亲则诸父昆弟不怨，敬大臣则不眩，体群臣则士之报礼重，子庶民则百姓劝，来百工则财用足，柔远人则四方归之，怀诸侯则天下畏之。"[1] 这些原则架构起有机的行政领导道德体系，从家风培育、人际关系梳理、影响力塑造等维度，系统论证了个人道德素质向行政领导活动辐射的路径。

（1）家风培育：修身、尊贤、亲亲

从个人与家庭、社会的关系来看，个人是家庭伦理和社会规则的主体，家庭伦理和社会规则是人们发展自己和创造人性价值的行动规则。早在先秦时期，家国同构、家国一体的观念就已深入人心，齐家也由此被视作治国的准备阶段和必经环节。《中庸》提出修身、尊贤、亲亲，主要目的在于强调修身齐家的重要作用。

一是修身，修身则道立，其最好的方法是"齐明盛服，非礼不动"[2]，即洁净心灵，端正服饰，不符合礼仪的事坚决不做，以礼来严格要求自己。"修身则道立"[3]，当达到了修身目标，为政者就可以发挥表率作用。在儒家看来，从好学、力行、知耻三个简单的层面入手，进而掌握仁道是十分重要的，其他几方面的工作只不过是修身的延伸和外化，正所谓"知所以修身，则知所以治人；知所以治人，则知所以治天下国家矣"[4]。二是尊贤，尊贤则不惑。尊贤的最好表现是"去谗远色，贱货而贵德"[5]，远离谗言小人，远离美色诱惑，轻财物，重德行，讲大义，让贤者做适宜的事，这样贤者必至。三是亲亲，

---

① 《中庸·第二十章》。
② 《中庸·第二十章》。
③ 《中庸·第二十章》。
④ 《中庸·第二十章》。
⑤ 《中庸·第二十章》。

亲亲则诸父昆弟不怨。亲亲要求"尊其位，重其禄，同其好恶"①，父即父，兄即兄，要尊重他们在家庭中应有的地位，不贬低不僭越；更要重视他们的财禄，给他们应有的经济保障，与他们同心同德，这样亲人必然受到激励。当实现修身、尊贤、亲亲，为政者就能够从治家之法中领悟治国之道，在推动家风正、家业兴、家规明的同时使政风清明。

（2）人际关系梳理：敬大臣、体群臣、子庶民

君臣、君民关系贯穿于古代行政领导活动全过程。《中庸》着眼敬大臣、体群臣、子庶民，提出要处理好家庭之外的人际关系。"敬大臣则不眩"②，尊敬大臣，就会让政事不乱，管理有条不紊，而对大臣最好的尊敬与劝勉就是"官盛任使"③：给他们提供足够的官吏，供他们任命驱使，把他们从具体繁杂的事务中解放出来，好让他们更好地管理国家。"体群臣则士之报礼重"，其方法是"忠信重禄"④，就是要体谅、体察群臣，感受他们的辛苦与付出，信任并重视他们的财产收入，使有才能的人才更好服务国家。"子庶民则百姓劝"是指，对于百姓，要像父亲对待孩子一样关心爱护，这样百姓才会更加努力。对百姓最好的方法就是"时使薄敛"⑤：依时令而用，不让百姓耽误农时，而且轻徭薄赋，减轻百姓的负担。

（3）影响力塑造：来百工、柔远人、怀诸侯

来百工、柔远人、怀诸侯此三者强调扩大行政领导者的影响力，处理好重要利益关系。第一，"来百工则财用足"，其方法是"日省月试，既禀称事"。⑥ 对于百工，要做好绩效考核，让他们所得的报酬与他们所做的工作相称。第二，"柔远人则四方归之"，其方法是"送往迎来，嘉善而矜不能"。⑦ 对远方他族之人，要施以怀柔之策，经常来往，扩大交流，嘉奖有善行之人，体恤能力差的人，使他们来则安之。第三，"怀诸侯则天下畏之"，对诸侯要极尽爱护与安抚，其方法是"继绝世，举废国，治乱持危，朝聘以时，厚往而薄来"⑧。意思是说，如果有些诸侯子嗣断绝，就要想办法保住他们的家庭世系，使他们的爵位得以延续；对于那些没落的诸侯邦国，要帮助他们治理乱世，扶持危局，按时接受他们的朝见和咨询，经常给他们丰厚的馈赠，接纳他们较少的贡奉。时至今日，这些措施都是行政领导者激励下属的重要方法。

总体观之，王道和德治是一个古老的儒学命题。早在春秋战国时期，儒家学派就提出"为政以德"的政治构想，主张将道德标准作为政治统治的指导方针，提倡推行王道，

① 《中庸·第二十章》。
② 《中庸·第二十章》。
③ 《中庸·第二十章》。
④ 《中庸·第二十章》。
⑤ 《中庸·第二十章》。
⑥ 《中庸·第二十章》。
⑦ 《中庸·第二十章》。
⑧ 《中庸·第二十章》。

强调以德治国和以仁义治天下，要求政治精英以德为本、德才兼备。《中庸》和《大学》继承了这一思想，认为领导者的道德素质对行政领导活动具有重要影响，论证了从修身到治国再到平天下的行政领导能力提升以及治理范围扩大的逻辑。传统中国的行政领导思想把领导者的道德素质要求放在核心位置，特别强调官德在治国理政中的作用。这种对行政领导素质的认识，对今天仍有重要意义。我们国家历来讲究读书修身、从政以德，传统文化中的读书、修身、立德，不仅是立身之本，更是从政之基。按照今天的说法，就是要不断加强党员领导干部的思想道德修养和党性修养，常修为政之德、常思贪欲之害、常怀律己之心，自觉做到为政以德、为政以廉、为政以民。

4.2　《孙子兵法》的行政领导与战略管理思想

《孙子兵法》又名《孙武兵法》，其创作于春秋时期，成书于战国时期，由齐国乐安（今山东省惠民县）的孙武所著。公元前 532 年，齐国内乱，孙武流亡到吴国，经由伍子胥推荐辅助吴王经国治军，显名诸侯，被尊为"兵圣"。《孙子兵法》为孙武对当时中长期战争经验的提炼总结，其内容博大精深，逻辑缜密严谨，是我国古代军事思想精华的集中体现，也是世界上最早的兵书，被誉为"兵学圣典"。现存的传世本包括《始计》《作战》《谋攻》《军形》《兵势》《虚实》《军争》《九变》《行军》《地形》《九地》《火攻》《用间》13 篇，共有六千余字。《孙子兵法》蕴含着丰富的行政领导思想，尤其是关于行政领导权威、科学决策、战略管理等的论述，直到今天仍有重要研究价值和借鉴意义。

4.2.1　行政领导权威

行政领导权威建立在特定权力和领导者人格魅力基础之上，是领导者与被领导者相互作用过程中自然产生的内在影响力，对领导活动效果具有重要作用。权威的大小取决于领导者在被领导者心目中的认可度、接受度，其形成与获得是一个复杂的过程。孙武在《孙子兵法》的多个篇章中反复强调明君、将帅的领导功能，对权力来源、领导者素质结构等进行探讨，这在一定程度上回答了如何塑造领导权威的问题。

（1）领导权威的来源："唯民是保，而利合于主"

行政领导权威不等同于行政权力，但后者往往构成前者的基础。《孙子兵法》的开篇《始计》就提出，决定一场战争胜败的关键因素有 5 个：一道、二天、三地、四将、五法。将帅的作用毋庸置疑。在孙武眼中，"主"是吴王，"民"指百姓和士兵，战争发起的缘由在于保护国家和民众。正如《孙子兵法·地形》所说："故战道必胜，主曰无战，必战可也；战道不胜，主曰必战，无战可也。故进不求名，退不避罪，唯民是保，而利于主，国之宝也。"这句话的意思是，根据战争的规律有必胜把握的，虽然君主说不要打，亦可坚决去打。反之，没有必胜把握之仗，虽然君主命令打，也可以坚决拒绝。所以，作为一个将帅，进不贪求战胜的名声，退不避违抗君命的罪责，一切只求保全百姓与士卒，符合国君的根本利益，这样的将帅才是国家的宝贵之才。

可见，早在春秋战国时期，古人就道破了行政领导的要义，即行政权力来源于人民，行政管理服务于国家治理目的。时至今日，这一道理仍应作为行政领导活动的最高准则。无论是将帅还是其他领导者，皆处于管理体系的中枢，其行事用人不能自私自利、沽名钓誉，不能为了奉承上级，违心作出不符合"战道"的决策。而应以国家、民族、人民的利益为重，从大局出发，不要过多考虑个人的功名、得失。只有以高度负责和自我牺牲的精神进行指挥、组织和管理，才能树立起领导权威。

孙武还指出，"故明主慎之，良将警之，此安国全军之道也"①。通俗地说，明白事理的国君在兴师用兵这件事上应小心谨慎，优秀的将帅在进攻上要戒慎警惕，这是安定国家、保全军队的重要原则。换言之，权力的行使理应遵循一定规范，审慎行事。在我国，领导干部的"主"是天下、国家、民族和人民。使用行政权力的根本要求在于维护人民群众的利益，任何以权代法的行为都将有损于领导的权威。因此，行政领导者要树立科学、正确的权力观，时刻保持同人民群众的血肉联系，坚持情为民所系、权为民所用、利为民所谋，践行以人民为中心的发展思想。

（2）领导素质的结构："为将五德"

领导素质和能力水平的高低直接影响行政领导效能。《孙子兵法》里有大量关于领导者素质的论述，最为典型的是为将"五德"，即"将者，智、信、仁、勇、严也"②。

其一，"智"是指知识和智慧。行政领导者要担负起领导重任，就必须有丰富的知识储备和管理智慧。知识储备包括：精湛的业务技能知识、领导科学和管理学知识、广博的社会知识面以及丰富的阅历和工作经验等。孙武认为，管理智慧主要体现在明辨之智和御人之智，正如《孙子兵法·始计》指出的，"兵者，诡道也。故能而示之不能，用而示之不用，近而示之远，远而示之近"。行政领导者还要具备运筹帷幄、喜怒不形于色的素质，在管理活动中做到沉着冷静、公正严明，正所谓"将军之事，静以幽，正以治"③。

其二，"信"是指信任和信誉。行政领导者要对自己的工作能力有信心并让别人对自己有信心，保证制度相对稳定，避免朝令夕改。《孙子兵法·行军》云："令素行以教其民，则民服；令不素行以教其民，则民不服。"这表明领导者说话算数，下属才会信服你，因此讲究诚信、取信于人是行政领导必备的政治素质。

其三，"仁"是指仁爱和体恤。《孙子兵法·地形》提出，"视卒如婴儿，故可与之赴深溪；视卒如爱子，故可与之俱死"。这句话是指，对待士卒仿佛对待婴儿，士卒就可以

---

① 《孙子兵法·火攻》。
② 《孙子兵法·始计》。
③ 《孙子兵法·九地》。

同他共患难；对待士卒像对待自己的儿子，士卒就可以跟他同生共死。行政领导者秉持平等、仁爱、友好的态度，尊重每位被领导者，做好情感激励，能够激发和调动被领导者的潜能和工作积极性、创造性。

其四，"勇"是指勇于决断和勇于担当。勇于决断要求行政领导者不仅拥有迅速作出选择、形成方案并能正确作出决断的能力素质，还要具备遇事不犹豫、做事不折腾、时机降临时不左顾右盼的心理素质；勇于担当要求行政领导者要有报国的信念、负责的勇气。面对改革发展中的新情况新问题新矛盾，不能只是感叹"为官不易"，要在"红线"、规矩前有底线意识，要敢于担当，主动作为。在应对重大挑战、抵御重大风险、克服重大阻力、解决重大矛盾中，要以勇于担当的精神开启事业新篇。

其五，"严"是指严以律己和严格执纪。《孙子兵法》认为，一个好的将领是严格和严厉的，其目的在于使军队纪律严明、服从指挥，让"勇者不得独进，怯者不得独退"[①]。行政领导者要保证被领导者按命令统一行动，具有团队意识，局部利益服从整体利益。对于当代领导干部来说，就是要严以律己、严格执纪，慎独慎微、勤于自省，做到为政清廉，切实维护人民群众的合法权益。

（3）领导认同的功能："上下同欲者胜"

《孙子兵法·谋攻》强调，"故知胜有五：知可以战与不可以战者胜，识众寡之用者胜，上下同欲者胜，以虞待不虞者胜，将能而君不御者胜"。孙武认为战争取得胜利的重要条件有五：懂得什么条件下可以战或不可以战；懂得众与寡的灵活运用；将帅和士兵有共同目标，众心齐一，同仇敌忾；有准备之师击无准备之敌；将领富有才能而君主又不从中干预牵制。对于行政领导来说，环境条件、人员统筹、心理认同、准备工作以及优秀的领导者都必不可少，五个条件都具备才能目标一致、上下配合、整体协调，更好发挥管理优势。其中，"上下同欲"起着关键作用，因为无论何时，民心向背都关乎战争胜负、政治输赢以及领导目标的实现，因此如何达成行政领导权威与心理认同的良性互动值得人们关注。正如《孙子兵法·始计》所说："道者，令民与上同意，可与之死，可与之生，而不畏危也。"也就是说，治理国家的最佳状态是百姓与国君心愿相同，思想统一，这样百姓就能与国君同死同生而不会有异心。在这个意义上，"上下同欲"既是一种心理认同，也是塑造领导认同的途径。当被领导者认同组织目标并自主接受领导者的管理，就会产生肯定性心理，进而成为实现共同目的的内生动力。

4.2.2 行政领导科学决策

《孙子兵法》的思想价值体系中，最光彩夺目的就是战略思想，包括丰富的战略决策思维、战略决策基础、系统分析原则，它集中体现了中国战略文化传统的精髓。

---

① 《孙子兵法·军争》。

（1）战略决策思维

一是"未战而庙算"的预测思维。古代兴师作战前，朝廷或帝王都要在庙堂上举行仪式，谋划作战大计，预测战争胜负。《孙子兵法·始计》有言："夫未战而庙算胜者，得算多也；未战而庙算不胜者，得算少也。多算胜，少算不胜，而况于无算乎！吾以此观之，胜负见矣。"这里的庙算是指庙堂之中的计议、合计，也是中国最古老的一种战略决策形式。庙算的过程分为定计和用计两个阶段：定计是对实力的计算和评估；用计是对综合实力的随机处置和权变运用。庙算应用到管理中就是战略分析和谋划，其过程就是系统分析。先计后战，庙算知胜，在战略管理实践前进行认真的战略环境分析，通过科学和理性的决策，在预见确有取胜把握时再进行战略实施和控制，可以避免个人决策失误和情绪方面的负面影响。

二是"在利思害"与"在害思利"的辩证思维。《孙子兵法·九变》说："是故智者之虑，必杂于利害。杂于利而务可信也，杂于害而患可解也。"意思是说，有智慧的将帅进行思考时，一定同时考虑利益和害处。在不利的地形、处境下考虑到利益，用兵时就能够取得成功；在有利的地形、处境下考虑到害处，用兵时遇到祸害就能够化解。这一篇章表明行政领导者必须全面地看问题，在有利的情况下要看到不利的方面，在不利的情况下也要考虑到有利的因素。作决策时要树立危机意识和风险意识，对解决问题或化解矛盾过程中可能出现的情况作出全面而科学的预判，制定详细的规划和决策预案。同时，要增强团队信心，鼓舞士气，强化应对困难和挫折的斗志，谋划最坏情况下的应对之策，避免遭遇措手不及，甚至预设让步与妥协的底线。处理好"在利思害""在害思利"的关系，趋利避害，防患于未然，就能够引导行政管理行稳致远。

（2）战略决策基础

现代战略决策是非程序化、带有风险性的决策，行政领导者要综合内外部环境、组织发展目标愿景等因素，选择最佳的战略方案。

孙武曰："知彼知己，百战不殆；不知彼而知己，一胜一负；不知彼不知己，每战必败。"[①] 这段话很容易理解，意思是说要想取得战争的胜利，使作战没有危险，就必须提前充分地了解自己和对方。在行政管理中同样如此，任何一项决策目标的制定和执行都不是管理主体和领导者主观臆断的结果，而是充分了解管理对象和管理环境之间的联系，如战略执行和发展的趋势、决策主要活动及环境变化等，进而针对不同情景和对象使用不同的谋略，做到因人、因时、因地制宜。

《孙子兵法》对于决策次序也有要求，"故上兵伐谋，其次伐交，其次伐兵，其下攻城"[②]。其原意是指，最高级的用兵方法是谋求不战而攻下敌国，其次是通过外交的方法

---

① 《孙子兵法·谋攻》。
② 《孙子兵法·谋攻》。

攻下敌国，再次就是直接用兵打败敌军，最低等的用兵方法是通过攻占城邑而攻下敌国。实际上，"上兵伐谋"并不仅仅局限于军事领域，应用到行政领导及其管理领域就要求领导者在决策之前必须准确而及时地获取信息，周全考虑各方的具体情况，为决策提供科学依据，减少判断失误。

（3）战略分析的系统原则

行政领导环境是独立于领导者之外的客观存在，只有正确认识环境、适应环境、利用和改造环境，才能实现预定的组织目标。孙武认为，用兵打仗须考察的环境就是"五事七计"，即"道、天、地、将、法"[①] 五事和"主孰有道、将孰有能、天地孰得、法令孰行、兵众孰强、士卒孰练、赏罚孰明"[②] 七计。这就要求从天道、将领、天地、法令、士卒、训练、赏罚等方面综合分析，通过全面考察和反复论证，科学预测可能出现的战争结果。这种系统分析方法奠定了后世战略要素理论的基础，是具有普遍意义的"运筹全局"思想。行政领导者在作战略决策之前，要周密分析政治与法律因素、经济因素、社会文化因素、竞争者因素等外部环境，以及技术素质、人员素质、管理素质、财务素质等内部条件，而后再将各种因素、条件联系起来加以研判，为作出科学决策提供有力支撑。

4.2.3　战略实施及控制

战略实施是一个自上而下的动态管理过程：分解、展开各项战略部署进而实现战略意图和目标。由于外部不确定因素和内部不可控因素的相互作用，战略措施的制定和实施具有柔性和变性。

（1）权变领导方法

一是因敌制胜。所谓因敌制胜，就是根据实际的敌情制订或修订作战计划。《孙子兵法·虚实》指出，"水因地而制流，兵因敌而制胜。故兵无常势，水无常形，能因敌变化而取胜者，谓之神"。这句话的意思是，水根据地势来决定流向，军队根据敌情来采取制胜的谋略。军队作战没有一成不变的态势，也没有固定的作战方法，只要能够根据敌情的变化而取胜的就叫作用兵如神。行政领导者不仅要不断充实自己的知识，更要用敏锐的眼光来洞察战略决策执行情况的变化，准确把握发展动态，依据环境和竞争对手的变化实施不同的战略，随时调整与创新，形成一种权变的竞争态势并占据主动。

二是出奇制胜。"凡战者，以正合，以奇胜。故善出奇者，无穷如天地，不竭如江

---

① 《孙子兵法·始计》。
② 《孙子兵法·始计》。

海。"① 这里是指攻战时必须以正兵当敌，以奇兵制胜，因为善于出奇制胜的将帅，其战法会像天地那样变化无穷，像江河那般永不枯竭。在战略实践中，出奇制胜的关键就是"攻其无备，出其不意"②。一方面，战略实施者应重点关注对方的主体感觉和意识变化，并将之作为基准来判断是否需要采取"奇"的策略。同时，应提前预判对方的战略意图，突破传统程序，灵活组合"奇"与"正"，以此形成战略对抗；另一方面，在多数人都认为应当用"奇"的策略时，决策者却以常态的方式处理，这也会达到出奇制胜之效。这样因奇生正、因正生奇，奇正相倚、相合、相变，迷惑竞争对手，使其捉摸不透真正的目的，是战略实施者掌握主动权的有效手段。

（2）战略实施原则

一是避实击虚。"水之形避高而趋下，兵之形避实而击虚。"③ "故善用兵者，避其锐气，击其惰归。"④ 孙武在不同的篇章中强调，与敌军作战应该避开对手强处而攻击其弱处，这样能使对手无法抵御。行政管理活动实际也是发挥自身强项，在竞争中立于不败之地，进而达到战略目标的过程。因此，领导者在实施战略控制时应扬长避短，充分发挥自身优势，克服短板不足，争取上级资源和群众支持。

二是力求主动。如《孙子兵法·虚实》所说："凡先处战地而待敌者佚，后处战地而趋战者劳。故善战者，致人而不致于人。"其意为先期到达战地等待敌军的就精力充沛、主动安逸，而后到达并匆忙投入战斗的就被动劳累。这告诉我们，善战者能够调动敌人而不为敌人所调动。在行政管理过程中，领导者必须时时保持自己的主动地位，坚定战略定力，抢占先机，排除干扰，采用行之有效的谋略来实施管理。

三是攻守统一。《孙子兵法·军形》有云："不可胜者，守也；可胜者，攻也。守则不足，攻则有余。"意思是指，不能战胜敌人就采取防守的办法，能够战胜敌人时就进攻。采取防守是因为战胜敌方的条件不够，采取进攻是因为战胜敌方的条件足够。行政管理活动也要分析战略实施的时间节点，时机不成熟就不要贸然实施某项政策，可长期积蓄力量，久久为功。一旦时机成熟，就要以压倒性优势果断决策，排除阻力，达到目标。

众所周知，兵法可为王者师。放眼东西方文化发展史，管理思想特别是行政领导思想无不是从军事作战指挥思想演变而来。《孙子兵法》作为我国古代军事经典著作，其影响已远超出军事领域，在政治、经济、外交、哲学、管理等诸多领域都有广泛的应用价值，近年来其所蕴含的科学领导思维和谋略备受国内外学者关注。面对百年未有之大变局，应对各种风险挑战，我们亟须学习和探究《孙子兵法》中的行政领导思想，从中汲取养分，古为今用，提高科学决策能力，强化统筹全局水平。

---

① 《孙子兵法·兵势》。
② 《孙子兵法·始计》。
③ 《孙子兵法·虚实》。
④ 《孙子兵法·军争》。

4.3　张养浩《为政忠告》的行政领导角色论

张养浩（公元 1270—1329 年），字希孟，晚号云庄老人，济南（今山东省济南市）人，元代著名政治家、散曲家。他遵循儒家学说，为人刚直，为官廉明，颇具政治智慧和为政技巧，根据自己任县尹、参议中书省事、御史的经验写成《牧民忠告》《风宪忠告》《庙堂忠告》，劝告官员立德修身、以民为本、廉洁公正、勤政担当。明洪武二十二年（1389 年），广西按察司佥事黄士宏将三本书合刊为一册，总题为《为政忠告》，后改为《三事忠告》，从此风行于世。其中，《牧民忠告》提出清正廉洁、勤政爱民，《风宪忠告》主张执法为公，《庙堂忠告》强调重民、用贤。作为中国历代官箴中影响深远的著作之一，《为政忠告》不仅对研究元代政治思想、政务管理以及社会风气有极大的参考价值，而且对当今行政领导活动具有一定的启示意义。

4.3.1　行政领导角色认知

行政领导角色是指与领导者地位、身份相一致的一整套权利、义务规范与行为模式。无论是古代官员还是现代从政者，在不同领导职位和活动中都会扮演多种角色，而如何认知这些角色，既是行政领导者安身立命的基础，也是其为人处世的依据。张养浩一生任职颇多，《为政忠告》一书主要概括了他对地方官员、宰执官员、监察官员的角色定位和主要职能的理解。

（1）地方官员

县是我国古代行政管理体系中最为稳定和重要的层级之一。《牧民忠告》所提及的地方官员，主要指县尹。这一职位既要负责刑狱治安、征敛赋役，也要宣扬德化、劝课农桑，关心百姓疾苦。张养浩在书中详细论述了县尹事长、御下、治民的方式方法。这些观点对当今县级政府官员处理上下级关系、治理县域社会仍有较强借鉴意义。

事长，即恪守本分，上下和谐，处理好与上级的关系。张养浩《牧民忠告》体现了"各守涯分"[①] 的思想，其核心内容强调官吏从上到下有级别之分，同一级别又有长官、幕属、胥吏之分，不同官吏有不同的尊卑地位和职务要求。因此在他看来，事长包括以下要求：一是认清自己的地位。"各安其分而事其事"[②]，官员只有找准自己的位置，在下者尊上，在上者制下，国家才能兴旺。二是忠上。卑者应该"臣之于君也，入则恳恳以尽忠，出则谦谦以自悔。凡所白于上者，不可泄于外而伐诸人"[③]，即

---

①　《为政忠告·牧民忠告》。
②　《为政忠告·牧民忠告》。
③　《为政忠告·庙堂忠告》。

拜见时要忠诚尽职，离开时要谦冲内敛，凡是向君上汇报的事，决不能泄露于外人。三是诚意事上。人非木石心肠，只要以诚待上，为上者肯定会给以回报。四是"宁人负我，无我负人"①的精神和品德。五是正确对待顺境和逆境。他认为要辩证看待得失荣辱的两面性，"凡在官者，当知荣与辱相倚伏，得与失相胜负，成与败相循环"②。

御下，即管理下属时要律己律人，严格要求，使上下不欺。如何御下？这包括品德和技术两个方面。张养浩主张，为长者既要己身正，又要有一定的方法和技巧，只有如此才能领导下属。据此，他提出"自严"，意思是不接受下级馈送的东西，因为这样处理下级的过错才会理直气壮。欺上瞒下之事是常常发生的，如果长者不"自严"，就很容易被欺骗。

治民，包括宣教、救荒等方面。张养浩指出："教民不至，则犯禁者多；养民无术，则病饥者众。"③这是县尹没有做好教民、养民工作的后果。对此，他主张明纲常，重教化，根除那些败坏和违背教化的人。同时发挥模范作用，对曾受朝廷表扬或学问、德行出众的人加以慰问关怀，以激励百姓向他们学习。对于农业生产，他主张不必过多干预，但是一旦发生灾荒，则必须积极作为，妥善应对。此外，在《牧民忠告》一篇中，他还提出诸多劝农方法和治理措施。例如，消除盗贼最好的办法是防患于未然，采取"广耳目，严巡逻，戒饮博，禁游聚，或旬或月，即命尉行境以恐惧之"④的措施加以震慑。从根本上防止盗贼，要遵循"仓廪实而知礼节，衣食足而知荣辱"⑤的理念，督促百姓勤劳致富，百姓生活富足就会知道礼义廉耻，也就不会成为盗贼。

（2）宰执官员

《庙堂忠告》是张养浩为身居庙堂之高的中央宰执官员提供的建议，也是对其担任礼部尚书兼参中书省事期间从政经验的总结。

宰相是君王的元辅，其职责莫过于重用贤才。张养浩在《庙堂忠告》中以建造宫室和缝制裘衣为例，说明人才的重要性。在选拔人才方面，他提出"询诸人则知之，察其行则知之，观所举则知之"⑥。首先要通过咨询，让他人举荐各自认为合适的人才，后观察被推荐之人的德行以及举荐之人的德行，从而对这个人的才能和品德作出综合评价。张养浩还对"分谤"问题进行论述，认为"是非毁誉，自古为政所不能无者。是则归人，非则归己；闻誉则归人，闻毁则归己"⑦。他主张领导者要体察下情，在下属遭到指责诽

---

① 《为政忠告·牧民忠告》。
② 《为政忠告·牧民忠告》。
③ 《为政忠告·牧民忠告》。
④ 《为政忠告·牧民忠告》。
⑤ 《管子·牧民》。
⑥ 《为政忠告·庙堂忠告》。
⑦ 《为政忠告·牧民忠告》。

谤时勇于主动承担责任，这样做有助于构建分工明确、权责清晰、和谐运行的行政体系，形成智者效谋、勇者效力，齐心协力办事的氛围。

重民是儒家"民本"思想的具体体现，其贯穿于《庙堂忠告》一文中。张养浩把重民放在突出的位置，认为"国昌、四夷靖、朝廷隆、宗庙安"① 的前提是重民。要重民，就要保民，要保民就不能扰之、虐之、犬豕之、草菅之。如果能重民、保民、不扰民，那么"天下不治者，古今无有也"②。所以，宰辅们要兴除利弊，正身率下，胸怀万民，采取切实措施来保护民众利益不受侵害。

人无远虑，必有近忧，为政者尤其要深谋远虑。张养浩认为，辅佐君王的宰辅应具有远见和应变能力，在平时就应该慎言慎行，见微知著，事事从大局出发，而且要反复周详考虑后再向皇帝建言献策。同时，宰辅不仅要有远见，还要能随机应变，如遇到突发事件，首先要判断真伪，再根据实际情况采取措施，做到有条不紊、忙而不乱。他特别强调献纳的重要性，即要求宰辅竭忠尽心，做到积极进谏，谦虚谨慎。总之，宰相辅佐君王处理好政务就能使天下百姓心安，百姓心安就自然会促使天地之气顺畅，实现阴阳调和的目的。

（3）监察御史

风宪，即风纪法度，此处指执掌风纪法度的官吏，即监察御史。监察御史负责监督百官，弹劾不称职的官员。自秦汉以来，历代都是台谏分立，各司其职。御史台掌管纠察官吏，肃正纲纪；谏院掌管朝廷得失。元朝开创台谏合一的先例，不再专设谏官，而是谏职由宪台官、监察御史兼而行之，这使台宪官员不仅有纠弹不法的本职，而且有纠察内外官员的责任。

张养浩的《风宪忠告》也印证了这一制度，他在文中明确指出监察御史应扮演多重角色：一是监察官员要严格自我约束，以"自律"为首要原则，履行好自己"纠奸绳恶，以肃中外，以正纪纲"③ 的职责。二是全面履职，坚持纠弹与荐举并行。监察机构除了惩恶还要扬善，纠弹之外还要荐举。三是教治。他认为"示教"可被列为监察官员诸项职责的核心，教育、教化是风纪之本和治本之策。"且刑罚不足致治，教之而使不犯，为治之道莫尚焉。"④ 也就是说，治官仅仅靠刑罚是不够的，严刑重罚并非吏治清明的治本之策，教育他们不违法犯法才是严格吏治的最好办法。在监察方法方面，张养浩指出言谏具有风险，其来源于自身职责。身为言官，面对讽劝的风险，要尽好自己的职责，毕竟为国家和百姓而获罪，也是一种荣耀而不是耻辱。

---

① 《为政忠告·庙堂忠告》。
② 《为政忠告·庙堂忠告》。
③ 《为政忠告·风宪忠告》。
④ 《为政忠告·风宪忠告》。

4.3.2 行政领导角色规范

（1）勤政与善政原则

"清、勤、慎"是中国古代《官箴》的名言。勤政也是对为官者最起码的道德要求。为官者如果不报效国家，不为百姓办事，只追求和满足私利，那是天理人情所不能容忍的。张养浩认为，行政官员应当勤政，治官如治家，做到"相时度力，弊者葺之，污者洁之，堙者疏之，缺者补之，旧所无有者经营之"①。例如，所谓"人不能独处，必资众以遂其生"②，是指人不能独处，但人与人联系就容易产生纠纷，导致词讼的产生。面对词讼，应采用"五声听诉讼"的方法："辞听""色听""气听""耳听""目听"。听讼主要的原则是公正判罚，不谋私利。牧民官，也即县尹，"勿恃能听讼为德也"③，而要"无讼者救过于未然"④，勤于政事。一方面，管理和处理好全县各种事务是县尹的重要职责，要勤勉、高效地处理政事；另一方面，还要善于为政，也就是做事计划周密，繁略毕举，因地制宜地安排工作，不折腾老百姓，切实将勤政思想落实到为官的各个细节之中。

（2）监察原则

张养浩在《风宪忠告》中明确主张，行使好监察司法职责要注意两点：一是注重询访；二是明慎用刑。

就询访来说，他认为只有知晓管辖之内的全部事务，才能有效履行职责。监察官员不能只听地方官员的一面之词，要仔细调查所到之处的一切相关信息，在详加考核、推敲的基础上对案件进行判罚，避免出现虚监、弱监等问题，保证监察权的正确有效行使。在询访过程中，地方官吏廉正执法，"即优之，礼貌之，荐举之"⑤，这有利于达到"则善者劝矣"⑥的良性循环。如果发现贪污不法的官吏，即使是位至极品，也要"蔑之，威拒之，纠劾之"⑦，及时遏制官吏不良习性。从明慎用刑的角度看，张养浩特别强调监察活动的毫厘之差都会关系到囚犯的生死，所以要以哀矜之心处理刑狱事务，慎重用刑，真正履行好监察使命。具体而言，要适当改善囚徒生活待遇，给予人性化的关怀，避免出现罪不至死的囚徒瘐死狱中的悲剧。可以通过"口威心善"⑧来纠正差错，"口威"能获

---

① 《为政忠告·牧民忠告》。
② 《为政忠告·牧民忠告》。
③ 《为政忠告·牧民忠告》。
④ 《为政忠告·牧民忠告》。
⑤ 《为政忠告·风宪忠告》。
⑥ 《为政忠告·风宪忠告》。
⑦ 《为政忠告·风宪忠告》。
⑧ 《为政忠告·风宪忠告》。

得事情的真相，"心善"则不会轻易伤害别人。"久系之囚"① 可能对先前官吏处理不满而隐瞒实情，此时应召属心善精干的卒吏，慢慢诱导，使罪犯详细交代事情的始末，再参照原有记录，让事情的真相得以重见天日，这样才不会诬陷好人。如果州、县之内没有良吏，那么就不能盲目相信和依据原先的案情记录，而是要重新追查这起案件，使实情不受隐瞒。

（3）举荐与用贤原则

"荐举"和"用贤"是《风宪忠告》和《庙堂忠告》两个篇章的重要内容，前者是张养浩任御史时所著，后者是他任参议中书省事时所著。两个任职岗位、两种治政体验，均得出"重贤"原则，这也更显示"贤"在官德方面的重要地位。

用人要用贤。他明确指出，"天子之职，莫重择相；宰相之职，莫重用贤"②。不集众贤，无以治国，要将用贤原则贯彻于国家治理之中。用贤的核心在于"为人上者……以无心而应天下之心"③。这里的"无心"是指宰相不应以自己为中心，而是要以百姓的意志为本。识贤是用贤的前提，具体的识人方法包括：询访他人、考察行为、观察举荐内容等。同时，张养浩特别指出公正、信任对用贤的重要性，"大臣初不贵乎事无不知，第公正其心，无所娼疾，则智者效谋，勇者效力"④。意思是说，丞相重臣本来就不必万事皆知，只要心存公正，不嫉贤妒能，贤能之士就乐于贡献智谋和力量。"苟知其贤而任之，既任而疑之，而务胜之，顾与不知不用、自任其才也奚异。"⑤ 这是说用贤却不能信任，与不知不用没有差别，这样对国家极为不利。此外，《风宪忠告》也强调荐举人才需注意的问题。首先，应该避免任人唯亲。监察官员不能利用自己手中权势来满足私欲；其次，要秉公唯才荐举，善于从舆论中了解人才、推荐人才；再次，荐才的最高境界是所举人才不必自己认识，只要听闻其才就可以荐举，"盖求则不必举，举则不必识矣。故古人有闻而举者，有见而举者，有举仇者，有举亲者"⑥；最后，举荐人才还要不避亲仇，唯才是举方能避免错失人才。

（4）进谏纳谏原则

张养浩在《庙堂忠告》中对宰臣劝谏君王提出上中下三策：宰辅们如具有卓越的远见，在事情发生之前就劝谏君王，这是最有效的方式。其次是利用各种接近君王的机会，如觐见时、讲读时或闲居时，把所要劝谏的事情说清楚，再对君王提出自己的对策。这时候要准备好各种对策，供君王自己选择。如果感觉由自己劝谏不妥，可请德高望重的

---

① 《为政忠告·风宪忠告》。
② 《为政忠告·庙堂忠告》。
③ 《为政忠告·庙堂忠告》。
④ 《为政忠告·庙堂忠告》。
⑤ 《为政忠告·庙堂忠告》。
⑥ 《为政忠告·风宪忠告》。

大臣帮助自己去劝谏。下策就是平时与君王游玩享乐时劝谏，但此种方式很难保证有良好的效果。劝谏的话语也不能对外泄露，不然小人会借机进谗言，使自己面临不必要的危险，这也验证了"君不密则失臣，臣不密则失身"的古语。

4.3.3 行政领导角色准备

（1）从政修身

为官从政，多有治国平天下的抱负，修身、齐家是其前提与根基。官之道，德为本；德之立，重在修。张养浩将"善自修"的思想贯穿于《牧民忠告》《庙堂忠告》《风宪忠告》三部书中，表达对为官者道德修养的要求，并提出通过自修达到"仁人君子"的目标。自修之法有内修和外修：前者强调自我提升修养（自省、自律、克性之偏），后者要求借助外在力量提升修养（教育）。具体的修身方法略举如下。

一是自省。早在先秦时期曾子就说道："吾日三省吾身：为人谋而不忠乎？与朋友交而不信乎？传不习乎？"张养浩也在《为政忠告》中提到三省。首先，在接受任职之命时要先"扪心自省"，问问自己有何特殊功绩、才能、品德而受到提拔；其次，时刻反省让头脑保持清醒，不能只想着领取国家俸禄，借手中权力和威望谋求私利；最后，反省自己应怎么做才对得起公道和百姓。

二是自律。张养浩认为官员应该严于律己，这样有助于为下属树立良好的榜样。下属若能自律就自然不会私下伤害百姓，侵百姓之利。在自律的同时，官员还应重视自律有度，严以律己，宽以待人，即"不可以律己之律律人"①"同官有过，不至害政，宜为包容。大抵律己当严，待人当恕"②。

三是克性之偏。张养浩在《牧民忠告》中提出，人都不是十全十美的，人的才华和优势虽有所不同，但都有偏短的特性。如果知道自己的短处并能痛克之，那么"官无难事"；如果放纵自己的不良习性，一直按照偏激的性格处事，毫无疑问为官极易失败。

四是教育。除自省、自律、克性之偏外，张养浩强调通过教育来提升百官的道德品质和个人修为。他极为重视教育潜移默化的作用，认为圣人都需接受教育，何况普通人。官员自身的修养好坏，决定了治理国家的成效。在教育百官的过程中，要注重榜样的引领作用，凡为官者应以孔明为榜样，以元载的贪腐警诫自己。

（2）为政清廉

所谓清，作清白、清正之解；廉乃廉洁、廉政之意。清廉要求为政者不贪不腐、不谋私利，以天下为公之心做好官、为好政。张养浩认为，忠以事上，正以处事，廉以律

---

① 《为政忠告·牧民忠告》。
② 《为政忠告·牧民忠告》。

身，勤以率百僚，这是最好的为政之道。具体来说，为政清廉主要体现在为己清廉、与人清廉、处事清廉三个维度。

一是为己清廉。为政须自爱，而清廉是自爱自重的重要体现。首先即要"戒贪"。张养浩在任县令时就告诫自己要廉洁自守，如果"不能守公廉之心，是自不爱也"①。一旦因贪被治罪，上则有负国家的恩宠，中则给亲人带来羞耻，下则使邻里朋友无地自容。为官者，不仅自己要戒贪，还要"禁家人侵渔"②。很多官员之所以不能清白，不是由于自身修养不够，而是家人的喜奢好侈，间接使官员走上身败名裂的道路。因此，要管好自己的家人，不让他们利用官员的权势贪污受贿。

二是与人清廉。对待别人要公私分明。《为政忠告》反复强调荐贤、用贤的重要性，这反映出与人清廉的思想。身为宰相，其职"莫重用贤"，如果"为国家而不众贤之集，相臣虽才，国不治矣"③。与人清廉就是要公平正直，不嫉贤妒能，以天下之心举天下之贤，做到兼收博采，只有这样才能产生"智者效谋，勇者效力"④ 的结果。

三是处事清廉。对待事情，须秉公持义，勤政兢业。首先，任劳任怨，不计名利。其次，积极献纳，为百姓、为天下谏言，而非求己之私。作为臣子，当做到"入则恳恳以尽忠，出则谦谦以自悔"⑤，对得起清廉二字。最后，铁面无私，弹劾奸邪。在做监察官期间，尤其要做到公正，以法律为师，告诫同僚，尽心无私地履行自己的职责。

（3）致政保节

风节对个人来说十分重要，对为官从政者更甚。《为政忠告》提醒行政官员在离任或辞去职务之前不能松懈，要坚守政道，持之以恒，善始善终，以保自己的风节。

一是坚守政道，进退有为。多数仁人志士都有远大的志向和抱负，希望造福天下百姓，但仅有天下国家之忧是不行的，重要的是自己的政道是否与君主吻合。君臣双方合作共事的最佳状态，是具有共同的政治追求和相似的人生信条。不管做官或引退，应有"进退有为"之心，做官时努力实现志向，引退时修身养性，保持终身学习的态度。

二是善始善终，顺利完归。张养浩提出，"为政者不难于始，而难于克终也。初焉则锐，中焉则缓，末焉则废者，人之情也。慎终如始，故君子称焉"⑥。官员在上任初期往往有锐气，当一段官后往往松劲，办事拖拉，快要离任时干脆不干工作，使政务荒废。对此，要做到谨始慎终，不贪恋权位，告以旧政之时做好交接工作，不好大喜功、谋取虚名。

三是舍生取义，坚守名节。古人极为重视自己的名节，在张养浩看来，名节和生命同样重要，作为一名堂堂正正的官员，必须要爱惜名节，时刻注意保全名节。"名节之于

---

① 《为政忠告·牧民忠告》。
② 《为政忠告·牧民忠告》。
③ 《为政忠告·庙堂忠告》。
④ 《为政忠告·庙堂忠告》。
⑤ 《为政忠告·庙堂忠告》。
⑥ 《为政忠告·牧民忠告》。

人，不金币而富，不轩冕而贵。"① 他认为名节与义利紧密相连，故倡导舍生取义，坚持节操。在爵位与名节之间，应深刻认识到"爵禄易得，名节难保；爵禄或失，有时而再来；名节一亏，终身不复矣"②。

4.4 唐甄的《潜书》与行政领导关系说

唐甄（公元 1630—1704 年），原名大陶，字铸万，号圃亭，四川达州（今四川省达州市）人，清顺治年间举人，授山西长子县知县。为官仅十个月，因与上司政见不和而被革职。他关心时政，热心政务，可仕途受挫，家境渐至落魄，后变卖土地经商，又经商失败，以至穷困潦倒，晚年"困于远游，厄于人事"，流落在江浙一带，靠卖文为生，病殁于苏州。唐甄把君主奉为国家最高统治者和管理者，将天下的"治"与"乱"完全系于君主一身。同时，对君主政治的反思和批判十分激烈，遗憾的是其最终的价值选择是改善和巩固君权。他的思想集中反映在《潜书》（"潜"有潜存待用之意）中，该书初名《衡书》（"衡"，志在权衡天下也），是他积三十年心血写成的名著。统观其书，全部政论的基础是"治乱在君"。其中，有关为君之道、君臣君民关系的思考成为唐甄行政领导思想的精华。

4.4.1 对传统君权的反思

明清之际，中国封建社会已进入后期，出现资本主义萌芽。旧制度的衰落和新社会因素的产生，首先通过启蒙思潮折射出来。于是这一时期，士大夫和知识分子口诛笔伐，其显著特征就是对封建专制主义和封建蒙昧主义进行批判，而对君主的否定尤其激烈，唐甄即是其中的代表人物之一。他提出的"帝王皆贼"与"治乱在君"的观点，犀利地批评了封建专制帝王，声讨专制统治的同时，又寄希望于贤明君主，因此思想较为矛盾。但透过诸多论证，可以看出唐甄对当时社会背景下为政、为君有着深刻的反思，这是其行政领导关系说的根基。

（1）"帝王皆贼"观

唐甄激烈批判专制君主的一个著名论断是"自秦以来，凡为帝王者皆贼也"③。理由是"杀一人而取其匹布斗粟，犹谓之贼；杀天下之人而尽有其布粟之富，而反不谓之贼乎"④。意思是说，平民百姓杀一个人并拿走他的布匹粮食，就被当作"贼"，而帝王杀死

---

① 《为政忠告·牧民忠告》。
② 《为政忠告·牧民忠告》。
③ 《潜书·室语》。
④ 《潜书·室语》。

天下人并且全部占有他们的衣物和粮食，就不是贼了吗？实际上，帝王就是真正的贼。他的这一观点在清朝可谓是令人"骇异"，但也一针见血，锋芒直指最高统治者。

他在《潜书》中用大量的例证阐述历史上各种乱世的罪过皆在于帝王，认为历代帝王无不屠杀广大人民而掠夺其财富，"杀人者众手，实天子为之大手"①。君主为了夺取天下，使军队经过乡里城镇，大将、偏将、卒伍、官吏们杀人，将人民掠夺一空甚至"屠城"。在人民因不义的战争而遭受巨大摧残之时，颁布命令的君主却华服冠冕地坐于朝堂之上，接受百官的朝贺，扩建宫室，扩大园林，以贵其妻妾，以肥其子孙。唐甄痛斥道："彼诚何心，而忍享之！"② 并且异常激愤地宣称："若上帝使我治杀人之狱，我则有以处之矣！"③ 简言之，如果老天爷让我主管杀人的案件，我一定要将他们治罪。可以说，封建专制的时代背景下，唐甄公然宣示要治不义（无道）之君杀人的罪行，可谓振聋发聩。

（2）"治乱在君"观

应当指出的是，唐甄所反对的君主是自秦以来的暴君昏主、无道之君，而不是反对一切君主。他在《潜书》的《鲜君》篇中说明："上观古昔，尧、舜、禹、启，治世惟久。夏、殷、西周、西汉，治多于乱。治世多者，虽有昏主，赖前王以安也……前帝泽薄，无以保其后故也。君之无道也多矣，民之不乐其生也久矣，其如彼为君者何哉！"他认为尧、舜、禹、启是圣人贤君，所以治世长久。夏至西汉，治多乱少，实际上有赖于之前贤明君主的作为和治理。至于其余历代，十之八九是昏暴之君，自秦以后的帝王为争夺天下更是残害百姓。因此，他反对的是"非屠府县百十城，杀无辜数千百万人，绝烟火，绝鸡犬之声千百里者，不可以得天下"④ 的暴君，认为"不明不仁，不可以为天下主"⑤。所以，我们须清醒地看到，唐甄批判君主的目的是训诫君主，防止出现无道之君，并在此基础上思考为君之道。

为什么先秦至西汉治世多于乱世，但西汉以后乱世多而治世少，大多数帝王昏聩荒淫？唐甄认为主要原因有三：一是王位世袭注定了庸主多、贤君寡。他说："天之生贤也实难。博征都邑，世族贵家，其子孙鲜有贤者，何况帝室富贵，生习骄恣，岂能成贤！是故一代之中，十数世而二三贤君，不为不多矣。其余非暴即暗，非暗即辟，非辟即懦。此亦生人之常，不足为异。"⑥ 二是尊卑等级的划分使尊者愈尊。"圣人定尊卑之分"的目的是使臣下"顺而率之"，但"为上易骄，为下易谀"，如此一来，"君日益尊，臣日益卑"，以至于人君"贱视其臣民"，于是"贤人退，治道远矣"⑦。三是帝王用人不当，治

---

① 《潜书·室语》。
② 《潜书·室语》。
③ 《潜书·室语》。
④ 《潜书·仁师》。
⑤ 《潜书·仁师》。
⑥ 《潜书·鲜君》。
⑦ 《潜书·抑尊》。

国无道。唐甄问道："小人乱天下，用小人者谁也？女子、寺人（通"侍"，自东汉起专指宦官）乱天下，宠女子、寺人者谁也？奸雄盗贼乱天下，致奸雄盗贼之乱者谁也？"① 可见在他看来，君主对此负有不可推卸的责任。据此，唐甄奉君主为国家主宰，将天下治乱完全系于帝王一身："治天下者惟君，乱天下者惟君。治乱非他人所能为也，君也。"② 一言以蔽之，唐甄关于行政领导的思想与明清之际的时代背景紧密相连，其论证也未跳出传统儒家"君权"的束缚。

4.4.2 对行政领导关系的思考

行政领导关系是领导活动过程中，行政领导主体之间发生、建立和发展起来的工作关系和非工作关系的总和。在传统君主专制时期，广泛意义上的行政领导关系涵括君主自身、君臣关系和君民关系。唐甄的《潜书》从这三个层面展开了讨论。

（1）君主自身

传统封建统治条件下，君主具有至高无上的政治地位和总揽一切的绝对权势，经汉以来思想家、理论家们的理论塑造，君主被赋予"人君之尊，如在天上，与帝同体"③ 的神圣光环，出现"人君之贱视其臣民，如犬马虫蚁之不类于我"④ 的至尊威势。但唐甄在认识上否定传统的神佑王权观，认为"天子之尊，非天帝大神也，皆人也"⑤ "天子虽尊，亦人也"⑥，进而提出抑君之尊的主张。

一方面，唐甄结合历史加以论证。三代的君主德性很高，早期君主与大臣相互行拜礼，君主从来不以自己是君王而自尊。"圣人定尊卑之分，将使顺而率之，非使亢而远之。"⑦ 这是指，圣人分出尊卑是为便于君主管理臣下、统治民众，而不是让君主高高在上，远离臣下和民众。"古之贤君"能谦卑地对待臣吏百姓，反而愈发显得尊贵。另一方面，唐甄致力于说明君主至尊地位和绝对权势的不利影响。他指出，"人君之患，莫大于自尊。自尊则无臣，无臣则无民，无民则为独夫"⑧。君主过于强势的地位必然会妨碍和阻隔君臣之间的沟通，导致君、臣、民三者关系的崩溃。他认为"位在天下之上者，必处天下之下"⑨，君主须自觉抑制自己的尊威权势。

在封建君主专制国家里，人们历来把君主作为学习、效仿的对象，因而君主的作风

---

① 《潜书·鲜君》。
② 《潜书·鲜君》。
③ 《潜书·抑尊》。
④ 《潜书·抑尊》。
⑤ 《潜书·抑尊》。
⑥ 《潜书·善游》。
⑦ 《潜书·抑尊》。
⑧ 《潜书·任相》。
⑨ 《潜书·抑尊》

对国家的风气有着导向性的影响。尽管"抑君之尊"的出发点是防范君臣之间的沟通阻隔，目的是使君臣融通，但更深层次的原因则是有效地治理天下、引导民众。须说明的是，这里所说的"抑尊"不含有现代意义的政治理念，与人人平等的思想有着本质不同。除此之外，唐甄还认为，君主理应带头躬行节俭，这也有利于树立君主的尊严。"人君能俭，则百官化之，庶民化之，于是官不扰民，民不伤财。"① 君主应效法古之贤君，虽然"富有四海"，仍要"存心如赤子，处身如农夫，殿陛如田舍，衣食如贫士，海内如室家"②。儒家节俭思想是仁政、德治政治主张的重要构成，而唐甄显然承袭前人的有关认识，要求君主减少奢侈浪费。

（2）君臣关系

其一，"以道事君"的伦理观。秦汉以降，政治伦理的核心是君为臣纲，君主是君臣关系中的主导一方。君绝对支配臣，臣绝对服从君，无条件地"忠君"天经地义，这也是封建政治伦理的基本原则。唐甄却认为，并非任何条件下都要忠于君主。至少，在两种情况下臣可以不忠于君。一是在君昏政暗之时，不必忠于昏君，所以他说："君子之道，先爱其身，不立乱朝，不事暗君。"③ 二是君死国亡不必为故君殉死。他认为"大命既倾，人不能支，君死矣，国亡矣，非其股肱之佐、守疆之重臣，而委身徇之，则过矣"④。这表明，唐甄在君臣之间的伦理观上，坚持传统儒家"以道事君"的传统，提倡从道不从君，这对于"君为臣纲"的政治伦理，以及封建社会盛行的"君叫臣死，臣不得不死"的愚忠思想是有力的批判和大胆的超越。

其二，注重贤相的用人观。唐甄认为，君主应该把"用贤"视作关系国家治乱兴亡的头等大事。君主治国，事务繁多，但"唯用贤为国之大事"⑤。他强调说："君何以昏？自用则昏。君何以明？用人则明。"⑥ 君主如果能够"恭己虚衷"，礼贤下士，广招和重用贤才，就可以"以众明为一明，以众聪为一聪，不劳而天下大治"⑦。在他看来，重用"贤相"是用贤的关键。"国有贤相，法度不患不修，赏罚不患不中，用舍不患不明，毁誉不患至前，田赋不患不治，吏必尚廉，将必能逗，士必能死，府库充盈，奴仆慑伏。"⑧因而，他建议君主学习古代明君，赋予贤相高度管理职权。君主要充分信任贤相，不可偏听偏信奸人谗言，"谗者诛之，毁者罪之"⑨。唐甄认为奸佞之人是君主政治的大害，但只要君主任用贤才，知人善任，就可以使奸人越来越少。可见他十分提倡君主选用人才，

---

① 《潜书·富民》。
② 《潜书·尚治》。
③ 《潜书·有为》。
④ 《潜书·利才》。
⑤ 《潜书·主进》。
⑥ 《潜书·用贤》。
⑦ 《潜书·用贤》。
⑧ 《潜书·任相》。
⑨ 《潜书·任相》。

尤其注重发挥贤明宰相的作用，再次表明了他把治平天下的希望寄托在明君身上的政治立场。

其三，谏臣纠偏的管理观。专制国家的君主集权力于一身，难免出现决策失误或言行失当，如果君主的悖谬得不到应有的矫正，那么势必影响政权的稳固和政治秩序的稳定。此时，谏臣纠偏的进谏对于君主专制统治尤为重要和必要。唐甄力主君主广纳谏言。在他看来，"士议于学，庶人谤于道，皆谏官也"①。君主很少纳谏会导致谏议制度形同虚设，由此谏官在内的六官"皆可革也"。在此基础上，他认为从谏如流是君主最重要的德行，君主"苟能纳谏，何患直言之不闻？"②"直言者，国之良药也；直言之臣，国之良医也。"直臣之所以可贵，原因有三："其上，攻君之过；其次，攻宫闱之过；其下焉者，攻帝族，攻后族，攻宠贵，是疡医也。"因此，"国有直臣，百官有司莫不畏之；畏之，自天子始"。③

（3）君民关系

"民为国本"是传统儒家民本思想的核心论题，民众由此构成国家的基本要素之一。唐甄认为"民为政本"，将民众视作国家治理、行政管理的本源，即"国无民，岂有四政？封疆，民固之；府库，民充之；朝廷，民尊之；官职，民养之"④。简单地说就是，边疆由民众巩固，国库由民众缴纳税赋来充实，朝廷受到民众尊重才能维持，官员也要民众劳动来供养。民众是社会财富的创造者，支撑着国家的基本运转。所以，为政者不能只见政而不见民，这也是唐甄行政领导关系思想的核心。

从"民为政本"这一认识出发，唐甄极其强调君主遵守道义的原则，认为君主以合乎道德的方式对待民众，社会秩序才能稳固，国家方能长治久安。"天下之大可恃乎？甲兵之多可恃乎？君惟不义无道于民，虽九州为宅、九川为防、九山为阻，破之如椎雀卵也；虽尽荆蛮之金以为兵，尽畿省之籍以为卒，推之如蹴弱童也。"⑤ 在他看来，统治者所依恃的并不是国家之大和军队之强。如果君主对百姓不讲道义，不爱民，那么不管国家的军事多么强大，防务多么严密，推翻暴君统治也易如击碎鸟蛋。即使将天下的金属全部都用来制作武器，令京城附近的民众全部来当兵士，要推翻封建统治也像踢倒一个小孩子那样容易。所以，君主要爱民、重民，得民心，如此国家政权才能稳固。

唐甄认为，富民、养民、利民是爱民的基本途径，也是治理国家的目的和统治者的责任。君主和臣下应致力于改善民众生活。关于富民，"财者，国之宝也，民之命也"⑥"立国之道无他，惟在于富。自古未有国贫而可以为国者"⑦，唐甄把"民富"视作"国

---

① 《潜书·省官》。
② 《潜书·省官》。
③ 《潜书·抑尊》。
④ 《潜书·明鉴》。
⑤ 《潜书·远谏》。
⑥ 《潜书·富民》。
⑦ 《潜书·存言》。

富"的标志，认为应当通过实施"养民"之政来"富民"。关于养民，他提出要以养民的状况作为考察官吏的政绩标准，以使"天下之官皆养民之官，天下之事皆养民之事"①。这要求官吏能"以富民为功"，成为养民富民之官。对此，他颇为自信地说："诚能以是为政，三年必效，五年必治，十年必富。"② 关于利民，唐甄指出，财富的产生和增加是一个自然过程，为政者不能过多干涉百姓的经济活动，行政管理要能做到"官不扰民"，即保民、利民，"海内之财，无土不产，无人不生，岁月不计而自足，贫富不谋而相资"③。这就是指，国家唯一要做的事情，是"因其自然之利而无以扰之"④。只要为政者不扰民，"因其自然之利"发展经济，国家就能繁荣，民众就能富足。简言之，把养民、利民视为政府的主要职责，可以说是唐甄对儒家传统民本思想的继承和发展。

4.4.3　行政领导的原则

唐甄《潜书》中有《六善》一篇，其提出行政领导者必须做到"六善"："违己，从人，慎始，循中，期成，明辨。""六善备，可以为政矣。"⑤

"违己""从人"是对行政官员提出的为政、处事标准。唐甄认为，处理政务不可固执己见，要以"道"作为最高准则。正如其说："逆己，非逆；逊己，非逊；勿己之是，惟道之归。"⑥ 先秦以来，儒家的"道"是指理想的政治与道德法则。在唐甄看来，要以道作为行政原则，为政之人不可自以为是。同时，还要虚心地向他人学习，善于采纳合理的意见，"尧舜，圣人之隽也，犹不敢自用；而况圣不及尧舜者乎，况贤远于尧舜者乎，况不贤不见尧舜之履迹者乎""人无贤愚，皆我师也"⑦。

"慎始""循中""期成"是唐甄对官员政风的期许。他认为，政令的颁布要谨慎其开端，因为"发政如发矢，矢发不可复反，政发不可复收"⑧。施政过程要坚持不懈，始终如一，原因在于政令"中道而废，则民多玩，后虽有作，不可为矣"⑨。最后行政官员应当戒骄戒躁，"始既已慎矣，中既已循矣，而有不保其终者，小器易盈，志满则骄也"⑩，只有谦虚谨慎，才能取得成功。

"明辨"则是对行政官员政治判断力的要求，即为政者须明辨是非，不可没有主见，唯言是从。唐甄指出，有些官员做到了前"五善"，政绩多良，但其"治功不见，不可谓

---

① 《潜书·考功》。
② 《潜书·考功》。
③ 《潜书·富民》。
④ 《潜书·富民》。
⑤ 《潜书·六善》。
⑥ 《潜书·六善》。
⑦ 《潜书·六善》。
⑧ 《潜书·六善》。
⑨ 《潜书·六善》。
⑩ 《潜书·六善》。

有成"①。这是因为他们"辨之不明",缺乏政治判断力。因此,做到"明辨"必须"集人成己,始终一贯;物不能蔽,人不能欺""明辨于此,而后六善备焉。六善备,可以为政矣"②。

总而言之,唐甄虽然对君主至高权威有一定的反思,并且提出相应的改良主张,但没有对君主专制体制予以彻底否定,且较少触及深层的制度。生活在明末清初动荡变革时期的唐甄,一方面推崇社会改革和政治净化,另一方面仍把清平政治的理想寄托在明君身上,没有从根本上动摇君主专制行政管理的根本,这也正是中国古代传统行政领导思想的局限之所在。唐甄以"治乱在君"为出发点,对为君之道、为臣之道、养民富民之道等作出系统阐释,与现代行政领导关系理论在某种程度上相互呼应,较之前人确有许多高明之处,体现了古代高度发达的官僚政治理性和行政文化。

 本章小结

自古以来,良好社会政治秩序的构建及维系有赖于为政者个人素质和领导艺术。作为我国古代治国兴邦几千年积累下来的"盖世珍宝",《中庸》《大学》《孙子兵法》《为政忠告》《潜书》等经典论著蕴含丰富的行政领导智慧,对当前培养造就具备领导社会主义现代化能力的高素质干部队伍有着宝贵借鉴意义。比如:古代强调"民为邦本",提倡以民为本的执政理念,在现代行政管理中体现为增强服务意识,更好地满足民众需求;古代选拔官员注重德行与才能并重,这对现代公务员队伍建设有重要意义,即要求领导干部既要有良好的道德品质,也要具备专业能力和领导才能;古代强调"权责相当",这对于现代行政体系来说意味着明确职责分工,做到权责一致,加强问责制;古代已有"依法治国"的思想萌芽,现代则应更加强调依法行政的重要性,通过建立健全法律制度来规范行政行为;古代不乏杰出的改革家,他们的革新精神启示现代领导者要勇于面对挑战,不断推进体制和机制创新;古代监察制度为现代行政监察提供了历史借鉴,强调构建有效的监督机制,以防止权力滥用和腐败现象的发生,等等。通过本章的学习,读者可以取其精华,进一步理解行政领导活动的要义,深化对行政领导素质、行政领导与战略管理、行政领导角色、行政领导关系等内容的认识,从而完善和发展中国特色的领导力和领导科学。

关键术语

修身为本　九经　官盛任使　庙算　五事七计　治乱在君　以道事君　六善

---

① 《潜书·六善》。
② 《潜书·六善》。

思考题

1. 结合《中庸》谈谈古代家风中的官德教育。

2. 如何看待《孙子兵法》中"在利思害"与"在害思利"的辩证关系？

3. 《为政忠告》有哪些关于县级领导干部的为政智慧？

4. 如何理解张养浩"致政保节"的思想内涵？

5. 试述唐甄"治乱在君"观的进步意义及其历史局限。

课外资源

4-1 习近平论当市县委书记   4-2 古代如何治理   4-3 《孙子兵法》的精髓
——从政以来重要论述摘编   为官不为   是战略思维

第 5 章

中国古代人事行政思想

所谓人事行政，指的是国家行政机关运用科学的管理手段，以行政事务和行政人员为特定的管理对象，通过一系列法规、制度和措施对行政人员与行政事务之间的关系，以及行政人员相互之间的关系进行组织、指挥、协调、控制和监督的活动。纵观中国古代丰富的人事行政思想及实践经验，王符的《潜夫论》与官员考核思想、刘劭的人才识鉴与分类选用思想、陆贽的"考课贵精、核才取吏"人事思想、许衡的人才培养与教化思想是其中的精华。以史为鉴，可以知兴替。本章通过梳理这些思想，以揭示中国古代人事行政的规律和特点，为现代公共人力资源管理提供参考。

5.1 王符的《潜夫论》与官员考核思想

王符（约公元 85—163 年），字节信，安定临泾（今甘肃省庆阳市镇原县）人，是东汉政论家、文学家、进步思想家。《后汉书》记载，王符"以讥当时失得，不欲章显其名"，一生隐居著书，崇俭戒奢，讥评时政，《潜夫论》是其代表作。该书现存本有 35 篇，加《叙录》1 篇共 36 篇，其中包括《思贤》《实贡》《三式》等名篇，今虽有脱乱，但大致仍属旧本，所论内容十分广泛且见解深邃，涉及政治、经济、法律、教育等诸多领域。人事行政是王符最为关注的问题，他在有力批判东汉晚期吏治腐败的基础上，提出"国以贤兴"的人事行政主张，并对官员考核的必要性、理念及方法作了详细阐述，这些思想对后世有着深远影响。

5.1.1 "国以贤兴"的人事行政主张

东汉末年，君主政治的权力运作处于严重失范状态，"主荒政缪，国命委于阉寺"①，

---

① 《后汉书·党锢列传》。

"今者刺史、守相，率多怠慢，违背法律，废忽诏令，专情务利，不恤公事"①。王符认为，人事管理的腐败是造成这一问题的重要原因之一，"夫治世不得真贤，譬犹治疾不得真药也"②。德才兼备的官员与规范化的选用考核程序关乎行政管理乃至整个国家治理体系的运行，因此"国以贤兴，以谄衰"③。其意思是，政以才治，国家因为有贤才而兴盛。

汉代选官主要采用察举征辟制，发展到东汉末期，官吏任用和推选名实不副，"臣有进贤之名，而无进贤之实"④，"好蔽贤而务进党"⑤。王符深刻揭露当时朝里内外朋党为奸、政以贿成、营私舞弊现象。他指出："贡士者，非复依其质干，准其材行也，直虚造空美，扫地洞说。择能者而书之……虚张高誉，疆蔽疵瑕，以相诳耀，有快于耳，而不若忠选实行可任于官也。"⑥ 可见，官员选拔制度弊端重重，主持选举的官员屈服于权势贵族，在人才选用上颠倒黑白，社会良臣贤才"不得达于圣主之朝尔"。在《潜叹》篇中，王符进一步说明，君主高高在上，"徒信乱臣之说"和"独用污吏之言"，偏听偏信，不识奸伪。重形式与虚名而忽略内容与实际的选官任官体系，使朝廷无真正贤人可用，整个国家陷入混乱不堪的境地。

王符还认为道德败坏会导致行政权力异化，进而影响官僚机构的运行。他具体讨论了人事行政混乱的根源，即帝王和将相权臣违法乱纪、滥授官爵，如"自春秋之后，战国之制，将相权臣，必以亲家。……虚食重禄，素餐尸位，而但事淫侈，坐作骄奢，破败而不及传世者也"⑦。在他看来，任人唯亲必然导致吏治黑暗、国家衰弱、社会动荡、民不聊生。更为重要的是，由于外戚与宦官擅权，其后果必然累及子孙后代。

如何选拔人才、优化选官体系？王符认为可从五个方面着手。其一，选用人才要有正确的态度，君主求贤若渴，就得礼贤下士。如他所言，君主应"下言以昭外，敬纳卑贱以诱贤也"⑧。其二，反对"以族举德，以位命贤"⑨，即不可凭出身地位论定人才高下，而要以本人的品学和才能为依据，"论士必定于志行"⑩。其三，选用人才应遵循"恕""平""恭""守"的标准，即"夫恕者仁之本也"（有仁爱之心的人才）、"平者义之本也"（有主见的人才）、"恭者礼之本也"（品高德厚的人才）、"守者信之本也"（心专志远的人才）。其四，统治者要善于从历史中借鉴人才选拔的成功经验，例如诸侯贡士。其五，选用人才要有法制保障，法令的有效实行在于君主的决心以及政治权威，恰如《本政》篇所载，"国家存亡之本，治乱之机，在于明选而已矣"。

---

① 《潜夫论·三式》。
② 《潜夫论·思贤》。
③ 《潜夫论·实贡》。
④ 《潜夫论·潜叹》。
⑤ 《潜夫论·潜叹》。
⑥ 《潜夫论·实贡》。
⑦ 《潜夫论·思贤》。
⑧ 《潜夫论·明暗》。
⑨ 《潜夫论·论荣》。
⑩ 《潜夫论·交际》。

5.1.2　官员考核的必要性

对行政官员的考核历来有之，这是我国古代人事行政活动不可或缺的内容，能够推动吏治清明以及政府效率提升，保障社会秩序良性运转。王符认为，对上至中央的三公、三司、九卿，下至地方的州刺史、郡太守、县令，各级官吏均须进行政绩考核，"太平之基，必自此始，无为之化，必自此来也"[1]。简言之，即通过考核确保官员的行为、表现及其结果符合统治者的需要，达到"无为而治"，进而实现国家无虞、人民安乐、天下太平的目标。

首先，王符把考核与选官紧密结合起来，明确提出知贤必须考绩的观点。他说："凡南面之大务，莫急于知贤；知贤之近途，莫急于考功。功诚考则治乱暴而明，善恶信则直贤不得见障蔽，而佞巧不得窜其奸矣。"[2] 在王符看来，人君治理天下最重要的事情是"知贤"，人才是为政之本，要得到真正的人才，最有效和最简便的方法就是实行考核。如果能严格地实行考核，真正的贤才不会被拒于门外，奸佞巧伪之小人也不会得逞。他还特别指出，导致东汉末年阀阅取士、察举不实、选贡非贤等现象的一个主要根源是考绩制度名存实亡，失去了促进阶层流动的作用。显然，王符把考绩视为发现人才、甄别官吏善恶的抓手，因此，他极力主张用考绩的办法来识才、选才、用才，认为其"能别贤愚而获多士"[3]。

为官者不奉职守、虚食重禄、尸位素餐，是当时的一大弊政。王符就指出："今则不然，令长守相不思立功，贪残专恣，不奉法令，侵冤小民，州司不治。"[4] 这是说，朝廷上下各类官吏都不思立功，失职渎职，百无一能。对于其原因，他指出："官长不考功，则吏怠傲而奸宄兴；帝王不考功，则直贤抑而诈伪胜。"[5] 合理而有效的官员考绩，不但能够切实鼓励贤者竭精尽职，而且能有效惩罚那些怠慢废职、胡作非为的贪官污吏。所以，只有严明考绩，才能监督官吏恪尽职守，各司其职。

王符强调考核职官的主旨是实现天下大治。他在《考绩》篇中征引历史经验，说明考绩是政治升平的基本前提："赋纳以言，明试以功，车服以庸，谁能不让？谁能不敬应？此尧、舜所以养黎民而致时雍也。"[6] 也就是只有严明考核才能让官员信服，让他们各抒己见，充分发挥自己的才能。正如王符所指出的，"科察考功，以遗贤俊，太平之基"[7]，君主严格制定法律条文来审查考核官吏的功绩，可以发现官员才能，识别官吏善恶，从而潜移默化地教化官员。管理天下而不对官员实行考绩，犹如"舍规矩而为方圆，

---

① 《潜夫论·考绩》。
② 《潜夫论·考绩》。
③ 《潜夫论·考绩》。
④ 《潜夫论·考绩》。
⑤ 《潜夫论·考绩》。
⑥ 《潜夫论·考绩》。
⑦ 《潜夫论·考绩》。

无舟楫而欲济大水"①，是根本不能实现的。只有严格地考核，官员才能严格地要求自己，做到抚躬自问，恪尽职守，尽心尽力建设太平基业，最终实现大治。由此看来，欲思太平必循考功，把考绩与治国直接联系起来，是达到天下太平的重要途径和措施。

5.1.3　实施考核的理念与方法

东汉末年政治制度基本无法正常运行，对官吏的考核程序模糊不清。面对当时社会矛盾日趋激烈的现实，王符对历史进行深入思考，提出了一整套关于官吏考核的制度安排。

（1）既不"任众"也不"专己"的考核理念

王符在《潜叹》篇中指出："孔子曰：'众好之，必察焉；众恶之，必察焉。'故圣人之施舍也，不必任众，亦不必专己，必察彼己之为，而度之以义……"就是说，考察官吏时既不能盲目听从多数人的意见，也不能自己独断专行，必须考察他究竟做得怎么样，分析哪些做法是符合道义的，哪些是不符合的，这样才能相对正确地评判一个人的是非功过。这种既不"任众"也不"专己"的考核理念具有唯物辩证法的特点，它强调公正考核的前提在于实事求是。

不能"任众"并不是说不听取众人的意见，而是指不能偏听偏信，以世俗之毁誉定贤否。综观《潜夫论》，王符主张不能"任众"的理由有三：一是在按族姓地位、富贵贫贱论人优劣的世俗风气下，有贤者名声之人未必是真正的贤人，真正的贤人可能在"一犬吠形，百犬吠声"②的攻击中，亡遁山林，隐居岩穴；二是阀阅取士泛滥，使社会上出现"志道者少友，逐俗者多俦"③的现象，不肯媚事权贵的贤人有气节而朋友少，追逐名利的人往往互相推荐顺官梯而上；三是在朋党营私之风盛行的环境下，官吏选择和推荐存在拉帮结派、看眼色行事的倾向，导致真正有识之士因"不损君以奉佞，不阿众以取容，不堕公以听私，不挠法以吐刚"④而被排挤压制。当官的人"奸谀以取媚，挠法以便佞"⑤，得到好处就说他们是贤人，奸佞和贤人颠倒，是非不分。可见，王符主张考核不能"任众"是针砭时弊得出的结论。

考核不能"专己"，则是王符总结历史教训得出的判断。他举例说，殷纣王"烹九侯"，秦二世信赵高"指鹿为马"，都是人君以个人好恶来论人以及专己独断的结果。王符借此劝喻君主要当明主勿做暗主，不能偏听偏信，主观臆断，要兼听纳下。如他在《明暗》篇中告诫："人君兼听纳下，则贵臣不得诬，而远人不得欺也。"⑥

---

① 《潜夫论·考绩》。
② 《潜夫论·贤难》。
③ 《潜夫论·实贡》。
④ 《潜夫论·潜叹》。
⑤ 《潜夫论·务本》。
⑥ 《潜夫论·明暗》。

（2）循名责实、分层管理的考核原则

在考核过程中，为尽量避免人为因素的影响，做到客观、全面、公正地评价人才，提升测评信度，王符吸收先秦"循名责实"的考核思想，强调"名理者必效于实"、分层管理的考核原则。

"名"，名称、概念；"理"，事物的条理、准则。王符所说的"名理者必效于实"，指的是选官考核必须遵循名实相符的原则，即考核官吏职守须对岗位职责（名）与实际工作绩效（实）作比照分析。王符说道："群僚师尹，咸有典司，各居其职，以责其效；百郡千县，各因其前，以谋其后；辞言应对，各缘其文，以核其实。"① 以实际行动对官员进行考核，可以辨别官员的能力高低。王符比喻道："夫剑不试则利钝暗，弓不试则劲挠诬，鹰不试则巧拙惑，马不试则良驽疑。"② 这在一定程度上与《韩非子·定法》中所说的"循名而责实"，以及王充在《论衡·实知》中所说的"事有证验，以效实然"的观点有共通之处。

根据效实考核原则，王符针对官吏的不同层次、类别及工作特点，提出相应的考核评价重点。"守相令长，效在治民；州牧刺史，在宪聪明；九卿分职，以佐三公；三公总统，典和阴阳：皆当考治，以效实为王休者也。侍中、大夫、博士、议郎，以言语为职，谏诤为官。"③ 这些官员如果完成了自己的职责，就是名实相符，如果没有做好自己的工作，就是失职。例如，侍中、博士、谏议之官，在位数年没有进贤黜恶，没有提出过任何建议，就是"名实不相符"。

（3）奖惩相衔接的考核方式

王符针对东汉末年政治腐败，有功不赏、无功不罚、良莠不分的现象，强调考核之后必须进行赏罚，认为"法令赏罚者，诚治乱之枢机也，不可不严行也"④。他把赏罚同法令相提并论，以之作为治理国家的关键，指出君主要涵养自身的品德，公正无私地实施赏罚，这样才能实现国治而民安。为此，在《三式》篇中，王符专门论述了严惩失职渎职官吏的必要性，"三公在三载之后，宜明考绩黜刺，简练其材……其尸禄素餐，无进治之效、无忠善之言者，使从渥刑"⑤。他赞赏汉初的赏罚制度，说当时"明察其治，重其刑赏""其耗乱无状者，皆衔刀沥血于市。赏重而信，罚痛而必，群臣畏劝，竞思其职"⑥。但是，在东汉衰乱之世，这一赏罚制度遭到了破坏和遗弃，"有功不赏，无德不削"⑦。对此，王符批判道，这"甚非劝善惩恶，诱进忠贤，移风易俗之法术也"⑧。

---

① 《潜夫论·考绩》。
② 《潜夫论·考绩》。
③ 《潜夫论·考绩》。
④ 《潜夫论·三式》。
⑤ 《潜夫论·三式》。
⑥ 《潜夫论·三式》。
⑦ 《潜夫论·三式》。
⑧ 《潜夫论·三式》。

王符认为隆赏重罚有两个方面的作用：一是有助于解决汉末骤赦数赦的弊政。他指出，"赦赎数"，必然造成"恶人昌而善人伤"，因此，对大恶不化者，只能"以诛止杀，以刑御残"①；二是缓解传统封侯建藩制度带来的矛盾。《三式》载："先王之制，继体立诸侯，以象贤也。子孙虽有食旧德之义，然封疆立国，不为诸侯，张官置吏，不为大夫，必有功于民，乃得保位，故有考绩黜陟九锡三削之义。""当今列侯，率皆袭先人之爵，因祖考之位，其身无功于汉，无德于民，专国南面，卧食重禄，下殚百姓，富有国家，此素餐之甚者也。"由此观之，大量无功而禄者的存在带来了严重的社会负担。为改变这种状况，王符提出"试列侯以除素餐"的主张，要求对列侯也进行考课赏罚。

关于如何实施赏罚，王符提出"明""严""信"三字原则。所谓"明"，即"赏赐不加于无功，刑罚不施于无罪，不因喜以赏，不因怒以诛"②"平赏罚而无阿私"③；所谓"严"，即如《断讼》篇所说，要隆赏重罚，使"善人劝其德而乐其政，邪人痛其祸而悔其行"；所谓"信"，即如《劝将》篇所说的赏罚制度要落地执行，立竿见影，不能"言赏则不与，言罚则不行"，只有赏罚必然兑现，军民才会尽力效忠。在这三大赏罚原则之中，王符特别强调严，只有隆赏，才能劝善；只有重罚，才能惩恶。"夫积怠之俗，赏不隆则善不劝，罚不重则恶不惩。故凡欲变风改俗者，其行赏罚者也，必使足惊心破胆，民乃易视。"④

根据以上原则，王符在《三式》篇中具体提出赏罚的方式与内容，主张对成绩显著者，"迁位益土""赏赐金帛，爵至封侯"；对耗乱无状者，"皆衔刀沥血于市"；对怀奸藏恶尤无状者，"削土夺国""图铁锧钺之决"。王符并不是一个重罚主义者，其主张重罚的目的是"以威奸惩恶除民害"⑤，而"非好伤人肌肤，断人寿命者也"⑥。据此，他认为对那种罪虽小，但一贯作恶，不属偶犯者，该杀的要杀，该重判的决不姑息养奸；对偶尔过失杀人，并非本意，"非欲以终身为恶"者，可以不杀，而且可在一定条件下赦赎之。这种对犯罪故意和过失、屡犯和偶犯、唯终（不思悔改）和非终予以分别论处的刑罚思想，无疑具有一定的合理性。

5.1.4　王符人事行政思想评析

不可否认的是，在皇权政治中官员考核体系的功效很有限，由于人为原因，可能会背离制度创制的初衷，甚至沦为敷衍塞责、行贿受贿、结党营私的工具。然而，王符《潜夫论》中有关官员选拔任用尤其是官员考核的人事行政论述，可谓价值明确、体系完

---

① 《潜夫论·衰制》。
② 《说苑·政理》。
③ 《潜夫论·德化》。
④ 《潜夫论·三式》。
⑤ 《潜夫论·述赦》。
⑥ 《潜夫论·述赦》。

备、操作性强，其对我国古代吏治的作用在于：一是选贤任能，维护中央权威；二是打通能上能下、能进能退的官僚渠道；三是在体制内产生激励效果，减轻反腐压力。虽然王符所处的时代距今遥远，但绩效考核是一个历久弥新的课题，形势的不断变化也必然会对政府人事行政管理提出新的要求，我们可以从中得到些许启示。

从内容上来说，要重视官员的胜任力培养，真正将能力考核做实。官员的能力不仅体现在名声和地位上，更以实际的功绩和效果为依据，不以虚名或私情为标准。针对干部的不同层次、类别及工作特点，提出与之对应的考核评价重点，凸显行政职业能力水平和工作实绩。王符人事行政思想可以帮助我们建立科学的能力素质评价体系，避免能力的形式化和虚化，提高公共部门人力资源质量。在"绩"的考核方面，要坚持系统观念，看干部在经济、政治、文化、社会、生态文明建设和党的建设各方面的工作成效。绩效考核应以人民为中心、实效为导向、发展为核心、创新为动力、法治为保障、公平为原则、公正为准绳、透明为手段、德行为基础、品质为要求、忠诚为准则、奉献为目标，着力推动高质量发展，实现人民幸福和安康。在考核方式上，要兼顾考核手段的科学与有效，不仅发挥考核的监督功能而且注重激励功能。考核过程须符合法治和公理，不能任人唯亲或独断专行，要兼听纳下、名理效实、赏罚必信、隆赏重罚、奖优罚劣。考核的目的不仅在于惩恶劝善，还要诱进忠贤，移风易俗，充分发挥人事行政考核的激励和教育功能，使干部在考核中不断进步。此外，要引入第三方评估机构、人力资源管理咨询机构等协助政府部门开展绩效考核。尽管王符的考绩思想并没有涉及第三方评估问题，但这种客观从实的精神、不偏听偏信的态度、不任众专己的观点，为我们优化绩效评价体系提供了宝贵借鉴。

5.2 刘劭的人才识鉴与分类选用思想

刘劭，字孔才，生卒年不详，广平邯郸（今河北省邯郸市）人，三国时期魏国思想家，仕曹魏，官至尚书郎、散骑常侍，受爵关内侯。据《三国志·刘劭传》记载，刘劭博学多才，著作颇丰，主要有《皇览》《法论》《都官考课》《律略论》《乐论》等。其著述多散佚，唯有《人物志》保存完好，亦最为著名。他所处的时代正值汉末魏初地方割据势力长期混战的时期，豪强并起，"今天下尚未定，此特求贤之急时也"①。三国政治家都有鼎定中原、一统天下的夙愿，如曹操三下"求贤令"，孔明强调"亲贤臣"，选择和任用人才成为争夺政权的关键，这种时势孕育了刘劭的人事行政思想。

5.2.1 人才识鉴思想

人才识鉴思想是刘劭《人物志》一书的精髓所在，其实质是通过对人才某一方面情

---

① 《三国志·武帝纪》。

况的考察，以确定其性格、心理和才能特征。刘劭在总结和提炼古代识人经验基础上，创造出一套全方位识鉴人才的方法。

（1）才性鉴定

才，即才能和智力；性，即道德品质。刘劭高度重视才性鉴定的实践意义，把它视为合理选拔、使用人才的前提条件，"盖人物之本，出乎情性"[①]"盖理多品而人异也"[②]。他认为人的本质出自情性，而情性又有其理，情性之理是影响人的才性的内在因素，理的差异决定了人在才性方面的不同。

才性鉴定并不容易，但也并非无章可循。刘劭指出："凡有血气者，莫不含元一以为质，禀阴阳以立性，体五行而著形。苟有形质，犹可即而求之。"[③] 就是说，人的血气、形体、性情，即人的本性，都是由于承受了阴阳五行而自然形成的。所谓"可即而求之"，就是说可根据人们的外部表现观察其内心活动，而人的外部特征可概括为九个方面，即"九征"：神、精、筋、骨、气、色、仪、容、言。他进一步强调："平陂之质在于神，明暗之实在于精，勇怯之势在于筋，强弱之植在于骨，躁静之决在于气，惨怿之情在于色，衰正之形在于仪，态度之动在于容，缓急之状在于言。"[④] 这句话的意思是，公正还是偏颇要看他的神韵，聪明还是愚钝要看他的眼睛（"精"通"睛"），勇敢还是怯懦要看他的筋脉，强壮还是软弱要看他的骨骼，急躁还是沉静要看他的气性，悲伤还是喜悦要看他的脸色，衰惫还是端正要看他的仪态，做作还是自然要看他的容姿，和缓还是急切要看他的言语。通过这九种外部表征，就可以对人的内在才性进行全面深入的考察。

（2）人才识别

关于识别人才的方法，前人早就做过探索和总结，比如孔子曾提出"视其所以，观其所由，察其所安"[⑤]。相传姜子牙在《六韬》中归纳了"八征"之术，即"一曰问之以言，以观其辞；二曰穷之以辞，以观其变；三曰与之间谋，以观其诚；四曰明白显问，以观其德；五曰使之以财，以观其廉；六曰试之以色，以观其贞；七曰告之以难，以观其勇；八曰醉之以酒，以观其态"。刘劭对这些人才识别方法既有继承，也有创新，形成了比较完整的人才识别方法体系，既包括"八观""五视"法，又包括识别人才过程中经常出现的"七缪"。

其一，"八观"。一曰观其夺救，以明间杂；二曰观其感变，以审常度；三曰观其志质，

---

① 《人物志·九征》。
② 《人物志·材理》。
③ 《人物志·九征》。
④ 《人物志·九征》。
⑤ 《论语·为政》。

以知其名；四曰观其所由，以辨依似；五曰观其爱敬，以知通塞；六曰观其情机，以辨恕惑；七曰观其所短，以知所长；八曰观其聪明，以知所达。[①]

刘劭并不是抽象地研究人才，而是从行为、情感、动机等多个维度来识鉴人才，兼具科学性和现实意义。举例来说，观察一个人在取舍方面对待他人的态度，就可以知道这个人是不是伪人才；观察一个人在紧急事件出现时情绪波动的情况，就知道这个人心理状态是否稳定；观察一个人最优秀的品质，就基本可以知道他的名声；观察一个人行为的来龙去脉，就可以辨别那些表面上似是而非的特征；观察一个人尊敬的人，就可以知道他为人处世是否成功；观察一个人的短处，就可以辩证地推测出其性格特点在其他方面所应具有的长处。

其二，"五视"。居，视其所安；达，视其所举；富，视其所与；穷，视其所为；贫，视其所取。[②]

刘劭认为，人们平时的表现大体上都差不多，难以考察人才的真实本性、德行和能力。"五视"法是他基于"八观"法作的补充、发展和完善，强调通过考察一个人在"居""达""富""穷""贫"五种不同情境下的行为表现，判断被考察人才是否有良好的德行。如果说"八观"仅仅是从一个人的外貌、心理特征等静态方面考察人才，那么"五视"则倾向于从动态角度跟踪观察一个人的行为表现。

此外，刘劭又提出，由于主客观等条件的限制，管理者在行为上会出现种种偏差。刘劭将这些偏差归纳为"七缪"：一曰察誉有偏颇之缪；二曰接物有爱恶之惑；三曰度心有小大之误；四曰品质有早晚之疑；五曰变类有同体之嫌；六曰论材有申压之诡；七曰观奇有二尤之失。[③]

考察声誉失于不全面客观，这是一种以"名"为标准的错误；直接面对被考察者时失于以个人的主观好恶为转移，这是一种以"己"为标准的错误；揣度被考察者的心智失于大小错乱，这是识人方法上颠倒心智关系的错误；考察人才的素质失于不懂得人有早慧和晚成的道理，这是识人方法上不考虑个体之间的差异，将人一眼看"死"的错误；分辨人才高下时会因为彼此间的微妙关系而失于不公，这是一种以"利"为标准的错误；评论人才的才性时会因为境况不同而造成事实上的褒贬不当之失，这是一种不看具体处境、盲目论才的错误；识别奇才时有以"含精于内，外无饰姿"者为庸常、以"硕言瑰姿，内实乖反"者为不世之才的失误。

在《接识》《材理》《体别》等篇中，刘劭还指出有其他人才识鉴方法，包括"谈""辩""宜""验"等。所谓"谈"与"辩"，相当于面试，通过与被识鉴者面对面交流和沟通，能深入了解人才内在的特质。只"谈"是不够的，还要进行"辩"，通过直接与被识鉴者进行思想论辩，能得出对方是不是人才的结论以及发现其特点，为今后岗位设定做准备。"宜"是指人职匹配。"验"是指检验，在初步识别人才后，还应进行跟踪观察，确保人才识鉴的准确性。

---

① 《人物志·八观》。

② 《人物志·效难》。

③ 《人物志·七缪》。

通常而言，识人都是从外在表现知内心世界，即从外在的声音、形貌、举动等来研判内在的质性和情感，可是这一套原则并不适用于所有人才的识别。刘劭的"七缪"，为识别人才过程中常见的失误指出了警示与防备方法，强调在识别人才的时候，一定要辨清上述七种偏差，不被表面现象所迷惑，以全面、发展的眼光看待人才，这对于人才选拔有重要作用。

5.2.2　分类选用思想

（1）人才分类

人才分类是鉴别和使用人才的重要基础。刘劭对人才进行了细致的分类，他根据人的才能，将人才具体分为十二类："盖人流之业十有二焉。有清节家，有法家，有术家，有国体，有器能，有臧否，有伎俩，有智意，有文章，有儒学，有口辨，有雄杰。"[①]

刘劭关于治国人才分层的思想，是以德、法、术三种才能为线索展开的，每类人才都有对应的专长和适宜的职务，形成源流清晰、档次分明，具有一定系统性的人才层次区分架构。根据他的论述，可将十二种人才分为三个层次（见表 5-1）。

"国体"这类人才，是德、法、术"三材皆备"，所以排为第一层次；"器能"这类人才，是德、法、术"三材皆微"，所以次于"国体"，而与清节家、法家、术家、文章、儒学、口辨、雄杰并列第二层次；"臧否""伎俩""智意"这三种人才，分别本源于清节家、法家和术家，但与之比较，又有所"不能"，属于他们的支流，所以列为第三层次。清节家、法家、术家、国体、器能、臧否、伎俩、智意，"凡此八业，皆以三材为本。故虽波流分别，皆为轻事之材也"[②]。就是说，以上八种人才，都是可以处理相应政务的。文章、儒学、口辨、雄杰这四类人才则是能够处理各种专业事务的。

同时，刘劭又根据人的情性将人才分为十二类，即强毅之人、柔顺之人、雄悍之人、惧慎之人、凌楷之人、辨博之人、弘普之人、狷介之人、休动之人、沉静之人、朴露之人和韬谲之人。他认识到任何事物都具有两重性，于是对人的情性进行剖析，指出每一种类型的优长和弱项以及可以担当的责任和不宜从事的工作："厉直刚毅，材在矫正，失在激讦；柔顺安恕，每在宽容，失在少决；雄悍杰健，任在胆烈，失在多忌；精良畏慎，善在恭谨，失在多疑；强楷坚劲，用在桢干，失在专固；论辨理绎，能在释结，失在流宕；普博周给，弘在覆裕，失在溷浊；清介廉洁，节在俭固，失在拘局；休动磊落，业在攀跻，失在疏越；沉静机密，精在玄微，失在迟缓；朴露径尽，质在中诚，失在不微；多智韬情，权在谲略，失在依违。"[③]

---

① 《人物志·流业》。

② 《人物志·流业》。

③ 《人物志·体别》。

表 5-1　刘劭关于十二类人才的层次区分

	名称				国体				
第一层次	德才特征				其德足以厉风俗，其法足以正天下，其术足以谋庙胜				
	适宜职务				三公				
	典型人物				吕望、伊尹				
	名称	清节家	法家	术家	器能	文章	儒学	口辨	雄杰
第二层次	德才特征	德行高妙，容止可法	建法立制，强国富人	思通道化，策术奇妙	其德足以率一国，其法足以正乡邑，其术足以权事宜	能属文著述	能传圣人之业，不能干事施政	辩不入道而应对资给	胆力绝众，材略过人
	适宜职务	师氏	司寇	三孤	冢宰	国史	安民	行人	将帅
	典型人物	延陵、晏婴	管仲、商鞅	范蠡、张良	子产、西门豹	班固、司马迁	毛公、贯公	乐毅、曹丘生	白起、韩信
	名称	臧否	伎俩	智意					
第三层次	德才特征	不能弘恕好尚讥诃，分别是非	不能创思远图，而能受一官之任，错意施巧	不能创制垂则，而能遭变用权，权智有余，公正不足					

续表

	名称	臧否	伎俩	智意				
第三层次	适宜职务	师氏之佐	司空	冢宰之佐				
	典型人物	子夏	张敞、赵广汉	陈平、韩安国				

刘劭以人的情性分析为基础，指出用人应该取长补短，"指人之所短，以益其失"。根据人的德才构成状况，他将人才分为兼德、兼才、偏才三大类，"三度不同，其德异称。故偏至之材，以材自名；兼材之人，以德为目；兼德之人，更为美号"[①]。这三类从低到高的排序是：偏才、兼才和兼德。偏才者，偏至之材，即以其人所具有的那种能力来命名；兼才之人兼有两种或两种以上才能，以其人所具有的德性命名；兼德之人指兼有诸种才能的人，有更美好的名称。

通过对"英雄"的重新定义，刘劭将人才作"英"与"雄"的区分，认为"聪明秀出谓之英，胆力过人谓之雄"[②]。足智多谋，但缺乏胆略，不能称为"英雄"，只能称为"英"；勇气过人，但缺乏谋略，只能称为"雄"。在社会政治实践中，真正有勇有谋，可以称为"英雄"的人是很少的，绝大多数或属于"英"，或属于"雄"。为政者在使用人才时应加以区分，"英可以为相，雄可以为将"，各用其长。

（2）选才标准

汉代以来，人们在人才选用标准上按照先秦儒家一脉德为主、才为辅的主张，形成了重德轻才的人才标准观，史称"汉以孝治天下"。东汉后期更是讲求"名教"，德行和门第成为选用人才的主要标准。由于世家大族控制着察举大权，选拔官员往往只看出身，德与才的标准形同虚设。曹操以汉丞相之名号令天下，提出并实行"唯才是举"的选才标准，引发了关于才性问题的争鸣。

刘劭在人才分类的基础上，提出选才标准要有一定的针对性。人才选拔是针对兼才、偏才两类人而言的，针对不同的特长和适用领域，应有不同的德才标准。刘劭将人才分为十二类，实则指出了人才的多样化，意味着人才选拔的标准是灵活多样的。对于国体、器能之类的兼才之人，应以德才兼备作为选拔标准，要才德合一，使其"兼有三材，三材皆备，其德足以厉风俗，其法足以正天下，其术足以谋庙胜"[③]。对于清节家、法家等偏才，应采取不同的德才标准，在德与才上有所偏重，如清节家的选拔应侧重于德，使其"德行高妙，容止可法"，而文章的选拔，应侧重于才，"能属文著述"。刘劭提出的不拘一格、扬长避短的选才标准，不仅有利于统治者广纳贤才治理国家，同时也有利于人

---

① 《人物志·九征》。

② 《人物志·英雄》。

③ 《人物志·流业》。

才资源的合理配置，避免了用人不当导致资源浪费。他的这一思想对当时乃至后世起到了积极作用。

（3）人才使用

"众材得其序，而庶绩之业兴矣。"① 刘劭就如何用才提出以下两点。

其一，在人才使用上，他反对求全责备的做法，主张人尽其才，才尽其用。

一方面，要因才施用，根据人才的不同特长，委以适合的职务，专才专用，用其所长，避其所短。刘劭认为，人的能力不仅有大小强弱之分，更主要的是人才有各自擅长的领域，每类人才的专长必有与其相适应的职务，"人材不同，能各有异。有自任之能，有立法使人从之之能，有消息辨护之能，有德教师人之能，有行事使人谴让之能，有司察纠摘之能，有权奇之能，有威猛之能……材能既殊，任政亦异"②。聪明的统治者应当根据人的不同才能特点，委以相应职责，发挥不同人才的作用，"若不杼其所能，则不获其志。不获其志则戚。是故功力不建，则烈士奋"③。相反，不能因才施用，必将导致没有用才之长，以至于人才无用武之地，无法充分发挥其才能。

另一方面，应因能授职。根据人才能力的大小，授以不同职位。人才的才能大小要与其所承担的责任相适宜，做到大材大用、小材小用，使之各得其所。刘劭指出，人的才能是有大小区别的，"夫能出于材，材不同量"。他主张"量能授官"，根据人的能力大小授予不同的官爵，"夫人材不同，能各有异……故量能授官，不可不审也"。刘劭也看到，"若以烹犊，则岂不能烹鸡乎？故能治大郡，则亦能治小郡矣"。虽然大材小用，可以成事，但这样会导致人才资源的巨大浪费，所以不宜为之。只有遵循量能授官的原则，才能最合理地使用人才。

其二，重视考察人才心理因素。刘劭在如何使用人才上创新性地提出要重视对人才心理的研究。他认为，要知人善任，不仅要对人才的才能有透彻了解，还应全面把握其性格特征，合理满足人才需求。这方面主要有以下两点。

第一，根据人的性格特点合理用才。任用人才既要考虑其人的才能，也要考察其人的性格。通过对对方的心理分析，发现人才的性格优点与弱点，有助于人才的合理使用。刘劭在《材能》中提出"九偏"，即九种不同性格的人才劣势，主要有：性情刚强粗略之人，不善于处理细微的事务；性情高亢严厉之人，不善于委曲变通；性格坚强刚劲之人，处事容易过于简单和急切；能言善辩之人，往往容易偏激；随波逐流之人，难有大的志向；不求甚解之人，不能处理繁复的问题；性情徐缓之人，处事缺乏果断；性情温和柔顺之人，处事往往缺乏魄力；喜欢追求新奇之人，多数华而不实。因此，使用人才要充分发挥其性格优势，注意回避其性格短处。

第二，在使用人才时注意满足其心理需求。刘劭从性情角度分析了人才的六种不同

---

① 《人物志·有序》。
② 《人物志·材能》。
③ 《人物志·八观》。

心理状态，提出"六机"：杼其所欲，则喜；不杼其所能，则怨；以自伐历之，则恶；以谦损下之，则悦；犯其所乏，则婳；以恶犯婳，则妒。[1] 在他看来，人人都有喜、怨、恶、悦、婳、妒六种情感。当人的心理需求得到满足时就会产生喜、悦之情，反之，得不到满足就会产生怨、恶、婳、妒。针对人才可能出现的不同心理，管理者应注意利用心理方面的积极因素，尽力避免负面心理影响。此外，他还考察了人我冲突问题，认为有才之士的相互猜忌、嫉妒、"矜功伐能，好以陵人"[2] 等，是影响群体稳定的重要因素，主张领导者注重从心理上消除这些不利因素，使人才之间和谐共处。可见，将心理考察列入人事行政管理，这在古代选人用人方面是超前的。

5.2.3　刘劭的人事行政思想评析

刘劭的人事行政思想深植于我国传统思想文化沃土，对先秦两汉以来儒家、道家、法家、名家等各学派思想进行继承与发扬。他不仅直接吸收了传统人才观中的合理成分，还融入新的理念和方法，使其更加适应时代需求。尤其在人才选拔上，他明确提出德才兼备的标准，强调才能的重要性，这在当时是一个具有重要意义的转折点。同时，刘劭的人才思想具有划时代性。他萃取道、法、名、阴阳五行等学说，创造性地提出"八观""五视""七缪"人才识鉴途径，划分三类层次十二种人才，引入分析人才心理的"六机"等，并将这些思想巧妙融合在一起，形成具有较强操作性的人才理论体系，其不仅超越了前人的思想成果，也为今天的人事行政管理理论与实践创新，以及发现、培养和选拔优秀党政干部提供了借鉴参考。

当然，我们必须认识到，一方面，刘劭的德才观受制于封建社会伦理道德，无疑会将一部分有用之人排除在选拔范围之外；另一方面，他主张唯心主义历史观，认为历史进步依赖于圣人的推动，这与历史唯物主义的科学方法论有明显差异。但总体来看，刘劭的人事行政思想既有承前启后的意义，又有鲜明的特色，是我国思想史上一笔宝贵的财富，我们应抱着"取其精华，去其糟粕"的态度加以学习研究，从中提取有益于新时代人事行政管理的积极内容，如德才兼备的选人标准、对人才重要性的系统认知，以及注重人才分类管理与心理测评等。

5.3　陆贽的"考课贵精、核才取吏"人事思想

陆贽（公元754—805 年），字敬舆，苏州嘉兴（今浙江省嘉兴市）人，唐朝中期政治家、文学家、政论家、思想家。他 18 岁中进士，任华州郑县（今陕西华州）县尉，不久即"以书判拔萃"被选授渭南县主簿，唐德宗建中元年（780 年）调任监察御史、翰

---

① 《人物志·八观》。

② 《人物志·释争》。

林学士。785 年，宰相窦参受到贬斥，陆贽被任为中书侍郎、门下同平章事，后因其不改率直敢言的个性忤触唐德宗，于 794 年被贬为太子宾客，再贬为忠州别驾。805 年，唐顺宗即位便召回陆贽，但可惜诏书未至而陆贽卒，后追赠兵部尚书，谥号"宣"，世称"陆宣公"。陆贽主政时处于安史之乱之后唐王朝危机四伏的特殊时期，社会矛盾尖锐，藩镇割据势力高涨，与唐王朝争利。基于此背景，陆贽提出的"考课贵精、核才取吏"人事管理思想具有较强的现实性、务实性和可操作性，对后世产生了深远影响。

5.3.1　重人事、轻天命

安史之乱给唐王朝以沉重打击，破坏了封建统治的政治经济基础。泾原兵变后，唐德宗认为国家的兴衰在于天命，叛乱的产生并不是由于人的原因。陆贽从历代王朝兴衰成败的经验和教训中得出这样的结论："人事理而天命降乱者，未之有也；人事乱而天命降康者，亦未之有也。"① 因此，以人事为本构成了陆贽积极进取的行政管理思想的前提。

（1）强调人的主观能动性

陆贽把统治者是否进行有效的国家治理看作"治"与"乱"的关键，肯定人的主观能动作用，认为治可生乱，乱也可能变治，治乱是一种正常的社会现象并可相互转化。治而生乱的原因在于"恃治而不修也"，以治为恃，放松了对自己的约束，肆意妄为；乱而达治的原因在于"遭乱而能治也"，虽遭变乱而能积极求治。由"乱"向"治"转化的推动力量在于统治者的主观努力。

（2）重民仁政的鲜明特征

第一，人心为治乱之本。实行仁政，以得民心，以固"治"之本。自先秦以来，孔儒一脉讲求民本，"民为邦本，本固邦宁"的重民思想经由孟子、贾谊等人一再提倡，成为儒家治国思想的一条主脉。陆贽继承发展了这一传统，认为唐王朝只有得到天下黎庶的拥戴，才能够实现国家强盛，"立国之本，在乎得众"②"得众则得国，失众则失国"③"夫欲治天下而不务得人心，则天下固不治"④。

第二，满足民众的需要是得民心的重要途径。陆贽说："臣谓当今急务，在于审察群情，若群情之所甚欲者，陛下先行之。所甚恶者，陛下先去之。欲恶与天下同而天下不归者，自古及今，未之有也。夫理乱之本，系于人心。况乎当变故动摇之时，在危疑向背之际，人之所归则植，人之所去则倾。陛下安可不审察群情，同其欲恶，使亿兆归趣，

---

① 《资治通鉴·唐纪四十四》。
② 《资治通鉴·唐纪四十五》。
③ 《礼记正义·卷六十七》。
④ 《新唐书·陆贽列传》。

以靖邦家乎！"① 又说道："舟即君道，水即人情。舟顺水之道乃浮，违则没；君得人之情乃固，失则危。"② 在他看来，君主必须了解民众的需要并满足之，而不是为满足自己的私欲强迫民众，更不能把百姓当作满足自身欲望的工具和手段。

5.3.2　求才贵广、考课贵精

陆贽认为，人才是关系到国家存亡的大问题，要振兴朝纲，须整顿吏治、广纳贤才。在德宗"累叹乏才，悯然忧见于色"③ 的情况下，他提出"求才贵广、考课贵精"的人事原则，即在人才选用上求广，"各举所知，长吏之荐择是也"，广泛地、多途径地选拔人才；在官吏管理上贵精，"按名责实，宰臣之序进是也"④，对人才视实际表现进行严格的考核。

（1）人才观：人无完人，不可求全

陆贽认为，人的才能和德行自古以来都是很难两全的，人才"如玉之在璞，抵掷则瓦石，追琢则圭璋，如水之发源，壅阏则污泥，疏浚则川沼"⑤。意思是说，人才就像玉石一样，如果把它抛弃，它即为瓦石，但若细心雕琢，他却可成圭璋。人才又如水源，壅塞则为淤泥，疏浚则成川泽。陆贽在剖析唐王朝人才匮乏的原因后指出，"朝之乏人，其患有七"⑥，其一就是对人才求全责备，标准过高。陆贽认为选用人才必须务实，对德宗说："人之才行，自昔罕全。苟有所长，必有所短。若录长补短，则天下无不用之人。责短舍长，则天下无不弃之士。"⑦ 这句话的意思是，所谓人才只是在某方面具有特殊才能的人，而不是理想的全才。一个人身上必然同时存在长短优劣，像"人之器局，有圆方大小之殊"⑧ 一样，若扬长避短，则处处有人才，若是取短舍长，则会时常感到人才稀缺。

（2）选拔人才：吏部主管，广泛选拔

陆贽还认为，天下之大，人才众多，以帝王一人之力是不可能尽选的。为此，他提出三点主张。

其一，责以吏部负责选拔人才，君主只选用身边辅佐之臣。他提出"人主择辅臣，

① 《资治通鉴·唐纪四十五》。
② 《资治通鉴·唐纪四十五》。
③ 《陆宣公翰苑集·奉天荐袁高等状》。
④ 《旧唐书·陆贽列传》。
⑤ 《陆宣公翰苑集·论朝官阙员及刺史等改转伦序状》。
⑥ 《陆宣公翰苑集·论朝官阙员及刺史等改转伦序状》。
⑦ 《陆宣公翰苑集·请许台省长官举荐属吏状》。
⑧ 《陆宣公翰苑集·论朝官阙员及刺史等改转伦序状》。

辅臣择庶长，庶长择佐僚"①。即依汉制，使长官自辟曹掾，且"一经荐扬，终身保任"。由吏部负责选拔人才，皇帝只负责选拔身边的辅臣，通过缩小考察人才的范围更好地识人善用。这种责成专门部门分管人才选用的管理方法具有一定的合理性。

其二，扩大选拔人才的范围。一方面，鼓励官员们"各举所知"，推选自己认可的人才，把举荐官员的权力由宰相扩大到各部长官，使各职能部门也可以获得专业人才，"唯广求才之路，使贤者各以汇征；启至公之门，令职司皆得自达"②；另一方面，推崇武则天的"弘委任之意，开汲引之门，进用不疑，求访无倦，非但人得荐士，亦许自举其才"③，反对吹毛求疵、求全责备。只有如此，才能广泛地搜罗人才，使"人无滞用，朝不乏才"④。为广开才路，他协助唐德宗推行一系列法令，诸如开设策问贤良方正能直言极谏科、策问博通坟典达于教化科、策问识洞韬略堪任将帅科，量才取士，招揽各种不同类型的人才，适应当时行政管理和国家统治的需要。

其三，因事择人，用人不疑，疑人不用。陆贽认为"考课贵精"在于"按名责实"，这包括委任责成与听言考实两个方面。其中，委任责成，是指委任和考成，即对官员的委任需要用人不疑，疑人不用。陆贽说："所谓委任责成者，将立其事，先择其人；既得其人，慎谋其始；既谋其始，详虑其终。终始之间，事必前定，有疑则勿果于用，既用则不复有疑。待终其谋，乃考其事，事愆于素者，革其弊而黜其人；事协于初者，赏其人而成其美。使受赏者无所与让，见黜者莫得为辞。夫如是，则苟无其才，孰敢当任？苟当其任，必得竭才。此古之圣王委任责成、无为而理之道也。"⑤ 简言之，在用人时要综合考察人和事，根据情况选拔人才并且谨慎细心、深思熟虑地挑选人才，做到用人不疑，疑人不用。听言责实，是指核实言论本身的真实性，根据言论的真实情况予以奖赏和惩罚，其包含两个方面：一是针对事本身，根据言论所描述的情况加以核实；二是针对人本身，核实言论所表达的诋毁与赞美。

（3）甄别人才：考课与赏罚

陆贽主张通过先考课后赏罚的方法对人才进行严格甄别，这就是委任责成的"考成"，即考核所任之人所做的事情，如果合格，那么就赏赐，反之，革去其弊政而罢黜之，"考课是以日月验其职业的修废，年劳是以日月计其资格之深浅"。陆贽所谓"考课贵精"，着眼于加强吏治管理，认为官吏考核必须依据一定的标准，为此提出考课官员的"八计"：视户口丰耗以稽抚字，视垦田赢缩以稽本末，视赋役薄厚以稽廉冒，视案籍烦简以稽听断，视因系盈虚以稽决滞，视奸盗有无以稽禁御，视选举众寡以稽风化，视学校兴废以稽教导。⑥ 这即是说，看户口的增减来考察官员是否抚养爱护子民，看开垦土地

---

① 《陆宣公翰苑集·请许台省长官举荐属吏状》。
② 《陆宣公翰苑集·请许台省长官举荐属吏状》。
③ 《旧唐书·陆贽列传》。
④ 《陆宣公翰苑集·请许台省长官举荐属吏状》。
⑤ 《陆宣公翰苑集·请许台省长官举荐属吏状》。
⑥ 《新唐书·陆贽列传》。

的增减来考察农业和商业的比重，看徭役赋税的轻重来考察是廉洁奉公还是侵害百姓，看案卷繁简来考察听讼断狱的才能，看监狱关押囚犯的多少来考察断案的快慢，看有没有恶人强盗来考察防范的松紧，看推选贤才的多少来考察风俗教化的效果，看学校的兴办或废弛来考察教诲开导的投入。

在考课的过程中应注重行为和内在思想，以杜绝凭借花言巧语和表面文章蒙混过关之人，因而要"所举必试之以事，所言必考之于成"①，在具体的行政活动中来考察官吏。这种方法对于防止官吏徇私舞弊、弄虚作假、贪污怠惰是有一定积极意义的。同时，也要使每个人的实际才能得以被发现，能够人尽其才、任得其所，更好发挥官员在行政管理中的作用。"才如负焉，唯在所授，授逾其力则踬。"② 大材小用和小材大用都会产生不良后果，只有通过考课做到才尽其用，才能够保证政治体制的有效运行。

为使奖惩分明，陆贽还在考课的基础上提出"核才取吏"的"三术"："一曰拔擢以旌其异能，二曰黜罢以纠其失职，三曰序进以谨其守常。如此则高课者骤升，无庸者亟退。其余绩非出类，守不败官，则循以常资，约以定限。故得殊才不滞，庶品有伦。参酌古今，此为中道。"③ 这就给"赏"提供了客观的依据，使赏之标准规范化具体化。陆贽把官吏按照不同的政绩表现分为三个层面，分别采取奖、惩、按常规管理三种不同的处理方式。这样才能使能者上，使庸碌无能、尸位素餐的人得到应有的惩罚，保证吏治清明，提高行政机构的工作效率。

求才贵广和考课贵精是相辅相成、缺一不可的，前者关于人才的获得，其要点在于举荐，后者关于人才的考核，其重点在于按名责实。后者是前者能够实施的制度保证，前者是后者的基础条件。求才贵广为知识分子提供了均等的做官机会，考课贵精保证真正的贤能之士进入行政系统而不出现冗官冗政。二者的有机结合成为陆贽吏治观的特点，这也使人事行政系统成为一个开放体系。

5.3.3　官吏分层选拔：台省长官各举属吏

官吏的分层选拔古已有之，在中唐藩镇割据体制下，这一制度得到进一步发展。"台省长官"，是指仆射、尚书、左右丞、侍郎及侍御史、大夫、中丞，所谓"台省长官各举属吏"是指台省长官举荐其下属，由宰相考核。非主管的官员选拔制度从周朝一直延续到唐朝，尽管随着时代的改变，官员选拔方式发生了变化，但是其分层选拔的意旨没有改变。中唐藩镇割据时，地方政府的分层选拔体制更为明显和普遍，这是地方节度使掌握部分人事权的象征。除几个主官需要朝廷任免和选拔之外，基本上所有僚属佐吏都由节度使征辟。唐德宗执政后，沿用李林甫和杨国忠错误的官员选拔制度，把副职官员的

① 《陆宣公翰苑集·论朝官阙员及刺史等改转伦序状》。
② 《资治通鉴·唐纪五十》。
③ 《陆宣公翰苑集·论朝官阙员及刺史等改转伦序状》。

选拔权集中到他宠信的宰相身上，废公举、行私选，导致大量人才流失到藩镇。因此，陆贽上奏折建议德宗允许台省长官举荐属吏，恢复唐开元时期的分层选拔制度。

陆贽认为由于宰相人数少，他们所了解的信息相当有限，不能"遍谙多士，备阅群才"①，由台省长官举荐人才较为合适。"人之常性，莫不爱身，况于台省长官，皆是久当朝选，孰肯徇私妄举，以伤名取责者乎？"② 这句话的意思是，爱惜自身是人的天性，举荐人才会得到识人的美名，而所举之人非良才则会得到骂名。台省长官都是精挑细选出来的，不会徇私伤名。而宰相是从这些台省长官之中选任的，尽管宰相和台省长官的职位不一样，但其职责差别并不是很大，为什么任台省长官的时候不能举任属下，而当了宰相之后却能举任很多人？在陆贽看来，求才贵广是台省长官的职责，考课贵精则属于宰相的职责，"夫求才贵广，考课贵精，求广在于各举所知，长吏之荐择是也；考精在于按名责实，宰臣之序进是也"③。

5.3.4　陆贽的人事行政思想评析

陆贽身为学士、宰相，对当时的形势和德宗的弊病很有洞见，并力图补救。他敏锐地意识到官员队伍素质和管理状况直接关系到政府的行政效能。在当时的局势下，他强调人才的重要性，对官员录用、考核、评价等进行了深邃思考，但遗憾的是，这些思想多未能施行。然而，陆贽的人事行政思想体现了儒家学说正面、合理的方面，比如针对现实弊政，积极改革吏治，维护中央统一，重视官员选用及管理，主张重民仁政、求才贵广、考课贵精、核才取吏等，其理论上的合理性和实践上的应用性，对于现代人事行政也有很高的借鉴价值。

人才的任用对于国家治理尤为重要，治理的方方面面都需要由人才来完成。陆贽认为人才使用的关键在于将其与岗位匹配起来，使人不失才、职不失责。贞元八年（792年），陆贽主持进士科考试，录取了此前已连续三次落榜的韩愈以及欧阳詹等人，时称"龙虎榜"，成为文学史上的一段佳话。应当说，陆贽的慧眼识才并非偶然，这与他一贯重视人才的理念是分不开的。他一针见血地指出当时用人上的缺陷，即用人权掌握在个人手中而不是依靠制度执行，提出台省长官各举属吏，是希望通过制度选人，将政治斗争以及利益交换、私相授受的封建选人用人制度变为天下之公器。他建议以厚民薄财、损上益下为课责，推行核才取吏，加强官员考核的规范化，给我们留下了深刻启迪。

①　《陆宣公翰苑集·请许台省长官举荐属吏状》。
②　《陆宣公翰苑集·请许台省长官举荐属吏状》。
③　《陆宣公翰苑集·请许台省长官举荐属吏状》。

5.4　许衡的人才培养与教化思想

许衡（公元 1209—1281 年），字仲平，号鲁斋，世称"鲁斋先生"，怀州河内（今河南省沁阳市）人，元代著名的政治家、思想家和教育家。他 7 岁入私塾学习《四书章句》。元统一后，结识大儒姚枢并接触到程朱理学，学问更加长进。在金元鼎革纷乱之际，许衡在《时务五事》一书中向元世祖提出行汉法、用贤才、修德行、爱百姓、顺天道等一系列治国文教建议，全面阐述了他的人才培养与教化理想。至元八年（1271 年），他任集贤大学士兼国子祭酒，对元代国子监的管理与教学进行大规模改革，制定课程体系，改革教学方法，为朝廷培养了大批优秀人才。许衡对朝仪、官制、历法、文教制度多有贡献，后人辑有《鲁斋遗书》《许文正公遗书》等。

5.4.1　人才培养思想

国家之治在人才，国以才立、政以才治、业以才兴。人事行政最重要的职责和最常见的活动是对行政人员进行培养和开发。许衡对此有深刻的认识，认为君主须有贤臣辅佐才能平治天下。

（1）人才之兴与国家治理的关系

诚如许衡指出的，"国朝开创之始"，"重臣挟功而难制，有以害吾公；小民杂属而未一，有以梗吾爱"[1]。蒙古统治者建立元朝之初，政治制度设置简陋，社会结构复杂，冲突激烈。统治集团治理能力较弱，开国功臣大多居功自傲，一心维护既得利益，管理方式落后，新兴王朝面临着严峻的挑战。在这种情况下，许衡认为，非"英睿之君，贤良之佐，未易处也"[2]。迫于当时形势，明君贤臣需要齐心合力，才能应对这一复杂局面，其中的关键正是用人与立法。

许衡将用人和立法等列，认为二者是维持统治秩序的关键所在，"天下之务，固不胜其繁也，然其大要，在用人、立法而已""治人者，法也；守法者，人也""人法相维，上安下顺"[3]。要想国立邦安，统治者必须注重培养、发掘人才。许衡以一个巧妙的比喻来说明君主与人才的关系，论证任用人才的重要性："发之在首，不以手理而以栉理；食之在器，不以手取而以匕取。手虽不能，而用栉与匕，是即手之为也。"[4] 简单地说，就

---

[1]　《鲁斋遗书·时务五事》。
[2]　《鲁斋遗书·时务五事》。
[3]　《鲁斋遗书·时务五事》。
[4]　《元史·许衡列传》。

是手必须借助于梳子、羹匙等工具，才能更好地实现自己的功能。"上之用人，何以异此"①，手与栉、匕的关系即君主与人才的关系，君主只有大胆起用人才，才能很好地巩固自己的统治。许衡认为，不拘一格地用人是去伪才、防奸才的有效办法，如果君主身边没有聚拢大量人才，则会充斥"争进之人""好利之人""无耻之人"，这些人"彼挟其诈术，千蹊万径，以蛊君心。欲防其欺，虽尧、舜不能也"②。

（2）人才标准

许衡继承儒家的传统贤人政治主张，从"德"与"识"两个方面确立自己的人才标准。从他所确立的人才标准可以看出，所谓人才实质是精通儒家统治之术的儒者。他坚信元朝统治者只有"行中国之法"，才能"为中国之主""必行汉法，乃可长久"；只有精通"汉法"，才能"以道事君"，才算得上是真人才。

关于"德"，他认为"爱与公"是对人才"德"的要求，即贤才要坚持道德原则，不能为权势、利益所屈服。这也是针对元朝统治者而提出的，"贤者以公为心，以爱为心，不为利回，不为势屈"③。这种要求与其一贯的政治主张是一致的。在政治上，他主张"仁爱治国""古今立国规模，虽各不同，然其大要在得天下心。得天下心无他，爱与公而已矣。爱则民心顺，公则民心服。既顺且服，于为治也何有？"④ 因此，"爱与公"关系到能否得天下心，以及得了天下以后的安与危。作为被统治者所任用的人才，也就应该具备"爱与公"之德，否则，将难以顺民心、服民意，使国治邦安。

关于"识"，许衡提出"夫贤者，识事之体，知事之要，与庸人相悬盖十百而千万也"⑤。这里，"识事之体，知事之要"即指成为人才所必备的"识"，也就是贤者要懂得处理政务的原则、要点和为政的根本，办理行政事务时能够做到"布之周行，百职具举"⑥，使"庶事得其正，天下被其泽"⑦。可见，只有贤者才有能力把政务处理得井井有条，让天下之人都得到实惠。

（3）用人之道

关于如何用人，许衡总结前人之见，提出四点主张。

一曰识贤、用贤。许衡认为君主要善于识贤，贤者于国于君都十分重要，但贤者多数散于草泽，往往与常人甚至奸邪之人混杂在一起。用贤之要在于知人为贵，善于识贤。诚如他所言："然或遭时之不偶，务自韬晦，有举一世而人不知者。虽或知之，而当路之

---

① 《元史·许衡列传》。
② 《元史·许衡列传》。
③ 《元史·许衡列传》。
④ 《鲁斋遗书·时务五事》。
⑤ 《鲁斋遗书·时务五事》。
⑥ 《鲁斋遗书·时务五事》。
⑦ 《元史·许衡列传》。

人未有同类，不见汲引，独人君有不知者。"① 此外，如果执政大臣自身不贤，不能为君识贤以及积极援引人才，君主也无从识贤、得贤。识得贤者，就要果敢使用，君主不能只有用贤之名，更要有用贤之实。许衡列举三种空有用贤之名而无其实的做法：其一，对人才虽能"召之命之"，却"泛如厮养"，缺乏基本的礼遇，待之如奴仆；其二，对人才"接之以貌，待之以礼"，但"其所言，不见信任"，只停留在礼貌层面，待之如客，却不采纳其建议，不给施展其才华的机会；其三，"虽或信用，复使小人参于其间，责小利，期近效"②，不能纯用贤才，而贪图小利。贤者的可贵之处在于始终以国家、君主的长远和根本利益为重，对之责小利、求近效，会使贤者不能真正发挥作用。

二曰去邪。许衡认为用贤必须去邪，"奸邪之人，其为心险，其用术巧。惟险也，故千态万状而人莫能知；惟巧也，故千蹊万径而人莫能御"③。这种人用心险恶却极难识别和防备，他们在政治上的危害也很严重，对君主"一于迎合"，以便"窃其势以立己之威，济其欲以结主之爱。爱隆于上，威擅于下"，致使"大臣不敢议，近亲不敢言"，甚至"毒被天下，而上莫之知"④。况且贤邪不同路，如果用贤又"复使小人参于其间"，将使贤者不能专心政务、施展才干，或为小人所陷害。于是，贤者多会"超然引去"。因此，奸邪之人犹如"城狐""社鼠"，必须坚决去除。

三曰建章立制。对于人才的驾驭和管理，须从制度构建入手。为此，许衡提出四项建议。一要解决人才待遇问题。他说："然已仕者当给俸以养其廉。"⑤ 即要在俸禄待遇方面给予已仕者一定的保障。二要确立录用人才的规格。"未仕者当宽立条格，俾就叙用，则失职之怨少可舒矣"⑥，对于那些还没有担任官职的人，应该放宽选拔和任用的标准，让他们有更多的机会进入官场，从而减少他们因失业而产生的怨恨。三要加强官员的考核与监督。他提出要"外设监司以察污滥""内专吏部以订资历"，则"非分之求渐可息矣"⑦。四要将统驭群臣百官行之有效的各种方法上升为制度和规定，诸如"俸给之数，叙用之格，监司之条例"等，"先当拟定"⑧。即使是"贵家世袭，品官任子，驱良抄数之便宜"，也"续当议之，亦不可缓也"⑨，亦即对于勋贵高官所拥有的一些特权，也要予以规范化、制度化并严格管理。

四曰长于育才。至元八年（1271 年），元朝设立太学，许衡任集贤殿大学士、国子祭酒，主持太学之事。"国人子大朴未散，视听专一，若置之善类中涵养数年，将必为国

---

① 《鲁斋遗书·时务五事》。
② 《鲁斋遗书·时务五事》。
③ 《鲁斋遗书·时务五事》。
④ 《鲁斋遗书·时务五事》。
⑤ 《元史·许衡列传》。
⑥ 《元史·许衡列传》。
⑦ 《元史·许衡列传》。
⑧ 《鲁斋遗书·时务五事》。
⑨ 《鲁斋遗书·时务五事》。

用。"① 这里是说蒙古贵族子弟天性纯朴，心思专一，如果将他们置于良好的环境中，加以培养和熏陶数年，他们将来一定能为国所用。当时汉法不兴，主要原因是蒙古统治者对于汉法概念模糊，把儒学等同于宗教，没有看到儒学乃千百年来中原君主政治的经验总结和治国理政思想，没有认识到儒家学说对于行政管理的积极作用。针对这一问题，许衡清晰地觉察到要兴汉法不能只靠儒生，而要在蒙古贵族中培养精通汉法、崇尚文治的人才。

5.4.2　教化思想

许衡的后半生处在蒙古贵族凭借武力征服中原并建立元朝的时代，忽必烈面临如何有效治理庞大国家的挑战。身为儒者的许衡，自觉地将教化视为己任，以明人伦为目标、"厚生"为基础，积极践行人才培养思想，推动元朝统治者接受以理学为核心的"汉法"，对社会安定产生了积极影响。

（1）主张汉法政治

许衡认为，自古以来建立国家都需要有完善的制度并实行之，这样国家方可长治久安，否则就易变易分更，遭遇颠覆。中原的制度经过历朝历代的考验，无疑值得效法，因此他提出"汉法政治"这一观点。他通过考证辽、金等积极效仿中原先进制度的政权，发现它们之所以历时较长，是因为借鉴了汉法制度以维护统治，不至于很快覆灭。元代是一个人主中原的朝代，除了要管理原有民众以外，还要统治被征服地区的众多百姓。"夫陆行宜车，水行宜舟，反之则不能行；幽燕食寒，蜀汉食热，反之则必有变。"② 许衡举例，寒和暑是两种截然不同的温度，要想使寒变为暑，先要使其变温，到了一定程度它便会变热，继续累积就变为暑了。万事都是靠积累变化而成的，"汉法政治"也是如此。只要统治者坚定信念，不受小人的谄媚之言，不害怕流言蜚语，积极训练军队，广建学校，随时补损增益，使人民生活富实，假以时日，人们将自然而然地遵循这一新制度而不觉有所不妥。

（2）以明人伦为教化宗旨

许衡继承程朱理学思想，把"明人伦"作为人才教化的宗旨，他说："学则三代共之，皆所以明人伦也。人伦明于上，则小民亲于下……人只于此处明得，然后尽得人道。"③ 人伦即人类社会的伦理，是天赋予人的东西，所谓"伦者，伦理也。人之赋命于天，莫不各有当然之则，如父子之有亲，君臣之有义，夫妇之有别，长幼之有序，朋友

---

① 《元史·许衡列传》。
② 《元史·许衡列传》。
③ 《鲁斋遗书·语录上》。

之有信，乃所谓天伦也"①。"明人伦"就是要使个体的人接受和掌握儒家所规定的基本规范和准则，使他们各自明确本分，各守其道，各得其所，不使社会秩序"混乱而不可统理""祸乱相寻"，重新退回与禽兽无异的状态中去。

怎样达到"明人伦"的教化目标呢？许衡认为，设立学校是实现这个目标的主要途径，古代的圣王"设为庠序学校以教天下者，无他，明此而已……古之教者，必以明伦为教，而学者必以明伦为学"②。他向元朝统治者建议："自上都、中都下及司县，皆设学校，使皇子以下，至于庶人之子弟，皆从事于学，日明父子、君臣之大伦，自洒扫应对，至于平天下之要道。十年之后，上知所以御下，下知所以事上，上和下睦，又非今日比矣。"③ 这要求各级政府设立学校，使贵族子弟及优秀的平民子弟均能够入学。学习"父子君臣之大伦""平天下之要道"，自然可以达到教化的目的。

"明人伦"的教化宗旨虽然直接继承孟子"学则三代共之，皆所以明人伦也"的观点，看似没有创新，但在元朝初年因多年战乱使各类学校遭受严重破坏，并且社会秩序混乱的情况下，具有新的意义。一方面，"明人伦"的目标是让人们都知道并遵守社会秩序，使社会重新走上有序的轨道；另一方面，其与学校相联系，有助于儒家官学体系的恢复和发展，使元朝的人才培养满足统治的需要。

（3）以"治生""厚生"为教化之基础

许衡将"治生"置于教化基础或前提的地位，这一观点产生于其对以孔子为代表的传统儒家教化思想的承袭。许衡的教化思想中，还有一条超过一般理学家之处，那就是强调教化要以"厚生"为经济基础，反对空言"明人伦"。他借鉴《尚书·大禹谟》《左传·襄公二十八年》以来的"正德、利用、厚生"理念和孔子的"富而后教"思想，认为若行此道，"上多贤才，皆知为公，下多富民，皆知自爱，则令自行，禁自止"④，社会道德风尚自然好转。基于此，他提出以"治生"作为教化前提的观点——"衣食以厚其生，礼义以养其心"，明确把"衣食"这样的生活所需放在首要的位置上，指出"尝谓中国之俗，必土著有恒产，使安其居，乐其俗，……则治道可行也"⑤。这句话是指，统治者应重视民生，使民有恒产，能够安居乐业，这样才能实施教化。此外，许衡提出"优重农民、遍设学校"的政策，主张经济与教化同步推动，受到忽必烈的"嘉纳"。这些举措的实施，大大促进了元朝初年经济的重振以及官风民风的淳化。

---

① 《鲁斋遗书·小学大义》。
② 《鲁斋遗书·小学大义》。
③ 《鲁斋遗书·时务五事》。
④ 《鲁斋遗书·时务五事》。
⑤ 《鲁斋遗书·语录下》。

5.4.3 许衡的人事行政思想评析

作为元代最具影响力的理学家，许衡的人才培养与教化思想注重弘扬理学中固有的务实和入世成分，传承儒家传统"士志于道"的精神，并在这种精神指引下，慨然行道，积极投身于元初的政治实践之中。除历史条件、时代需要和个人机遇等客观因素外，就主观角度而言，许衡注重躬行实践，力主恢复儒家学说正统地位，这是他能取得成功的关键。1254 年，许衡应忽必烈之召出任京兆提学，授国子祭酒。此后直至去世，在近三十年时间里，他身体力行，思行统一，承宣教化，不遗余力。许衡奉元世祖之命，负责培养一批蒙古贵族子弟。在他的辛勤教育下，这些不懂汉文的青年也都成为"尊师敬业"的优秀儒生，其中有不少人后来"致位卿相，为一代名臣"。

许衡还是一位务实的行政管理者。作为一名汉族儒士，他主张"汉法政治"，并亲自参与与推行与汉法有关的政治、文化活动，例如，与太常卿徐世隆制定朝仪，亲自主持修订官制等。应当看到，在忽必烈利用汉法入主中原的进程中，许衡无疑发挥了举足轻重的作用。在人事行政诸多方面，他的思想对当今社会也具有借鉴意义。许衡在人才培养与教化上有着深刻的见解，其思想包含丰富的道德伦理观念，强调"德""识"兼备的人才选拔标准，提倡"明人伦"的教化宗旨，建议为政者善于识贤、用贤、去邪，以及从制度构建入手驾驭人才，等等。这些对于加强干部教育培训，使广大干部政治素养、理论水平、专业能力、实践本领跟上时代步伐，培养造就堪当民族复兴重任的高素质干部队伍具有启示价值。

 本章小结

任贤之所以重要，是因为官员贤德与否关系到百姓的安乐或艰辛，关系到社会的安定或动荡，关系到国家的治乱兴衰。王符的《潜夫论》与官员考核思想、刘劭的人才识鉴与分类选用思想、陆贽的"考课贵精、核才取吏"人事思想、许衡的人才培养与教化思想，蕴含着丰富的识人、选人、任人、御人等方面的智慧，是中国古代人事行政思想的集中反映。通过本章的学习，读者将能够借鉴古人的用人之道，推动公共部门人力资源管理制度完善与创新，使之契合新时代人才观，为中国式现代化做好人才保障。当前，人事行政改革与实践的核心思路主要围绕以下几个方面展开：一是强调创新在人事行政管理中的作用，包括技术创新和服务创新，以提高效率和服务质量；二是注重整体规划和系统设计，确保各项改革措施能够相互协调和支持；三是推进人事行政管理工作的法治化水平，加强规章制度建设，确保管理工作有法可依、有章可循；四是坚持以人为本的服务理念，增强服务意识，提升服务水平；五是利用现代信息技术手段，如大数据、云计算等，优化管理流程，提高管理效能；六是重视人才培养和引进，优化人力资源配置，建立健全激励机制；七是提升人事行政管理的透明度，促进公平公正，增强公众信任；八是实施科学的绩效考核体系，强化责任落实，提高工作效率。

 **关键术语**

循名责实 八观 五视 七缪 委任责成 三术 明人伦

 思考题

1. 如何理解王符既不"任众"也不"专己"的考核理念？

2. "八观""五视""七缪"与公共部门人力资源测评理论有哪些共通之处？

3. 试述刘劭"因材施政"思想及其应用价值。

4. 陆贽考核官员的"八计"分别是什么？有何借鉴意义？

5. 为什么说"求才贵广"与"考课贵精"的结合是陆贽吏治观的鲜明特点？

6. 简述许衡关于用人之道的具体主张。

课外资源

5-1 好干部是选拔出来的，
也是培育和管理出来的

5-2 习近平讲述的故事｜
廉相陆贽

5-3 古诗中的
用人智慧

第6章

中国古代财务行政思想

财政是国家治理的基础和重要支柱。财务行政即政府的"理财之政",是指国家行政机关为履行管理公共事务职能,对行政经费进行领拨、使用、管理和监督的活动。从先秦时期税赋的征收库藏,到秦汉公私财政分治,再到此后中央与地方政府的财政管理,我国古代财务行政管理思想蕴含着十分丰富的智慧。管仲的"藏富于民"与"官山海"财政思想、桑弘羊的"盐铁专营"与"均输平准"财政思想、司马光的《论财利疏》与开源节流财政思想、叶适的理财观与"减赋养民"财政思想是其中的典型代表,它们对现今公共财政制度和分配体系建设仍具有启示和借鉴意义。

6.1 管仲的"藏富于民"与"官山海"财政思想

管仲(? —公元前645年),颍上(今安徽省颍上县)人,姬姓,管氏,名夷仲,又称管敬仲、管子,是春秋时期齐国著名经济学家、政治家和思想家,夏第一相"。他的思想主要体现在《管子》一书中,部分散见于《国语·作。《管子》一书共有86篇,现存76篇,既有本人所作,也有后人篇章涉及财政经济,特别是关于财政与国家的关系。管仲的财齐国国力增强称霸于诸侯,而且影响自秦汉以来的历代政上有着极为重要的地位。

6.1.1 "藏富于民":为民利

春秋战国时期,对于各诸侯国而言,一天下的机会,是那个时代君主和政治家面对齐国内忧外患不断,民不聊生。管仲担任相国后列改革,主张通过商贸手段壮大国家财政实力,使

（1）强国富民与国家治理

在中国传统政治中，君权是国家权力的表现形式，具有公私二重性，即作为国家的代表时为公，作为个人的代表时为私。管仲认为，自己服务的是公的国家（齐国）而非私的个人（君主），并强调"齐国百姓，公之本也"[①] "夷吾之所死者，社稷破，宗庙灭，祭祀绝，则夷吾死之。非此三者，则夷吾生。夷吾生则齐国利，夷吾死则齐国不利"[②]。国家与君主都应为民众服务，这才是公共性的本质。正如管仲所言："民恶忧劳，我佚乐之；民恶贫贱，我富贵之；民恶危坠，我存安之；民恶灭绝，我生育之。"[③]

基于为民利民的出发点，管仲提出不同于传统儒家的治国方略，强调利在义先，将求利求富作为提高道德的条件，"仓廪实，则知礼节；衣食足，则知荣辱。上服度则六亲固，四维张则君令行"[④]。他指出，民富是国富的前提和保证，藏富于民是成就王业的基础。齐桓公向管仲询问财政之事，他说："王者藏于民，霸者藏于大夫，残国亡家藏于箧。"桓公问："何谓藏于民？"答之："请散栈台之钱，散诸城阳；鹿台之布，散诸济阴。君下令于百姓曰：'民富君无与贫，民贫君无与富。故赋无钱布，府无藏财，赀藏于民。'"[⑤] 这段对话体现了"藏于民"的行动主张，将钱币与货物区分开，国家不向百姓征收钱币，府库也不积累钱财，把财富都藏在百姓手里。民富也是国家善治的重要手段。管仲认为，"知与之为取，政之宝也"[⑥]，并将"欲取先予"政策视作治理国家的法宝，"凡治国之道，必先富民。民富则易治也，民贫则难治也……故治国常富，而乱国必贫。是以善为国者，必先富民，然后治之"[⑦]。在他的财政思想中，处理国富、民富以及国家与民众之间的关系是治理国家的关键所在。

（2）财政支持与农业发展

管仲所处的是农业经济占优的时代，在此背景下，民众最主要的收入源自农业生产。正所谓"务五谷，则食足；养桑麻、育六畜，则民富"[⑧]，农业生产活动是民众衣食的来源，也是致富的首要途径，因此他主张大力发展农业。

一方面，通过财政褒奖有农业才能的人，"教民以时"。"所谓兴利者，利农事也。所谓除害者，禁害农事也。农事胜则入粟多……"[⑨] 这是说，要想支持农业，就既要推动有利于农业的事情进一步发展，又要对有害于农业的事情加以禁止。宜通过财政政策鼓励

---

① 《管子·霸形》。
② 《管子·大匡》。
③ 《管子·牧民》。
④ 《管子·牧民》。
⑤ 《管子·山至数》。
⑥ 《史记·管晏列传》。
⑦ 《管子·治国》。
⑧ 《管子·牧民》。
⑨ 《管子·治国》。

农业生产，为农民提供最好的生产条件。管仲提出，国家财政应褒奖那些具有特殊技艺且有利于生产生活的百姓。能够获得财政褒奖的有五类：一是精通农事的"明于农事者"；二是善于牲畜养殖的"蕃育六畜者"；三是熟悉园艺栽培的"能树艺者"；四是"知时，曰'岁且厄'、曰'某谷不登'、曰'某谷丰'者"，即能预言灾情与作物丰收歉收之人；五是精于养蚕的"通于蚕桑、使蚕不疾病者"。①

另一方面，"无夺民时"②，保障农民及时开展农业生产活动。管仲主张各种徭役须在农闲时征发。若在农忙的季节征役，百姓既会因正常农活的中断而产生损失，导致日常生计无法维系，也会因缴税不足造成财政税收的锐减。另外，农业生产呈现季节性特征且周期长，农民的开支中往往涵盖农具、种子、肥料以及其他生产资料。如果农民缺乏购买春耕所需生产资料的流动资金，就无法正常进行农耕。面对该问题，管仲主张"春以奉耕，夏以奉芸。耒粗械器，种馕粮食，毕取赡于君"③，具体来说就是农民在春耕、夏锄等农业生产中所需的一切农具、种子和粮食，都由国家提供短期农业贷款的方式来保障，以保证农事活动正常开展和税源稳定。

（3）税赋调控与贫富有度

作为一部以论述经济问题为主的古代经典著作，《管子》重视发挥市场的作用。例如，《乘马》篇有言，"市者，货之准也""市者可以知治乱，可以知多寡，而不能为多寡。为之有道"。这都强调货物价格应由市场自由买卖决定，国家可从市场的波动中获取治乱的信息。因此，管仲主张通过税赋调控来实施治理也就不足为奇了。财政收入是国家运行不可或缺的资源，也是行政管理活动的物质基础。管仲并不赞成轻税政策，毕竟"彼轻赋税则仓廪虚"④，但也不支持对农民索取过重田赋、杂税和劳役。他指出，灵活的税收政策可以调节政府与民众的关系，轻徭薄税只是其中之一，即"薄税敛，毋苟于民，待以忠爱，而民可使亲"⑤。

在税赋政策上，管仲提出实行"案田而税"和"相地而衰征"。"案田而税"即不分公田还是私田，一律按田地的优劣征税；"相地而衰征"即在个体生产的基础上，根据土地的肥瘠差额征收土地税。随着铁制农具和牛耕的普及，农业生产效率极大提升，使一家一户分散经营成为可能，再加上劳动者耕种公田的积极性已无法完全通过井田制来调动，遂出现"田在草间"的荒凉景象。对此管仲提出"相地而衰征"，不仅能促进农业生产发展，而且有利于保证国家税收稳定。其具体分为三个步骤：一是"相地"，测量土地面积（正地），并按肥沃程度对土地分定等级（相壤）；二是"均地分力"，通过给农户分公田耕种的方式，扩大各户的占地份数，使农民从集体劳动转为个体生产；三是"与之分货"，即实行级差地租制，生产者按照土地等级与相应比例将收获物上交国家，其余部

---

① 《管子·山权数》。
② 《管子·小匡》。
③ 《管子·国蓄》。
④ 《管子·山至数》。
⑤ 《管子·五辅》。

分留给自己，以实物税代替劳役税。此外，为鼓励农民开垦荒地，他还提出新垦荒地免交 3 年租税的优惠政策。

通过上述措施，民众得以"富贵"的同时，国家也实现财政基础强化、社会财富增加的目标。"天下不患无财，患无人以分之。"① 古今同理，贫富差距过大会造成社会失衡，影响国家稳定，"上下无义则乱，贵贱无分则争，长幼无等则倍，贫富无度则失"②。在缩小贫富差距方面，管仲主张区别对待、量能负担，即富人多交税，穷人少交税，"巨家重葬其亲者服重租，小家菲葬其亲者服小租；巨家美修其宫室者服重租，小家为室庐者服小租"③。

6.1.2　"官山海"：掌控资源的商贸手段

春秋战国时期，以商贸手段立国的前提，是国家手中必须掌握基于粮食与自然资源而形成的商品。从《管子》及相关史料中可看到，管仲认为最好的财政征收方式，是"见予之形，不见夺之理"④，即取得财政收入要用不易察觉的形式。而"官山海"无疑是当时掌控资源的最佳方式，不仅可以达到对内善治和对外称霸的目的，甚至有助于实现天下统一，吸引民众归附。

（1）寓税于价

齐国地理环境优越，盐业和铜铁矿资源丰富，有发展工商业的良好自然基础。商人出身的管仲深知私商经营盐铁的利润很大，在担任相国后，他着手开辟财源，自然而然地想到实行由官府控制盐铁的专卖制度。史料记载，齐桓公欲藉于台雉、树木、六畜和人口，但都被管仲否定，这是由于当时生产力水平有限，政府还不能肆意加重税赋。基于此，齐桓公问管仲："然则吾何以为国？"管仲答："唯官山海为可耳。"⑤

管仲所言的"官山海"，指的是国家盐铁专卖政策。其中，"官"为"管"，"山"为开矿铸铁，"海"为海水煮盐。管仲认为，盐和铁是当时百姓生产生活必不可少的两种商品，前者是日常不可缺少的物质，后者是制作农具和武器的主要原料。他主张采用价格手段而不是高税赋政策，将原来征收的如山泽税、关市税加到盐和铁制品的销售价格之中，通过民制、官收、官运、官销等形式，将所取得的收入纳入官府。他还提出垄断谷物，通过粮食和盐铁加价等方式来代替赋役征发，进一步扩大"官山海"的范围。这些措施不仅使国家掌握了粮食、盐和铁等重要资源，还提高了税收收入，从而满足人民生产生活的需要。

---

① 《管子·牧民》。
② 《管子·五辅》。
③ 《管子·山国轨》。
④ 《管子·国蓄》。
⑤ 《管子·海王》。

（2）垄断经营

"官山海"政策的实施涉及盐铁粮林等方面，这使齐国在扩大财源的同时，避免了民众对直接征税产生的抵触情绪，为齐国称霸打下了坚实基础。"官山海"的主要内容包括以下四个方面。

第一，盐专卖。"海王之国，谨正盐策。"① 管仲认为，通过大海资源成就王业的国家，要注意明确征收盐税的政策。"官山海"政策中的"官海"明确规定食盐属国家所有，但在生产上采取"官督民产"，即百姓煮盐要按照相关规定，在特定时间与特定地域内进行，其产品统一由齐国政府设置的盐官负责收购、运输及销售。在这一过程中，政府主要通过控制盐的产量和销量来获取定价权，进而提高盐价，实现财政收入的增长。其中的财政收入非常可观，仅食盐专卖一项，管仲就曾为齐桓公算了一笔账："令盐之重升加分强，釜五十也。"② 对每升盐提价，百倍利益归于君王，民众也无法规避。

第二，铁专卖。与"官海"类似，管仲提出的"官山"，就是要在冶铁业实行国有民营。他严厉强调"泽立三虞，山立三衡"③，由国家垄断所有矿山资源，出台相关法令，宣布矿苗一经发现，立即由国家封存，严禁擅自闯入。在将矿山资源牢牢掌握在国家手中后，管仲又规定铁器实行统购统销，遂控制了铁器定价权。在这些前提下，国家允许百姓承包铁矿开采，并开放冶铁坊业，具体分成则根据产值按"民得其十、君得其三"④，即三七比例的标准来施行。

第三，粮食官营。"食称之国必亡，待五谷者众也。"⑤ 管仲认为，只有国家掌握和合理配置粮食，才能让人民依赖国家，为君主效力。五谷不仅是百姓生存与生活不可或缺的物质基础，也是在社会经济中占据支配地位的关键资源。他主张应通过预购、征税等方式实现国家对大量谷物的控制，并将此作为财政收入的主要来源。

第四，垄断山林川泽。管仲认为，山林川泽也归国家所有，要通过定期开放、限制采用的方式进行税款征收，增加国家财政收入。例如，他提出的"苟山之见荣者，谨封而为禁。有动封山者，罪死而不赦"⑥，这体现了国家对矿山的管控之严格以及山林川泽对国家财政的重要。

6.1.3　管仲财政思想的现实意义

凡治国之道，必先富民。人民是国家之根本，而"藏富于民"所蕴含的"以人为本"

---

① 《管子·海王》。
② 《管子·海王》。
③ 《管子·小匡》。
④ 《管子·轻重乙》。
⑤ 《管子·轻重乙》。
⑥ 《管子·地数》。

治国理念对实现共同富裕具有启示意义。对管仲本人及其思想的评价，如司马迁所言："管仲既任政相齐，以区区之齐在海滨，通货积财，富国强兵。"[①] 管仲认为"夫霸王之所始也，以人为本。本理则国固，本乱则国危"[②]，其采取的关于田地征税、农业生产及社会保障等各项举措顺应民意，调动了百姓生产的积极性，不仅使社会运行平稳有序，也使国家经济迅速发展，促进了财政收入的增长。

管仲的"藏富于民"与"官山海"财政思想，产生于封建时代，距今年代久远，我们不能直接照搬，但可在借鉴前人的基础上，推动国家财政治理现代化。如"以人为本"思想，强调人民的生活水平同国家的发展程度密切关联，政府要保障人民最基本的生活需要，将人民利益放在国家发展的首要位置。当前，在我国民生领域，如就业、教育、医疗、社会保障等方面还存在亟待弥补的短板，必须坚持以人民为中心，通过国家财政支持和科学合理的政策来逐步完善。例如，在全面推进乡村振兴、加快农业农村现代化过程中，要注重完善农村集体产权、农用地分类管理、财政投入保障等一系列政策。

盐铁官营制度是古代中国一项有效的财政工具。相比直接纳税，盐铁官营更易被民众接受，在某种程度上也是"资产国有、承包经营"的雏形。国家垄断盐铁，于百姓生产生活而言，既稳定了物价，也缩小了贫富差距；于国家发展而言，既增加了政府收入，也安定了社会秩序。"寓税于价"缓和了当时的阶级矛盾，让春秋时期的齐国能够在长治久安中积蓄力量。即便以今天的眼光来看，已有千年历史的"官山海"也不失为一种高明的财政手段。在现有国家资源体系中，战略资源十分重要，它是保持国家经济平稳运行，推进国家治理体系和治理能力现代化，维护国家安全、防范化解重大风险的关键。因此，国有经济必须在关系国民经济命脉的重要行业和领域中居支配地位，政府不可忽视宏观调控的积极主导作用。

6.2　桑弘羊的"盐铁专营"与"均输平准"财政思想

桑弘羊（？—公元前 80 年），洛阳（今河南省洛阳市）人，生于西汉景帝时期，出身商人家庭，是西汉著名的政治家和理财家。汉景帝末年，13 岁的桑弘羊以"精于心算"而闻名于洛阳，汉廷诏书，特拔其入宫（一说捐官入宫），任为侍中，侍奉汉武帝兼陪读。元狩三年（前 120 年）受命理财，事汉武帝、汉昭帝两朝，一生历任侍中、大农丞、治粟都尉、大司农、御史大夫等职，因功赐爵左庶长。桑弘羊既精深财政理论，又精熟业务技术，在任内推行了一系列如"盐铁专营""均输平准"等财政措施，并在昭帝始元六年（前 81 年）的盐铁会议上坚持盐铁专营政策，主张打击富商大贾的势力，为巩固西汉中央集权统治作出了贡献。

---

① 《史记·管晏列传》。
② 《管子·霸言》。

6.2.1 "盐铁专营"：国家干涉的经济政策

盐铁专营始于春秋战国时期的齐国，由于盐铁在当时的使用范围广，因而这项举措增添了不少国家财政收入。汉初以来"开山海之禁"，听任盐铁私营，朝廷不加以限制，各诸侯王和富商大贾也因煮盐、冶铁而腰缠万贯，但国家财政并没有因此增加。这种个人家庭发财但国家财政空虚的现象，不论是对朝廷统治，还是对国家经济发展都十分不利。随着汉武帝长期征战匈奴，国家财政陷入难以支撑对外作战需要的困境之中。为有效解决危机，桑弘羊认为应采取措施进行全面的经济管理改革，主张盐铁国有且必须国家专营，以此充实国库。

（1）国家垄断和治国守重

只有国家垄断自然资源并开展相关经营，国家财政收入才能有较大活动余地。"丰年岁登，则储积以备乏绝；凶年恶岁，则行币物；流有余而调不足也。昔禹水汤旱，百姓匮乏，或相假以接衣食。禹以历山之金，汤以严山之铜，铸币以赡其民，而天下称仁。往者财用不足，战士或不得禄，而山东被灾，齐、赵大饥，赖均输之畜，仓廪之积，战士以奉，饥民以赈。故均输之物，府库之财，非所以贾万民而专奉兵师之用，亦所以赈困乏而备水旱之灾也。"[1] 桑弘羊还认为，国家通过法令形式规定盐铁官营，不仅是为了得到相应的收入与利润，更是为了促进农业发展，限制私人工商业，分化割据势力，禁止放纵奢侈，杜绝相互兼并。"今意总一盐钱，非独为利入也，将以建本抑末，离朋党，禁淫侈，绝并兼之路也。"[2] 在他看来，国家财政要想得到充实，就必须实现国家干涉经济，这既有利于农业发展，又能够防止豪强兼并。正是在这一思想指导下，桑弘羊强调治国必须守重（重要物资），并从使用价值角度解释守重目标，即加强重物的积累与促进重物的增值。由此，他基于对富商大贾和工商业的严格区分，首先明确了官营工商业的目标，即国家对粮食、盐、铁等物品的生产与销售实行干预和控制。

（2）克制私营和利归于上

关于盐铁专营政策，早在元狩年间就已开始实行。盐铁专营由大农丞孔仅、东郭咸阳于元狩六年（前117年）提出，于桑弘羊主持盐铁改革后得到发展。为解决战争需求下财政面临的危机，桑弘羊向汉武帝建议，增加国家收入，不必按照以往增加税收的方式，可通过控制盐铁来实现。这种做法一方面使民众没有任何怨恨，难以激起社会动荡，另一方面也可实现国家财政收入的增加。为证实自己的观点是正确的，他以汉初"开山

---

[1] 《盐铁论·力耕》。
[2] 《盐铁论·复古》。

海之禁"的现实为例，向汉武帝说明了如果不对广泛的盐铁私营加以限制，各诸侯与豪商大贾就能在煮盐冶铁中依托自身优势迅速累积财富，进而直接导致国家财政收入的锐减，甚至严重威胁到王朝的统治，"诚以国用不足，利无所出，舍此则无能为也"①。汉武帝采纳了这一建议，并命令大农丞孔仅等人与桑弘羊共同实施盐铁专营政策。然而，随着后来形势的变化，先前的盐铁专营已不能适应现实需要。一是当时吏治比较混乱，一些富商大贾被安插在盐铁事务管理工作中，目的是通过盐铁的生产经营与市场流通来获取利润；二是孔仅等人出于对自身利益的维护，虽明知汉武帝想完全夺取盐铁市场，但对这一政策的态度已由之前的积极转向消极。为使盐铁专营政策更好发挥作用，汉武帝遂决定任桑弘羊"尽管天下盐铁"，命其出任治粟都尉并代行大农令事。

（3）政府专营和规范市场

桑弘羊受命掌管国家财政大权后，在全国范围内大力推行盐铁专营。他派人到各郡进行整顿并革新旧制，扩大盐铁专营的规模，调整充实盐铁专卖人员和机构，增设大农部丞数十人。在桑弘羊的统一规划下，国家分别在 27 个郡共设盐官 36 处，在 40 个郡至少设置铁官 48 处，并明确所有盐铁官均由中央垂直领导。同时，还在不产铁的地方设置小铁官，收铸旧铁。对于盐的专营"愿募民自给费，因官器作，煮盐，官与牢盆"②，具体做法是通过招募盐户煮盐，由官府提供煮盐器具，平民煮盐的费用自理，待煮成后再由官府按所值给价。由于国家掌握着生产工具，虽经民营进行盐的生产，但盐业实际上由国家控制，私自煮盐被明令禁止。不同于盐的垄断，铁的专营则不仅限于流通领域，还进入生产领域。桑弘羊明确规定，产铁的地区实行就地冶铸并设立铁官，不产铁的地区利用所收集的废铁冶铸，设立小铁官。另外，盐铁专营还明确了分配与转运的方式，即由产区和设在中转地的盐铁机构按照销区的人口数量和田地亩数，计算出盐铁的供给数量，然后进行分配转运。在这一过程中，销区不能擅自煮盐制铁，否则"敢私铸铁器煮盐者，钛（一种刑罚）左趾，没入其器物"③。经过严令整顿，桑弘羊建立并完善了盐铁专营管理系统与经营网络，官府统一掌握盐价和铁器价，使汉武帝后期盐、铁的产量和销售量大幅增长，冶炼技术也得到快速提升，从而改变了私营时商人操纵价格、市场混乱的状况，在实现国家财富积累的同时，为抵御外敌入侵、巩固边防提供了重要财政支撑。

6.2.2　"均输平准"：稳定市场的管理主张

西汉时期，帝室财政与政府财政分开管理，分设"大农"与"少府"。就当时而言，百姓的赋税是国家财政收入的主要来源，均收归国库，除一般官俸开支外，其余不得随

---

① 《韦先生集·议榷货》。
② 《汉书·食货志》。
③ 《史记·平准书》。

意使用。在文景时期，国泰民安，无为政治为国家带来了大量财富，充实了财源。汉武帝即位后，政治上由无为变成有为，财政支出也较之前有所增多，再加之长时间对外征战，导致入不敷出。为保证征战经费与用兵开支，桑弘羊从商人物品贩运的实践中习得经验，创制和实施了均输法，并以平准法与其配合。

（1）物资调剂和商品销售

均输法创始于元鼎二年（前 115 年），元封元年（前 110 年）起开始在全国范围内全面推广，此时的桑弘羊也由大农中丞升任代理大农令。所谓均输，即对物资的调剂运输，是指朝廷以贩运销售郡国贡物的方式，实现对余缺物资的调剂，从而增加国家财政收入。关于实行均输的原因，桑弘羊在盐铁会议上说道："往者，郡国诸侯各以其物贡输，往来烦杂，物多苦恶，或不偿其费。故郡置输官以相给运，而便远方之贡，故曰均输。"[①] 基于此，朝廷设立均输令，隶属于大农令，各郡国也设置均输官，负责管理均输各项事宜。均输法符合资本逐利的经济规律。当时，各郡国的贡物贡品是中央财政收入的重要来源之一，过去由各郡国当地服役的人直接将其运送到京师，不仅运输费用高昂，而且在运输中会因损耗而产生不必要的花费，有的贡物贡品是从他地采办得来，而非本地所产，这无疑给百姓带来了沉重负担。

均输法的推行有效解决了各郡国朝贡时所遇到的种种困难。桑弘羊主张，将各郡国的贡物贡品均以当地市价折合为相应数量的土产，再由均输官视情况将其统一调运至缺乏这些产品的地区进行销售。具体做法如下：首先对物品进行分类。需要均输官就近就地购买并一同运往京师的，往往是中央急需且轻便优质的物品。而那些非急用之物，则由均输官运往附近卖价高的地区进行销售，所得尽交国家。这种方式节省了往返运费，而且各郡国也不必派人四处采购贡物贡品，从而调节了各地之间的物品价差与商品余缺。同时，国家可凭借物品的地区差价获取利润，增加财政收入。自均输法实行以来，西汉王朝出现"一岁之中，太仓、甘泉仓满，边余谷；诸物均输，帛五百万匹"[②] 的富足景象，边防物资供应充足，国家政权更加稳固。

（2）平抑物价和调节供求

元封元年，为配合盐铁专营与均输法的推行，桑弘羊创设了平准法并在全国范围内推广，目的在于抑制豪商大贾囤积居奇，增加和积累国家财政收入。"平准"即平抑物价，主要是国家通过控制全国的物资买卖，调节市场供求，来实现物价的平衡。桑弘羊提出平准之法是为了在均输的基础上，进一步稳定京师的物价。这是因为过去商人经常抬高物价，特别是在元鼎二年均输法开始试行以后，各郡国均输官仍往京师运送大量商品，而中央各部门抢购商品的行为，使商品的市场价格出现波动，富商大贾趁机抬高物价，严重影响了国家财政和人民生活。桑弘羊对这一现象进行深入分析，

---

① 《盐铁论·本议》。

② 《史记·平准书》。

"置平准于京师，都受天下委输。召工官治车诸器，皆仰给大农。大农之诸官尽笼天下之货物，贵即卖之，贱则买之。如此，富商大贾无所牟大利，则反本，而万物不得腾踊。故抑天下物，名曰'平准'"[①]。为了平准法的顺利施行，桑弘羊在京师专门设立"平准"机构，"平准"隶属于大农，负责国家和京师（或其他地区）所有物资的储存和保管。

朝廷经均输法掌握了相当数量的商品，并影响着市场供求关系。当某种商品在京师（或其他地区）市场上的价格明显过高时，朝廷就会通过"平准"将其以低价抛售；反之，"平准"会在某种商品价格明显下降时将其大量买进，以维持该类商品价格的基本稳定。另外，"物资轻、货币重"是当时西汉国内的特征，官府依托平准调节，采取高价买进的方式促使物资由轻转重，进而平衡物价。这些举措都体现了桑弘羊"以重射轻，以贱泄平"的经济思想。平准的实质在于商品的一买一卖是由政府来主导的，而政府在物资、资金、销售、信息等领域有着民间商贾不可比拟的优势。这既能够打击操纵市场的行为，限制不法商人对暴利的牟取，也可以稳定市场物价。平准法的推行使朝廷可以控制物品的运输和贸易活动，稳定地区物价，减轻百姓负担，安定人民生活，增加财政收入。由此，桑弘羊将均输、平准有机结合，充分发挥了二者的经济调节功能，实现了资源的有效配置。

6.2.3　桑弘羊财政思想的现实意义

桑弘羊自掌管西汉财政以来，面临国家财力无法支撑对外征战的困境。他尊重经济规律，进行大胆改革，推行盐铁专营、均输平准等政策，取得了显著成效。其一，国家的财政收入得以增加，在缓解财政危机的同时，为汉武帝对外征战提供了雄厚财力；其二，富商豪强等兼并势力遭到抑制，促进了商品的正常流通，稳定了物价；其三，诸侯王的封建割据势力受到打压，强化和巩固了中央集权。桑弘羊通过综合运用《管子》中的价格思想，以加强中央集权为政策导向，以价格调节为市场机制，巧妙地将均输与平准两种措施协调起来，有效统筹了市场稳定与经济发展的良性互动。当然，桑弘羊的"盐铁专营"与"均输平准"政策在推行中也有诸多不足：官营铁器重产量、轻质量，生产的铁器多为不适合生产生活使用的大器具，不仅造价很高，而且存在强买强卖的现象。在均输平准下，由于市场上的物价信息并非一成不变，在抛售商品时，会因市场行情不准确而做出不当的干预行为，造成不合理的物价波动。尽管如此，桑弘羊财政思想中蕴含的政府调控经济、稳定物价等观点，以及在自身改革实践中总结出的丰富经验，对于当前我们正确处理好政府与市场的关系，进一步深化国家财政体制改革，仍具有较强的启示意义。

[①]　《史记·平准书》。

6.3 司马光的《论财利疏》与开源节流财政思想

司马光（公元 1019—1086 年），字君实，号迂叟，陕州夏县涑水乡（今山西省夏县）人，北宋著名政治家、史学家和思想家。宋仁宗宝元元年（1038 年），进士及第，累迁龙图阁直学士。宋神宗时，反对王安石变法，离开朝廷 15 年，主持编纂编年体通史《资治通鉴》，历仕仁宗、英宗、神宗、哲宗四朝，官至尚书左仆射兼门下侍郎。宋仁宗时，冗官、冗兵、冗费状况严重，"今民既困矣，而仓廪府库又虚。陛下傥不深以为忧而早为之谋，臣恐国家异日之患，不在于它，在于财力屈竭而已矣"①。针对财政经济危机，司马光于嘉祐七年（1062 年）撰写了一篇长达五千言的《论财利疏》，提出"随材用人而久任之，养其本原而徐取之，减损浮冗而省用之"的解决方略。其观点与儒家开源节流思想一脉相承，对阐发轻徭薄赋、黜奢崇俭、蓄积昌平起到积极作用。

6.3.1 "随材而用"的财政用人观

国家财政管理具有很强的专业性和技术性，有着不同于一般行政事务的特殊规律，需要由受过专门教育和训练的人来从事。司马光指出："近岁三司使、副使、判官，大率多用文辞之士为之。"② 他发现朝廷常选派擅长文才的人来理财，但因缺乏财政专业知识和技能，他们并不能胜任。司马光在理财中十分重视对人才的任用，认为任用称职之人才能落实好制度，即使制度不好也会得到纠正；如官员不称职，即使制度再好，也无济于事。造成当时财政窘境的主要因素在于理财之官专业性不强，"故财用之所以匮乏者，由朝廷不择专晓钱谷之人为之故也"③。因而，亟须改革用人制度，使担任理财之官者对财政有全面清晰的认知，且要有较长的工作经历。

从管理体制来看，理财官员调动过于频繁，都不得久任，是一弊端。"又居官者，出入迁徙，有如邮舍。或未能尽识吏人之面，知职业之所主，已舍去矣。"④ 北宋的文官制度实行磨勘制，每 3 年考核一次，根据考核情况进行职位、职务调整，理财官员往往一任 3 年，就会改任其他职务，从事其他工作。司马光曾任判三司度支勾院，对此颇有体会。在他任职两年中，"上自三司使，下至检法官，改易皆遍，甚者或更历数人"⑤，这造成理财官员不能安心工作，尽其职守，"以簿书为烦而不省""以钱谷为鄙而不问"。不得久任也使"恪勤之人"尽管"夙夜尽心以治其职"，但"人情稍通，纲纪粗立，则舍之而

---

① 《温国文正公文集·论财利疏》。
② 《温国文正公文集·论财利疏》。
③ 《温国文正公文集·论财利疏》。
④ 《温国文正公文集·论财利疏》。
⑤ 《温国文正公文集·论财利疏》。

去"。刚刚熟悉工作，将要有所作为的时候，却不得不离开，其结果是"后来者意见各殊，则向之所为，一皆废坏"。这种制度使得部分官员认为"吾居官不日而迁，不立效于目前以自显，顾养财以遗后之人，使为功，吾何赖焉"①，而那些工作怠慢之人更是因循苟且，惟思便身，谋取私利而置国家利益于不顾，影响国家财政管理的效率及合理性。

司马光提出两项措施：一是在理财官员的选任上，不计其是否进士出身和资历背景，只要适合从事财政工作即可；二是理财官员在本系统内升迁。只要适合理财工作，就可长期任职，做出成绩就可以在本系统内升迁。这一方面保证了官员的稳定性，另一方面也使其有长远打算，不急功近利。特别是三司使、三司副使等主要理财官员也从本系统中选择才能卓著者担任，这符合财政管理规律，对改善北宋国家财政状况大有裨益。

司马光在理财官员的选任上重视专业知识、实践经验。在宋代，财政收支日益复杂化，要求理财官员必须具备一定的专业知识和实践经验。一般的"文辞之士"难以胜任此工作，所以任用专才是关键。实行理财官员久任制，可防止财政管理工作上的短期行为。"国家选贤择能以治财，其用智顾不如白圭、猗顿邪？患在国家任之不久，贵近效而遗远谋故也……是非特有司之罪也，亦朝廷用人之法驱之使然也。"②

6.3.2 "养其本原"的财政开源观

针对当时国家理财"重敛于民"的现象，司马光从获取财政收入的角度说道："何谓养其本原而徐取之？善治财者，养其所自来，而收其所有余。故用之不竭，而上下交足也。不善治财者反此。"③ 他认为，"国富"须建立在"民富"基础之上，要对财源进行养护，在养的基础上再收，且只是"收其所有余"。这样既可保证政府能得到源源不断的收入，又不致使民众遭受较大负担。司马光对培养税源的认识不局限于农业领域，他指出："夫农工商贾者，财之所自来也。农尽力，则田善收而谷有余矣。工尽巧，则器斯坚而用有余矣。商贾流通，则有无交而货有余矣。彼有余而我取之，虽多不病矣。"④ 这是说，财政收入随着经济部门的发展而增长，只要不超出负担能力，即使多取也不会造成危害。可见，司马光具有开源、养源、让民求富的思想远见。

（1）农尽力

司马光认为，农业是"天下之首务"，是立国之本、税源之本，尤须善加养护。当时百姓生活艰辛却赋税沉重，"彼农者苦身劳力，衣粗食粝，官之百赋出焉，百役归焉"，"岁丰贱贸其谷，以应官私之求；岁凶则流离冻馁，先众人填沟壑。如此而望浮食之民转

---

① 《温国文正公文集·论财利疏》。
② 《温国文正公文集·论财利疏》。
③ 《温国文正公文集·论财利疏》。
④ 《温国文正公文集·论财利疏》。

而缘南亩，难矣"①。在耕田者不得其食的情况下，他估计"农者不过二三，而浮食者常七八矣"。农业生产的劳动力严重短缺，直接影响粮食产量和国家税收。要使农尽力，政府就要有一定的激励引导政策。他说："其所以养民者，不过轻租税，薄赋敛。"② 要减轻农民的负担，实施一些便农、护农措施，减轻他们的徭役，让他们有一个起码的生活和生产条件，使大家愿意务农。"凡农民租税之外，宜无有所预。"③ 也就是说征收正税外，政府不得征收杂税，农民畏之如寇虏的差役则要改为募役，募人不足则由上户充当，农民只承担轻役。此外，司马光还强调实行平籴之法，鼓励农民储粮，等等。总之，要使"稼穑者饶乐，而惰游者困苦"④。

（2）工尽巧

司马光认为，要使工尽巧，必须以"坚好便用者获利，浮伪侈靡者不售"作为政策导向。他想通过经济手段，以市场为杠杆，从使用者角度出发，鼓励工匠致力于生活日用品的生产和销售，限制和打击奢侈享乐品的产销，让坚固实用的手工业品占领市场。对于民间手工业品的生产，主张引导老百姓自然选择，"贵用物而贱浮伪，则百工变而从之"。与此同时，司马光认为百工是"以时俗为心"的，时俗又"以在上之人为心"，"在上好朴素而恶淫侈，则时俗变而从之矣"。因此，对于官府手工业品的生产，他主张要加强管理，生产销售多了，工匠"有余"，国家税收就增加了，"其百工在官者，亦当择人而监之。以功致为上，华靡为下。物勒工名，谨考其良苦而诛赏之。取其用，不取其数，则器用无不精矣"⑤。

（3）商贾流通

司马光了解商人唯利是图的本性，认为商贾是"志于利"的，如果政府变更法令使其无利可图而弃业改行，那国家税收就要受到损失。"彼无利则弃业而从佗，县官安能止之哉？"司马光主张对商贾采取"将取之，必予之；将敛之，必散之"的手段，如此则"日计之不足，而岁计之有余"。他以伐薪为例，说明对待商人应从长远利益角度进行考虑。"夫伐薪者，刘其条枚，养其本根，则薪不绝矣。若并根本而伐之，其得薪岂不多哉？后无继矣。"⑥ 这本来是不难懂得的道理，却为何"茶盐弃捐，征税耗损"呢？问题出在有司："患在国家任之不久，贵近效而遗远谋故也。"朝廷所应该做的是不急功近利，不与从商者争小利。

在中国古代，对于小农经济来说，取民太甚，竭泽而渔，往往带来大量小农破产，

---

① 《温国文正公文集·论财利疏》。
② 《温国文正公文集·与王介甫书》。
③ 《温国文正公文集·论财利疏》。
④ 《温国文正公文集·论财利疏》。
⑤ 《温国文正公文集·论财利疏》。
⑥ 《温国文正公文集·论财利疏》。

给封建生产力带来破坏。司马光提出对脆弱的小农经济应"养其本原而徐取之",这是对生产力的保护。其关于养护税源、保证国家财政收入的认识,本质上没有超出儒家传统的仁政民本思想范畴。不过他能结合北宋社会政治的具体情形,将民本思想政策化,从行政管理的视角看无疑具有相当积极的意义。

6.3.3 "减损浮冗"的财政节流观

解决财政管理难题,既要开源,也要节流。司马光指出,财政支出过大既是"三冗"问题造成的,同时又是"三冗"问题产生的原因。他在《论财利疏》中揭露了当时耗竭民财的六大弊政。

其一,"左右侍御之人,宗戚贵臣之家,第宅园圃,服食器用,往往穷天下之珍怪,极一时之鲜明,惟意所欲,无复分限……至于颁赐外廷之臣,亦皆逾溢常数,不循旧规……近日俸给赐予,比于先朝,何啻数十倍矣。"

其二,"宫掖之所尚,则外必为之;贵近之所好,则下必效之,自然之势也。是以内自京师士大夫,外及远方之人,下及军中士伍,畎亩农民,其服食器用,比于数十年之前,皆华靡而不实矣……夫天地之产有常,而人类日繁。耕者浸寡,而游手日众。嗜欲无极,而风俗日奢。欲财力之无屈,得乎哉?"

其三,"府史胥徒之属,居无廪禄,进无荣望,皆以啖民为生者也……是以百姓破家坏产者,非县官赋役独能使之然也,太半尽于吏家矣。此民之所以重困者也。"

其四,"国家比来政令宽弛,百职隳废。在上者简倨而不加省察,在下者侵盗而恣为奸利。是以每有营造贸买,其所费财物什倍于前,而所收功利曾不一二,此国用之所以尤不足者也。"

其五,官员"满岁则迁。日滋月益,无复限极。是以一官至数百人,则俸禄有增而无损矣"。

其六,"近岁养兵,务多不务精。夫兵多而不精,则力用寡而衣粮费。衣粮费则府库耗,府库耗则赐赉稀。是以不足者岂惟民哉,兵亦贫矣。"

简言之,他认为当时财政方面存在的问题是用度太奢、赏赐不节、宗室繁多、官职冗滥、军旅不精。因此主张运用法律手段强制裁费,提倡朴素俭易,矫正奢靡之风,惩罚行贿受贿,选用廉吏,选练战士。只有减节用度,才能"租税自轻,徭役自少,逋负自宽,科率自止"[①]。具体措施如下。

(1)"节用之道,必然近始"

司马光认为当朝权贵奢华无度是社会奢靡风气出现的根源,"宫掖者,风俗之原也;贵近者,众庶之法也。故宫掖之所尚,则外必为之;贵近之所好,则下必效之,自然之

---

① 《温国文正公文集·谏西征疏》。

势也"①，故而"撙节用度，则宜以在上为始"②。这要求从宋仁宗做起，"伏望陛下比之每岁，特减游观之处，以闵恤下民"③。同时，司马光提出救灾节用，宜自贵近始，皇室不首先节俭，省费只能是一句空话，主张杜绝皇亲贵臣"依凭诏令以发府库之财，假托供奉以靡县官之物"④。

（2）减损"三冗"，以革时弊

对冗兵，司马光力主务精不务多，不赞成对外用兵。他总结历代征战与和平对生产的不同影响，肯定"澶渊之盟"使农桑丰茂、户口孳息，得出"由是观之，征伐之与怀柔，利害易见矣"⑤的结论。

对冗官，司马光认为磨勘法、恩荫制、推恩法等，在一定程度上造成了官职冗滥、吏治腐败、蠹弊百出的现象，要求惩革这一弊端。他提出"减省诸色奏荫之数"⑥，对进贺表授官之事，建议"其五服外亲及不系亲属者，并量赐金帛罢去，庶几少救滥官之失"⑦。

对冗费，司马光特别指出，倡导节俭之风要从宫廷官贵开始，以垂范天下。"伏望上自乘舆服御之物，下至亲王、公主婚嫁之具，悉加裁损，务从俭薄……出六宫冗食之人，使之从便，罢后苑、文思院所造淫巧服玩，止诸处不急之役。然后命有司考求在外，凡百浮费之事，皆一切除去。"⑧司马光的省费不是空谈，他力倡节俭，认为"出"少了，国家储蓄相应就增加了，赋税收入也可减轻，这是对消费与生产辩证关系的直观认识。

（3）以身作则，廉洁奉公

宋仁宗死后大赐遗留物，司马光连上两章要求辞赐，还把所得充了谏院公使钱。在出任英宗山陵仪仗使时，朝廷赐其箔金五十两并银合三十两，他坚决不受，解释道："况府库之物，乃天下万民之物也，自非有功于民者，皆不宜得之。"⑨司马光在士风日坏、腐朽昏聩的社会环境中能出淤泥而不染，也是难能可贵的。司马光一生廉洁，食不敢常有肉，衣不敢纯衣帛，教导其子司马康衣取蔽寒，食取充腹。身为朝廷重臣，丧其夫人，

---

① 《温国文正公文集·论财利疏》。
② 《温国文正公文集·乞听宰臣等辞免郊赐札子》。
③ 《温国文正公文集·论上元游幸札子》。
④ 《温国文正公文集·论财利疏》。
⑤ 《温国文正公文集·横山疏》。
⑥ 《温国文正公文集·论进贺表恩泽札子》。
⑦ 《温国文正公文集·论进贺表恩泽札子》。
⑧ 《温国文正公文集·节用札子》。
⑨ 《温国文正公文集·辞赐金第二札子》。

质田以葬。自己死后，"床簀萧然，惟枕间有役书一卷"①。宋人为之作挽词云："漏残余一榻，曾不为黄金。"

总之，司马光希望通过倡导节俭来缓解财政危机，扭转社会风气。认为只有节省开支，广大农民才能减轻负担，小农经济才能得到保护，封建社会简单再生产才能顺利进行。这种思想虽很传统，却切中时弊，符合客观事实。更可贵的是，他提出国家裁减费用自贵宦近臣始，多次要求皇帝减少或免去对他的赏赐，对于扭转奢靡之风、节省国家财政开支、稳定封建国家的经济秩序，起到了积极作用。然而，在君主政治条件下，在社会资源全部掌控在极少数特权阶层手中的宋代，司马光要求统治者厉行节俭显然是缘木求鱼，难以真正实现。

6.3.4　司马光财政思想的现实意义

司马光的《论财利疏》与开源节流财政思想蕴含着丰富的政治智慧和治理谋略，对稳定社会秩序、促进经济发展、实现治国安民有着重要作用。我们需要对其进行综合扬弃与创新，使之提升到一个历史的新高度。具体而言，有如下三点启示。

第一，司马光认识到民众是国家的根本。民众创造了社会财富，在财富分配中，他们也应获得应有的权利。过去很长一段时间，我们强调国富民强，"大河有水小河满，大河无水小河干"，致力于积累国家财富，对个人利益重视不足。共同富裕是社会主义的本质要求和社会主义优越性的集中体现。当前阶段，我们必须坚持高质量发展，做大财政"蛋糕"，缩小甚至逐步消除以"贫富不均、收入不公"为特征的贫富差距，树立民富国强的观念，让人民生活水平不断迈上新台阶。

第二，作为一位务实的政治家，司马光重视经济和财政工作，在国家财政治理方面有独特的见解。"食者，生民之大本，为政之首务也。饥馑之世，珠玉金银，等于粪土，惟谷之为贵，不可一日无也。"② 这启示我们无论什么时候都要重视农业，把农业放在国民经济的首位。对于农民应鼓励生产，减轻负担，要"安民勿扰，使之自富"。巩固脱贫攻坚成果，全面推进乡村振兴，要借鉴司马光的农工商合理协调发展的思想，坚持农业农村优先发展，切实抓好农业特别是粮食生产，推动藏粮于地、藏粮于技落到实处，只有这样才能推动国家的稳步发展。

第三，司马光斥奢尚俭的消费观有助于当代社会风气的纯化。我国政府运行的行政成本较高，廉洁政府、高效政府建设都离不开财政节流。各级政府和公务人员应借鉴司马光的减损浮冗思想，加强"三公"经费管理，严控一般性支出，从自我做起、从微小做起，厉行节约、廉洁奉公，那么浪费必然会大大减少。此外，拜金主义、利己主义等不良观念影响着现代人们的行为。司马光崇尚节俭的消费观对于改变社会奢靡之风，以及遏制只追求眼前利益的竭泽而渔式发展模式具有重要意义。

---

① 《宋人轶事汇编·卷十一》。
② 《温国文正公文集·劝农札子》。

6.4 叶适的理财观与"减赋养民"财政思想

叶适（公元1150—1223年），字正则，世称"水心先生"，温州永嘉（今浙江省温州市）人，南宋著名政治家、思想家、文学家，永嘉学派集大成者。他生于贫民家庭，28岁中进士，曾任平江节度推官、武昌军节度判官等职，仕途不算显赫。于开禧三年（1207年），归故里温州，从此退出政治舞台，著述至终，代表作有《叶适集》（包括《水心文集》《水心别集》）和《习学记言》。叶适把理财的重要性提到治国安邦平天下的高度加以论述，认为理财不仅在理论上是经济研究的题中之义，而且在实践层面上是圣君贤臣的重要职责。为此，他针对当时苛政猛于虎的情况，痛陈时弊，提出"减赋养民"的富国方针。这些思想观点具有历史进步意义，对于我们今人借鉴古代理财思想中的合理成分，更好地研究现实财政问题不无裨益。

6.4.1 叶适的理财观

（1）坚持义理与功利的统一

叶适在财政管理思想上具有反传统的精神，其财政管理的指导原则是把"义理"与"功利"统一起来。他说："'仁人正谊不谋利，明道不计功'，此语初看极好，细看全疏阔。古人以利与人而不自居其功，故道义光明。后世儒者行仲舒之论，既无功利，则道义者乃无用之虚语尔。"[1] 叶适认为，没有"功利"的"义理"只是一种无用的空谈。"就利远害"是"众人之同心"，是人的本性，所以主张讲求功利。人们为了求利，"朝营暮逐，各竞其力，各私其求，虽危而终不惧"[2]。基于此种认识，他进一步提出，国家对于人的求利本性和行为不宜也不能加以束缚和抑制，要因势利导，积极予以支持，"其途可通而不可塞，塞则沮天下之望；可广而不可狭，狭则来天下之争"[3]。叶适在讲求功利的同时，也注重义理的作用，主张"成其利，致其义""以利和义，不以义抑利"[4]。换言之，利是"和义"的基础，没有利，义就不能达到"和"；反之，不能先义后利，以义来抑制利。

叶适有感于南宋财政搜刮之风盛行，指出："理财与聚敛异，今之言理财者，聚敛而已矣。非独今之言理财者也，自周衰而其义失，以为取诸民而供上用，故谓之理财。而

---

① 《习学记言·卷二十三》。

② 《水心文集·留耕堂记》。

③ 《水心别集·官法下》。

④ 《习学记言·卷二十七》。

其善者，则取之巧而民不知，上有余而下不困，斯其为理财而已矣。"① 意思是说，理财和聚敛是不同的，现在的理财只是聚敛而已。这不仅仅指现在的理财，自从周朝衰落以来，理财的真正意义就已经丧失了。他们认为从百姓那里收取财物来供国家使用，这就是所谓的理财。而那些善于理财的人，则是通过巧妙的手段从百姓那里获取财物而使百姓察觉不到。国家有剩余而百姓不感到困苦，这才是真正的理财。

"君子避理财之名，而小人执理财之权"，其结果是"民之受病，国之受谤，何时而已"。叶适认为真正的理财是像下面这样的，"夫聚天下之人，则不可以无衣食之具。衣食之具，或此有而彼亡，或彼多而此寡，或不求则伏而不见，或无节则散而莫收，或消削而浸微，或少竭而不继，或其源虽在而浚导之无法，则其流壅遏而不行。是故以天下之财与天下共理之者，大禹、周公是也"②。如果我们把叶适的理财观念与前述的功利观念联系起来，可以发现两者是紧密联系的。其功利是指整个国家社会的功利，而理财是对整个国家和社会经济的管理。通过理财，可使天下之人的"衣食之具"得到调节和疏导，协调分配多寡不均，解决生产不能满足需要的问题，规范流通以及疏导阻滞，等等。叶适"以天下之财与天下共理之"的名言有双重含义：既要为民理财，又要让民自己理财；既要为解决封建国家的财政需要而理财，又要为增加社会财富而理财。③

（2）主张放任与干预相结合

叶适对经济活动采取放任与干预相结合的管理方法。一方面，他不赞成实行由官府直接经营工商业的办法，认为桑弘羊"直聚敛而已耳"④，主张"民之力所能自为也"，以私人经营为宜；"民以为不能者，官自为之可也"⑤，由国家来经营。叶适主张工商业尽可能私营，只有那些无法私营的行业，才由国家经营。总之，私人经营为先为主，国家经营为后为辅。在当时的生产力条件下，这种主张有利于提高人的主动性、积极性，减少国家管理成本，提高行政效率，从而促进生产发展。另一方面，叶适不赞成对人们求利的争夺行为采取放任态度。他认为，为求利而争夺是不好的，"古之圣人，以民不能自衣食而教以衣食之方。及其敝也，上下无制，而因其所以衣食者，斗其力，专其利，争夺而不愧，赡足而不止"。对此，如果采取"所谓善者因之，其次利道，其次教诲整齐者，其权皆听于奸猾不轨之细民而后可，则孰与为治？兼失之矣"⑥。

（3）树立财务管理法治意识

叶适在财政管理上主张法治，反对人治。他说："盖人不平而法至平，人有私而法无

① 《水心别集·财计上》。
② 《水心别集·财计上》。
③ 刘含若：《中国经济管理思想史》，黑龙江人民出版社 1988 年版，第 137 页。
④ 《水心别集·管子》。
⑤ 《水心文集·东嘉开河记》。
⑥ 《习学记言·卷二十》。

私，人有存亡而法常在。故今世以'人乱法不乱'为常语，此所以难于任人而易于任法也。"① 他深刻指出法治胜于人治的三大好处，即法治比人治公平、无私、稳定，并清楚地看到，法律制度再好也要靠人去实行。正所谓，"故任人而废法，虽诚未易论，而任人以行法，所以助法之不能自行者"，"任人以行法，使法不为虚文，而人亦因以见其实用"。② 在封建社会以人治为主的时代，叶适提出实行法治，指出法治优于人治的三个方面，这一思想无疑十分精辟可贵。

（4）提倡适度兼并

自战国以来，抑兼并已成为许多思想家所接受的观点，是经济管理思想的主流。汉代晁错、桑弘羊提出商人兼并的问题，董仲舒、王莽指出地主兼并的弊政。直至宋代，李觏、苏洵、王安石等人均主张抑制兼并。叶适一反传统的抑兼并观点，提出反对抑兼并。他说："天下之患，莫甚于纵；救患之术，不过于抑。抑久必纵，纵久复抑，二者相与盛衰，而天下不得治矣。""夫以能抑天下之臣，而行抑天下之法，使其得之者不以为恩而失之者必以为怨，天下之乱常生于此。"③ 他既看到"纵"是天下之患，也认为"抑"是产生社会动乱的根源。"抑兼并"是无益于治国的，绝不是治国的良方。于是，他公开而坚定地否定抑兼并政策，认为熙宁时期的"排兼并"政策是不妥当的。

叶适虽然反对抑兼并，但他并不赞成毫无限制地兼并，"迺其豪暴过甚，兼取无已者，吏当教戒之；不可教戒，随事而治之，使之自改则止矣"④。他想通过"教戒"和"治"达到使兼并者"自改"、停止兼并的目的。可想而知，这种"教戒"和"治"的力度是不够的，效果也是有限的。叶适还寄希望于"诚使制度定于上，十年之后，无甚富甚贫之民，兼并不抑而自已，使天下速得生养之利"⑤。显然，这只是一种不能实现的美好愿望，贫富悬殊是兼并的结果而不是其原因，更何况要使"兼并不抑而自已"，更是一种空想。

6.4.2 叶适"减赋养民"的财政思想

叶适通过对历史经验的总结和剖析，痛切地认识到南宋统治有"未善者六事"，即"国势未善""士未善""民未善""兵未善""财未善""纲纪法度未善"。"国势未善"指的是人心未溃，而朝廷却苟且偷安，缺乏恢复失地的雄心大志；"士未善"指的是官风不正；"民未善"指的是赋役繁重，民力困竭；"兵未善"指的是军卒战斗力不强；"财未

---

① 《水心别集·新书》。
② 《水心别集·新书》。
③ 《水心别集·官法下》。
④ 《水心别集·民事下》。
⑤ 《水心别集·民事下》。

善"指的是赋税收入十分丰厚，但支出繁多，以致"今日不顾而取之，虽多而犹匮"[①]；"纲纪法度未善"指的是国家统治之权划分无度，应宜专者专，宜分者分。这"六未善"中，犹以"财未善"影响最大：虽然国家财政收入颇丰，但支出更为庞大，出现入不敷出的情况，导致不断加赋，使百姓日益穷困，甚至倾家荡产。

那么，如何养民？在当时的情况下，只能去殃民之横费，减蠹国之恶赋，如此才能使"小民蒙自活之利，疲俗有宽息之实"[②]"慰民心、苏民力，解缠起痼，兴滞补弊"[③]"以图兴复，以报仇怨，拨才养民，以振国用"[④]。去掉这些殃民、害政、蠹国的赋税和横费之后，"财"减少了，国家不再以财多为累，百姓得以苏息，得以自养，于是田益垦，而税益增，国得以富强。

（1）议茶盐而宽减之

禁榷制度起始于春秋战国时期，到了宋代，统治者制定专卖法规严加管制，其中对盐、茶两项尤为严格。两宋通过设立盐、茶禁榷制度，对这两项物资进行垄断专卖。虽然增加了财政收入，但也加重了对生产者、消费者和盐茶商人的变相掠夺。叶适是一直反对盐、茶禁榷的。他认为三代虽然没有直接给予民众山林与川泽，但没有禁止民众通过自己的劳动来获取所需，其实质就是以利与民，给予民众实际的利益。当时茶是民众自己种的，而为官者反而将其夺过来并禁止民众私自卖茶，这样的行为在他看来就是没有做到以利与民，而是为了自己的私利。因此，茶、盐禁榷制度带来的祸患太多，牵扯到的利益相关者太广，加在民众身上的刑罚太重。叶适因此将盐、茶禁榷制度作为当时财政的"四患"之一来看待，提出"议茶盐而宽减之"，尽量减轻茶、盐赋税负担，给予民众实际利益，实行宽民之政。

（2）削减一半经总制钱金额，罢和买，罢折帛

叶适既感叹当时民众身上的税赋之繁重，也认识到"再倍而取"的税收政策对于民众相当于"杀鸡取卵"。他指出，实行盐、茶禁榷制度为统治者所带来的利润是极其丰厚的。即便在汉唐繁荣时期，向民众征收的赋税也多，但与南宋征收的赋税相比，依然比不上其繁重。除了茶、盐禁榷制度，还有经总制钱（经制钱和总制钱的并称，"经制钱"是为了支付军政费用而在地方筹措的款项，而"总制钱"是为了筹措这些经费而加征的苛捐杂税的总名目）、和买（指政府于春季贷款给农民，至夏秋时令农民以绢偿还）、折帛（将上供、和买、夏税绸绢改为折价输钱）等各种税种，统治者向民众翻倍地征收赋税。叶适认为"今天下幸欲暂安于无事，而徒以是钱为患也；设更有事，其一切不顾而

---

① 《水心别集·应诏条奏六事》。
② 《水心文集·上宁宗皇帝札子》。
③ 《水心别集·实谋》。
④ 《水心别集·经总制钱一》。

取之者，又将覆出欤"①，意即现今天下相对稳定，仅仅只是加在民众身上的赋税繁重罢了，但如果统治者继续不顾一切地向民众索取，那么倾覆之日必将来临。为此，叶适主张将经总制钱"先削今额之半"，"其次罢和买，其次罢折帛，最后议茶盐而宽减之"②。

当时，南宋面对金人入侵，叶适认为如果君王完全废除经总制钱、折帛、和买等税种，只依靠向民众征收农业"夏秋二税"来满足巨大的军费支出，是远远不够的。因此，他主张尽可能地轻薄赋敛，将妨碍工商业发展的苛捐杂税先削减一半，同时朝廷"量入为出"，节省开支。他建议把任务交予大臣，让他们去统计哪种赋税是严重影响民众生产的，那么就减少这种赋税的征收数额，由此决定应该怎么收税。

（3）实行较"什一税"低的赋税

叶适认为，夏商周三代能够负责居民的"起居饮食""吉凶生死"，租税可以重些，因此，实行"什一税"（《孟子》称"夏后氏五十而贡"，即每户农家耕田五十亩，上贡量为五亩耕田的农作物产量，税率约十分之一，"贡"也称为"什一税"）可能合理。后世王朝轻贱民众，没有肩负起养民教民的义务和责任，租税就不应该这么重，"什一税"就不再是公正的税制，政府应采取较低税制。特别是在宋朝后世，民众自己负责自己生活的情况下，他甚至认为，政府对私有财产实行征税是不合理的行为，即便是税率低于十分之一，"因其自有而遂取之，则就能止于十一，而已不胜其过矣"③。

减轻赋役负担以培养民力，民力增强后遂有充沛的税源，税源充足国家才能增加税收，从而增强国力。这种思想远在先秦时期就已盛行，但叶适的陈述的进步意义在于，在当时增税裕国的主旋律下，大胆地提出了减赋、养民、富国的方针。正如明代王直在《黎刻水心文集》序中所说："（水心）先生之心，思行道于当时而见之功业，不但为文而已，观其议论谋猷，本于民彝物则之常，欲以正人心，明天理。"叶适关于"以财多为累""财以多而道至于竭"的思想，也颇有哲理。

6.4.3 叶适财政思想的现实意义

随着时代的变迁，人们对"义"与"利"的关系有更加深刻的理解，义利观的具体含义也得到相应调整，以适应经济社会的发展需要。叶适从义利合一的角度出发，反对重本逐末的思想，认为国家的发展可以而且应当依赖工商业的繁荣，这对如何正确发挥市场价格的杠杆作用以实现供求平衡、改善国家治理提供了方向。工商业的发展在很大程度上取决于政府能否为其营造一个公平的环境。于今日而言，政府对地方经济、民营企业发展应该根据地区间的差异，因地制宜给予政策扶持，让各类经营主体在享有市场自由的同时，也为国家财政收入的增加提供保障。叶适与桑弘羊的观点不同，他主张政

---

① 《水心文集·上宁宗皇帝札子》。
② 《水心别集·经总制钱二》。
③ 《习学记言·卷七》。

府对出现的诸如商品生产、交换等市场现象，持一种"无为而治"的态度。这种经济领域的"无为而治"，类似于当下注重发挥市场这只"看不见的手"的作用。

使市场在资源配置中起决定性作用，更好发挥政府作用，既是一个重大理论命题，又是一个重大实践命题。我们要坚持社会主义市场经济改革方向，从广度和深度上推进市场化改革，减少政府对资源的直接配置，减少政府对微观经济活动的直接干预，加快建设统一开放、竞争有序的市场体系，建立公平开放透明的市场规则。与此同时，科学的宏观调控与有效的政府治理，是发挥社会主义市场经济体制优势的内在要求。更好发挥政府作用，就要深化政府职能转变，推进"放管服"改革，创新行政管理方式，健全宏观调控体系，加强市场活动监管，加强和优化公共服务，促进社会公平正义和社会稳定，促进共同富裕。严格依法行政，切实履行职责，该管的事一定要管好、管到位，该放的权一定要放足、放到位，坚决克服政府职能错位、越位、缺位现象。

叶适虽然在主观上并不反对封建专制本身，但客观地说，阶级局限性使其没有也不可能从制度的高度来批判现实。然而，他在实践中肯定了有利于商品经济发展的新生事物，对封建专制的根基造成了一定的震撼和冲击，具有思想解放的意义。纵观中国四十多年的改革历程，叶适的财政思想对中国特色社会主义市场经济的发展具有借鉴意义。党中央始终把"三农"工作作为重中之重，为探索解决"三农"问题的根本途径和减轻农民负担，自 2000 年起实行农村税费改革。按照"多予、少取、放活"的方针，农村税费改革经历了不平凡的历程，农业税全面取消，各项强农惠农政策密集出台，农村体制机制创新加快推进，有力地促进了农民增收、农业发展和农村繁荣。在实施乡村振兴战略中，要加大对现有相关专项资金的统筹、整合力度，针对不同主体，综合采用直接补贴、政府购买服务、定向委托和以奖代补等方式，加大对新型农业经营主体的支持力度，增强补贴政策的针对性与实效性，使农村产权制度和要素市场化配置机制更加健全，充分激发农村发展的内生动力。

本章小结

科学的财政体制是优化资源配置、维护市场统一、促进社会公平、实现国家长治久安的制度保障，财政现代化是夯实中国式现代化的国家治理基础。我国财政改革的重点思路如下：一是继续推进财税法制建设，确保财政运行在法制化轨道上，提升财政政策的规范性和稳定性；二是合理界定中央与地方政府的事权和支出责任，优化财政资源分配结构，增强地方政府财政自主性和责任意识；三是优化税制结构，减轻企业负担，提高个人所得税调节能力，完善直接税体系，逐步降低间接税比重；四是建立健全现代预算管理制度，提高预算编制的科学性和执行的透明度，强化绩效管理和监督机制；五是优化中央与地方财政收入分配机制，调整共享税比例，增加一般性转移支付，促进区域协调发展；六是构建与现代化相适应的财政制度，完善宏观经济治理体系，增强中央财政调控能力和地方财政自主性之间的平衡。通过本章的学习，读者可以从管仲的"藏富于民"与"官山海"财政思想、桑弘羊的"盐铁专营"与"均输平准"财政思想、司马光的《论财利疏》与开源节流财政思想、叶适的理财观与"减赋养民"财政思想中发现许多有益的思考，了解每一项制度、举措的历史背景和时代意义，汲取古代财务行政思想中的智慧，使古人对财政的美好愿景成为现实，不断推进国家治理体系和治理能力现代化。

 关键术语

藏富于民　官山海　均输平准　随材而用　减损浮冗　禁榷制度
减赋养民

 思考题

1. 管仲"官山海"政策的主要内容有哪些？
2. 桑弘羊如何将"均输"与"平准"有机结合，实现资源的有效配置？
3. 司马光开源、养源、让民求富思想有何现实意义？
4. 叶适为何反对禁榷制度，主张"议茶盐而宽减之"？

 课外资源

6-1　盐铁会议：四个月的　6-2　王安石大战司马光　6-3　叶适：铸就见利思义的
　　　政策辩论　　　　　　　　之不同的理财观　　　　　　浙商精神

第7章

中国古代行政监督思想

作为行政管理活动的组成部分，行政监督有广义与狭义之分，广义的行政监督泛指多种政治和社会力量对政府及公职人员的行政行为实施的监察和督导过程。几千年以来，在中国古代治国理政实践中，行政监督不仅包括朝廷对官吏的督察，也包括自下而上的"民监官"行为，它们对于平衡权力和维护国家治理秩序起着重要作用。早在先秦时期，就有帝王"巡狩"各地观风问俗，通过采风制度收集、掌握舆情，倾听百姓的声音以改善治理，后又经历代完善法典，建立起一系列官吏监督机构。由此，我国行政监督体系日趋完备，形成了可资借鉴的思想方法和理论特色。

7.1 《诗经》中的舆论监督思想

现代意义的舆论监督并不具有强制性，而是一种道德制约。当个别的、分散的议论引起人们普遍关注，经过传播而形成社会舆论时，便代表着众人的看法和意志对社会生活产生了一定的影响。中国的"舆论"概念起源于先秦的"舆人之诵"，舆论监督思想最早可追溯到西周"采诗观风"制度，其精华集中体现在我国第一部诗歌总集《诗经》中。《诗经》共收录西周初年至春秋中叶的 311 篇诗歌，其作者佚名，绝大部分已经无法考证，传为尹吉甫采集、孔子编订。在内容上，《诗经》分为三个部分：《风》是周代各地的歌谣；《雅》是周人的正声雅乐；《颂》是周王庭和贵族宗庙祭祀的乐歌。它们形象地反映了周王朝由盛到衰五百余年的社会面貌，不仅可以理解为相应时期社会舆论诗歌化的集成，亦可作为早期舆论监督的典范。

7.1.1 采风观政

先秦歌谣具有世俗性、现实性和政治性。西周时期的"采诗观风"制度（采风制度）使歌谣被赋予特殊意义，成为一项舆论监督机制。作为采风制度的文学表达，《诗经》在政治叙述、宣传教化、政治监督、舆论动员以及权力博弈方面都有详细记载，从而在我国早期政治文化和行政管理中占据了重要地位。

"采风"的行为在上古社会就已有之，古史研究的诸多成果皆证实，这是原始氏族公社中首领了解成员对公共事务意见的重要方式。比如：《淮南子·主术训》中有"尧置敢谏之鼓，舜立诽谤之木"；《管子·桓公问》中有"禹立谏鼓于朝"；《吕氏春秋·不苟论》中有"尧有欲谏之鼓，舜有诽谤之木"。今人虽已无从得知当时的进谏诽谤是否以诗歌的形式进行，但原始社会的遗俗的确在周王朝以新的形式被保留下来。周初统治者以殷为鉴，认为天意在民情，由此确立"轻鬼神、重人神"的治国理念。在先秦礼乐文明框架下，周设置专门机构对反映平民舆论的诗歌、谣谚进行采集、整理、呈现，即"采诗""献诗""陈诗"等一整套流程，形成较为完善的采风制度，其目的是"补察其政"[①]。因而可以说，采风制度是周王朝统治者考察民情与政绩的重要补充措施，天子通过献诗、采诗得来的诗歌收集舆论，臣民通过诗歌传达讽诵之意。正因如此，采风制度被划归为舆论采集范畴，是谏议制度的上游环节，发挥了"诗谏"的特殊功能和意义。

据史料记载，西周诗的来源有乐官巫史"采诗"和列士公卿"献诗"两种。关于"采诗"，目前仍有争议。《汉书·艺文志》有言，"古有采诗之官，王者所以观风俗，知得失，自考正也"；刘歆《与扬雄书》说道，"三代周秦轩车使者、遒人使者，以岁八月巡路，求代语、童谣、歌戏"；《汉书·食货志》载，"孟春之月，群居者将散，行人振木铎徇于路以采诗，献之大师，比其音律，以闻于天子。故曰：王者不窥牖户而知天下"。以上所说的"采诗之官""轩车使者""行人"均指政府官员，他们既向民间传达王命，又采集民间舆论以使王者知天下，形成沟通上下的信息传播网络。关于采诗的形式，目前无直接考证，但可以明确采风是周朝的重要制度。官员巡守各地采集而来的诗（不排除民间部分人主动投献），经筛选和"雅言"加工后，很有可能被编入《诗经·国风》之中，借此让读诗之人了解各地的民情风物。

至于献诗，大体是指古代王者考察时政而令大小官员进献诗章。在古代文献中常有"献诗"的记载，《诗经》中的相当一部分作品来自"王官采诗"或"列士献诗"，这已有许多文献可供佐证。《小雅·节南山》中"家父作诵，以究王讻"的诗句，可以看作对献诗行为最直接的描述。

采风制度的衰微，发生于春秋之末。《孟子·离娄章句下》："王者之迹熄而诗亡，诗亡然后春秋作。……孔子曰：'其义则丘窃取之矣。'"伴随王政衰落，具有舆论监督作用的采风制度随之衰微，以迄汉初，采风制度没落300余年，这和《诗经》作品的最晚年代是吻合的。但是，顾炎武《日知录》云："'王者之迹熄而诗亡'，西周之诗亡也。诗亡而列国之事迹不可得而见，于是晋之乘、楚之梼杌、鲁之春秋出焉，是之谓'诗亡然后春秋作'也。"顾氏将"诗"看作"史"，他的所谓"春秋"不是指孔子所修的《春秋》，而是泛指各国历史记录。王应麟《困学纪闻·卷六》云："诗亡然后春秋作。诗、春秋相表里。诗之所刺，春秋之所贬也。"

---

① 《左传·襄公十四年》。

　　总之，西周统治者凭借采风资料了解民之疾苦，改革国之邦法，安抚天之民愿。民众通过歌唱、献诗的形式对王朝政治发表评论，在参政的同时发挥监督行政的作用。采风制度是我国古代行政管理的一个创举，是统治者自主接受民众监督的范例。

7.1.2　民意表达与传播

　　在文字还不普及的先秦时期，口头舆论表达的载体是诗乐合一的"诗歌"。魏源认为，《诗经》之三百篇"大抵仁圣贤人发愤之所作"，具有"宣上德而达下情""感人心而天下和平"之功能。"《诗经》提供了一种将精英阶层集结起来的力量，使得文人学士得以摆脱无动于衷而做出投入公共生活的决定。"[①] 顾颉刚认为，《诗经》三百篇都是乐歌；朱自清认为，应对"诗言志"进行新的阐发；胡适在否定《诗经》的"经学经典"地位基础上认为，"《诗经》并不是一部圣经，但的确是一部古代歌谣的总集，可以做社会史的材料，可以做政治史的材料，可以做文化史的材料"[②]。

　　根据这些研究可得出结论：《诗经》在民间的流传形式是口耳相传，并且发挥了重要的社会沟通与政治传播功能。正如《魏风·园有桃》所言，"心之忧矣，我歌且谣"，歌谣成为当时最为重要的舆论表达方式和传播媒介，《诗经》中的大部分诗集中反映了社会舆论。有学者将先秦政治歌谣划分为三种类型：颂谣、怨谣和谶谣。

（1）颂谣：对统治者及有德之人的赞歌

　　《诗经》中的"大雅"和"颂"诗中大部分为颂歌，如《生民》《公刘》《绵》《皇矣》《大明》等作品，分别赞颂了后稷、公刘、太王、王季、文王和武王的业绩，对其不吝溢美之词。这些颂歌多属庙堂乐歌或官方乐歌，多出自公卿列士或乐官之手。诗歌或颂帝王、歌天命，或颂战功、扬王威，或颂宴饮、赞嘉宾，其主要目的是为周王统治的合理性寻求神灵庇佑，并借助神灵以慑服臣民，永保周之天下。《诗经》中的颂谣通过舆论传播、引导和影响等方式，扩大了当时的主流思想与意识形态，为维护政治统治提供了重要舆论支持。

（2）怨谣：百姓怨声及对政治的讽刺歌谣

　　怨谣在《诗经》中大量存在，张西堂称之为"政治讽刺诗"，并将它们细分为五类：一是咒骂统治阶级恶毒的，如《鹑之奔奔》《北风》《黄鸟》《鸱鸮》；二是刻画统治者剥削贪婪的，如《葛屦》《伐檀》《硕鼠》；三是暴露统治者荒淫无耻的，如《墙有茨》《东方未明》《相鼠》；四是反映百姓怨恨劳役战乱的，如《小星》《式微》等；五是讽刺贵族

---

　　① （美）孔飞力：《中国现代国家的起源》，陈兼、陈之宏译，生活·读书·新知三联书店 2013 年版，第 38 页。

　　② 胡适：《谈谈〈诗经〉》，载于顾颉刚编著《古史辨》（三），上海古籍出版社 1982 年版，第 580 页。

傲慢无能和贵族阶级没落以及表现亡国悲哀的。这类怨谣主要分布在《诗经》十五国风中，在"雅"诗中也有出现，如《小雅·北山》的"大夫不均，我从事独贤"，抒发了歌者劳于王事的不平之鸣，怨刺役使不均；《十月之交》中，诗人不满于当政者在其位不谋其政，只顾中饱私囊，直斥"四国无政，不用其良"。

在儒家学者看来，怨诗即所谓"变风"和"变雅"，它是王道衰微、礼崩乐坏的时代产物。从时间上看，《诗经》中的怨谣产生于西周末年的厉王和幽王时期及以后，如"大雅"中讽刺厉王的诗有 5 篇，而讽刺幽王的诗在《诗经》中达 40 多篇。由于西周末年的政治较为昏暗，自君子大夫到平民百姓，多有愁闷不满，因此产生大量怨刺歌谣。从作诗主体看，"雅"诗中的怨谣多出自贵族文人之手，"风"诗中的怨谣多来自民间，较为直接地反映底层民众对政治的思想及态度。

（3）谶谣：政治性的预言和诅咒之歌

谶谣无疑是一种具有中国特色的古代歌谣，是把谶的神秘性、预言性和谣的通俗性、流行性结合起来的神秘谣歌，是以通俗形式表达神秘内容并预言未来人事祸福、政治吉凶的符号，是假借预言铺陈的政治手段。古人对谶谣的预言或神谕作用是十分看重的。正因为迎合社会的谶纬与迷信心理，它可以引发广泛传播的舆论，对政治影响很大。尽管《诗经》中没有明确的谶谣，但先秦时期确实存在相关记载，并且造成了很大的舆论影响。例如，《国语·郑语》载有周宣王时童谣："檿弧箕服，实亡周国。"其预言褒姒误国，后来果然应验，但究竟由何人、出于什么目所作已无从考证。

7.1.3　舆论监督

西周时期，礼乐文明是整个宗族社会的外在纲领，由血缘联结起来的周王朝就是依靠社会对礼乐制度的自觉遵守而有序运行的。作为宣扬周代精神、周朝文化理念的工具，礼乐制度通过"礼仪三百，威仪三千"[①]"德音之谓乐"[②] 来教化民众，在培养个人修养的同时，形成以周王室一统天下为核心的社会局面。在由宗法血缘关系纽带架构起的社会制度中，礼乐一方面教导民众遵守行为准则与道德规范，另一方面又是传播民意、上达天听的最佳渠道。兴于诗，立于礼，成于乐。作为民众表达政治心声和政治态度的载体，《诗经》不仅是西周歌谣的代表，也充分体现了舆论监督的功能。

（1）舆论的制约作用

从传播的范围与公开性来看，《诗经》的舆论监督是一种公开的行政监督形式，其有赖于诗歌的广泛传播。《国风》是中国现实主义诗歌源头，其中《七月》一诗按照季节先

---

① 《礼记·中庸》。
② 《礼记·乐记》。

后，从年初写到年终，从种田养蚕写到打猎凿冰，反映一年四季多层次高强度的劳动工作。其语言朴实无华，用铺叙的手法写就，语调凄切清苦，仿佛是哭吟着的一部社会史。《伐檀》是愤懑的奴隶向不劳而获的统治阶级大胆提出的质问："不稼不穑，胡取禾三百廛兮？不狩不猎，胡瞻尔庭有县貆兮？"此外，有的诗中还描写劳动者对统治阶级直接展开斗争，以取得生存权利。比如，《硕鼠》以硕鼠喻剥削者，映射朝廷官员盘剥庶民。通过歌谣的传唱，舆论生成为一种十分有效的公众批判武器，对君臣构成了一种社会性制约。当然，在专制时代，舆论所发挥作用的大小总是受政治控制的影响，歌谣的议政、宣教功能与舆论的表达功能都与政治集权程度相关。但毫无疑问，通过诗歌来表达民意的舆论监督传统至今仍有借鉴意义。

（2）舆论的进谏用意

从监督的方式来看，《诗经》中的舆论监督是自下而上的，它通过众人之论和民意压力，用歌谣进谏，形成对当政者的监督，如"王欲玉女，是用大谏"① "寺人孟子，作为此诗。凡百君子，敬而听之"② 等。这种进谏方式可称为"歌谏"，其在先秦政治中的运用十分广泛。需说明的是，采风制度下的讽诵并不直书其过，《诗经》的进谏也并不过多追求直切要害，而是以引类譬喻等方式委婉含蓄表达。

"风"在古代具有的舆论批评和行政监督作用已为人所共知。《毛诗大序》在提到"风诗"时评论道："上以风化下，下以风刺上。主文而谲谏，言之者无罪，闻之者足以戒，故曰风。风化，风刺，皆谓譬喻，不斥言也。"这贴切指出了诗的讽谏方式和监督作用，即上层用诗歌教化百姓，下层用诗歌讽劝上层，同时又不开罪统治阶级。周王朝时期的"主文谲谏"不只存在于风诗中，其他篇目也体现了这一创作原则，比如《召南·羔羊》《小雅·青蝇》《小雅·宾之初筵》《大雅·板》等，都出于诗的讽谏"使命"而作，因而百姓作诗以谏君，君又用之教化百姓，舆论监督与国家治理之间的关系得到理想的诠释。

7.1.4　我国舆论监督的演变

放眼世界，借助歌谣表达舆论或参与政治的情形十分常见。例如，在 18 世纪 40 年代的法国，歌谣就是重要的舆论载体，构成了"地下媒体"。20 世纪 60 年代至 70 年代初，美国民权运动中也出现有"抗议歌"，以表达不满和政策异议，甚至吸收民间音乐以及爵士乐等时尚元素。相比西方社会，我国"歌以咏政"的舆论监督传统更为悠久，早在公元前 6 世纪中叶的先秦时期，歌谣就已成为一种舆论表达和行政监督的常态化载体，西周王朝采风制度下的《诗经》无疑是最好的印证。

秦朝大一统政治体系建立和巩固之后，中国古代的舆论受政治影响加大，并在后期

---

① 《诗经·大雅》。
② 《诗经·小雅》。

制度运作中调整为以官方"舆论监督"为主的行政监督模式。梳理这一过程，可大致将其分为以下阶段：秦汉时期出现中央集权下的监察制度与以士人清议为形式的舆论监督；魏晋南北朝政局动荡下流行以清谈为形式的舆论监督；隋唐宋时期舆论监督机制进一步完善，以兴旺的出版业和活跃的市民生活推动舆论传播；元明清时期严控出版物，以森严的等级制度压制舆论传播。总体来说，舆论传播融入行政监督系统是我国古代舆论监督的显著特征。然而，一方面，统治者很早便意识到舆论传播的力量，历代王朝都实行相应的舆论控制措施，其中相当一部分以法律的形式被固定下来；另一方面，出于维系社会秩序和国家稳定需要，统治者又试图开辟一些舆论渠道，以缓解官民之间的张力，不过这些渠道始终被掌握在王权绝对"可控"的范围内。

随着现代社会发展和传播媒介日新月异，时至今日，诗歌让位于报纸、广播、电视、微博、微信、抖音等，舆论的载体和表现形式日益多样化、多元化，舆论监督的内涵也不断深化、外延也不断扩大，如何发挥好舆论监督的作用，加强对行政权力的监督和制约，是一个重要的时代课题。舆论监督和正面宣传是统一的，而不是对立的。新闻媒体要直面我们工作中存在的问题，直面社会丑恶现象和阴暗面，激浊扬清，针砭时弊。对人民群众关心的问题、意见大反映多的问题，要积极关注报道，及时解惑释疑，引导心理预期，推动工作改进。这就要求协调好舆论监督与正面宣传的合理布局与统一部署，使舆论监督成为正面宣传的辅助工具和补充力量。同时，要与时俱进，把新闻舆论监督与其他形式的监督有机贯通起来，加强以互联网为代表的新媒体建设，发挥新媒体在舆论监督中的独特功能和价值。通过上述措施，适应分众化、差异化传播趋势，健全党统一领导、全面覆盖、权威高效的监督体系，更好凝聚社会共识，助力中国式现代化。

7.2 《周礼》的朴素审计监督思想

《周礼》原名《周官》，作者为西周时期著名政治家、思想家、文学家、军事家周公旦，自汉代郑玄注解《周礼》《礼仪》《礼记》"三礼"后，《周官》改名为《周礼》。该书为我国儒家经典，其显著的特点是通过官制来表达、设计治国方略。《周礼》记载和论述了许多有关审计监督方面的行政管理思想，如宰夫审计、九府出纳、交互考成、九式均节财用、大计审计、分权制衡、内部控制，等等。经济史学界虽对《周礼》成书年代存有争议，但普遍认为它是我国古代典籍中关于政治和经济制度较为系统且篇幅着墨较多的著作，也是研究古代审计监督思想的重要资料。

7.2.1 审计监督思想之源

在我国古代，国家审计被称为"官厅审计"，属官厅会计的一个分支。我国审计监督思想萌发于古代社会经济实践，但究其确切产生时期，则说法不一。有学者认为，原始社会末期就伴有一定意义的审计监督活动，但这种说法不够妥当，因为当时经济活动非常之少，财产所有权和经营管理权尚未发生分离，真正意义上的审计无从谈起。还有学者认为，奴隶制社会早期（即夏商时代）生产和交换活动发达，王朝建立了初级形态的税收制度以及维护奴隶主阶级利益的法令制度，宫廷内设有"百官"，国家机器初具规模，因此出现了从事会计核算工作的记录官。据此推断，夏商时代已形成具备审计监督职能的行政部门或机构的雏形。

因年代久远，史料残缺不齐，我国奴隶社会是否有审计监督思想考证困难。主流观点认为，我国古代审计监督思想起源于西周。随着社会生产力发展和剩余产品不断增多，社会财富开始集中，当占有生产资料的统治阶级（帝王）不直接管理钱财、物资和账目，而指派或委托他人（官吏）代为掌管时，财产所有权和经营权实现分离。为保证财产物资的安全与完整，增加财政收入和节约开支，并检查受托人是否忠于职守，有无营私舞弊行为，朴素审计监督思想应运而生。西周的经济关系日渐复杂化，农业得到进一步发展，手工业出现"百工"，商业组织成为不可缺少的部门。经济关系的复杂多样增加了统治者驾驭和管理国家经济的难度，迫切需要强化财政收支活动的核算、控制和监督。据《周礼》记载，周天子为分担政务，下设天、地、春、夏、秋、冬六官，其中地官司徒掌管国家财税收入，天官系统负责国家财政支出、会计核算及审计监督。

7.2.2 审计监督机构设置

按照《周礼》所记，自商代开始，国家就设置天官"冢宰"一职，作为行政系统的首脑主管政府财计事务。到周朝后期，"冢宰"下设小宰、司会等机构。其中，小宰"掌建邦之宫刑，以治王宫之政令，凡宫之纠禁"①，意思是负责财政筹划和支出，同时分管政治经济监察；司会行使会计职责，类似于政府内部审计机构。因此，从独立于财计部门之外的角度考察，这种宰夫制度是外部审计的起始。

（1）司会：内部审计

司会下辖司书、职内、职岁和职币四大部门。司书是具体主管会计核算的部门及官员，既负责人口、土地登记工作，又负责核算各类税收，还有义务保管各部门的财物收支凭证。岁终需计算出一年收支相抵后的结余数目，拨给职币掌管。每三年进行一次总的考核，以此评判各级官吏的政绩。职内是负责掌管国家收入的部门及官员。职岁是负责掌管国家支出的部门及官员。职币是掌管财务结余之数的部门及官员。这些部门及官员存在着利用手中职权贪污、挪用财物或借权力寻租的可能。作为以上四个财计部门的主管，司会必须加强对下属机构和官员的监督。《周礼》记载："凡上之用财用，必考于司会。"② 司会的另一个职能是作为主计之长，不但分掌国家财政收支的核算，而且总司审计监督大权，其审计对象和范围直指统治阶级的上层权力拥有者。

---

① 《周礼·天官冢宰》。
② 《周礼·天官冢宰》。

（2）宰夫：外部审计

小宰之下设宰夫和大府，宰夫相当于现代的外部审计机构。司会下属的司书、职内、职岁和职币如果伙同司会一起贪污舞弊，那么内部审计监督就名存实亡了。因此，财计活动仅依靠内部审计是不够的，须有外部审计机构和队伍，也即宰夫。据《周礼·天官冢宰》称："宰夫之职，掌治朝之法，以正王及三公、六卿、大夫、群吏之位。掌其禁令，叙群吏之治。"意思是说，宰夫主管"官治"，掌理治朝之法，监督群吏切实贯彻执行朝法，以维护周朝统治者的利益。宰夫的职权范围广泛，尤重于审查、监督财政经济事务。《周礼》说，宰夫"岁终，则令正岁会。月终，则令正月要。旬终，则令正日成"[①]"考其出入，而定刑赏。"考，为稽与问之意，亦称稽查。宰夫行使稽查之权，负责稽核财物保管部门年度、月度、旬度财物收支情况。《周礼》对宰夫的职责有明确要求："掌治法，以考百官府、群都、县、鄙之治，乘其财用之出入。"[②]乘即计算、复核，是指宰夫按律法规定对诸职诸府就地稽查，考核治绩，审查财物收支状况。

综合来看，宰夫的职责主要为政治和经济监察，具有司法行政监督属性，机构官阶较低，但设于财计部门之外，具有独立性。有权审查财计部门官吏，可越级向冢宰或君主呈报，不受其他势力掣肘。其监督对象上至中央各机构，下及地方各级部门官吏。虽然宰夫的监督作用有限，但它明确了审计监督行政职权，标志着我国外部审计的发端，堪称古代中国乃至人类审计史上的创举。

7.2.3 审计监督制度安排

《周礼》不仅有关于周代国家机构设置和职责分工的记载，而且记有诸多早期审计监督制度安排。

（1）职内职岁职币：财务出纳分工

在我国奴隶制时代，审计工作的专业化程度还十分低，审计制度大多融合于财政经济制度之中。《周礼》记载西周王朝设置有职内、职岁、职币三个职官，分权掌管保存和调用王室财物事务，其目的在于专职专责、相互牵制，防止官吏间串通伪诈。职内"掌邦之赋入"[③]，即掌管岁入分项会计文书，具体负责登记和考核王朝各项财物收入事项；职岁"掌邦之赋出"，即掌管岁出分项会计文书，具体负责登记和考核王朝各项财物支出事项；职币"掌式法以敛官府、都鄙与凡用邦财者之币。振掌事者之余财"[④]，即掌管余财分项会计文书，具体负责登记和考核王朝的全部财物结余及其开支计量事项。无论是

---

① 《周礼·天官冢宰》。
② 《周礼·天官冢宰》。
③ 《周礼·天官冢宰》。
④ 《周礼·天官冢宰》。

职内职岁所登记的各种收支账簿，抑或职币所登记的结余账簿，都是内部审计部门和会计核算部门进行收支考核乃至全面考核的依据。将财务出纳工作分为收、支、余，分别由职内、职岁、职币掌管，又交由会计核算部门汇总、整理，以会计制约出纳，从而达到全面控制王朝财政收支的目的。

（2）九府出纳：国库监督管理

《周礼》中提到西周最高统治阶级为控制整个王朝的财物收支，建立了"九府"出纳制度。各个国库出纳部门责任清楚、分工明确，既互相联系，又彼此制衡。所谓"九府"，指国家分设的大府、玉府、内府、外府、泉府、职内、职币、天府和职金等九个执掌国家财物保管和出纳事务的部门。职内、职币总控制（总出纳）国库，通过大府掌控玉府、内府、外府，通过主管民政的地官、主管礼制的春官、主管刑罚的秋官分别掌控泉府、天府、职金。各个出纳部门之间也存在着相互牵制的关系，例如，库藏之长官——主管国库工作的大府，能直接控制管辖所属各府，而九府又统归主计之长司会控制，使王朝的财物出纳保管之权集中于司会的控制之下。因此，西周的国库组织制度体现了"九府出纳，统由司会监督"的宗旨。

（3）交互考成：组织内部制衡

据《周礼》记载，西周王庭对财物收支采取交互考核的控制方法，其内容是对同一经济事项，同时从两个不同角度进行反映，比对考核。具体形式是：一方面，司会所属的司书、职内、职岁和职币部门之间互相考核；另一方面，司会工作本身也存在相互考核的内容，如《周礼》中讲，司会以"参互考日成，以月要考月成，以岁会考岁成，以周知四国之治，以诏王及冢宰废置"[①]。"日成""月要""岁会"已具有今天会计报表的功能。"日成"指反映旬度经济收支情况的文书，相当于现在的旬报。日成先由宰夫实施初审，后送交司会审核，司会则"以参互考日成"。所谓"参互"，是指以日成的审核结果，与月要、岁会相参互考，随时检查，再交由司会决定给予官吏何种赏罚。对日成的考核，是确保月要、岁会的精准性而做的前期准备。"月要"是反映月度经济收支情况的文书，相当于现在的月报。一般先由小宰审理，"听出入，以要会"[②]，后交由司会钩考、审核，其审查目的是为岁会核算、钩考提供依据。"岁会"则是反映年度经济收支的文书，相当于现在的年度财政总决算。每逢年终，各官府报送的年度岁会报告都由司会"以岁会考岁成"，并会同宰夫、小宰统一钩考、审核，并将审查结果及时上报给冢宰和君主，以作为官吏政绩。

（4）以式法节财用：组织内部控制

《周礼》中关于国家财务的内部控制表现在规定财政支出的"式法"——大宰九式

①　《周礼·天官冢宰》。
②　《周礼·天官冢宰》。

上，即以大宰名义制定、颁布和实施国家财政支出的九类法规。《周礼·天官冢宰》记载："以九式均节财用：一曰祭祀之式，二曰宾客之式，三曰丧荒之式，四曰羞服之式，五曰工事之式，六曰币帛之式，七曰刍秣之式，八曰匪颁之式，九曰好用之式。"意思是说，国家在祭祀宗庙神祇用财、招待宾客所需费用、遇丧事及灾年所需支出、君王饮食和服饰用财、百工制作器物用财、聘问赠送礼物开支、饲养牛马所需饲料开支、君王给群臣的禄食赏赐所需开支、君王宴饮时特别的恩赐开支等都有相应的式法。这表明，西周的财务控制支出标准已形成明确的制度和条令，有助于国家节支并调节收支平衡。

（5）三年大计：定期审计监督

《周礼·地官》记载："三年则大比，考其德行、道艺，而兴贤者、能者。"[①]《周礼·天官》也有云："三岁，则大计群吏之治，以知民之财，器械之数，以知田野、夫家、六畜之数，以知山林、川泽之数，以逆群吏之征令。""三岁，则大计群吏之治而诛赏之。"[②]可见，西周时代统治者制定了"大计制度"。"大计"又称作"大比"，即王朝每三年就围绕财政经济情况对所有官吏进行综合的审查考核。大计之时，对各项财政收支事项都要核算出结果，一般先经司会、小宰统一钩复三年大计报告，再递交冢宰全面考核，最终结果则呈送周王。周王根据每名官员的治绩进行诛赏，对有功者给予晋升爵禄的奖赏，对较差者给予废黜职位的惩罚，从而加强对官吏履责的审计监督。

7.2.4　朴素审计监督思想的启示

《周礼》蕴含着丰富的审计监督思想，为提高行政管理活动的严谨性、科学性和有效性提供了许多有益启示。

其一，权变方法、因地制宜与组织内控有机结合。《周礼》指出："以土均之法，辨五物九等，制天下之地征，以作民职，以令地贡，以敛财赋，以均齐天下之政。"[③]这正是权变管理原理的体现。微观层面上，公共组织应从本部门结构、业务特点及工作流程入手，系统构建内控体系；宏观层面上，政府在进行资源配置前要深入基层一线做好调查研究，从实际和客观规律出发，统筹考虑业务活动和财政资源，查找政策设计和流程执行中的风险点，根据内部控制的原理与方法"对症下药"，选择合适的风控措施，以提高财政资源配置决策的科学性与合理性，堵住收支流程中的漏洞，防止资源浪费和低效化。

其二，将权责对等理念融入审计监督全过程。《周礼》提出了定期记录、报告的原则，要求会计文书与成事文书交互考核，并将其作为日常管理的要求和官吏业绩考核的

---

① 《周礼·地官司徒》。
② 《周礼·天官冢宰》。
③ 《周礼·地官司徒》。

依据，对不能按时完成工作的予以处罚。此种做法有助于树立权责对等意识。政府各部门和人员在组织管理运行中所享受的权利与受到的约束应对等一致，因此配置或使用公共资源的权力与责任也应相匹配。在具体操作层面，需要在预算编制部门与业务部门之间建立沟通协调机制，将预算编制分解落实到任务的责任部门和直接责任人，避免资源浪费和集体利益受损，以此监督行政权力运行。

其三，在财政管理制度设计中嵌入制衡机制。《周礼》对大府、司会、司书、职岁、职币等会计、审计、出纳岗位的职责和定位进行了明确规定，要求重要事务由两人以上共同管理，在国库收支记录和资产管理方面也有严格的分工牵制和交互考核。其当代启示在于，制衡强调的是一种相互监督、相互牵制的关系，政府在设计财政管理制度时应综合考虑权力和利益格局，将组织内的决策权、执行权、监督权分置于不同部门，以实现权力行使中的相互协同和制约。

7.3 唐太宗的"御史治吏"与"纳谏"思想

唐太宗李世民（公元 599—649 年）是唐朝第二任皇帝，被尊为"天可汗"，杰出的政治家、战略家、军事家。他聪明果断且善于用兵，为唐朝统一立下赫赫战功。登基后经常以亡隋为戒，励精图治，注意叮咛自我克制欲望，嘱咐臣下莫恐上不悦而停止进谏。在政治上，他既往不咎，知人善任，从谏如流，整饬吏治；经济上，薄赋尚俭，为政谨慎；亦致力复兴文教，令隋末动荡之局得以稳定下来，后开创"贞观之治"。在位期间，唐太宗主张"御史治吏"，不仅以律典的形式监督官吏，建立以御史制度为核心的行政监察体系，而且以"纳谏"推动行政监督发展，其影响直至现代。

7.3.1 御史治吏

唐王朝是世界公认的中国古代最强盛的朝代，中央集权的国家制度与君主专制的政治制度都有较大发展，形成了体系完备、对后世影响较大的监察制度。史料记载，唐初的官制和其他重要制度主要沿袭隋制。武德七年（624 年），唐高祖李渊初定六省、一台、九寺等行政机构。其中，"一台"即御史台，代替隋朝设置的司隶台和谒者台，成为国家最高行政监察机关。

唐太宗继承皇位后，以隋速亡为鉴，注重国家治理，特别是主张"御史治吏"。他采纳御史大夫李乾祐的奏请，增设殿中侍御史和监察御史各二人。贞观末年，唐太宗"于台中置东西二狱"[①]，委御史台"鞫（审问）案禁系"[②] 之权，将行政监察权与司法权结合起来，使行政监督功能的合法性和权威性得到强化。此时，御史台的监督对象和范围

---

① 《海录碎事·台官门》。
② 《通典·御史台》。

较广，内部监察职责分工细致。自上而下的监察体系持续巩固着唐朝的统治，为后世监察机构的设置及职能划分提供了经验。

（1）以"三院制"规范御史工作职责

御史台以御史大夫为长官，御史中丞二人为辅佐，有权弹劾百官并监察行政。从御史台的机构组成看，御史台实行三院制，分设台院、殿院和察院，分别是侍御史、殿中侍御史、监察御史的办公场所。三院各司其职，井然有序。其中，侍御史负责推鞫、弹劾以及处理常驻衙门政务；殿中侍御史打理朝廷供奉之事，纠察朝仪，监察和巡视京城内外及驻屯京师的诸卫和禁军；监察御史执掌"分察百僚、巡按郡县、纠视刑狱、整肃朝仪"①，所涉方面最为广泛，从中央尚书省六部到地方州县官僚，一旦发现官员有违法行为，即可弹劾。

（2）明晰官吏职权、任免和办事程序

为确保各级官吏各司其职、尽职尽责，唐太宗要求制定严格的工作制度和违制处罚措施。这一时期的法令对官职的设置、编制、职责权限，以及官员的任免考试、考课奖惩等都有明确规定。唐太宗要求规范官吏的办事程序，对各类公文及其他公务的处理要按内容繁简、任务轻重缓急规定办事期限。这一制度的实行，有利于政令得到准确执行。即使政令传达有误也能及时被发现，从而保障了行政运行效率。

（3）制约官吏权力

唐太宗继承儒家"重民"思想传统，认为民是治乱之本源，"君依于国，国依于民"②，统治者与庶民百姓的关系如同舟和水，"水可载舟，亦可覆舟"③。"为君之道，必须先存百姓。若损百姓以奉其身，犹割股以啖腹，腹饱而身毙。"④ 官员是君与民的桥梁，唐太宗极为重视监察机构的"治吏"功能，希望充分发挥官员传达天听的作用，以达到善治目的。"天子者，有道则人推而为主，无道则人弃而不用，诚可畏也。"⑤ 这句话的意思是，帝王有德行，大众百姓就推举他为人主；没有德行，大众百姓就会抛弃他不用。在这样的认识之下，他以隋朝二世而亡为鉴，告诫群臣百官"思隋氏灭亡之事"，下令完善以御史台为核心的御史监察制度，不定期派大臣分道巡按专管财政，以十分严密的监察系统来治理庞大的官僚队伍。

---

① 《唐六典·卷十三》。
② 《贞观政要·君道第一》。
③ 《谏太宗十思疏》。
④ 《贞观政要·君道第一》。
⑤ 《贞观政要·政体第二》。

7.3.2　依法治吏

在封建专制制度下，官吏能否各尽其职、各履其责、秉公守法，直接关系到国家能否正常运行。历代统治者都注重对官吏的管理与控制，依法治吏就是其中一个重要的手段。唐太宗除通过御史台监察官吏外，还建立专门的制度体系来整饬吏治，集中表现为完善法制，依法监督，明正赏罚。

（1）完善法制

"死者不可再生，用法务在宽简。"① 唐太宗明确提出，"国家法令，惟须简约"②"不可轻出诏令"③，只有这样才能使百姓相信和遵守法律。如何简约？唐太宗采取了以下措施。一方面删削法律，"自是比古死刑，殆除其半"④。他认为，唐初制定的"旧律令重"，本着"变重为轻"的原则，删削了许多苛法严刑，例如除去"兄弟连坐俱死"之法，把断趾法改为流刑等。另一方面，增加死刑复核程序。他认为，"恤刑慎杀"，死刑事大，要慎之又慎。他就死刑的判决和最终复核均规定严格的司法程序。京城之内，两日内五次覆奏；各州，要三覆奏。这一司法程序的建立，部分吸取了错杀大臣张蕴古的教训。他为防范和严惩诬告行为，还规定诬告者要"反坐"，即诬告他人什么罪名，就用这种罪名惩罚诬告人。

贞观元年（627 年），唐太宗诏令："自今以后，大辟罪皆令中书、门下四品以上及尚书九卿议之。"⑤ 这是中国法制史上九卿议刑制的开端，为"庶免冤滥"提供了司法保障。在制定和完善法律条文的同时，唐太宗还改进官吏选拔、考核、奖惩、监督等制度，以此对官吏依法行政起到激励和震慑作用。暂不论其实际运行成效如何，上述做法至少在君主政治条件下体现出较强的政治理性和进步意义。

（2）依法监督

唐太宗主持制定《贞观律》，长孙无忌等人奉旨注疏，这就是颇为后人称道的《唐律疏议》，其作为君主政治时代一部相对成熟的法典被保存下来。从体例看，其包括 4 种类型：一是律，从消极方面规定违反令、格、式的犯罪行为，以及其他一切犯罪的刑罚制裁规则；二是令，即规定国家各种制度的法典；三是格，相当于律，是皇帝对国家机关或个人因时因事而颁行的诏书汇编；四是式，是国家机关经常和广泛适用的办事细则和

---

① 《贞观政要·刑法第三十一》。
② 《贞观政要·赦令第三十二》。
③ 《贞观政要·赦令第三十二》。
④ 《旧唐书·卷五十》。
⑤ 《贞观政要·刑法第三十一》。

公文格式。从以上法律形式来看，国家机关和官员应遵守的制度规范已被纳入法典，既体现了唐朝立法技术的高度发展，也为依法治吏提供了坚实基础。

为更好地监察地方，做到有法可依，这一时期还有诸多监察条款，但散见于《唐律疏议》《唐六典》《贞观政要》等文本。这些法规是奖惩官吏、御史出巡或中央遣使出巡行事的法律依据，在一定程度上约束了朝廷官员的作风。

（3）明正赏罚

在古代治国理政中，行政机构的有效运转大多通过赏罚之道来维持。唐太宗指出："赏当其劳，无功者自退；罚当其罪，为恶者戒惧。故知赏罚不可轻行，用人弥须慎择。"① 赏与罚是实施法制的两个手段，理应慎重。他认为，保证赏罚得当的关键是明确赏罚标准，正如魏征所说，"夫刑赏之本，在乎劝善而惩恶。帝王之所以与天下为画一，不以贵贱亲疏而轻重者也。今之刑赏未必尽然。或屈伸在乎好恶，或轻重由乎喜怒"②。唐太宗正是本着这样的思想来操持刑赏二柄，认为赏罚标准不严势必削弱帝国权威，难以治平天下。例如，秦府功臣高甑生诬告李靖，唐太宗欲治其罪，有人以他曾立过大功请求宽恕，而太宗说："虽是藩邸旧劳，诚不可忘。然理国守法，事须画一。"③

据《资治通鉴》记载，唐太宗先后对 18 名大臣进行 26 次奖励，其中对谏议大夫魏征奖励次数最多，重奖 8 次。除奖励朝廷命官、军队统帅外，唐太宗还重视奖励基层官吏，奖励的官员大多属于刚正不阿、清正廉洁之士，而惩罚的则主要是谋反、贪污、渎职、阿谀奉承之人。被他处罚的官吏达几十人之多，其中有功劳显赫的大臣，不乏亲信和皇亲国戚。值得一提的是，唐太宗惩治贪官最为严厉，他将各州刺史的名字及其政绩优劣刻在室内屏风上，以便随时审视，从而对地方吏治了然于胸。他对司法官吏的考核整治较之行政官员更为严格。据《贞观政要》记载，唐太宗"深恶官吏贪浊，有枉法受财者，必无赦免。在京流外有犯赃者，皆遣执奏，随其所犯，置以重法"④。

总的来看，史载贞观时严整吏治取得了一定效果，"由是至四年，断死刑，天下二十九人，几致刑措"⑤，几乎达到刑罚搁置不用的状态。史家之言或有溢美之词，但"贞观之治"的出现并非偶然，其毫无疑问是与依法治吏有关。

7.3.3 从谏如流

谏议制度由来甚早。君从谏如流，臣直言敢谏，被传统儒家文化视为君臣之道的精粹。实际上，这也是我国古代官员监督君主的一种典型方式。封建社会状态下，国家权

---

① 《贞观政要·择官第七》。
② 《贞观政要·刑法第三十一》。
③ 《贞观政要·刑法第三十一》。
④ 《贞观政要·政体第二》。
⑤ 《贞观政要·刑法第三十一》。

力往往集中于皇帝个人，从行政决策到行使军权都具有独断性和随意性，能够虚怀若谷、采纳下属意见的君主可谓凤毛麟角。唐太宗是践行儒家"从谏如流"君道训诫的典型代表。他清楚地认识到个人能力是有限的，深知"直言鲠议，致天下太平"①，帝王只有闻过知过，从谏如流，方能实现长治久安；凡是拒谏饰非，过而不改的，必然招致王朝覆灭。他多次对臣下说："自古人君莫不欲社稷永安，然而不得者，只为不闻己过，或闻而不能改故也。"② 又说："明主思短而益善，暗主护短而永愚。"③ 具体来说，唐太宗的纳谏思想表现为以下几个方面。

其一，君主自身有虚怀纳谏的态度。唐太宗力主帝王要敢于纳谏，把是否能听取群臣百官的反对意见作为区分明暗之君的标尺。他虚心求谏并引导臣子谏诤，将臣子的奏章贴到墙壁或屏风上，朝夕瞻仰，鼓励群臣进谏。他曾对司空裴寂说："比有上书奏事，条数甚多，朕总黏之屋壁，出入观省。所以孜孜不倦者，欲尽臣下之情。"④

其二，指出群臣百官的谏议对合理决策的重要性。唐太宗吸取隋亡教训，认为隋炀帝暴虐无道，臣下知其过错而不谏，使炀帝不知过，最终隋二世而亡。"人欲自照，必须明镜；主欲知过，必藉忠臣。"⑤ 他明确要求大臣们"每看事有不利于人，必须极言规谏"⑥。从贞观元年（627年）起，唐太宗规定宰相入阁议事一定要有谏官跟随，而谏官的职责就是发现错误并及时进谏。

其三，奖励勇于进谏者，即所谓"赏之使谏"。唐太宗曾说："每犯颜切谏，不许我为非，我所以重之（魏征）也。"⑦ 其意思是，之所以提拔重用魏征，是因为他常常不顾情面恳切劝谏，不许我做错事。以至于魏征病故后，唐太宗极为悲痛地说了一段至理名言："以铜为镜，可以正衣冠；以古为镜，可以知兴替；以人为镜，可以明得失。朕常保此三镜，以防己过。今魏征殂逝，遂亡一镜矣。"⑧

其四，建立京官宿省制度。为给兼听博采创造条件，唐太宗创设京官宿省制度，要求京官五品以上轮流宿中书内省，以备随时召见询问外事，了解民间疾苦和政教得失。由此，臣子谏诤有了制度上的规范与保障，这对国家长久治安具有积极作用。

由上可见，纳谏与行政监督有着密不可分的联系。纳谏的基础是对行政官员的品行与贤德进行监督，只有品行端正且德才兼备的官员才具备当选为谏官的资格。进谏对君主来说，能够督促其明己得失、避人蒙蔽。正如唐太宗所言，"思正人匡谏，欲令耳目外通，下无怨滞"⑨。帝王唯有广开言路，才能体察民情，洞悉隐幽，防止权臣蒙蔽君主、欺下瞒上。他认为，纳谏不仅有益于君主修身，而且关乎国家兴亡。他从隋炀帝的失败

---

① 《贞观政要·求谏第四》。
② 《贞观政要·任贤第三》。
③ 《贞观政要·求谏第四》。
④ 《贞观政要·求谏第四》。
⑤ 《贞观政要·求谏第四》。
⑥ 《贞观政要·求谏第四》。
⑦ 《贞观政要·任贤第三》。
⑧ 《贞观政要·任贤第三》。
⑨ 《贞观政要·求谏第四》。

中得出以下深刻的总结：隋亡是由于炀帝身边没有忠贞的大臣，自己犯了错误也不知道，结果"恶积祸盈，灭亡斯及"①。因此，无论君主才智多高，他都必须借助忠臣的辅佐和监督，令内稳而外固，国泰而民安。

唐太宗的"御史治吏"与"纳谏"思想对当代行政监督具有启示意义：一是要建立健全法律制度，切实把行政权力关进制度的"笼子"。有法可依是提高行政效率的前提和基础。我国行政组织机构繁多、职能交错，制度不规范就可能导致行政系统运行低效，因而要严格按照宪法、相关组织法、行政许可法和行政处罚法等法律法规的要求，进一步厘清各部门及内设机构的职责边界，建立权力清单制度，公开权力运行流程，做到"法无授权不可为，法定职责必须为"。二是要完善权力运行的监督制约体制。聚焦权力规范运行，充分发挥党内监督和国家监察专责机关作用，贯通立法、司法、行政多维监督渠道，构建公权力大数据监督平台，防止和及时纠察行政人员违法失职行为，杜绝贪污腐败。三是要健全激励和容错纠错机制。一方面，建立科学有效的干部考核机制，以事察人，依事择人，发挥考核激励先进、鞭策落后的"指挥棒"作用，引导领导干部履职尽责、担当作为；另一方面，创新容错纠错机制，对行政人员的作为，应通过事项整体复盘，客观公正地收集证据材料，综合分析与研判，分类处置，不"一刀切"，完善免责减责"正面清单"和追责问责"负面清单"，实现处罚轻重有度、实事求是、不枉不纵。

7.4　朱元璋的"重典治吏"思想

明太祖朱元璋（公元 1328—1398 年），濠州钟离（今安徽省凤阳县）人，明朝开国皇帝，年号"洪武"。他出身贫农家庭，因灾变入皇觉寺为僧，后参加红巾军反抗蒙元政权，建立了明朝。在他的统治下，社会生产逐渐恢复和发展，史称"洪武之治"。朱元璋在位期间，强化中央集权制度，废除丞相和中书省，废除行省，设三司分掌地方权力。以严猛治国，以重典驭臣下，严惩贪官和不法勋贵。此后又屡兴大狱，追治"奸党"，兴"文字狱"，用锦衣卫设立诏狱，又行"廷杖"之制。朱元璋的"重典治吏"思想无疑是其治国兴邦实践的反映，不仅是明朝初期经济社会恢复和国家稳固的思想基础，而且对我国古代行政监察制度的发展产生了深远影响。

7.4.1　严法治吏

明朝建立之初，政局不稳，经济凋敝，而贪官污吏"掌钱谷者盗钱谷，掌刑名者出入刑名"②，可谓民不聊生。自幼家境贫寒、生活窘迫的朱元璋切身体会到元王朝的残暴

---

① 《贞观政要·求谏第四》。
② 《明大诰·谕官无作非为》。

贪婪，非常痛恨官员贪腐，同情下层民众。在征服元朝的过程中，他深刻意识到贪官污吏扰民害民是激起农民反抗的主要原因，元朝陷入长久的混乱之中与其行政和法治上的疏忽，以及缺少成文法典有直接关系。于是，在建立明朝之后，朱元璋就极为重视法典编写，试图以较为完善的律法体系支撑行政系统的运转，规范官吏行为，严肃治理腐败现象，"仿古为治，明礼以导民，定律以绳顽"[①]。他按"律、例、令"三者并行的原则立法："律"为"常经"之道；"例"为一时权宜之计；"令"则是他随时发布的诏令。史料记载，为尽快巩固自己的统治，朱元璋很快就推出了明王朝的第一部法典，但由于不够完善且使用时间较短，该法典并没有留下详细资料。

朱元璋把相对完善的《唐律疏议》当作学习范本，对即将颁布的律令进行了持续五年的修改，将内容分成十二大类，包括管理御用卫队的"卫禁"，管理户口和婚姻的"户婚"，管理官吏违法犯罪量刑的"职制"，管理拘捕行为规范的"捕亡"，等等。之后，他又组织大臣对这部法律文本加以改良和归类整理，最终形成今天人们熟知的明法典——《大明律》。总体来看，洪武时期制定和颁布了一系列法律法规，如《大明律》《御制大诰》《臣戒录》《醒贪简要录》等，其中，最具代表性的是前两部。《大明律》以朝廷六部为体例进行编撰，经过吴元年律、洪武六年律、洪武二十二年律的实施和修改，最终以洪武三十年律的形式正式颁布实施。作为明朝的主要法令条例，《大明律》共 30 卷，篇目有名例律 1 卷、吏律 2 卷、户律 7 卷、礼律 2 卷、兵律 5 卷、刑律 11 卷、工律 2 卷，共 460 条。《御制大诰》于明初洪武十八年（1385 年）发布，包括《大诰初编》《大诰续编》《大诰三编》《大诰武臣》，是采缉汇编官民犯罪案例及训条而成的一部特别刑事法规。其强调法外用刑，极残暴，偏重惩治贪官豪强，如《大诰续编》共 87 条，其中打击贪官污吏的案例就达 70 条之多。

以上律法的问世，表明朱元璋"重典治吏"思想的逐渐形成，其中关于整顿吏治和提高行政办事效率的规定主要涉及三个方面。

（1）失职、渎职方面

朱元璋在多年领导农民起义的战争中目睹了官吏失职、渎职对百姓造成的巨大损害，他意识到这种行为如不严惩会影响统治的稳固，进而干扰整个国家机器的正常运转。为防止官吏擅权，他主持修订的《大明律》规定各级官吏必须恪尽职守、应奏必奏，不奏者必受重罚，"凡军官犯罪，应请旨而不请旨，及应论功上议而不上议，当该官吏处绞。若文职有犯，应奏请而不奏请者，杖一百。有所规避，从重论"[②]。《大明律》吏律卷规定：对擅离职守的官吏行笞四十；外逃躲避罪责的杖一百并且罢免官职，永不录用；所逃罪责较重的，则从重论。为使官吏尽责，《大明律》还规定了名目繁多的失职罪，如"滞留公文""将应施行事务，故不施行""征粮不依定期"等，都被认为是严重的失职行

---

① 《明史·刑法志一》。
② 《大明会典·卷一百六十二》。

为。可以说，明朝有关失职、渎职方面的法律规定，很多是前朝未曾有的，是明代在立法监督方面的独创。

（2）履行职责方面

朱元璋在《大明律》中系统规定了官吏的履职要求，例如：赴任有时间限制，"在京者以除授日为始，在外者以领照会日为始……若无故过限者，一日笞一十，每十日加一等，罪止杖八十，并附过还职"；不可无故缺职，"无故不还职役者，一日笞一十，每三日加一等"；不得怠慢公事，"违者，一日笞一十，每一日加一等，罪止笞四十"；新官到任，旧官应办好交接手续，若"无故十日之外不离任所者，依赴任过限论，减二等"。对于最后一种情形，天灾人祸可以作为免责条件："其中途阻风、被盗、患病、丧事，不能前进者，听于所在官司给凭，以备照勘。"若诈称此条以求免责，从重论。相关条例对个别注重时效的部门赴任过限有加重处罚的条文："凡官员赴任，两司方面，行太仆苑马寺卿、少卿，及盐运司，府、州、县正官，除原定朱限外，有违至一月以上，问罪；三月以上，送部别用；半年以上，罢职。"[①] 可见，这一时期对于官员到任、履责等已有严格的规定。

（3）对待贪赃官吏方面

《大明律》专设官吏"受赃"章，明确规定"贪墨之赃有六：曰监守盗，曰常人盗，曰窃盗，曰枉法，曰不枉法，曰坐赃"[②]。除常人盗、窃盗外，其余四赃均是惩治贪官污吏受贿的规定。朱元璋命人将"六赃"绘成图，标于律首。在《御制大诰》236条中，属惩治贪官污吏的条款多达155条，比《大明律》更为残酷。对不枉法罪，《大明律》均不处死，《御制大诰》则处凌迟、枭首、刺字、阉割等酷刑，如对收受贿赂的官吏凌迟处死，对因公科敛的官吏处以死刑。《大诰三编》规定，官吏受赃而纵囚徒者，"本身处以极刑，籍没家产，人口迁于化外"。从某种程度说，《御制大诰》更能体现出朱元璋严惩贪官污吏的决心，其不仅手段残忍，而且株连甚重，扩大了酷刑的适用范围。

除这两部法典外，朱元璋还颁布了许多专门针对官吏的法律，如以惩治公侯赃罪为主的《铁榜》，专门规范吏治的《吏律》等。总之，不论是立法的数量，还是刑罚的严重程度，明初对吏治都可谓用心甚苦。专门记有明代清官的《明史》就写道："一时守令畏法，洁己爱民，以当上指，吏治焕然丕变矣。"[③]《明史》记载的清官，三分之二都在朱元璋在位的洪武年间，他的这种重惩贪吏的执政手腕使得明初吏治在短时间内焕然一新，对后世行政监督体系的设置也有深刻影响。

---

① 《大明会典·卷一百六十二》。

② 《明史·刑法志一》。

③ 《明史·循吏列传》。

7.4.2　行政监察与职官考核

明初朱元璋建立了完善的职官法律监察制度，强化了监察机构的权力。在中央，置六科为监察机关，六科的官员监察在朝的文武百官，权力非常之大，"六科，掌侍从、规谏、补阙、拾遗、稽察六部百司之事。凡制敕宣行，大事覆奏，小事署而颁之；有失，封还执奏。凡内外所上章疏下，分类抄出，参署付部，驳正其违误"①。明洪武十五年（1382 年），朱元璋改前代的御史台为都察院，下设经历司、司务厅、照磨所等机构，分司处理对京官朝臣的法律监督事务；在地方，设十三道监察御史，对内主纠百司之官，对外代皇帝巡察，监察全国各道的工作。各道又设按察司，主官为提刑按察使，掌一省刑名、按劾之事。道以下再设府、州、县按察分司。各级监察机关在机构上互不隶属，相互制约，形成一张非常严密的监察网。这种层次分明的监察体系不仅明确规定中央和地方官员分道而察，而且对司法机构和监察机构实行反监察，体现了朝野分治、科道并施的吏治特点。

明初监察机构的职责相当分明：都察院作为中央最高一级的监察机构，负责对国家所有行政部门和官吏的监察，着重监察全国官吏和一般机关，同时还有责任会同吏部在朝觐和考察大典时对官员是否贤能、有无贪黯渎职违纪等情况进行调查，提出处理意见；六科给事中按吏、户、礼、兵、刑、工六部进行对口监察；都御史有三劾权，主要针对京都官员行使；巡抚"察六"，其内容为"清吏治、惩盗贼、肃边政、恤灾黎、进耆老、便人民"，其中第一条便是"清吏治"；巡按"察七"，包括"雪冤狱、清军役、正官风、劾官奸、清属吏、正法犯、肃盗匪"。为保证执法森严，明初还在《大明律》中规定追究监察官员违律的刑事条款，制定了相关监察法律，如《宪纲总例》《纠劾官邪规定》《出巡事宜》《巡抚六察》《巡按七察》等。

除此之外，由于贪污腐败现象屡屡发生，朱元璋还设立特务机关暗中对官员进行监督。检校是最早设立的特务机关，由一些卫士、军官、文臣、和尚、道士组成，专门监察朝廷上下的不法之事。锦衣卫也是他设立的特务机关，掌管国家的刑狱之事，享有巡察缉捕之权。锦衣卫下设镇抚司，从事侦察、逮捕、审问等司法监察活动，可不经过任何法律程序审理朝廷官员及有关案件，并直接递送给皇帝，这对文武百官有很大的威慑。中央和地方监督与特务机关监督一明一暗，使朱元璋能够有效控制官场，一定程度上起到了防止窝案和塌方式腐败的作用。

朱元璋总结历代兴亡教训后，深知官吏的优劣关乎国家的稳定与否，所以主张对官吏严加考核。明代官吏考核制度强调考满与考察相结合。考满，是对每一位任职达到一定期限的官员进行的一般性考核，主要考核官员的从政资历和政绩。考满将考核结果分为称职、平常、不称职三等，满 3 年为初考，满 6 年为再考，满 9 年为通考，按成绩的优劣决定陟黜。考察，是通过对法纪素质的检验来对违法官员实施的处罚。考察分两种：

---

①　《明史·职官志三》。

京官 6 年一考为"京察",外官 3 年一考为"外察"。通过对官吏进行全面考察,朱元璋对称职者升官加爵,不称职者、贪污者付法司罪之,品格卑鄙者免官为民。朱元璋甚至还将《御制大诰》作为科举的必考内容,

明朝时期,代表行政机构的印章也受到严格管控,只有正职官员才能使用。每次使用之前都要求先对文书进行仔细审查,在确定没有问题之后才能将印盖在文书之上。按照规定,每年各布政使司和府州县都要派出上计吏到户部核实钱粮军需账目,其数目琐碎零散,必须府合省、省合部,一层一层地审核后才能报销。钱谷数字但凡有分毫之差,整个报销册便被驳回。布政使司距离京师近的有三四百公里,远的有三四千公里,册子都要有衙门的印章才算合法有效。为了这合法的印章,有时册子来回就得一年半载。为省得部里挑剔,减除往返奔波麻烦,上计吏依照惯例都带有预先准备好的空印文书,遇到有部里反驳便立刻填用。洪武十五年,朱元璋接到检校官的举报始知此事,认为这一做法有诸多弊病,会导致公共财产、朝廷和百姓的利益遭受损失,于是大发雷霆,令各衙门长官主印者一律正法,佐贰官杖一百放逐边地。

7.4.3 法外用刑

在重典治吏思想的指导下,朱元璋对犯罪官员的定罪量刑并不完全依照法典,有时会用一系列残酷的法外之刑来施加惩治,以进一步加大对官员的监督力度并肃清腐败。他主持修订的《御制大诰》恢复了极端残酷的凌迟、抽肠、墨面文身、挑筋去骨、膑刑、断指、阉割、剥皮实草等酷刑,可谓法外加刑的案例汇编。据史料记载,当时在各府、州县卫衙门的左边,都立有一座祀土地神的庙,又叫"皮场庙",作为剥人皮的场所。贪污钱财六十两以上的官吏被剥皮后,中实稻草,被挂于官府公座两旁,以震慑官吏,使他们廉洁自律。例如,《大诰初编》第三十三条记载:"余姚县叶彦彬打击报复,御史枉法,皆墨面纹身,挑筋去指。"《大诰初编》第六十九条记载:"龙江卫仓官盗粮,被墨面纹身,挑筋去膝。"《大诰续编》第六十七条记载:"嘉定县民郭玄二赴京告状,被巡检何添观刁难,将何刖足枷令。"

总的来看,法外用刑的特点体现在两个方面。

一是扩大株连范围,屡兴大狱。按法律规定,除"谋反""大逆"外,不能族诛连坐。但朱元璋为清除异己和惩治贪奸,无限制地扩大株连范围。他设置"奸党"之法,实行职务连坐,即一官被认为有罪,有职务联系的各官也往往不能幸免,洪武四大案(胡惟庸案、空印案、郭桓案、蓝玉案)就是如此。

二是广泛施行廷杖,体罚群臣。历代法律并没有廷杖的规定,所以它是一种法外之刑。据史籍所载,东汉明帝时,"政事严峻,九卿皆鞭杖"。可见,早在东汉时就有在朝廷之上杖责大臣的先例,以后隋唐宋元各代均有,至明代则发展到了极端。朱元璋认为,元代灭亡的一个重要原因是朝廷对官吏"失之宽大而不知检",因此便实行重典治吏。廷杖的目的是借助血淋淋的手段使臣下畏法惧祸。明代最早的一次廷杖发生在洪武八年

（1375 年），时刑部主事茹太素上万言书，有所忤触，被当廷杖打。此后，在午门前对大臣施用杖刑的廷杖便成为以暴力监督大臣的特殊刑罚。

7.4.4　重典治吏的借鉴意义

朱元璋实行重典治吏，虽然不能从根本上解决官僚政治弊端，但对明朝初年整肃吏治、缓和社会矛盾、恢复经济起到了积极作用。分析这一典型历史现象，探讨其中的利害得失，对坚持全面依法治国、大力惩治贪污腐败仍不乏启示意义。首先，要加强反腐败国家立法，完善惩治和预防腐败体系。惩贪肃贿是关系国家长治久安的长期任务，需要系统完备、科学规范、运行有效的法律体系作为支撑。这要求不断完善相关法律制度，运用法治思维和法治方式反腐败。其次，要深化国家监察体制改革，健全集中统一、权威高效的监察体系。充分发挥各级各类监察机关在反腐败中的作用，实现对所有行使公权力的公职人员监察的全覆盖，以不敢腐、不能腐、不想腐的长效机制根治贪污腐败。再次，要严格规范执法，完善查办腐败违纪违法案件的程序措施和工作机制。法律的生命力在于实施，法律的权威也在于实施，法外用刑是权力滥用的人治表现，只能治标不能治本。因此，执法和司法活动要以纪律法律为准绳，遵循调查、审查工作规律，让人民群众从每一个反腐败案件中感受到公平正义。最后，要敢于刑上高官，按照公平公正的程序使腐败分子接受党纪国法的严惩。不断加强反腐败职能部门的执法办案力度，让腐败无特权，让反腐无禁区，以自我革命跳出"历史周期率"。

本章小结

在新时代背景下，完善行政监督体系须从以下几个方面着手。首先，要强化法治思维，确保所有行政行为都在法律框架内进行，加强法规建设，明确监督标准与程序。其次，要构建多元化的监督格局，既要发挥纪检监察机关的专门监督作用，也要重视社会监督、舆论监督的力量，利用互联网等现代信息技术拓宽监督渠道。再次，要加强内部管理与自我约束机制，提升公务员的职业道德和业务能力，建立科学合理的考核评价体系。最后，要建立健全问责机制，依法依规严肃处理失职渎职行为，确保监督效果落到实处。回顾我国几千年行政管理实践，如何建构上下贯通、权威高效的监督体系是治理面临的关键问题。在我国，行政监督思想起源甚早，并历经了漫长的流变和创新，构成了古代治国理政的核心内容，对后世影响深远。通过本章的学习，读者不仅可以透过《诗经》的舆论监督思想、《周礼》的朴素审计监督思想、唐太宗的"御史治吏"与"纳谏"思想、朱元璋的"重典治吏"思想，全面了解中国古代行政监督的思想渊源、制度演变、机构设置、人员配备及职能运行等，还能够从中汲取经验和智慧，把握治乱兴衰的规律，进而聚焦"国之大者"，坚持把正风肃纪反腐与深化改革、完善制度、促进治理、推动发展贯通起来，把监督体系与治理体系贯通起来，更好发挥行政监督保障执行、促进发展的作用。

关键术语

采风观政　主文谲谏　宰夫　参互　九式　三院制　考满　法外用刑

 思考题

1. "采风观政"对现代行政监督有何意义？
2. 如何理解《周礼》中"交互考成"的具体内涵？
3. 唐太宗纳谏思想集中体现在哪些方面？
4. 简述朱元璋"朝野分治、科道并施"的吏治特点。

 课外资源

7-1　古近代行政监察的
　　　发展与启示

7-2　中国古代的舆情
　　　收集与舆论监督

7-3　治官与治国：中国古代
　　　国家治理的历史智慧

第8章

中国古代行政道德思想

行政道德是一种在领导活动中由人的主观意识影响或决定的因素，在一定程度上体现着行政活动的导向性，是人们评判行政管理的重要尺度之一。中国古代行政道德思想重视道德教化，坚持德主刑辅，强调"以吏为师""立身为正"，主张行政人员"内圣外王"等。本章重点关注儒家学派的主要代表人物孔子、孟子、荀子、朱熹的行政道德思想，分析中国传统德治中的有益成分与历史局限性。

8.1 孔子的德政思想

孔子（公元前 551—前 479 年），名丘，字仲尼，春秋时期鲁国陬邑（今山东省曲阜市）人，中国古代思想家、政治家、教育家，儒家学派创始人。他自幼熟识传统礼制，青年时以广博的礼乐知识闻名于鲁，从事儒者之业。中年聚徒讲学，从事教育活动，年五十，曾一度任鲁国司寇，摄行相职，不久因与当政者政见不合而弃官，与弟子周游列国，宣传自己的政治主张和思想学说，终未见用。晚年回到鲁国，致力教育事业，整理《诗》《书》，删修《春秋》，以传述六艺为终身志业。孔子倡导"仁"和"礼"，认为君子以"名"为本，把恢复和重建礼乐制度作为使命，将行政活动中抽象的秩序和规范建立在仁爱的基础上，达到"礼以体政，政以正民"，由此可见其治国理政思想主要体现为"德政"。

8.1.1 儒家行政道德内涵：志于道，据于德，依于仁，游于艺

（1）志于道——行政秩序建构的基础

孔子所提出的"道"是一种森严的等级秩序，源自周礼，所谓"周监于二代，郁郁

乎文哉！吾从周"①。以他为代表的儒士对消极避世观念持嗤之以鼻的态度，认为人是一种"群"的存在，真正的人需要在人际关系中获得存在感，而避世是彻底离群的表现。《论语·公冶长》记载，孔子询问子路、颜回的志向，子路表示愿将华丽的服饰、车马与朋友共享，颜渊也表示"愿无伐善，无施劳"。至于孔子，则表明自己的志向是"老者安之，朋友信之，少者怀之"。孔子以其博大的人文情怀，阐述个人对于他人的责任与使命，认为在人群之中，人与人有着不可分割的联系，这决定了人不仅仅是自为的，更是相互依存的。同样，在行政活动中，为政者也不应将自己的行为孤立起来，而应意识到自己因处于行政秩序之中所被赋予的责任和使命。正如《论语·学而》中孔子提出的治国理政纲目——"道千乘之国，敬事而信，节用而爱人，使民以时"，行政人员要"敬事而信"，提升品德修为，面对人民时做到节用爱人、节用裕民、使民以时。

从某种意义上说，孔子所主张的教育，以出仕为直接目的，进而达至"道"的最高目标。"仕而优则学，学而优则仕"② 就表达了学与仕的辩证关系。孔子所憎恶的避世是在外部条件适宜的情况下采取消极态度，与之不同的是"邦有道则仕，邦无道则可卷而怀之"③。前者更倾向于反对政治，根本和彻底地淡出政治，不论"邦有道"还是"邦无道"，都与群脱离，与世隔绝；后者的不仕则是策略性的，当外部出仕环境不好时，可以采取暂时的、部分的退让，一旦条件成熟仍会积极出仕。可见，出仕在孔子看来不是一种趋利性的行为，而是建立在"道"的基础之上的微观主体的活动，这些微观主体的活动又构成了整个行政秩序。

（2）据于德——行政管理原则的核心

"德"的观念最早可追溯到商周时期，甲骨文中即有德字。这说明在那一时期，德至少已作为独立的政治标准被提出。为政以德是以个人品质影响行政活动的过程，强调个人道德对行政管理的作用，而非在行政管理中行使强制性权力。在孔子的思想中，"德"作为社会伦理的根基，不仅对士人等知识分子有影响，而且贯彻到社会各阶层，同时是行政人员的精神基础。《论语·为政》指出："道之以政，齐之以刑，民免而无耻；道之以德，齐之以礼，有耻且格。"孔子将"刑"与"德"的作用作了比较，认为当"齐之以刑"时，百姓虽然受到惩罚，但内心未有根本改变；而当"齐之以德"时，百姓会在犯罪后产生羞耻心，从而真正归服于统治。

"国之大事，在祀与戎"④，礼乐制度和祭祀程序本身也是国家等级秩序的体现。在孔子所推崇的周代政治秩序中，王拥有至高权力，"溥天之下，莫非王土；率土之滨，莫非王臣"⑤，其后又有"王畿"和"诸侯国"之分；在祭祀方面，天子九鼎、诸侯七鼎、大夫五鼎、士三鼎或一鼎，故礼乐秩序同时是修身和为政的基本准则。子曰："博学于文，

---

① 《论语·八佾》。
② 《论语·子张》。
③ 《论语·卫灵公》。
④ 《左传·成公十三年》。
⑤ 《诗经·小雅》。

约之以礼，亦可以弗畔矣夫。"① 这是说，"礼"作为"德"的表现形式，是各级行政人员实施管理的有力抓手和重要规范。以"德"为行政管理的依据，不仅能提升社会管理水平和效率，还能以内化的方式使为政者和百姓进行自我约束，构建一种自觉的治理秩序。

（3）依于仁——行政活动达成的使命

《论语·八佾》中有云："人而不仁，如礼何？人而不仁，如乐何？""仁"作为一种爱，是孔子思想内核的集中反映。在《论语》中，颜渊、子贡、子张、樊迟等弟子均曾向孔子问仁，在答复不同弟子时，孔子本着"因材施教"的理念分别作如下阐述。在颜渊问仁时，孔子回答"克己复礼为仁。一日克己复礼，天下归仁焉"②。这是出于对"仁"和"礼"关系的理解。在子贡问仁时，孔子曰："工欲善其事，必先利其器。居是邦也，事其大夫之贤者，友其士之仁者。"③ 面对行政人员如何为仁这个问题，孔子强调外部条件应达到一种和谐的状态，与贤者共事，与仁者为友。答复子张时，孔子说："能行恭、宽、信、敏、惠于天下则为仁。"④ 这说明"仁"不是单一的概念，而是一种有弹性的、富于包容性的情感表达和社会秩序。在樊迟问仁的时候，孔子的回答最为直接——仁即"爱人"，指出仁的基本内涵是"爱"的情感和人与人之间关系的协调。

在孔子与其弟子的交谈中，不乏关于"仁"的本质的讨论。例如，《论语·学而》中，有子说："其为人也孝悌，而好犯上者，鲜矣；不好犯上，而好作乱者，未之有也。君子务本，本立而道生。孝悌也者，其为仁之本与？"子曰："弟子入则孝，出则悌，谨而信，泛爱众，而亲仁。"一方面，"仁"是体，"孝悌"是用，君臣关系的维护类似于父子的伦理纲常；另一方面，仁者的好恶不建立在个人利益之上，而建立在爱的原则，即公众利益之上。"己欲立而立人，己欲达而达人"⑤，这种好恶不由个人意志决定，而是源于外物本质的可爱或可恶。孔子还说："刚毅木讷，近仁。"⑥"巧言令色，鲜矣仁。"⑦ 由此可见，孔子及其弟子对仁者的态度是不加修饰的，他们直陈自己的观点和意图：行政人员应旗帜鲜明，坚守初心，务本生道，从而达成"仁"的使命。

（4）游于艺——行政领导自身的修养

"游于艺"位于"志于道，据于德，依于仁"之后，是前三者在日常生活中的体现和补充。"艺"即六艺，是孔子教授学生的知识，源于周朝。《周礼·保氏》载："养国子以

---

① 《论语·雍也》。
② 《论语·颜渊》。
③ 《论语·卫灵公》。
④ 《论语·阳货》。
⑤ 《论语·雍也》。
⑥ 《论语·子路》。
⑦ 《论语·学而》。

道。乃教之六艺：一曰五礼，二曰六乐，三曰五射，四曰五御，五曰六书，六曰九数。"孔子注重传承前朝的经典，虽然他说自己"述而不作，信而好古"①，但实际上他结合实际对经典作出了新的阐发与解释，尤其是《诗》《书》《礼》《易》《乐》。其中，他最为重视的莫过于《诗》。由于当时贵族之间多以"诗言志"的方式交往，不学《诗》就无法与其他人正常交流，因此孔子用"不学《诗》，无以言"来教诲儿子孔鲤。同时，孔子指出："诵诗三百，授之以政，不达；使于四方，不能专对，虽多，亦奚以为？"②他强调不能教条地搬运理论，而是要将理论与行政实践的具体实际相结合，进入"达于政而能言"③的境界。

孔子所教授的经典除了能提供行为方法上的指导外，还可以起到规范社会道德的作用。《诗经》自《关雎》始，孔子曰"乐而不淫，哀而不伤"④，这种对情感的节制是符合"以礼节情"主张的。当子夏问"巧笑倩兮，美目盼兮，素以为绚兮，何谓也？"时，孔子回答"绘事后素"，以阐发其"君使臣以礼，臣事君以忠"⑤的思想。他将《诗经》的特点和作用概括为"思无邪"，认为把握其大义达到"发乎情，止乎礼"的境界，才是学《诗》的现实价值。再者，学《诗》"可以兴，可以观，可以群，可以怨。迩之事父，远之事君，多识于鸟兽草木之名"⑥。这里孔子指出，学习《诗经》在多识鸟兽草木之名外，还起到规范"子事父、臣事君"的作用。从根本上来看，善于从经典中汲取经验并将其付诸实践，是行政人员的一种能力，同时也是其提升治理水平的重要方式。

8.1.2 "君子儒"与行政管理的关系

《礼记·大学》谈道："古之欲明明德于天下者，先治其国；欲治其国者，先齐其家；欲齐其家者，先修其身；欲修其身者，先正其心；欲正其心者，先诚其意；欲诚其意者，先致其知，致知在格物。物格而后知至，知至而后意诚，意诚而后心正，心正而后身修，身修而后家齐，家齐而后国治，国治而后天下平。"对于符合儒家标准的"君子"而言，修身、齐家、治国、平天下，是以德为基点，由己及人，推而广之，通过自我修炼将个人责任转化为国家治理责任的基本途径。孔子说："为政以德，譬如北辰，居其所而众星共之。"⑦这表明"德"在其行政管理思想中具有重要地位，对修齐治平各个环节都直接或间接产生着影响。

---

① 《论语·述而》。

② 《论语·子路》。

③ 《四书章句集注·论语卷七》。

④ 《论语·八佾》。

⑤ 《论语·八佾》。

⑥ 《论语·阳货》。

⑦ 《论语·为政》。

（1）君子之德主导的治国理念

"君子之德风也，小人之德草也，草尚之风必偃。"① 在孔子看来，治理国家首先要把握好关键少数，即有德之人，尤指施德政的领导。他将社会道义与政治仁德结合起来，把自己的理想定义为"大同"。正所谓"大道之行也，天下为公，选贤与能，讲信修睦"②，为政者以德政为基础，践行"天下为公"的价值取向，在治国实践中"选贤与能，讲信修睦"，就能够推动社会和谐有序，保障"大道"施行。在阐明政治理想之后，孔子又对治国的核心要义作出精辟解释："凡为天下国家有九经，曰：修身也、尊贤也、亲亲也、敬大臣也、体群臣也、子庶民也、来百工也、柔远人也、怀诸侯也。修身则道立，尊贤则不惑，亲亲则诸父昆弟不怨，敬大臣则不眩，体群臣则士之报礼重，子庶民则百姓劝，来百工则财用足，柔远人则四方归之，怀诸侯则天下畏之。"③ "九经"的思想与修齐治平的治世思想一脉相承，强调从个人行为道德规范，到家庭尊卑长幼之序，再到整个政治世界的君臣、君民等级关系，逐层递进，形成以"道"为核心的立体化社会秩序。

闵子骞问政时，孔子说："以德以法。夫德法者，御民之具，犹御马之有衔勒也。君者，人也；吏者，辔也；刑者，策也。夫人君之政，执其辔策而已。"④ 从中可以看出，孔子主张的治国方式涵盖"德"与"法"两个方面："德"指仁德，既包括主观的治国态度，也包括客观的个人影响；"法"既指具象的行政法令，也指抽象的仁礼规范和社会伦理纲常，二者互相配合共同影响行政人员及组织体系，达到"德盛法修"的协调状态。"古者天子以内史为左右手，以德法为衔勒，以百官为辔，以刑罚为策，以万民为马，故御天下数百年而不失。善御马，正衔勒，齐辔策，均马力，和马心。故口无声而马应辔，策不举而极千里。善御民，壹其德法，正其百官，以均齐民力，和安民心。故令不再而民顺从，刑不用而天下治。是以天地德之，而兆民怀之。夫天地之所德，兆民之所怀，其政美，其民而众称之。"⑤ 孔子形象地将内史、德法、百官、刑罚、万民等治理要素比喻为驾车的各个部位和环节，强调在治国过程中不应割裂地对待某一方面，而要使各要素协调共振，实现一种行政上的系统耦合。

（2）"仁礼合一"的家国观念

正如《论语》提到的，"子以四教：文、行、忠、信"⑥。孔子注重以"仁礼"为核心的德行，其教学与出仕紧密相连，所谓"学而优则仕，仕而优则学"，学和仕共同构筑了儒者的主要性格。通过学用仁和礼充实自己，将更符合仁和礼的自我，投入行政管理实

---

① 《论语·颜渊》。
② 《礼记·礼运》。
③ 《中庸·第二十章》。
④ 《孔子家语·执辔》。
⑤ 《孔子家语·执辔》。
⑥ 《论语·述而》。

践中去。学不是单纯的知识积累，而是指向仕的德行储备；仕也不是单纯的权力追逐，而是道在政治生活中的落实。这种"仁礼合一"的思想使以孔子为代表的儒家成为一个具有强烈的现实家国情怀的学术派别，影响中国思想文化数千年。

孔子思想中还贯穿着"家国同构"的观念，这一观念起源于周朝的宗法制，其含义是家庭、家族和国家在组织结构方面具有共同性，均以血亲宗法关系来统领，存在着严格的父权家长制，体现了血缘关系与政治关系的融合。换言之，"家"是小"国"，"国"是大"家"；父为"家君"，君为"国父"，君父同伦，家国同构，宗法关系因而渗透于社会每个角落，甚至掩盖了阶级和等级关系。"弟子入则孝，出则悌，谨而信，泛爱众，而亲仁。行有余力，则以学文。"① 这是孔子将一个人在家庭和家族内部的行为外化到社会关系上的论述。"孝悌"不仅是个人德行最根本的表现，也可以延伸到行政道德层面，即"君使臣以礼，臣事君以忠"②，于是"礼"和"忠"就成为维系君臣关系的基础。这样，家庭关系与君臣关系就有了内涵和逻辑上的联系，"惟孝，友于兄弟，施于有政"③，将"孝"从家庭伦理上升到政治伦理，把父子关系在道德上的合理性赋予君臣关系，从而使"君君、臣臣、父父、子子"的等级秩序得到巩固。

（3）德政引领的行政领导品质

在孔子德政思想的观照下，行政领导应从正名、亲民、勤政等方面追求圣贤的仁者至高境界。季康子问政，孔子答道："政者，正也。子帅以正，孰敢不正？"④ 其中就指出行政领导要正身而行，强调名是行政管理合法性的来源。"名不正则言不顺，言不顺则事不成，事不成则礼乐不兴，礼乐不兴则刑罚不中，刑罚不中则民无所措手足。"⑤ 因此，行政领导应当使自身的言行符合仁和礼的规范，以此来树立行政权威。孔子认为，无论是官员还是百姓，在人与人之间的交往中，"爱人"是至关重要的，只要本着一颗仁德之心，就不会做坏事。为政者应该是"仁"的化身。孔子指责"苛政猛于虎"的残忍行为，提出"节用而爱人，使民以时"⑥，劝诫为政者"因民之所利而利之"⑦"足食，足兵，民信之矣"⑧"既庶矣，又何加焉？曰富之。既富矣，又何加焉？曰教之"⑨。孔子的德政思想还蕴含有对官员勤政的要求。比如，齐国赠送给鲁定公能歌善舞的女乐八十人、毛色有文采的马匹三十驷，企图使鲁国君臣玩乐丧志，孔子歌咏"彼妇之口，可以出走；彼

---

① 《论语·学而》。
② 《论语·八佾》。
③ 《论语·为政》。
④ 《论语·颜渊》。
⑤ 《论语·子路》。
⑥ 《论语·学而》。
⑦ 《论语·尧曰》。
⑧ 《论语·颜渊》。
⑨ 《论语·子路》。

妇之谒，可以死败"[1]，以告诫作为治国主体的行政人员，不应沉溺于安逸享乐，荒废朝政。又如，卫灵公与夫人南子同车，招摇过市，孔子跟他的弟子说"吾未见好德如好色者也"[2]，直言不讳地指出卫灵公好美色，表达了对这种行为的遗憾和厌恶之情。

8.1.3　孔子的德政思想简评

孔子及其弟子包括后世受到儒家思想影响的人，都有着强烈的政治冲动和社会责任感，这是他们在长期对"仁"和"礼"的学习中自然形成的。儒家始终在探讨和解释的一个重要议题，即君子的内涵与意义，很多时候被认为是《论语》的中心。在孔子的思想体系中，"君子"不单单是一个具有身份和地位的称谓，更是富有道德和精神内涵的象征。"君子怀德，小人怀土；君子怀刑，小人怀惠""君子坦荡荡，小人长戚戚""君子成人之美，不成人之恶，小人反是"……这些都表明，德政思想下对"君子"的追求，是改善行政道德乃至社会环境的重要方式。颜渊感叹孔子"仰之弥高，钻之弥坚。瞻之在前，忽焉在后。夫子循循然善诱人，博我以文，约我以礼，欲罢不能。既竭吾才，如有所立卓尔。虽欲从之，末由也已"[3]，可见，怀德的仁者对于社会风尚具有强大引领作用，行政人员对于德政的坚守也会使社会形成争做君子之风。且对于一般人而言，成为一个以德修身的"仁者"是较为现实的途径。

孔子的思想在春秋战国时期并不受重视，他甚至多次遭到不同政见者的排挤。困于陈蔡之时，惶惶如丧家之犬，但他箪食瓢饮，安贫乐道，穷不失志，达不过傲。著名学者钱穆曾评价他，集先世两千五百年之大成，开后世两千五百年之新统。孔子的德政思想以"仁"和"礼"为核心，以重构社会价值秩序和国家政治体系为目的，将个人、家庭的伦理与治国平天下的行政伦理契合统一，提供了一种道德治理模式。可以说，"高山仰止，景行行止。虽不能至，然心乡往之"，这种模式对人的要求是很高的，如同孔子对圣人的追求永无止息那样，实行"大道"亦是久久为功、不懈求索的事业。孔子的思想尽管并不完美，但可以为当今行政管理提供一些启示：各级公务人员要时刻在心中树立道德标杆，以"仁者"为标准，坚持以民为本、为民服务，在面对行政管理对象时，以公仆的姿态出现；在处理具体行政事务时，以勤勉敬业的状态投入。

8.2　孟子的王道仁政思想

孟子（约公元前 372—前 289 年），名轲，字子舆，与孔子并称"孔孟"，鲁国邹（今山东省邹城市）人，战国时期儒家思想代表人物之一，中国古代思想家、哲学家、政治

---

① 《史记·孔子世家》。
② 《论语·子罕》。
③ 《论语·子罕》。

家、教育家。他是一位与孔子的生活经历极为相似的思想家，终其一生，游说诸侯，历齐、梁、宋、滕、鲁诸国，均未能见用，晚年回家乡传道授业，著书立说，最终成就了《孟子》一书。孟子的思想学说对唐宋之后的中国产生了深刻的影响，其中不乏许多命题的哲学思辨以及伦理启示。正如他在与梁惠王交流时表示："王如施仁政于民，省刑罚，薄税敛，深耕易耨……故曰，仁者无敌。"① "民为贵，社稷次之，君为轻"的民本思想和"行仁政而王"的仁政主张是贯穿其思想的主线。

8.2.1　民心政治：得民心者得天下

（1）以民为本的天下观

孟子的重民思想与周朝"敬德保民"以及孔子"仁者爱人"的思想一脉相承，并进一步发展出以民为本的天下观。孟子认为，王权的成败兴衰与民心向背密不可分，国家的根基在民，社稷国家次于人民，国君的地位至轻。"是故得乎丘民而为天子，得乎天子为诸侯，得乎诸侯为大夫。"② 从逻辑层次上解释是：得到众百姓之心的做天子，得到天子之心的做诸侯，得到诸侯之心的做大夫。百姓虽处于社会底层，其心向背却决定着国家兴衰。因此在孟子看来，民众的力量大于一个国家君主的力量。

民心之于一国的作用，不仅决定其存在与否，更决定其战事成败、百业兴衰。《孟子·公孙丑章句下》有云："得道者多助，失道者寡助。寡助之至，亲戚畔之；多助之至，天下顺之。以天下之所顺，攻亲戚之所畔；故君子有不战，战必胜矣。"封疆大业要依靠得道之人襄助，"得道者"是以施仁政的方式"得民心"。从另一角度看，假使"不仁"，不同的人会有不同的后果："天子不仁，不保四海；诸侯不仁，不保社稷；卿大夫不仁，不保宗庙；士庶人不仁，不保四体。"③ 天子不施以仁政，不爱护国民，就会危及江山天下；诸侯不仁，就会危及社稷国家；卿大夫不仁，会危及宗庙礼法；士和庶人不仁，就会危及自身。"今天下之君有好仁者，则诸侯皆为之驱矣。虽欲无王，不可得已"④，意思是以仁爱为根本，关心百姓，那么诸侯就甘愿为之驱使，即使不想称王也不可能了。孟子以民为本的天下观——"夫国君好仁，天下无敌"⑤ 与孔子相似，都强调"得民心"对于"得天下"的重要意义。

（2）以仁政得民心的治理观

孟子提出了一个重要概念，即"制民之产"，其意是指创制民众的产业。他在《孟

---

①　《孟子·梁惠王章句上》。
②　《孟子·尽心章句下》。
③　《孟子·离娄章句上》。
④　《孟子·离娄章句上》。
⑤　《孟子·离娄章句上》。

子·梁惠王章句上》中对齐宣王说："无恒产而有恒心者，惟士为能。若民，则无恒产，因无恒心。苟无恒心，放辟邪侈，无不为已。"在孟子看来，百姓如果没有稳定的产业收入，无法维持自身的生存，就会为了维持生计而背离道德。因此，为政者必须为百姓创造、提供必要的产业，使其生产所得能够满足日常生活的需要。"制民之产"是为政者推行道德教化的基础和前提。有了"恒产"，才能够从根本上去除农民的"流民"心态，从而让"恒心"植根于农民的意识形态中，使劳动力与定量的土地充分结合在一起，并且永久不变，持续创造社会财富，为国家提供赋税。这就是治理国家的根本。

"诸侯之宝三：土地，人民，政事。"[①] 孟子所提倡的"恒产"包括土地和人民，这也是诸侯施政的基础。在以农为本的中国，土地自然是人民最重要的生产资料，一切行政管理活动首先要解决的就是土地问题。于是，他将划定土地界限作为仁政的起点，"夫仁政，必自经界始"，并强调"经界不正，井地不钧，谷禄不平"[②]。孟子倡导的土地制度脱胎于井田制，但与其有本质上的不同。商周时期"溥天之下，莫非王土"式的土地国有制，造就了奴隶共同生产的模式，而孟子处在"铁犁牛耕"大面积推广、生产力私有化程度大幅提高的封建时代，所以他设想"方里而井，井九百亩，其中为公田。八家皆私百亩，同养公田"[③]，即将八家编组，共耕九百亩地，其中一百亩为公田，由八家共同耕作生产，另外八百亩则属"私田"，由各家自行耕种。

孟子在以仁政得民心的治理观下，为人们规划了一个美好的图景——"五亩之宅，树之以桑，五十者可以衣帛矣；鸡豚狗彘之畜，无失其时，七十者可以食肉矣；百亩之田，勿夺其时，数口之家可以无饥矣；谨庠序之教，申之以孝悌之义，颁白者不负戴于道路矣。七十者衣帛食肉，黎民不饥不寒，然而不王者，未之有也"[④]。他认为，治国为政应该建立在善的基础上，也就是要爱民，符合民意和民心，让老百姓过上理想的生活。

8.2.2 王政之道：施仁政者守天下

（1）重民心的行政权力观

孟子认为，天子治理国家的权力源自百姓的认可和信任，这与夏商周乃至更早崇尚祖先、神鬼、天命等带有朴素宗教意味的权力观具有明显的分野。在孟子所处的时代，君权已经有了天然的合法性，但他在被动承认其合法性的基础之上对君权乃至统治阶级发出挑战，提出了重民心的行政权力观。孟子回答"尧以天下与舜，有诸？"时说："否。天子不能以天下与人。"[⑤] 认为天子没有将天下交予他人的权力，只能是"天与之"，这是天子获得权力的唯一合法途径。在转移权力时，天子所拥有的只是向天推荐人的权力。

---

① 《孟子·尽心章句下》。
② 《孟子·滕文公章句上》。
③ 《孟子·滕文公章句上》。
④ 《孟子·梁惠王章句上》。
⑤ 《孟子·万章章句上》。

孟子又有言："昔者尧荐舜于天而天受之，暴之于民而民受之。故曰：天不言，以行与事示之而已矣。"①意思是尧将舜推荐给天，天接受了；公开介绍舜给百姓，百姓也接受了。所以说，天不说话，但会通过行动和事迹来示意。孟子面对君权时，是带有批判思维的，他要审视行政权力是否符合仁的标准和道的规范，"不仁而在高位，是播其恶于众也"②。"古之贤王，好善而忘势"③，这表达了孟子对于权势的厌弃，他认为贤明的君主是乐于行善而忘却权势的。孟子还假"先王之道"作为约束君权的又一工具，指出"遵先王之法而过者，未之有也"④，以此赋予其学说无可辩驳的权威性。

（2）合乎仁心的行政目标说

孟子继承前人的思想，提出"仁之于父子也，义之于君臣也，礼之于宾主也，知之于贤者也，圣人之于天道也，命也。有性焉，君子不谓命也"⑤，把道对于圣人的关系，与仁对于父子、义对于君臣、礼对于宾主、智慧对于贤者的关系相提并论，强调"道"的重要性。与老庄"道，理也……道无不理"的思想不同，孟子所谓的"道"是合乎仁心的圣人治理目标，同时也意味着对每一个行为主体提出更高的道德标准，正所谓"仁也者，人也。合而言之，道也"⑥。在孟子看来，仁政对于为政者意义重大，"不仁而得国者，有之矣；不仁而得天下，未之有也"⑦。这里的"国"和"天下"的区别是，"国"仅仅是一个机械的实物，可以通过各种外界手段获取，如继承王位等；而"天下"则不仅包含"国"这个实体，更包含通过为政者自身努力而俘获民心的内在力量。

当万章询问伊尹如何求取商汤王时，孟子回答："与我处畎亩之中，由是以乐尧舜之道，吾岂若使是君为尧舜之君哉？吾岂若使是民为尧舜之民哉？吾岂若于吾身亲见之哉？天之生此民也，使先知觉后知，使先觉觉后觉也。予，天民之先觉者也，予将以斯道觉斯民也。非予觉之，而谁也？"⑧孟子认为，伊尹对于王道政治的追求，不仅体现在个人道德修养上，更体现在对尧舜之君、尧舜之民、尧舜之世的追求上。伊尹将自己称为"先觉者"，赋予自身强烈的使命感，以"伐夏救民"。这种对百姓的强烈责任，是形成仁政思想的重要基础。就伊尹的行为方式而言，他积极承担"先知觉后知，先觉觉后觉"的责任，通过教化后觉者，实现自己的社会价值。就大多数人而言，虽屈居后觉，但也应该认识到，"尧舜之道"并非圣人专属，不同的人也有各自实现"道"的方式。"夫人岂以不胜为患哉？弗为耳。""子服尧之服，诵尧之言，行尧之行，是尧而已矣；子服桀

---

① 《孟子·万章章句上》。
② 《孟子·离娄章句上》。
③ 《孟子·尽心章句上》。
④ 《孟子·离娄章句上》。
⑤ 《孟子·尽心章句下》。
⑥ 《孟子·尽心章句下》。
⑦ 《孟子·尽心章句下》。
⑧ 《孟子·万章章句上》。

之服，诵桀之言，行桀之行，是桀而已矣。"① 孟子告诉我们，应该担心的不是无法达到预期治理目标，而是行动上的不作为。在言行上要向理想的标准靠拢，以圣人为师，这样才能有机会达到"人皆可以为尧舜"的境界。

（3）贤能理政的行政方法论

孟子说："天子适诸侯曰巡狩，诸侯朝于天子曰述职。春省耕而补不足，秋省敛而助不给。入其疆，土地辟，田野治，养老尊贤，俊杰在位，则有庆，庆以地。入其疆，土地荒芜，遗老失贤，掊克在位，则有让。"② 他认为，天子有责任去体察民情，这种行为被称为"巡狩"；诸侯有责任在自己的封地开展有成效的治理，定期向天子报告，并接受上级的监督，这种行为被称为"述职"。要尊贤使能，让俊杰上位，只有提拔重用贤者，使能者担任职务，才能够把社会管理好。在儒家思想之下，孟子认定，每一个儒者实现自我价值的途径是通过学习礼乐知识和恪守"道"的准则，提升自身素质，承担"治国平天下"的责任。为防止左右亲戚关系的干扰，评判官员是否"贤"，应看其是否达到仁德的标准，真正听取百姓的意见，"国人皆曰贤，然后察之；见贤焉，然后用之"③。相反，如果百姓都说此人不贤，经考证后确实如此，就要罢免他。虽然孟子的贤治思想局限于"人治"范畴，但相较于此前上行下效的体制要求，其重视民意的倾向在封建专制时代已是跨越式进步。孟子与齐宣王交谈，问："王之臣，有托其妻子于其友而之楚游者。比其反也，则冻馁其妻子，则如之何？"宣王认为这是朋友的责任。孟子又问："士师不能治士，则如之何？"宣王答道应责罚撤职。孟子再问："四境之内不治，则如之何？"④ 宣王却顾左右而言他。由此可见，孟子贤能理政的行政方法论，其实质是一种君臣有道、各尽其责、各司其职的思想，体现出以责任为导向，对自己的使命及地位负责的态度。

8.2.3　孟子的王道仁政思想简评

与孔子的经历相似，孟子也游说于诸侯之间，奈何"当大争之世，而循揖让之轨，非圣人之治也"⑤。在战国末年，秦有卫鞅，魏用吴起，齐倚孙子、田忌，天下呈合纵连横之势，而孟子承唐尧、虞舜等人之德与道，很难适应那个弱肉强食的时代。然而，孟子继承孔子的儒家学说，进一步发展"仁"的思想，并系统阐释了"仁政"的内涵，强调社会身份和地位赋予为政者的责任。他的"民贵君轻"思想，非常重视"道"对为君、为臣的引导，君要"与民同乐"，恪守君道，臣应做到"国人皆曰贤"，厉行臣道。君臣

---

① 《孟子·告子章句下》。
② 《孟子·告子章句下》。
③ 《孟子·梁惠王章句下》。
④ 《孟子·梁惠王章句下》。
⑤ 《韩非子·八说》。

之间要"进人以礼，退人以礼"，从而在以民为本基础之上达到君臣关系的和谐。在行政管理方法论上，孟子提出"制民之产""乐民之乐，忧民之忧"等观点，以维系政治体系、行政秩序。可以说，孟子所主张的王道仁政，在先秦封建社会尚未完全成型时的诸子百家中，可谓一枝独秀，深刻影响了后世的治国理政。孟子将自己的姿态放得很低，关心百姓利益，眼中是每一个生活在华夏大地上的普通人家。他的王道仁政思想能够经过历史的检验并影响几个朝代的更迭，足以说明它的价值和生命力。因此，我们需要客观辩证地评析这一思想，取其精髓，加以改进与创新，使之与当代文化相适应，与现代社会相协调，让其在全面建设社会主义现代化国家、实现中华民族伟大复兴新征程中更加熠熠生辉。

8.3 荀子的礼治思想

荀子（约公元前313—前238年），名况，字卿，战国晚期赵国人，思想家、哲学家、教育家，儒家学派的代表人物，张苍、李斯、韩非等皆为其弟子。他早年间游学于齐国，曾三次担任稷下学宫"祭酒"一职，后遭人诋毁，前往楚国，被春申君任命为兰陵（今山东省临沂市）县令。春申君去世后，荀子被免职，但一直在兰陵居住，直至去世。荀子重新整理了儒家典籍，所著《荀子》一书集中体现了他的学术主张和理论观点。荀子的礼治思想突破了礼的伦理内涵，赋予礼以规制意义，同时强调礼乐的教化作用和礼之"定分"的政治功能。这一思想强调政治人的作用，实现了治人与治国的统一，是德治与法治相结合的体现，对当代国家治理具有借鉴和启示意义。

8.3.1 荀子的礼治思想渊源

荀子认为，礼并不只是一种仪式或形式，而是具有深厚的文化底蕴。通过对先秦时代的"礼论"之说进行归纳、整理与研究，荀子揭示了礼的起源、演变及内在原理，对礼在人类整体政治社会秩序中的作用有了更深刻的认识，并将礼视作一种道德表达。在他看来，礼制不仅是一种社会规范，更是治理国家的有效手段。通过以礼治天下，社会成员之间可以形成有序的互动模式。对礼制的这种理解引导荀子将礼引入政治和行政管理领域，成为调和社会矛盾、稳定国家秩序的有力工具。荀子既是孔子思想的传承者、阐释者，又是巧妙融合儒家传统与礼制的倡导者。儒家注重人伦道德，礼制则强调仪式和秩序，荀子意识到这两者的融合能更好地适应时代需求，使儒家的仁爱之道在实际治理活动中得到更为直接的表达，为社会提供了既符合伦理道德又有利于政治稳定的管理架构。生活在战国时期的荀子，亲历了时局的动荡不安。他指出，社会的不安定源自人的道德沦丧和制度的混乱，尝试探讨如何通过礼制来恢复社会秩序和实施国家治理。他认为，通过礼制规范人的行为，培养社会成员的良好品德，有助于从根本上解决社会动荡问题。

8.3.2　荀子的礼治思想内容

（1）权力的分配与制衡

在荀子看来，官员的选拔应以德行和能力为基准，而非依赖于血缘或权谋。他希望建立一个公正、公平的行政制度，确保国家能选用有德有才之士，从而提高治理绩效。荀子主张通过礼制来规范官员的行为，使其在担任职务时考虑社会的整体利益，承担相应的责任。与此同时，礼制的规范，可以有效避免官员权力滥用和腐败行为。在礼治视野下，他赋予君主重要的引导和规范角色，认为君主有着不可推卸的责任，不仅要为国家的繁荣与安定负责，而且要对人民的福祉担当领导责任。荀子提倡君主以德治国，通过自身的品德和榜样来感化和教化百姓，强调君主的德行直接影响社会的安宁和人民的幸福。

（2）社会道德的规范

在荀子的礼治思想中，礼制作为一种治理工具，具有教化臣民、培养道德情操、规范社会伦理、提高社会文明程度的功能。他认为教化是塑造人性、规范社会的关键手段，人通过学习可以克服自身恶劣的本性，提升品德修为。《荀子·礼论》有云："天地者，生之本也；先祖者，类之本也；君师者，治之本也。"他担任兰陵令时，设立学宫，聘请贤能，教育士人，致力于提升人才素质，使兰陵成为当时善治的典范。通过学习和教育，个体可以达到至善的境地，从而成为治国理政的优秀人才。非独其身正己，亦因而使人正己也。荀子不仅注重个体的自我修养，更试图通过正己实现正人，形成良好的社会道德风气。

荀子认为尧舜时代的人们遵循礼仪，社会安宁有序，礼治达到巅峰；反之，战国时代礼法减弱，人们逐渐失去对道德规范的敬畏，社会秩序开始松动。荀子的礼治思想并非空泛的理论构想，而是对现实社会现象进行观察和剖析，对历史案例进行深入解读形成的一种治理理念。值得注意的是，荀子所谓的"礼"虽然部分地继承自孔子的思想，但是与孔子鼓吹的"克己复礼"的"礼"有很大的区别。孔子对"礼"进行修补，主张恢复到西周时期"政不在大夫"和"庶人不议"的局面，而荀子给予"人性"以"恶"的假设，因而需要"礼"作规范，这就为"礼"的存在找到了一个有力的理论假设。荀子直言不讳地提出人性之恶，并对其采取防范措施，这是保护真善、防止真恶的起点。他的"礼"类似于西方政治思想家洛克"自然状态"之自然法意义，正是在这个角度上，荀子的观点相较于孔子是有极大进步的。

（3）行政法治的基础

荀子主张君主应当遵循礼法，将个人意志融入道德规范和社会秩序之中。他反对专断和强权，提倡以仁爱之心统治国家。良法待君子方成善政。法是一种具有固定形式和明确范围的社会规范。《荀子·君道》写道："有乱君，无乱国；有治人，无治法。""治法"指的是能使国家安定的法律或规则，"治人"指的是有足够能力治理国家的人。这是说，只有制造混乱的君主，没有制造混乱的国家；有治世之人，却无治世之法。从中可以看出，君主对国家的治理是造成国家兴衰的根本因素。同理，治理的规则不会自行发生作用，必须经由明君的示范与推行才可真正收效。"无国而不有治法，无国而不有乱法"①"故有良法而乱者，有之矣；有君子而乱者，自古及今，未尝闻也"②"治生乎君子，乱生乎小人"③。简单而言，治理一个国家，虽不可忽视法之因素，但人的因素要比法的因素更重要。

此外，荀子还详细探讨了礼治在行政领导中的应用，强调君主应通过设立清晰的礼仪规范，来引导民众的行为，以实现治理国家的目标。荀子所推崇的礼法，是有原则的礼法，高度重视为政者或君王的个人素质。一个群体的素质从根本上讲是由组成这个群体的人的素质决定的，在政治实践中起决定性作用的因素从来都是人。荀子对行政领导素质的重视，与西欧盛行的由日耳曼法、神法与封建法融合而成的"王在法下"的"法治"传统，本质上属于不同范畴，荀子的"礼治"思想是对君主受制于"天""礼"的儒家政治传统的概括。

8.3.3　荀子的礼治思想简评

荀子的礼治思想源于他对礼制的深刻分析，他将儒家传统与礼制融合起来，使这些元素相互交织。其思想既扎根于先秦文化土壤，又有强烈的现实问题导向。荀子强调礼治和教化在治理中的作用，提出以德治国、以礼安邦的价值理念，这对于制衡君主权力和提升官员道德素质具有积极意义。荀子的思想在儒家思想体系中具有一席之地，引发了人们对道德伦理和教育的重新思考，对当代政府治理理念创新、公共服务能力强化、公务员体制改革等也有诸多借鉴之处。

礼治一直以来都是历代儒家学者必须思考、研究和阐发的对象，荀子的礼治思想是儒学发展史上一座无法绕过的高峰，"荀子论学论治，皆以礼为宗，反复推详，务明其指趣，为千古修道立教所莫能外"④。当然，随着历史的变迁和学术的发展，每一历史时期对于礼的考察都会呈现出不同的学术样态。两宋时期随着理学兴起，学者们开始用天道、性命等概念来理解和解释传统的礼，荀子的礼治思想也在新的历史条件下受到理学思想的全面渗透与影响。在此基础上，既有如王安石、徐积等人的激烈批判，也有李觏、苏洵等人的继承发展，还有许多其他学者不自觉暗合之。儒学作为一套"内圣外王"之学，

---

① 《荀子·王霸》。
② 《荀子·王制》。
③ 《荀子·王制》。
④ 《荀子集解·序》

始终保持着对现实社会政治生活的深切关怀，始终将礼义之学看作实现治平天下的基本路径。荀子的礼治思想不可能完全脱离儒学框架，这既是由礼学在儒学思想体系中的地位所决定，也缘于荀子对儒学关键核心问题的理解和把握。而宋儒对荀子礼治思想的争辩，则进一步加深了对传统礼学思想形上本体的探究，同时也使其内涵得到进一步丰富与拓展。

8.4　朱熹的天理治国思想

朱熹（公元 1130—1200 年），字元晦，号晦庵，祖籍徽州婺源（今江西省婺源县），生于南剑州尤溪（今福建省尤溪县），南宋著名理学家、哲学家、思想家、政治家、教育家。他于绍兴十八年（1148 年）中进士，曾任泉州同安县主簿，后任枢密院编修官，在江西南康、福建漳州、湖南潭州做过地方行政长官，晚年任焕章阁待制兼侍讲。朱熹一生著述丰硕，影响最大的当推《四书集注》，其他还有《周易本义》《朱文公文集》《朱子语类》《朱子家礼》等。他的哲学思想以程颐、程颢的理本论为基础，兼取周敦颐太极说、张载气本论及佛道思想而自成体系，与"二程"学说合称为"程朱理学"，对元、明、清三朝的影响很大，成为配享孔庙的一代大儒，在古代儒者中的地位及实际影响仅次于孔孟。朱熹提出以天理观为核心的一系列政治主张和治国理论，希冀建立一个秩序稳定、德风优良、社会和谐的国家。可以说，其思想及学术成就放在当今这个时代，也依然熠熠生辉，散发着耀眼的光芒。

8.4.1　依理治国

（1）天理观：理一分殊

朱熹哲学思想的最高范畴是"理"，理是先于天地万物而存在的，是宇宙的起源和主宰，也为整个宇宙规定了行为的尺度和规范，是行政道德规范的原则和出发点。宇宙万物皆禀天理而成性，其存在皆以理为据，这叫作"理一"；禀受阴阳之气而成形，因气有厚薄、清浊、刚柔之别，故在其分位上又表现出具体差异，这叫作"分殊"。"理一分殊"从伦理关系上指的就是道德原则与伦理规范的统一，恰如朱熹所说："宇宙之间，一理而已。天得之而为天，地得之而为地，而凡生于天地之间者，又各得之以为性。其张之为三纲，其纪之为五常，盖皆此理之流行，无所适而不在"。[①] 这样，理就为社会安排了一个等级地位不同的秩序，为官之德和行政伦理规范都由它派生，因此，行政人员在管理活动中必须以理为指导，体现理的精粹。

---

① 《朱子文集·读大纪》。

（2）人性说：天命之性与气质之性

朱熹认为，从人类的本性来说，理构成人的性，具有天理的人性叫"天命之性"。性即理，也即性本善。然而，虽然人人都有一个本善之性，在实际中却不是人人皆善、事事皆善，原因何在？朱熹沿袭理学家"气质之性"来作解释，认为理构成人的性，相应地，气构成人的形。由此，他把人性区分为"天命之性"和"气质之性"，前者指人禀理而生、纯粹至善的性；后者指人禀气而成形，有清浊、偏正、善恶的性，"禀得精英之气，便为圣为贤，便是得理之全，得理之正；禀得清明者，便英爽；禀得敦厚者，便温和；禀得清高者，便贵；禀得丰厚者，便富；禀得久长者，便寿；禀得衰颓薄浊者，便为愚不肖，为贫为贱为夭"①。朱熹引入"道心"和"人心"两个概念，指出道心出于天命之性，是至善的。人人都有天赋的善性，即便是小人也同样有道心；而人心则出于气质之性，源于"形气之私"，即口、身、鼻、目、四肢等私欲，有善与不善之分。这告诉我们，现实社会生活中并不是每个人都能依理行事，每个官员都能依理行政，原因在于理虽相同，而气则不同，气的不同就导致对伦理准则的把握不同，从而在行政实践活动中偏离"理"。

（3）理欲论：存天理，灭人欲

朱熹说："人心虚静，自然清明；才为物欲所蔽，便阴阴地黑暗了。"② 这是说，保存心中的天理，就是恢复自己的本性，即保持自己的"道心"。要保存天理，保持"道心"，就必须去掉那蒙蔽了天理的东西，即恶的"人心"，也就是人欲。因此，恢复本性的过程，是存天理、灭人欲的过程，是一个使气质之性回归天命之性的过程，是克己复礼的过程。朱熹的理欲论是对孔孟义利之辩及宋代理学家理欲观的继承、发展，并将其推向极端。其基本命题是"存天理，灭人欲"。朱熹认为，天理与人欲是相互对立的，是此消彼长的，不可并存的。"人之一心，天理存，则人欲亡。人欲胜，则天理灭，未有天理人欲夹杂者。"③ 在他看来，"人只有天理、人欲两途，不是天理，便是人欲……克得那一分人欲去，便复得这一分天理来"④，"天理"不会自发"扩充"，只有"革尽人欲"，才能"复尽天理"。朱熹把天理与人欲对立起来，但有时也给人的基本物质欲望留下一席之地："饮食者，天理也。要求美味，人欲也"⑤。由此可见，他并不完全否定人的物质需要和欲望，但强调必须以理来限制欲望，应灭之人欲指的是不知节制的欲望。

---

① 《朱子语类·卷第四》。
② 《朱子语类·卷第九十八》。
③ 《朱子语类·卷第十三》。
④ 《朱子语类·卷第四十一》。
⑤ 《朱子语类·卷第十三》。

8.4.2　正心诚意

朱子之学，常被后人归结为正心诚意之学，他自己对这种说法也深以为然。如何"存天理，灭人欲"？朱熹提出"格物致知，正心诚意"之道，其主要内容包括如下几点。

（1）正心诚意，修身善政

朱熹深谙儒家"修德"对于为政施治之重要，君主和各级官吏的自我修身状况与德治能否实现有密切关系："天下事有大根本，有小根本。正君心是大本。"① 人君只有心正，才能致天下太平，否则，天下事就"无有不邪"。正如他说："帝王之学，必先格物致知，以极夫事物之变，使义理所存，纤悉毕照，则自然意诚心正，而可以应天下之务。"② 修养要先从格物、致知入手，然后才可正心、诚意。所谓正心，就是要做到心正不邪，必须借助"内圣"来排除内心的愤怒、恐惧、喜好、忧虑、私欲。正与不正的标准就是符合理与否，从天理、道心出发就是公心、正心，从私欲出发就是邪，因此只有克己修身去除私欲，才会达到心正。

在朱熹看来，从格物致知进入诚意正心是修身程序的必然延伸。所谓诚意，是要求为政者表里如一、心口如一，有实于内，必须显现于外；心有所思，必然表现于行。他认为"诚意"是"最紧要的工夫"，如果"诚意"做好了，就能"正心"，然后就能达到"修身、齐家、治国、平天下"。总之，在朱熹的天理治国思想逻辑中，正心诚意内在地要求修身善政，其是"经世"之根本。换言之，只有先正心诚意，后才谈得上治国平天下；只要能做到正心诚意，自然就会国治民安。"正心以正朝廷，正朝廷以正百官，正百官以正万民，正万民以正四方。"③ 正四方的基础即是正心。

（2）"三纲八目"的治国纲领

朱熹提出要以《大学》的"三纲八目"为治国理政的纲领，其中，"三纲"，即明明德，亲民，止于至善。"明德"，指人本来清明、未被物欲所蔽的德性，"明明德"是使蒙蔽的清明德性再清明起来；"亲民"，即用自己的清明之德，使天下人都清明起来，做到苟日新，日日新，又日新；"止于至善"，即达到至善之境界，具体来说就是为人君止于仁，为人臣止于敬，为人子止于孝，为人父止于慈，与国人交止于信。他认为第一纲领"明明德"是本，是对自己而言的，第二纲领"亲民"是末，是立足于对他人的关系上来讲的。二者有一种推己及人的递进关系，内在的个体修为与外在的事功之学是一致的。第三纲领"止于至善"是前面两大纲领的最终归宿，也是二者的必然结果。"八目"分别为格物、致知、诚意、正心、修身、齐家、治国、平天下。修身一目为本，最为关键，

---

① 《朱子语类·卷第一百八》。
② 《宋史·朱熹列传》。
③ 《汉书·董仲舒传》。

在内圣与外王、明明德与亲民之间承上启下。前四目为修身做准备，属于明明德的范畴；后三目则是修身这一内圣之法的延展，是向外亲民之事。朱熹认为三纲之中的"明明德"是纲中之纲，即以君主的正心为治国的本源性要求，同时又以八目中的修身为本，修身就是诚意己心。这样，通过澄清端正君心的循环法则，可以使君主达到至善的境界，以身教引导下效，来成就清明政治。

（3）"格物致知"与"居敬穷理"

朱熹所说的"格物"，原则上是格一切物，既包括有形的自然物，又包括社会现象和道德人伦；"致知"，也非限于对事物的物理之知，而主要指关于伦常的知识。所以，朱熹提出的格物致知是一种涵养心性的能力。格物致知的具体方法是"主敬"，即"居敬穷理"，意思是要自始至终保持一种恭敬、警惕、专一的心态，竭力体察事物之理，力争回归合于理的状态。这里的"主敬"特别强调"未发"时的状态，即人在无所思虑及情感未发生时，仍要保持一种收敛、敬畏和警觉的心理，最大程度地平静思绪和情绪，这样就可以涵养人的德性。朱熹也关注人在动的状态中的"主敬"，其贯穿于"未发"和"已发"、知和行的全过程。根据"居敬穷理"思想，朱熹认为大小官员不能为外物所牵累，应"欲知事物之所以然与其所当然"①，亦即致知明理。这与"存天理，灭人欲"的主张相呼应，要求为官为政者自觉遵守基本的道德准则。

8.4.3 民为邦本

（1）为政以德，勤政廉洁

朱熹指出，君主推行仁政，只有以仁德之心来处理天下国家之事，才能使天下归顺。一方面，"为政以德者，不是把德去为政，是自家有这德，人自归仰，如众星拱北辰"②；另一方面，要"躬行其实，以为民先"③。但在修德化人时，由于各人资质、信仰不同，感化程度也有深浅厚薄的区别，因此需要一个规矩准绳使人们可资遵守，贤者和不肖者都可达到。所谓"圣人行德于上，而民自归之，非有心欲民之服也"④，民心归向只在"德"上。为政者心存贪欲，必然会加重对百姓的搜刮豪夺，只有"无为""去欲"，按本分去做，不生事扰民，天下才自然归之。不仅如此，朱熹还认为，仁是人内心所固有的价值观念，体现"天理之公"，因此"仁者必爱其亲，义者必急其君"⑤。朱熹希望统治者能躬行仁义，恤民爱物，平易近民，为民着想，爱民如子。此外，朱熹提倡"清官"政

---

① 《朱子文集·卷六十四》。
② 《朱子语类·卷第二十三》。
③ 《朱子语类·卷第二十三》。
④ 《朱子语类·卷第二十三》。
⑤ 《孟子集注·梁惠王章句上》。

治，要求"为民父母"的官员，能克己奉公，清正廉洁，怜惜百姓，遵守封建秩序，从而使人们获得生活保障，能安心生产，实现国泰民安。天理就是天下为公，人欲就是一己之私。损人利己、损公肥私都是朱熹所反对的。他主张"人之所欲，非理不求"，这种严于律己、慎独慎欲的思想，反映出自我教育、自我监督的自觉性，也是官德修养的内在驱动。

（2）国以民本，富国安民

当时风雨飘摇的南宋王朝要巩固封建统治，一个极其重要的问题就是安顿内部，争取民心，"盖国以民为本，社稷亦为民而立，而君之尊，又系于二者之存亡，故其轻重如此"①。如朱熹所说，"王道以得民心为本""发政施仁，所以王天下之本也"②，统治者要克己复礼，即"存天理、灭人欲"，对人民实施仁政。施仁政先要恤民，通过省赋节用，削减不必要的开支，节省国家财政支出。"天下国家之大务，莫大于恤民。"③ 他把恤民看成是国家之大务，并建议朝廷"勤恤民隐"，即以勤政体恤慰其民心，以感召和气减少灾荒，消除人民反抗的隐患，这样老百姓才能安居乐业，国家才能太平无事。朱熹为官施政的时日并不长，但时刻关注国计民生，在生产救荒、赈恤节用等方面都有深刻思考，尤其是"薄赋恤民"思想张扬了人本关怀。朱熹认为"民富"是"君富"的基础，"民富，则君不至独贫；民贫，则君不能独富。有若深言君民一体之意，以止公之厚敛，为人上者所宜深念也"④。如果夺民之财而富其君，必将使百姓揭竿而起，所以要处理好"民富"与"君富"的辩证关系。他还看到要使民富足，就必须重视农业生产，"生民之本，足食为先。是以国家务农重谷，使凡州县守倅，皆以劝农为职"⑤。而富国安民的根本目的是"盖欲吾民衣食足而知荣辱，仓廪实而知礼节"⑥。

（3）德礼为本，政刑为辅

朱熹总结历代统治阶级的经验，发展孔子的德治思想，提出以德为本、辅之以刑、德刑兼施并用的治国理民方针。在《论语集注·为政》篇中，他明确提到："愚谓政者，为治之具；刑者，辅治之法。德礼则所以出治之本，而德又礼之本也。此其相为终始，虽不可以偏废，然政刑能使民远罪而已。德礼之效，则有以使民日迁善而不自知。故治民者不可徒恃其末，又当深探其本也。"凡是"道之而不从者，有刑以一之也"，意思是先引导人们遵守法令，有不从者，则处以刑罚。"民不见德而畏威，但图目前苟免于刑，而为恶之心未尝不在"⑦，由于行不善的想法没有根除，因此单用刑罚是不够的，还要德

① 《孟子集注·尽心章句下》。
② 《孟子集注·梁惠王章句上》。
③ 《朱子文集·庚子应诏封事》。
④ 《四书章句集注·颜渊第十二》。
⑤ 《朱子文集·卷第一百》。
⑥ 《朱子文集·卷第一百》。
⑦ 《朱子语类·卷第二十三》。

礼同施。朱熹主张严本宽济，反对轻罚，施用严刑，甚至要求恢复肉刑。当然，严刑不是滥刑，他也提到要视具体情况而定，做到用刑无误。朱熹认为，德礼政刑四者，在治理国家中发挥着不同的作用：政、刑使人畏而远之，只能惩治犯罪于后，而德、礼则能使人自知迁善，消除为恶之心，预防犯罪于前。四者不是并行的，德礼是治国的根本，政刑是治国之工具，德礼是本，政刑是末，互相依存、互为补充。

8.4.4　朱熹的天理治国思想简评

所谓天理治国思想，即把内在于人心的天理贯彻到外在的行政事务中去，由内圣到外王，在治国理政的过程中落实天理的原则。朱熹关心百姓疾苦，重视民众的力量，继承并弘扬自先秦以来"民为邦本"的儒家传统思想，其"养民""爱民""富民"等主张是传统儒家民本思想的体现，是中华优秀传统文化的结晶。他关于抑制私欲、正己修身、为政以德、严肃纪纲、恤民省赋、严惩贪官等主张，在客观上对调整封建社会关系和维护政治稳定有一定进步意义。朱熹主张现实政治与伦理道德相结合，依据天理来规范既有的统治秩序，强化传统的伦理控制，符合后期封建社会治理的需要。他的这些思想为后世所接受并不断发展。

由于朱熹所处的历史时代，其天理治国的思想不可避免地带有历史和阶级局限性。比如：他借助传统的天理观论证君主制度的合理性，强调三纲五常，本质上是从统治阶级的利益出发并为其服务的；他还要求统治者"明理"，但这种理从本质上说是建立在地主土地所有制基础之上的，因而他的民本主义绝不是民主主义，也与现代社会执政为民的行政伦理观和公平、公正、平等的人权观是不同的；他所提出的"正己修身"等思想，注重主体的自觉修养和实践，但实际上仍待于为政者的自觉遵守，因为单纯依靠道德自律，很难对行政主体的行为进行有效约束，只有合理的制度才能为整个公共权力体系的有效运作提供保障。

📑 本章小结

一个王朝的兴起呼唤德行的回归，而一个王朝的灭亡是德行丧失的结果。重视人伦，强调德治，是中国传统文明的显著特点。我国古代思想家关于传统行政道德的论述十分丰富，给现代国家治理提供了宝贵的借鉴。通过本章的学习，读者能够更好地了解中国古代行政道德思想的内涵、意义及局限，批判地吸收其中的合理成分，重视和加强道德在公共治理中的作用，提升政府道德治理水平，涵养爱党爱国的大德、为民用权的公德、严于律己的私德，在个体及社会层面形成对普遍的善的追求，促进善治的达成。新时代加强行政道德建设要从古代德治思想中汲取养分，大力倡导和弘扬正确的道德观念，培育健康向上的舆论环境，鼓励清正廉洁，反对消极腐败；鼓励正派做人，反对投机钻营；鼓励艰苦奋斗，反对骄奢淫逸，使积极向上的行政伦理规范深入人心，使全社会呈现风清气正的态势。通过学习传统文化和弘扬先进典型，不断提升官员个人道德修养，培养领导干部的政治意识、公仆意识、法治意识、廉政意识，清除"官本位""等级制""人治"等落后思想，纠治形式主义、官僚主义、享乐主义的歪风。对待中国传统行政道德思想，我们应当采取扬弃的态度，坚持历史唯物主义立场，具体问题具体分析，根据实际需要进行现代化的阐释和创造性转化。

关键术语

家国同构　德盛法修　制民之产　礼制治国　理一分殊　三纲八目
正心诚意　居敬穷理

思考题

1. 如何理解孔子的"为政以德，譬如北辰，居其所而众星共之"？
2. 孟子主张的王政之道具体包括哪些内容？
3. 如何认识"得民心者得天下"？
4. 怎样看待荀子"有治人，无治法"的观点？
5. 朱熹"存天理，灭人欲"的去欲之方是什么？

课外资源

8-1　从"为政以德"里品中华民族智慧之治　　8-2　古代德治具有双面内涵　　8-3　十句话读懂孔子的"德"

第 9 章

中国古代行政法治思想

　　中国古代行政法治思想博大精深，历经千百年自我净化与革新，形成了德法合治的管理模式、民惟邦本的恤民思想、公平正义的司法理念、严于治吏的政务传统，中华优秀"法文化"已成为现代法治中国建设的智慧源泉。其中，韩非的"以法为本"、贾谊的"礼法合治"、诸葛亮的"严法治国"、白居易的"刑礼道迭相为用"等思想博采众家之长，充分彰显了中国古代行政法治思想体系的理论魅力。这些思想曾在中国古代不同历史时期和社会背景下指导着治国理政的具体实践，其内蕴的"依法治国"观念与法治理想，对我国当代法治政府建设具有较强的借鉴意义。

9.1　韩非的"以法为本"行政管理思想

　　韩非（约公元前280—前233年），后世尊称其为"韩非子"或"韩子"，战国时期韩国都城新郑（今河南省郑州市新郑市）人，喜刑名法术之学[①]，师承儒家学派代表人物荀子，后自成一家，是战国末期带有唯物主义色彩的哲学家、政治思想家，被认为是我国先秦时期法家思想的集大成者。他把法家的思想提升到宇宙论的高度，构成了一套完整的"以法为本"行政管理理论学说。韩非长于著述，有《孤愤》《五蠹》《内储说》《外储说》《说林》《说难》等经典存世，后人收集其作品整理编纂成《韩非子》一书，该书集中体现了韩非思想的基本内涵。

9.1.1　韩非的"以法为本"行政管理思想渊源

　　时年，韩国在战国七雄中处境艰难，韩非不忍故国灭亡，遂集法家之大成，又兼采众家之所长，积极寻求救亡图存之道。在人性论上，他直接继承商鞅的人性好利说，认

---

　　① 《史记·老子韩非列传》。

为人的一切行为的直接动力是追逐利益，一切人与人之间的关系都围绕利害关系展开，整个社会和国家也是一个以利害关系为链条而运转的复杂机器。政治统治和社会管理并不是要改变人性，而是要充分利用人的好利恶害之性。作为荀子的弟子，韩非对人性的评判亦受其影响，在他看来，人的好利本性是由人的本能需要所决定的。当然，韩非的思想也深受道家的影响，他倡导"君""道"同体，把老子的道引入现实法治领域，把道、法、君联系起来，证明君主专制统治的合理性。在政治哲学方面，韩非与儒、道崇古的历史观不同，强调"世异则事异"①。韩非把人类历史划分为上古、中世和当今三个阶段，"上古竞于道德，中世逐于智谋，当今争于气力"②，认为不同的历史时代有不同的社会政治问题，因而有不同的治国策略，其中法治是历史进步的必然选择。

韩非主张的"法治"是"以道为常，以法为本"③，提倡君为法本，维护封建王权统治，其本质在于维护君主的一人之治。"尚法"与"尊君"是一体两面的，所谓法律无非是君主治国的权柄与工具而已。法治是"立君"之本，"抱法处势则治，背法去势则乱"④。同其他法家人物一样，韩非的思想是以对现实和历史的冷静分析为依据的，并把具体的治国主张系于宏观的总体认知之下。在确立了"奉法而治"理念之后，确立"以何为法"的立法原则及回答相关行政法治问题便被提上议事日程。韩非并不像其他先秦法家人物那样推崇法、术、势之一，而是提出三者应融为一体，并且强调它们之间要相互配套、契合。对此，在吸收慎到"势治"、申不害"术治"、商鞅"法治"思想的基础上，他精辟地指出，商鞅重法不讲术，申不害重术不论法，皆难于查验"忠"和"奸"，因此法与术必须结合，而势是国君实行统治的重要手段，亦不可忽视。至此，韩非法、术、势三位一体的思想基本定型，他创立了一个以法为核心，法、术、势三者相结合，以君主专制为典型特征的行政管理学说。

9.1.2　韩非的"以法为本"行政管理思想内容

（1）抱法：以法治民

什么是"法"呢？"法者，事最适者也。"⑤ 所谓"事最适者"，就是适合时代，符合事理，利于君主之用。韩非认为，法是治理国家的重要利器，是行政管理的"不二法门"，主张以"法治"作为治国的方针，一切由法裁断。在思想主体层面，他继承法家以法治国的基本思想，同时有所创新，主要体现在以下两点。

其一，前期法家强调"变法"，而韩非虽也讲变法，但其要在于"定法"，即利用法律把现有封建秩序固定下来，以法治国，以法处势，利用法的手段来有效地进行行政管

---

① 《韩非子·五蠹》。
② 《韩非子·五蠹》。
③ 《韩非子·饰邪》。
④ 《韩非子·难势》。
⑤ 《韩非子·问辩》。

理。他一方面讲，"不期修古，不法常可，论世之事，因为之备"①，但另一方面又说，"有道之君贵静，不重变法"②。其二，前期法家变法重在富国强兵，韩非的法治则重在强化君权，以法防"奸"。他反复强调："万乘之患，大臣太重；千乘之患，左右太信，此人主之所公患也。"③ 这是从人性本恶基本观点出发，阐述君臣关系如虎狼，君主在利用官吏的同时须时时提防、控制下属，防止官吏篡夺权势，必要时，甚至可以不择手段铲除异己。

同时，韩非基于韩国的社会政治状况进行深入分析，对国家治乱历史进行严肃认真的思考，认为君主治国必须推行法治，提出法治实现的程度直接关系到社会政治秩序的稳定程度。韩非在法治方面的思考主要有以下几点。

第一，在立法方面，明法制。韩非认为法治的前提是"明法制"，他给出了两种解释。一是法律公开。"法者，编著之图籍，设之于官府，而布之于百姓者也"④，法律不仅需要成文公开、易知易行，而且必须有明确统一的解释。二是健全法制。韩非主张法律须详明。事无巨细，皆有法式，行政管理只有通过健全法制才具有操作性，从而切实做到令行禁止。

第二，在执法方面，依法办事，执法要信。韩非直言："吏者，平法者也。"⑤ 官吏的本职是公平执法、依法办事，切忌"妄怒"和感情用事。韩非反对凭个人好恶动用刑罚，指出只有官吏严格依法办事，才能带动民众自觉遵守法律。而执法要信，实质是树立法律的权威，使政令畅通，这是法治的内在要求。韩非一再强调君主不按法令行事的弊端，指出这是亡国之政，要求发矢中的，信赏必罚，即无论赏罚都要立足法制，符合实情。特别是在动用刑罚上，韩非反对无根据的株连或把罪责转嫁给无辜者。"国无常强，无常弱"⑥，执法者坚决依法办事，国家便能强盛，反之则将导致国家弱小。

第三，在法律实施方面，法不阿贵。韩非指出，推行法治，必须以法为准绳。这意味着对所有臣民，不论亲疏、贵贱、尊卑都应一视同仁，依法进行赏罚或举弃，以此杜绝法律面前特权群体的滋生。在他看来，即使是大夫世卿，乃至王公太子，在法律面前也没有特权。如果他们触犯法律，一样会受到应有的制裁和惩罚。法不阿贵的思想指的是，在法律方面全体臣民是平等的。这种公正不倚的观念不同于强调等级的儒家思想，是法家思想之积极的一面。但这种思想与现代法治观念中法律面前人人平等的原则有本质区别，因为这里的平等主体不包括君主，法仅是君主的治民之器，君主可以凌驾于法之上。

第四，重刑主义。韩非进一步发展了商鞅的"重刑"思想，并基于对人性好利恶害的认知推导出重刑主义。"夫严刑重罚者，民之所恶也，而国之所以治也；哀怜百姓轻刑

---

① 《韩非子·五蠹》。
② 《韩非子·解老》。
③ 《韩非子·孤愤》。
④ 《韩非子·难三》。
⑤ 《韩非子·外储说左下》。
⑥ 《韩非子·有度》。

罚者，民之所喜，而国之所以危也。"① 他认为，如果犯罪获利大而刑罚轻，人们出自好利本性，会在权衡后选择犯罪；反之，若对轻罪处以重刑，让奸恶之人通过违法手段所获得的预期利益远小于其可能面临的惩罚，他们就不会为了小利益而冒险犯罪，从而使奸恶被消除。简言之，这就是通过从重量刑提高奸恶之人的犯罪成本，让他们慑于严刑峻法而不敢犯法。在法家学派的政治设计中，破除思想文化不统一的障碍是国家走向高度集权行政体制的关键。于是，韩非集前人思想之大成，提出"言轨于法，禁绝百家，以吏为师"的具体路线，主张以法家思想为尊，实行封建文化专制管理，要求举国之内的一切思想、言谈都必须统一于法的轨度，普天之下只有法家学说具有权威性。

（2）用术：以术驭臣

战国时期，重术之风盛行于世，其理论的提出及发展与封建官僚制度的形成有着密切关联。术有君驭臣之术，也有臣弄君之术，法家对其实践方式的研究最为透彻。韩非继承申不害等人的术治思想并推动法术结合，因此，郭沫若在《十批判书》中称他为"法术家"。"人主之大物，非法则术也。"② 被韩非称为"大物"的术有着明确的含义："术者，因任而授官，循名而责实，操杀生之柄，课群臣之能者。此人主之所执也。"③ 可见，法与术虽联系密切，但也有显著区别。就施用对象而言，法主要用于治民，而术主要用于驭臣；就运用方式而言，法布之于众，而术却藏之于胸，为君主所独执，不可示人。法和术一在明、一在暗，交替使用，相辅相成，共同确保君主对臣民之威势。术作为君主操纵驾驭臣下的方式与手段，也发挥着考察臣下执法是否公允严明的功能，在一定意义上促进了法的施行。基于行政管理的视角，韩非的术应理解为人事管理与驭臣之术，主要包括以下两点内容。

其一，人事管理之术，即君主的统治策略。韩非认为，君主是最高行政首脑，却不可独治天下。在君主之下，有各级臣僚，由此形成的行政体制是君主实现统治的重要条件。君主须充分选用人才，任能授官，严明赏罚，以使智者尽其虑，能者尽其力。同时，还要运用多种技巧观察、检验下属的能力与忠诚度，根据颁布的法令及政策来监督臣下的行为。在君臣关系中，最重要的是君主要学会驾驭群臣百官，通过"刑名参验"，监督和考核各级官吏，构建理想的治理秩序。在人才选拔方面，他认为须量才用人、量能为官，总的用人标准是要有真才实学，反对崇尚空谈的腐儒之辈。在任用制度上，韩非提出种种规范：不能生搬硬套，更不能扬短避长，应该按照人的才能结构合理安排，以发挥最大作用。正所谓"夫物者有所宜，材者有所施，各处其宜，故上下无为"④，要充分发挥每一个人的特长，挖掘其积极的一面，不用理想主义的模式苛求于人，因为面面俱到的考核通常会使人无所适从。

---

① 《韩非子·奸劫弑臣》。
② 《韩非子·难三》。
③ 《韩非子·定法》。
④ 《韩非子·扬权》。

韩非尤其注重对于官员的课考监察，并将这种方法称为"参验之术"。所谓"参"就是比较，"验"就是证实，这是申不害"循名责实"思想的延续和发展。"参验之术"以事实为依据，以法律为准绳，要求君主按照官员所任官职来考课其政绩，检验群臣百官的表现与职、权、责是否吻合，以判断官员行政能力的优劣高低。因此，"任之以事而愚智分矣"[①]，对于臣僚、官员，需要在行政管理实践中加以考察。为保证人事制度得到贯彻执行，韩非提出建立"刑名之术"的赏罚制度。所谓刑，就是赏与罚；所谓名，就是君主行使赏罚的法定标准；所谓术，就是君主控制官吏的手段。"功当其事，事当其言，则赏；功不当其事，事不当其言，则罚。"[②] "刑名之术"中的刑包含两个相互联系的方面：论功行赏与按罪当罚。赏的作用在于扬善，促进人才发展，并及时摒弃无能之辈；罚的作用在于抑恶，通过制裁来制止官吏的犯罪行为。只有做到有法必依、依法赏罚，才能使职位、事功与赏罚相符，使百官各司其职，既不渎职，也不越职。

其二，驭臣之术，主要是阴谋之术。阴谋之术是君主深藏不露的"阴谋秘籍"：通过权术手段，想尽一切办法控制臣下，严防其有不臣之心。这类术为君主所掌控，"藏之于胸中，以偶众端而潜御群臣者也"[③]，是不能为人所知的帝王统治术。韩非的阴谋之术可概括为十项：深藏不露；国之利器不可以示人；其用人也鬼；深一以警众心；装聋作哑、以暗见疵；倒言反事；事后抓辫子；防臣如防虎；设置暗探；暗杀。[④] 这些阴谋之术无非是利用阴谋手段使群臣畏惧而不敢违命，从而强化君主的威势与专权。韩非的术治思想显然是为了保证君主对一切权力的"独擅"，即专制，其思想出于道入于法，昭示着道与术的分流，由此可窥见道家无为哲学走向刑名法术之学的嬗变。

（3）处势：明主任势而为

处势，是抱法驭术的先决条件。所谓"势"，即权势，韩非称其为"势位""威势"，代表着君主所掌握的生杀予夺的权力和至尊地位。"势者，胜众之资也"[⑤]，势是君臣之间根本区别之所在，是君主能够君临臣民的优势条件，也是在实际社会政治生活中进行有效治理的必备条件。

韩非论势不同于前人，他把势分为"自然之势"和"人为之势"。自然之势指客观既成条件下对权力的掌握和运用，侧重点在于自然的条件与形式，是君主与其他人相比与生俱来的优势。韩非认为，自古以来，尧舜之君和桀纣之君都是少数，大部分君主都是上不及尧舜之贤、下不为桀纣之恶的中人之材。这样的君主缺乏自然之势的支撑，能否"抱法处势"抑或"背法去势"就成为关乎天下治乱的关键因素。相比自然之势，人为之势则显得更具现实性。对于君主来说，自然之势不是主要的，因为它是既成的事实，真正的势应该是人为之势。

---

① 《韩非子·六反》。

② 《韩非子·二柄》。

③ 《韩非子·难三》。

④ 刘泽华：《中国政治思想史》，浙江人民出版社 2020 年版，第 135—136 页。

⑤ 《韩非子·八经》。

人为之势指的是，可能条件下能动地运用权力，使君主成为最高的绝对权威，其核心是"抱法处势"，即通过法制产生必治之势。韩非所说的人为之势又包括两方面内容。其一为"聪明之势"。如他所说："明主者，使天下不得不为己视，天下不得不为己听。故身在深宫之中，而明照四海之内。"① 君主不必有超人的智慧，只要善于化天下之聪明为己之聪明，视天下人之耳目为己之耳目，就可以不出宫阙而尽知天下之事。其二是"威严之势"。韩非强调，人主必须要有威严。"威势者，人主之筋力也。"② "夫严家无悍虏，而慈母有败子。吾以此知威势之可以禁暴，而德厚之不足以止乱也。"③ 总之，只要掌握了"聪明之势"和"威严之势"，君主不必是圣贤，只需有中人之材即可治理国家。

韩非特别强调，"势"这种东西必须牢牢掌握在君主手中，须臾不可离之，连共同使用也不可以，必须时刻警惕所有臣僚对权柄的觊觎。尤其需要注意阿谀奉承者，因为人之所以阿谀奉承，目的就是要攫取权势，正所谓"凡奸臣皆欲顺人主之心以取亲幸之势者也"④。然而，只要是君主专制，亲幸之势几乎都被阿谀之臣窃去，这显然是不可避免的。在势的应用层面，韩非主张君主要善于运用刑、德"二柄"，禁止臣下结党营私，严格控制重臣的政治、经济实力，防止任臣专擅兵权和人事权。在韩非的行政管理思想中，势这一概念可谓贯穿始终。一方面，势是权力的来源，君主因其势位才有赏罚的"合法性"；另一方面，势是统治术的目的，即维护君主的权势。韩非的势治把"尊君卑臣"思想发挥到了极致，并为君主专制统治提供了学理依据。

在韩非"以法为本"的行政管理思想中，法是核心和根本，对术与势起决定作用，是治国理政的主要手段和根本法则。韩非强调以势为前提，使公开的法和隐秘的术在君权统摄之下，相互推动、互为补充，从不同角度共同达到统治的目的，为封建君主提供了一套治国、驭臣、役民的理论和方案。他将君主与国家上升为合二为一的统一体，构建起以不断强化君主的权威、维护君主的利益为目的的行政管理体制。

9.1.3 韩非的"以法为本"行政管理思想简评

韩非吸收商鞅"重法"、慎到"重势"和申不害"重术"的理论，将三者精华加以整合，通过法、术、势三位一体的建构，提出了自己的法治路线及行政管理原则，因而成为法家的集大成者。如图 9-1 所示，在先秦法家的治国理论体系中，法由君主独立，术由君主独擅，势由君主独专，三者相得益彰、相互配合。法、术、势三柄被君主作为役使官僚及将帅的"帝王之具"，以实现直接控制他们的目的。同时，君主制定的法令因循官僚系统而被层层下达，专制统治的"触手"又得以间接地伸向百姓与士卒，让底层民众也重法守法，最终使君主实现天下大治。韩非利用法、术、势的有机结合设计了从君

---

① 《韩非子·奸劫弑臣》。
② 《韩非子·人主》。
③ 《韩非子·显学》。
④ 《韩非子·奸劫弑臣》。

主到官僚、再从官僚到臣民的严密治理模式，确保了君权在国家权力体系中居于中心位置。

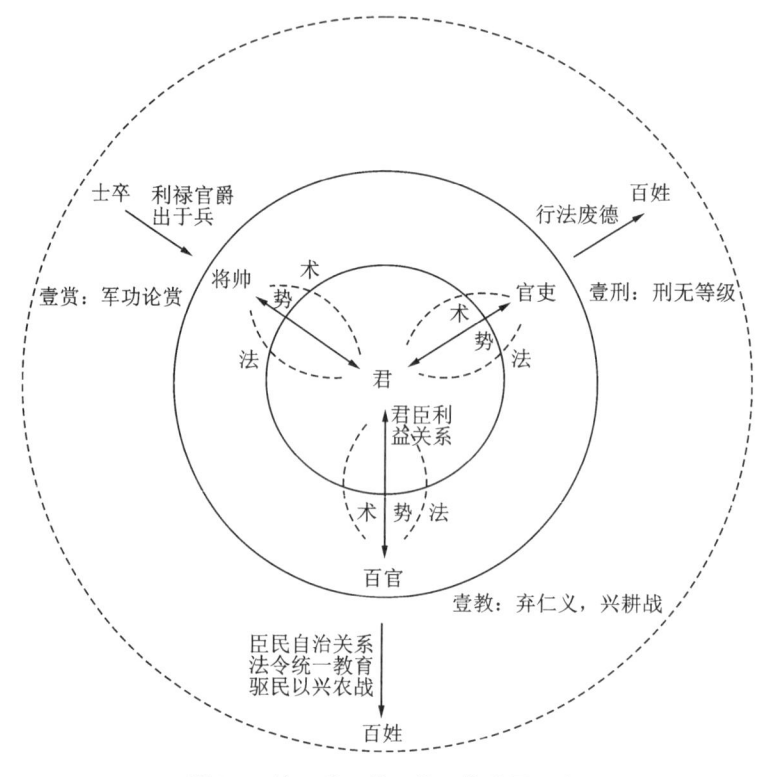

图 9-1　法、术、势三位一体治国理念

韩非的"以法为本"行政管理思想一定程度上加强了君主的专制统治，抑制了贵族的法外特权，其科学性和先进性在秦的"大一统"中得到印证，也对后世行政管理和依法治国产生了深远影响，其中"法不阿贵"的观点对当今提倡的"法律面前人人平等"思想具有重要启示意义。当然，韩非以君主权力为本位，以维护君主权威为旨归，实质上是提倡人治，虽有一时之功，但反映出的却是苛政、刑治，具有明显的专制政治、君主独裁、反民主的色彩。此外，法是固定化、制度化的，而人是能动的，制度要通过人才能起作用。韩非尚法不尚贤，甚至认为庸人、暴君也可以依照法律治理好国家，这种观点也是十分荒谬的。

9.2　贾谊的"礼法合治"行政管理思想

贾谊（公元前 200—前 168 年），河南洛阳人，西汉著名政论家、思想家。少有才名，史载"颇通诸家之书"①。河南郡守吴公闻其秀才，将其召置门下。经吴公推荐，贾谊被

---

① 《汉书·贾谊传》。

文帝召为博士，年仅二十余。后迁太中大夫，可谓少年得志。嗣后，文帝欲任之以公卿之位，但贾谊由于少年新进，思想敏锐，不容于朝廷的守旧权臣，受到周勃、灌婴等老臣的排挤，被贬为长沙王太傅，后任梁怀王太傅。梁怀王坠马而死，贾谊自觉未尽太傅之职，"哭泣岁余，亦死"①，年仅 33 岁。贾谊撰著的《过秦论》《论积贮疏》《治安策》等是中国古代治国安邦的名篇。

9.2.1　贾谊的"礼法合治"行政管理思想渊源

贾谊所处的时代是一个亟待整合治国思想的特殊时期，从春秋战国时期"百家争鸣"到秦时期"专任法治"，再到汉初时期"黄老无为"，治国指导思想不断变化。在这一时期，社会发展呈现出两大矛盾。一方面，在秦朝二世而亡、国家陷入战乱之际，刘邦、项羽开始了争夺天下的斗争。在这一过程中他们先后采用西周分封的方法分封诸侯，但随着后期诸侯势力逐渐膨胀、壮大，中央和地方的矛盾有激化之势，中央集权统治受到威胁。另一方面，西汉王朝与匈奴的关系十分紧张。战乱之后的国家百废待兴，亟待恢复，而此时北方匈奴部族在冒顿单于的带领下经常袭扰中原，这对当时亟须恢复和发展国力的汉王朝来说是一大威胁。在这一严峻的社会状况之下，汉朝统治者只能采取怀柔政策，与匈奴保持和亲关系。

虽然汉朝初年内外危机并未完全爆发，但形势愈演愈烈。贾谊行政管理思想的远见之处就在于其洞察了这些矛盾的发展规律，并提出了相应的对策。比如，在对待诸侯问题上，提出"无为"与"有为"相结合的治国谋略，认为应把"众建诸侯而少其力"② 在法制上加以明确，借鉴法家思想中的法、术、势，削弱诸侯之势，加强中央政权之势。在匈奴问题上，贾谊提出使用武力和怀柔双管齐下的政策，并辅之以礼义德化让匈奴臣服汉王朝，以达到"首足不倒悬"的目的。

此外，贾谊综合分析秦在战国后期崛起的历史再到二世而亡的教训后，认识到秦朝快速灭亡的原因在于"仁义不施而攻守之势异也"③。秦朝推行法家思想的力度过大，甚至达到极端的境地，最终使君臣和人伦之间的关系变得尖锐对立，无法控制。解决这些矛盾，就需要优化治国思想，通过儒法结合，重新协调社会的礼治秩序，从而找到一种更为均衡的治国之道。

9.2.2　贾谊的"礼法合治"行政管理思想内容

贾谊虽然年少，但很有才干，其将毕生的精力都奉献给了西汉的国家治理。他以儒家思想为主体，兼采法家思想之所长，以弥补儒家治国思想的不足，将二者很好地结合

---

① 《史记·屈原贾生列传》。
② 《治安策》。
③ 《新书·过秦上》。

在一起，形成了比较完善的"礼法合治"行政管理思想，为汉朝初年思想统一作出了一定贡献。

（1）礼治为主

贾谊鉴于亡秦教训，在对秦统治者"仁义不施"的批判声中，提出以礼治为主的行政管理方法。礼在贾谊的思想体系中占有重要地位，他试图以礼为核心来建构和规范国家秩序。礼是在血缘宗法基础之上衍生出来的产物，通过国家与社会的发展逐渐渗透到社会群体中，并为之服务。礼治包括仁、义、礼、信、公、法等内容，前五项均为道德命题，追求的管理效果是和、顺、敬、贞、服，俨然一幅秩序井然的治理局面；而最后一项内容相较而言，显然处于次要辅助的地位。

礼最突出的政治功能就是"别亲疏贵贱之节"①。贾谊将礼的这种功能进一步往前推进，强调建立严明等级制度的重要性。在贾谊的基本政治观念中，尊君是重要的前提。他认为君主拥有绝对的权威和至高无上的地位，这是治理国家的基础。因此，必须贯彻尊君原则，形成对全社会的管控，君臣之间明确的等级界限不能逾越，尊是尊、卑是卑，强者与弱者各有其该有的位置，不能轻易改变，只有如此才能达到维护政治稳定的目的。礼治作为管理原则，强调的是上下尊卑等级，尤其在君臣统治集团内部，更要以尊卑等级来维系秩序。由于卿士大夫们是君臣统治集团的成员，他们的权力和地位来源于君主的赐予，因此礼对上下尊卑秩序的维护实质上是对尊君原则的笃行。

除了对身份等级的制度化思考与设计之外，贾谊还从权力分配视角来思考如何达成"强干弱枝"。他针对当时分封贵族强大的地方势力，明确提出要削弱藩王权势，加强中央集权。为此，他提出了一条著名的管理方略——"众建诸侯而少其力"。"众"指的是多人，"建诸侯"是指建立多个诸侯国，"少其力"则是使他们的力量变弱，即通过多人共同建立诸侯国的方式，使每个诸侯国的力量被分散，从而导致各自的实力减弱。须注意的是，"众建诸侯"并不是随意封王并把朝廷直属的土地划分给他们，而是在原封的诸侯死后，把他的子孙们都封为王，将他的原封地再分割开来。对于无儿子的诸侯王，也预立一个王的封号，等有了儿子后便立即将封地划给他。简言之，就是将地方封王化大为小，使之权力分解，势力削弱。"其分地众而子孙少者，建以为国，空而置之，须其子孙生者，举使君之"②，这样一来，诸侯国"力少则易使以义，国小则亡邪心"③，难以形成能够与朝廷对抗的强大势力。各地方封王"势不足以专制，力不足以行逆"④，一切大权归于中央，使"海内之势如身之使臂，臂之使指，莫不制从"⑤。这种做法实际上是一种制衡策略，旨在防止任何一个诸侯实力发展过大，影响到中央政府的权威和统一。

---

① 《礼记·三年问》。
② 《治安策》。
③ 《治安策》。
④ 《新书·权重》。
⑤ 《治安策》。

汉初承秦遗风余俗，社会道德沦丧、民俗侈靡等社会问题令贾谊格外担心。他指出风俗是关系政治稳定的根本问题，统治者必须认识到风俗败坏的严重性，对此给予高度重视并采取相应措施。如果任凭不良风气滋长，弃礼义廉耻于不顾，必将使社会陷入混乱，影响西汉基业的稳定，重蹈秦的覆辙。因此，贾谊认为必须要严明礼制。他向文帝进言，主张依靠礼教"去淫侈之俗，行节俭之术，使车舆有度，衣服器械各有制数。制数已定，故君臣绝尤，而上下分明矣"①。在具体实践方面，他提出以"制服之道"强化等级，将等级差别"服章"化，亦即"符码化"：为辨别不同的等级身份，在名号、旗章、冠履、衣带、车马、环佩、妻妾、宫室、床席、器皿、祭祀、死丧等方面规定一系列服制差异，通过这种制度化的标识，达到尊尊、敬上和尊天子的目的。将所谓"礼者，臣下所以承其上也"②经由符码化的形式展现出来，以使等级身份从内在意识转化为外在形象，变得清晰可见。礼制不严，必然造成"君臣相冒，上下无辨"③的混乱局面，用规章制度对其加以限制，便可有效净化社会上的不良风气，建构贾谊心目中的和谐社会。

（2）法治为辅

在主张以礼治国的同时，贾谊并未舍弃法。事实上，他十分重视法在行政管理中的作用。"法立而不犯，令行而不逆。"④他将法和礼视为君主手中的两大利器——"夫仁义恩厚，人主之芒刃也；权势法制，人主之斤斧也"⑤，二者在管理中都是不可或缺的。贾谊在《治安策》中引用屠夫解牛的例子："屠牛坦一朝解十二牛，而芒刃不顿者，所排击剥割，皆众理解也。至于髋髀之所，非斤则斧。"⑥这告诉我们，在不同的情势之下要使用不同的工具，譬如解牛，枝节之处宜用锋利的刀子，而遇到股骨之类的大骨头，就必须施以斤斧。同理，统治者应审时度势，在面对不同问题时选用不同的工具，该用"芒刃"时用"芒刃"，该用"斤斧"时用"斤斧"。当礼仪教育未能达到效果的时候，严刑峻法就是必然选择。只有软硬兼施，才能维护好自己手中的权力。

关于如何施行法治行政管理，贾谊也提出了一些设想。一为"慎刑"。用刑必须保持谨慎的态度，仔细考量诛伐是否合理。贾谊认为，诛伐合理则不会有过失，哪怕是杀三军；诛伐不合理，即便只是杀了一个普通百姓，罪过也是很大的。他还要求统治者"约法省刑"，主张"虚囹圄而免刑戮，去收孥污秽之罪，使各反其乡里"⑦。对于罪犯的量刑要适度，不可严刑酷法，应当去除"忌讳之禁"，并反对以言论治罪。二为"疑罪从去，疑功从予"。对于刑赏裁决有疑虑者，一概从宽。他主张统治者施行赏罚必须慎重，宁肯漏判有罪也决不滥杀无辜。对罪行有疑问者按无罪处理，对功赏有疑问者按有功来执行。

---

① 《新书·瑰玮》。

② 《新书·礼》。

③ 《新书·瑰玮》。

④ 《治安策》。

⑤ 《治安策》。

⑥ 《治安策》。

⑦ 《新书·过秦》。

这样的管理思想与贾谊的礼治思想、重民原则相呼应，体现了理性精神，对于理解现代法治有一定的参照价值。

（3）礼法合治

贾谊行政管理思想体现出儒家与法家的结合，在行政管理方法上表现出礼治为主、法治为辅、礼法兼施的特色。他认为在行政管理过程中，礼偏重教化，法偏重刑罚，礼法是互补的。一方面，法是礼推行的保障；另一方面，礼是法的延续。礼离开了法，难以施行于世；而法离开了礼，也难以贯彻始终。无论是礼还是法，在贾谊看来都是君主强化统治的工具。礼与法的作用各有千秋，在相互制约与相辅相成中构成治国理政不可舍弃的途径。采取礼法结合的治理方法，方能"建久安之势，成长治之业"①。

礼重在教化，在潜移默化中获得人们心理上的认同和遵从。这种认同一旦形成，短时间内不会消退。法重在刑罚，凭借奖惩赏罚等强制力维持社会稳定，通过惩戒已发生的罪行，形成一种威慑力，使人们不敢再犯，其效果是立竿见影的。换句话说，人们对礼是一种主动的服膺，对法是一种被动的服从。须强调的是，贾谊的"礼法合治"行政管理思想并不是将"礼""法"置于同等位置，而是礼治为主、法治为辅。他虽然认为在实行礼治的同时不能弃法不用，对法在维护封建秩序中的作用持肯定态度，但更加强调礼的作用。贾谊认为，礼与法有着本末之别，主张以礼为本、以法为用，法是推行礼治必不可少的手段，而法的施用最终是为了实现以礼治国。他主张依礼行法，施用刑罚必须慎重，坚决反对秦王朝的"繁刑严诛，吏治刻深，赏罚不当，赋敛无度"②，主张"诛赏之慎焉。故与其杀不辜也，宁失于有罪也。故夫罪也者，疑则附之去已。夫功也者，疑则附之与已。则此毋有无罪而见诛，毋有有功而无赏者矣。戒之哉！戒之哉！"③ 他认为这样就不会出现滥杀无辜的现象，依礼行法将使民心安定、社会有序。根据礼法各自功用，礼可防患于未然，法可惩戒威慑恶行。贾谊坚持以礼治教化为手段，以法治弥补礼治之不足，这种礼主法辅的综合行政管理思想独具特色，对后世行政管理有着深远影响。

关于"礼法合治"的行政管理思想，贾谊提出了相应的具体举措。

第一，以民为本。贾谊对民本思想的发展，不但在思想上提高了民的地位，而且提出了具体可操作的方法。在《新书·大政》中，他从国家、君王、官吏三个不同层次对民本思想进行阐述，并从"本、命、功、力"的角度论述"民为本"的重要性。在理论上，贾谊提出"民命"与"天命"相对，国家命运的发展取决于民。在实践上，他将衡量国家、君王、官吏的标准定为是否有利于民，这为民本思想的落实提供了可靠方法。可以说，他将"民本"思想提升到了新高度，为其发展奠定了形而上的哲学基础。

第二，体貌大臣。贾谊敏锐地捕捉到汉初君臣关系十分不理想的现实，为此他深感

---

① 《汉书·贾谊传》。
② 《新书·过秦》。
③ 《新书·大政》。

忧虑，认为如不改变现状，将会有步秦之后的危险。因此在周勃入狱的背景之下，贾谊提出了"体貌大臣"思想，主张建立新的君臣关系。所谓"体貌大臣"，就是以"礼"确立君主至高无上的权威，"礼遇"君主身边的人与事，以此体现和衬托君主权威，反过来又以君主的权威来维护君主身边的人与事。"体貌大臣"的君臣观内涵丰富，有以下几个特点：其一，"体貌大臣"的基础是以"礼"与"势"来确立君主的权威；其二，"体貌大臣"的目的之一是"教化臣民"；其三，"体貌大臣"遵循"礼不及庶人，刑不至君子"[①]的原则，将大臣与普通民众区分开来。

第三，定经制，即确立治国的制度。贾谊在《治安策》中提出："岂如今定经制，令君君臣臣上下有差，父子六亲各得其宜，奸人亡所几幸，而群臣众信，是不疑惑！"[②]他主张以君主为首建立起一套完整的礼制体系，将"礼"制度化以增强其约束力，用来维护正常的社会秩序。因此，礼制没有停留在人伦日用的规范层面上，而是提高到了制度规范的层面上，人伦日用规范之礼服务于制度规范之礼是其具体体现。一方面，这是实行"别贵贱"的礼治需要；另一方面，从制度所具有的强制作用看，它又包含"法"的意义。从一定意义上讲，按照制度办事就是守法，破坏制度就是违法。于是，制度这一环节，冲破了人们对礼和法理解上的局限，沟通了礼和法二者之间的关系，使"礼法合治"的行政管理思想蕴含有法的内容，发展了法家的思想，或者说使其法治思想兼容了礼的制度条文，使礼法律化，扩大了法的范围。

9.2.3　贾谊的"礼法合治"行政管理思想简评

诚如鲁迅在《汉文学史纲要》中对贾谊之文的称赞："为西汉鸿文，沾溉后人，其泽甚远。"毛泽东也评论道："《治安策》是西汉一代最好的政论。"贾谊意蕴深厚的礼法合治行政管理思想不仅提升了儒家思想的高度，而且融合了法家思想的内涵，实现了创新发展，在之后的历史发展中不断为封建统治者所借鉴和采用。他通达时变，主张礼法合治、以民为本，客观上既有利于民众休养生息，恢复生产，提高生活水平，又有利于封建王朝的巩固。正因如此，贾谊得以在中国思想史上占有重要地位。抛开其阶级局限性，贾谊的这一思想对解决当前行政管理难题也有诸多启示。

从行政管理发展的角度看，贾谊礼法合治的思想所表现出的刚柔相济的辩证关系，能够拓展柔性管理的理论范式，解决现代复杂问题，且为系统管理实践提供了有效的参考方案。贾谊主张行政管理者应具有怀道修德、爱民为先的情怀，认为管理对象在领导职务任免和绩效考核中起决定性作用。这些独树一帜的观点对公务员制度改革和人才选拔制度的完善都有借鉴意义。

从法治与德治关系的角度看，一方面，贾谊对礼（道德教育）与法（法律制裁）的相互关系作了比较明确的说明，这在我国行政伦理学史和行政思想史上具有开创性意义，

---

① 《礼记·曲礼上》。
② 《治安策》。

是先秦以来"礼治"和"法治"争论的一个总结；另一方面，他深化了法治与德治之间的辩证关系。在坚持权变管理基础上，他认为法治与德治的主从关系不是固定不变的，当一个新的组织创建起来即"取天下"时，必须以法治为主，而在一个组织稳定、发展及壮大期间即"守天下"时，一定要在完善法治的基础上施行德治。显而易见，这种论述对于平衡法治与德治的现实关系意义非常。从维护社会和谐稳定的角度看，贾谊在如何通过社会管理来保持政治稳定方面阐述颇多。因此，其从管理协调原则出发所提出的"礼法合治"行政管理思想，本质上是以礼明确权责，使人与人之间和谐相处，同时以法惩戒罪恶，规范人们的行为。

9.3 诸葛亮的"严法治国"行政管理思想

诸葛亮（公元 181—234 年），字孔明，号卧龙，琅琊阳都（今山东省沂南县）人，三国时期著名政治家、军事家、文学家，被誉为中国历史上的政治智者和军事奇才，以卓越的领导才能和智慧战略而闻名。他幼年时父母相继去世，随叔父诸葛玄到荆州投靠刘表。玄死后，诸葛亮隐居隆中（今湖北襄阳市西），潜心读书，留心世事。公元 207 年，在刘备三顾茅庐的感召下，他应邀出任军师。蜀汉政权建立后，又任丞相，主持军政庶务，刘备逝后更是"政事无巨细，咸决于亮"[①]。正如诸葛亮所言："吾今威之以法，法行则知恩；限之以爵，爵加则知荣。荣恩并济，上下有节，为治之要，于斯而著矣。"[②] 在治蜀过程中他践行"严法治国"理念，兼采儒法之长，形成了德法结合、法治为主、德政为辅的行政管理思想。

9.3.1 诸葛亮的"严法治国"行政管理思想渊源

东汉末年，自董卓倡乱以来，群雄割据，互争雄长。生逢乱世，大厦将倾，人们逐渐打破思想禁锢。除儒学仍被奉为官学外，法、道、墨、兵、名、纵横等各家在三国群雄逐鹿的历史条件下重获发展机遇。在争战激烈的时代，"识时务"、能解决现实问题成为行政管理人才的主要考量标准。诸葛亮胸怀大志，读书时不拘于一家之言，不屑于"章句小儒，破碎大道"[③]，而是"独观其大略"[④]，博采众长加以贯通，撷取百家精华来充实自己。除研习儒家经典外，他还博览法家、兵家、纵横家、墨家及道家之书，求取经世致用之学，以实现自己的高远之志。相对来说，对其行政管理思想影响最大的主要是儒、法两大学派。

---

① 《三国志·诸葛亮传》。
② 《诸葛亮集·答法正书》。
③ 《汉书·眭两夏侯京翼李传》。
④ 《三国志·诸葛亮传》。

在刘备入蜀之前，益州由刘璋父子治理，但二人并非能才，性格暗弱，"德政不举，威刑不肃"[①]，军政大权落入地方豪强与官僚手中，统治阶级内部矛盾尖锐，百姓也深受其害，"思为乱者十户而八"[②]。诸葛亮从蜀地实际出发，针砭时弊，制定了一套峻急而严威的刑法体系，严厉打击专权恣意的地方豪强。面对他人的质疑，诸葛亮给出了自己的理由：一方面，汉初之所以会采取"宽禁省刑"的做法，是因为国家刚经历秦朝严苛的暴政与数十载的战乱，百姓遭受深重压迫，社会矛盾重重，因而只有实行休养生息、缓刑弛禁的政策，才能逐步恢复生产，赢得百姓对新政权的信任；另一方面，益州的疲敝并非由于前任统治者的暴虐无道，而是源于法令松弛，贵族阶层穷奢极欲导致政权腐朽和社会无序。基于这一判断，诸葛亮认为治蜀的首要任务不是施以恩惠，而是建立一套严肃而公正的制度体系，从而抑制豪强的专横恣肆，最大限度维护社会公正与秩序。

9.3.2 诸葛亮的"严法治国"行政管理思想内容

（1）厉行法治，以法为重

诸葛亮在行政管理中体现了"法主德辅"的原则，即在德治与法治的关系上，更加强调法治，主张以法为主。他认为治理国家应以定法度和明赏罚为主要依据，"治国之政，其犹治家。治家者务立其本，本立则末正矣"[③]。"故本者，经常之法，规矩之要"[④]，只有遵循法治这个根本要旨，才能做到"圆不失规，方不失矩，本不失末，为政不失其道"[⑤]。相反，如果抛开法治，国家就会衰亡，因此法治严明与否是决定国家兴亡之关键。

与魏、吴相比，蜀的势力最弱。蜀国地域狭小、人口稀少，由于长期政失于宽，法令废弛，因此豪强恣意妄行，经济萧条，民不聊生，社会动荡不安。早在刘备初入蜀时，诸葛亮就针对蜀地历来法治不严、德政不举、威刑不肃的情况，以雷厉风行的作风推行严法治国。他精辟地分析了"高祖入关"与"刘备入川"之不同，坚持非严法无以为治，"君知其一，未知其二。秦以无道，政苛民怨，匹夫大呼，天下土崩，高祖因之，可以弘济。刘璋暗弱，自焉已来有累世之恩，文法羁縻，互相承奉，德政不举，威刑不肃。蜀土人士，专权自恣，君臣之道，渐以陵替。宠之以位，位极则贱；顺之以恩，恩竭则慢。所以致弊，实由于此"[⑥]。诸葛亮善于从历史中吸取教训，对法治的认识深刻且独到。他指出，德政的说服教化断然无法改变局面，只有依靠严刑峻法，惩治不法之徒，才能治乱持危，保境安民。

诸葛亮认为，实行严法治国，首先必须做到有法可依。他制定详细的法令制度，并

---

① 《三国志·诸葛亮传》。
② 《三国志·庞统法正传》。
③ 《诸葛亮集·便宜十六策》。
④ 《诸葛亮集·便宜十六策》。
⑤ 《诸葛亮集·便宜十六策》。
⑥ 《诸葛亮集·答法正书》。

在实践中始终贯彻法治严明、赏罚必信的精神。在立法环节上，强调要明法令，"威之以法"。在蜀国推行严法治国的过程中，诸葛亮订立和颁布了一系列法律条文，其中，与法正、刘巴、李严、伊籍等人共同制定的《蜀科》被列为蜀国的法典。后来诸葛亮又亲自著《法检》二篇、《科令》二篇、《军令》三篇。为强化官吏管理，还提出了具体执法标准，"亮作八务、七戒、六恐、五惧，皆有条章，以训厉臣子"[①]。这些律令的颁布，有效改善了蜀国法令不全的混乱局面，实现了有法可依，为蜀后来的发展壮大奠定了坚实的法制基础。

其次，要做到执法必严。诸葛亮认为，执法应客观公允，施行奖惩应一视同仁，不徇私情、不避权贵。他明确指出，"赏以兴功，罚以禁奸"[②]"赏不可虚施，罚不可妄加"[③]，并认为"赏善罚恶"是推行法治的关键。在《出师表》中，诸葛亮写道："宫中府中，俱为一体；陟罚臧否，不宜异同。若有作奸犯科及为忠善者，宜付有司论其刑赏，以昭陛下平明之理，不宜偏私，使内外异法也。"对此，当时的丞相府长史张裔赞叹道："公赏不遗远，罚不阿近，爵不可以无功取，刑不可以贵势免，此贤愚之所以佥忘其身者也。"[④]

最后，要做到违法必究。诸葛亮曾对"刑不上大夫"的传统观点进行批判，认为这种维护贵族豪门特殊身份地位的观点，会导致蜀汉豪强世族恣意专横和破坏法纪。据此，他提出"法不阿贵""法不二门"的主张，强调法的公正性与普适性，"非法不言，非道不行，上之所为，人之所瞻也。夫释己教人，是谓逆政，正己教人，是谓顺政。故人君先正其身，然后乃行其令。身不正则令不从，令不从则生变乱。故为君之道，以教令为先，诛罚为后，不教而战，是谓弃之"[⑤]。诸葛亮还以身作则，带头遵守法令。在北伐失败后，他深陈己过，检讨自己"明不知人"，曾上疏请求自贬三等，以示惩戒。

（2）崇尚德政，以德为辅

诸葛亮在主张以法为主的同时，并不排斥儒学倡导的德治仁政，强调确立封建等级制度，严明君、臣、民等级关系，认为君臣之间应顺应天道，臣要绝对忠君。诸葛亮十分赞成儒家"正人先正己"的观点。从某种意义上看，诸葛亮崇尚德政是出于缓和社会政治冲突的实际需要。"治国以礼，民无怨声"[⑥]，他从东汉末年黄巾起义的历史中认识到民众的巨大力量，深知如若只依靠法治，施行严刑酷法，而不辅以德政，必然会促使当下的社会冲突进一步激化，最终导致蜀国政权颠覆。因此，在治理蜀国的行政管理实践中，他提倡在以法治为主的基础上，充分发挥德治对法治的辅助作用，通过教刑并举、

---

① 《三国志·诸葛亮传》。

② 《诸葛亮集·便宜十六策》。

③ 《诸葛亮集·便宜十六策》。

④ 《三国志·霍王向张杨费传》。

⑤ 《诸葛亮集·便宜十六策》。

⑥ 《文选·三国名臣序赞》。

先教后刑，正身守法、律己教人、进贤退贪、迁善黜恶等方法，来协调统治者与被统治者的关系，实现"咸畏而爱之，刑政虽峻而无怨者"① 的局面。

诸葛亮的德政思想主要包括如下四个方面。

其一，严法而重德，寓德政于法治之中。诸葛亮提倡严而重德、严而有情，一方面强调严格执法，不因情废法，另一方面也始终不忘辅以德政，使人心悦诚服。诸葛亮在行政管理过程中不拘泥于常法，主张根据认罪态度来变通量刑，慎用刑罚，执法严明却不冷酷，即"服罪输情者虽重必释，游辞巧饰者虽轻必戮"②。反对株连无辜，对于受过惩罚的人结合其认罪态度和悔改表现，给予其改过自新的机会。

其二，重视法律教育，主张教化为先。诸葛亮承袭先秦孔儒"先教后杀"的主张，强调在教化基础上实行法治，即"教令为先，诛罚为后"③。他致力于推行法律宣教，鼓励和引导臣民学法、知法、懂法、守法。除了在臣民、官兵中进行法令制度教育外，他还专门针对皇亲国戚及其子弟开展法治思想宣传，其目的是让朝廷内外的每一个人都认识到怎样做是符合法令的，怎样做是违反法令的。此种先教化后诛罚的德教管理方法更易于被臣民接受，有利于建构良好的行政管理秩序。

其三，规范治理军队，主张恩威并施。诸葛亮认为治理军队要"教之以礼义，诲之以忠信，诚之以典刑，威之以赏罚"④。他强调军队治理同样要采取德治与法治相结合的策略，首先应坚持以法治军。在军队治理过程中，他主持制定了一系列严明的军法，对官兵的行为进行严格约束。凡有违纪，不论军衔高低，一律按军法处置。与此同时，诸葛亮也主张道之以德、齐之以礼，以礼义忠信为准则教育官兵，对有功之人给予应有的恩惠褒奖，相反则予以处罚。如此，赏罚分明、恩威并施，不可偏废其一。

其四，审时度势，灵活变通。诸葛亮会根据实际条件的不同灵活处理德治与法治的关系。他认为"法治为主，德政为辅"是总的管理方针，但也要依具体情况进行处理，选择最恰当的方法作为治理手段。比如在社会治理中，遇较恶劣的违反法纪情况，应以法治为主，严格按照法律法规量刑定罪，以维护律法的权威性。但当情况相对情有可原，违例者认罪态度积极时，则应在执法中因需要变通德法关系，适当减轻刑罚。

9.3.3　诸葛亮的"严法治国"行政管理思想简评

"两汉以来无双士，三代而后第一人"，诸葛亮因其卓越的治国理政之才和高尚的人格魅力在几千年的历史长河中一直被世人铭记。他倡导法治原则，试图通过建立公平的法律体系和公正的司法程序来维护社会秩序，同时深受儒家思想的影响，将儒学经典著作视为治国的理论基础，强调君主应当关心百姓的疾苦，施行仁政。诸葛亮提倡减轻赋

---

① 《三国志·诸葛亮传》。
② 《三国志·诸葛亮传》。
③ 《诸葛亮集·便宜十六策》。
④ 《诸葛亮集·将苑》。

税，支持农业发展，努力改善百姓生活，体现了仁爱原则在政府政策中的具体运用。纵观"严法治国"的行政管理思想及实践，可以看出他始终从实际出发，博采儒法之长，将儒家"仁政"思想与法家"刑政"思想有机结合，形成了一套科学完整的行政管理思想体系，并将其延伸到政治、经济、文化、军事等方面，使蜀国发展成为国泰民安、吏治清明、经济发达、政绩显著的"鼎立三足"之一。

在现代国家的行政管理中，可以借鉴诸葛亮"严法治国"的理念，坚持法治德治并举。一方面，大力宣传法治观念，在公民心中树立法律的权威，做到科学立法、严格执法、公正司法、全民守法；另一方面，发挥道德的调节作用，凝聚社会正能量，营造和谐风气，保障法治建设的深入推进。诸葛亮治蜀虽采用严刑峻法，却从不滥杀擅杀，而是审情度势、灵活变通，这启示我们不仅要健全法律体系，不断补齐制度漏洞，而且要以事实为依据、以法律为准绳，进行合理的价值判断，避免法律的僵化与陈旧，保障公平公正。此外，建立清廉高效的政府管理系统对于国家治理现代化意义重大。诸葛亮一生主张"静以修身，俭以养德"，重视廉政建设，打击腐败现象，这对于丰富中国特色反腐倡廉道路的基本内涵无疑具有现实意义。

9.4 白居易的"刑礼道迭相为用"行政管理思想

白居易（公元772—846年），字乐天，晚年号香山居士，河南新郑人，祖籍山西太原。唐贞元十六年（800年）中进士，元和二年（807年）授翰林学士，次年兼左拾遗，后因越职言事，被贬为江州司马，长庆、宝历年间先后出任杭州、苏州刺史，授太子少傅等职。唐武宗会昌二年（842年）以刑部尚书致仕。会昌六年（846年）八月卒，享年75岁。《策林》是白居易于元和元年（806年）参加制举试前，独自拟作，以自砺自试，共75篇。该书从时务政治出发，探讨了为君为圣之道、施政化民之略、求贤选能之方、整肃吏治之法、省刑慎罚之术、治军御兵之要、矜民恤情之核、礼乐文教之功等国家治理问题，荟萃了白居易独具特色的行政管理思想。

9.4.1 白居易的"刑礼道迭相为用"行政管理思想渊源

儒家的仁政思想是白居易一以贯之的精神支点。一方面，白居易出身于小官僚家庭，祖、父皆为明经科出身，世敦儒业。在这种文化氛围的熏陶下，白居易从小聪慧绝伦，青年时代读书也特别刻苦。忆及当时情况，他说："二十已来，昼课赋，夜课书，间又课诗，不遑寝息矣。以至于口舌成疮，手肘成胝。"[①] 另一方面，白居易青少年时期是在颠沛流离中度过的。由于战乱不断，他11岁时就离家到南方避乱，常常食不果腹，衣不蔽体，甚至不得不到邻郡去乞讨。动荡不安的生活际遇在年幼的白居易内心催生出关注人

---

① 《白氏长庆集·与元九书》。

民生活和社会现实的真情。早年的求学生涯和生活磨炼，无疑为他接受儒家仁政思想奠定了坚实而深厚的基础。

在《策林》第五十四篇《刑礼道迭相为用》中，白居易明确指出，法家的严刑峻法、儒家的仁政德治、道家的清静无为，作为不同意识形态以及与之相应的政治措施，对于维护封建统治秩序来说均是不可或缺的思想源泉。"夫刑者可以禁人之恶，不能防人之情；礼者可以防人之情，不能率人之性；道者可以率人之性，又不能禁人之恶。循环表里，迭相为用……达时变者，得刑礼之宜。适其用，达其宜，则天下之理毕矣，王者之化成矣。"[①] 这段话反映了白居易在思想上持有开明态度，同时也是理论上对我国封建社会统治阶级杂取各家学说以强化专制行为的概括。这从表面上看，似乎是儒、道、法平分秋色，而实际上是以儒家思想为主导。"刑者礼之门，礼者道之根。知其门，守其根，则王化成矣"[②]，即尚刑不过是崇礼的门径，而任道也得以礼为依归，只有儒家的礼才是"王化"的根底所在。

9.4.2　白居易的"刑礼道迭相为用"行政管理思想内容

（1）刑礼道主次分明、权变使用

白居易通过观察唐朝中期的政治形势，以务实的态度提出"刑礼道迭相为用"的治国理念。鉴于刑、礼、道各有其独特的治理功能和缺陷，他认为，"王化之有三者，犹天之有两曜，岁之有四时。废一不可也"，三者必须"循环表里，迭相为用"[③]。其具体应用于"治人"时，则"惩恶抑淫，致人于劝惧，莫先于刑；划邪窒欲，致人于耻格，莫尚于礼；反和复朴，致人于敦厚，莫大于道"[④]。也就是说，当要惩罚恶人、遏止淫邪时，三者没有比刑罚更好的；要铲除人心中的邪念贪欲，使人知耻归正，没有比礼义更好的；返归和谐，恢复淳朴，使百姓变得敦厚，没有比道更好的。其具体应用于"治世"时，"衰乱之代，则弛礼而张刑；平定之时，则省刑而弘礼；清静之日，则杀礼而任道"[⑤]。白居易的治国理念既不同于激进法家商鞅、韩非等人的思想，又相异于儒家"以礼为主，礼法合治"的二元观念，而是以兼容并蓄的胸怀指出，应根据刑、礼、道三者各自的治理作用，对其进行交替运用。同时，他打破了儒家礼主法次、礼先刑后的惯性思维，主张刑、礼、道互为表里，三者因事、因时、因势的不同而呈轻重缓急之变。

无论是儒家的礼治还是法家的法治，其治理理论根据主要有二：一是受治主体的原始本性，二是治术对受治主体产生的实际效用。关于前者，法家通常认为人性本恶，主

---

① 《白氏长庆集·策林·刑礼道》。
② 《白氏长庆集·策林·刑礼道》。
③ 《白氏长庆集·策林·刑礼道》。
④ 《白氏长庆集·策林·刑礼道》。
⑤ 《白氏长庆集·策林·刑礼道》。

张"垂法而治",轻视甚至完全否定道德教化的功能。早期儒家则认为人性本善,治国方略上以道德教化为主、刑罚制裁为辅。关于后者,孔子曾说:"道之以政,齐之以刑,民免而无耻。道之以德,齐之以礼,有耻且格。"[①] 其意在说明用政令、刑罚来治理百姓,百姓会因害怕而免于犯罪,但不会觉得犯罪是一种耻辱。但如果用道德约束百姓,百姓不仅能纠正自己的行为,而且会有耻辱之心。由此足见,就对受治主体产生的作用而言,"德礼"明显优于"法刑"。然而,法家却持相反之见,比如商鞅认为,"禁奸止过,莫若重刑。刑重而必得,则民不敢试,故国无刑民"[②]。法家开出的治世良方是以严法重刑之苦药以毒攻毒,使人在严刑的威慑下收敛恶性。从儒、法两家的治理理论可以看出,他们的参照点均为受治主体,以人的本性和治术对人产生的影响为旨归,即所谓"因人而治",但忽略了时与势在行政管理实践中的作用。

白居易"刑礼道迭相为用"行政管理思想的夺目之处在于"因时变道"。在他看来,只有因时势的变化而采用不同的治理方法,才能达到"适其用,达其宜,则天下之理毕矣,王者之化成矣"[③] 的目的。例如刑罚方面,他在仁政爱民的思想基础上提出肉刑可废而不可复的观点,认为肉刑"刻肤革、断支体"[④],与人之恺悌恻隐之心相违背。既然汉文帝和唐太宗废除肉刑不用,仍然天下大治,这就说明肉刑并不是必不可少的,根本没有恢复的必要。"轻重适时变,用舍顺人情"[⑤] 是圣人的用刑原则,只要能够遵循这样的治理之道,完全不必恢复早已被废除的肉刑。况且,肉刑令"见者必痛其心,闻者必骇其耳"[⑥],同圣人之道相背离,所以白居易坚决捍卫肉刑不可复的立场。

(2)慎用刑赏二柄

其一,刑赏应适度。白居易认为,对群臣百官施用刑赏是君主操控权力的方式,但要依照适度的原则。"量其功而限之以爵,审其罪而纠之以法"[⑦],要以臣的功和罪为标准予以赏罚,使受赏者获之不易,受罚者心服口服,如此就能做到"恩荣并加,畏爱相济","下无贰志,上无疑心"[⑧]。他还认为君主不能频繁恩赦天下,对犯罪臣僚不宜滥用赦免。君主恩赦既不可废除,亦不可常用,而要根据具体情形来使用。

其二,以诚信树立法的权威。白居易指出,当时大唐王朝法制涣散,令不行、禁不止,这种状况并不是因为法不完善,而是因为实施过程中没有讲求诚信。"典章不能

① 《论语·为政》。
② 《商君书·赏刑》。
③ 《白氏长庆集·策林·刑礼道》。
④ 《白居易集·策林三·议肉刑》。
⑤ 《白居易集·策林三·议肉刑》。
⑥ 《白居易集·策林三·议肉刑》。
⑦ 《白居易集·策林三·御功臣之术》。
⑧ 《白居易集·策林三·御功臣之术》。

自举，待教令而举；教令不能自行，待诚信而行。"① 但是由于君主忽视教令和诚信的作用，"禁未甚止，令未甚行"②，导致"方今禁科虽严，桴鼓未静，敛攘者时闻于道路，穿窬者或纵于乡间"③。因此，白居易提出，君主须以身作则，努力修身，带头践履诚信。

其三，"理大罪，赦小过"。所谓"急察之政，急于朝官，而宽于外官；惩戒之刑，加于小吏，而纵于长吏"④，针对当时大罪常常被忽略，小官小吏反而成为惩治重点的情况，白居易敏锐地指出，刑罚使用要符合道义，君主要让天下人"畏而爱之，悦而服之"，关键是权衡利害，注重实效，既体现仁政，又兼顾社会之道义，抓大放小。"宥其小者仁也，仁以容之，则天下之心，爱而悦之矣；刑其大者义也，义以纠之，则天下之心，畏而服之矣。"⑤

（3）"援法附儒"

儒家思想是白居易行政管理思想的主干，但在解决具体现实问题时，他往往表现出崇儒尚法、援法附儒的倾向。在《策林》第五十六篇《论刑法之弊》中，他批评朝廷"轻法科，贱法吏"，积极主张"升法科，选法吏"，建议"悬法学为上科""升法直为清列"⑥。在《策林》第五十一篇《议封建 论郡县》中，他以维护中央集权为主旨，反对藩镇分裂割据。这体现了他德刑并举的政治态度。在该文的结论部分，白居易提出："若法坏政荒，亲离贤弃，王泽竭于上，人心叛于下。如此，则九族为雠敌，况天下乎？虽废郡建邦，又何益也？"⑦ 一方面抨击了"废郡建邦"的复古思潮，极力维护秦始皇开创的郡县制，另一方面又张扬王化，推崇德治，强调"以敦睦亲族为先""以优劝劳逸为念""以尊贤宠德为心""以安抚黎元为事"⑧。这综合反映出白居易儒法兼具的行政伦理。

（4）依法纳贤

在人才选用上，白居易主要有以下观念。一是贤者荐举。白居易说："求贤有术，辨贤有方。方术者，各审其族类，使之推荐而已。"⑨ 他相信人以群分的道理，"贤愚有贯，善恶有伦"，贤者当然了解与自己属于同一群体的人。因此，贤者推荐不失为一种可靠的

---

① 《白氏长庆集·典章教令》。
② 《白氏长庆集·典章教令》。
③ 《白居易集·策林四·去盗贼 举德选能安业厚生》。
④ 《白居易集·策林四·使人畏爱悦服 理大罪赦小过》。
⑤ 《白居易集·策林四·使人畏爱悦服 理大罪赦小过》。
⑥ 《白居易集·策林四·论刑法之弊》。
⑦ 《白居易集·策林三·议封建 论郡县》。
⑧ 《白居易集·策林三·议封建 论郡县》。
⑨ 《白居易集·策林二·请以族类求贤》。

选贤方式。二是以礼求贤。这里的礼指礼仪，他认为："得贤之由，由乎审理。"① 不同的礼仪体现君主对人才的不同重视程度，意味着人才的层次性，君主失礼就有可能失去贤才。三是对荐举行为予以赏罚以保证选才质量。白居易提出，应把荐举行为与被荐举人的政绩关联起来，依据被荐举人的实绩对荐举人予以赏罚，"得人者，行进贤之赏；谬举者，坐不当之辜"②。

在人才任用上，白居易主张"量才授官"。他认为，行政职位的层次化与人的"材之长短"是相对应的，即"官有大小繁简之殊，才有短长能否之异。称其任则政立，枉其能则事乖"③。任用人才需要"量其短长之材，授以大小之职"④，然后明察臧否，精考殿最，做到人尽其才、才尽其用，使行政官员配置合理化。他还注意到，要将职位分类与人才特征相匹配，依据人才的特长授予其不同的职位，使"操凿枘者无圆方之谬，备轮辕者适曲直之宜"⑤，达到"人尽其能，职修其要"⑥ 的目的。白居易重视基层治理经验对人才培养的作用，提出把那些才能凸显却没有工作经验的人员选调到基层职位上锻炼，尽管他们的品秩不高，但考察培养过程却非常重要，基层部门应当成为高层行政领导的储才之地。这样的认识是很超前的。

9.4.3　白居易的"刑礼道迭相为用"行政管理思想简评

总体而言，白居易的"刑礼道迭相为用"行政管理思想突破了此前儒家"德主刑辅"的观念，提出根据刑、礼、道不同的治世用途，因事制宜、因势制宜、因时制宜，循环表里、迭相为用。这种不墨守成规，敢于兼采诸家之长的治理理念在今天仍具有显著的参考价值。然而，其仍存在一些不足之处：其一，白居易将社会环境分为"衰乱之代""平定之时""清净之日"三个时期，但《策林》中并没有对其进行具体解释，导致这三种时期边界模糊，不能因时而异采取治理之道。其二，白居易体察百姓生活，了解民众疾苦，这使他的思想具有很强的实用性和针对性，但也不可避免地带有封建时代的局限性。

法治与德治最大的张力来自非此即彼的选择，要么仅用法律的视角研究，要么只用道德的目光审视，缺少白居易刑礼道迭相为用的灵活性。法律是成文的道德，道德是内心的法律。法律和道德都具有规范社会行为、调节社会关系、维护社会秩序的作用，在国家治理中都有其地位和功能。历史证明，既注重法治又注重德治的国家，治理效果普遍较好；单纯依靠法治或德治，难以实现国家善治。故而我们可以借鉴白居易的行政管理思想，一方面强化道德对法治的支撑作用，将道德融入法律规范中，提

---

① 《白居易集·策林二·尊贤 请厚礼以致大贤也》。
② 《白居易集·策林二·请行赏罚以劝举贤》。
③ 《白居易集·策林二·审官 量才授职则政成事举》。
④ 《白居易集·策林二·请行赏罚以劝举贤》。
⑤ 《白居易集·策林二·审官 量才授职则政成事举》。
⑥ 《白居易集·策林二·审官 量才授职则政成事举》。

高民众的法治意识和道德自律；另一方面注重用法律手段惩治道德领域中的突出问题。"法与时转则治，治与世宜则有功"①，我们今天施行依法治国的时代显然和白居易所处的时代不同，但均面临着如何处理法律与道德关系的难题，这就要汲取古人的经验和智慧，与时俱进地将依法行政与以德治政有机结合，彰显中国特色社会主义法治的优越性。

本章小结

在全面依法治国工作布局上，习近平总书记多次强调，坚持依法治国、依法执政、依法行政共同推进，法治国家、法治政府、法治社会一体建设。这是关于法治建设路径的重要判断，体现了我们党对法治建设规律认识的深化，是中国特色社会主义法治理论的新发展。建设职能科学、权责法定、执法严明、公开公正、廉洁高效、守法诚信的法治政府，必将引导人民成为社会主义法治的忠实崇尚者、自觉遵守者、坚定捍卫者，促进形成守法光荣、违法可耻的社会氛围，从而真正推进法治国家和法治社会建设。尽管古代中国的法治与现代法治迥然相异，但其构建法律体系、确定法律权威、追求公正与公平的思想及实践，仍为今天提供了宝贵的经验与启示。德治法治并重是古代中国国家治理的显著特征。古人怎样看待法治？古代中国是如何将德治和法治协调起来的？人们可以从古代法治行政思想中汲取怎样的智慧？通过本章的学习，读者将能够较为清晰地回答这些问题，更加深刻地认识法律和道德共同规范社会行为、调节社会关系、维护社会秩序的重要作用，坚持在全面依法治国轨道上推进中国式现代化。

关键术语

参验之术　慎刑　体貌大臣　定经制　制服之道　法主德辅　援法附儒

思考题

1. 韩非"以法治民"的思想与先前法家有何不同？
2. "民"在贾谊的"礼法合治"行政管理思想中有何地位与作用？
3. 在诸葛亮看来，实现"严法治国"的途径有哪些？
4. 如何理解白居易"因时变道"的思想内涵？

---

① 《韩非子·心度》。

课外资源

9-1 跟着总书记读"典"学法 法者，治之端也

9-2 中国古代"法治主义"起源及其融入"法治中国"的方式

9-3 古代的"法治"理想与"劲士"精神

第 10 章

中国古代应急行政思想

古人云："多难兴邦。"纵观五千多年发展史，中华民族历经无数次血与火、生与死的严峻考验，但都没有倒下，反而走向了新的辉煌。历史上的危机管理职责主要是由政府承担，并形成了包括制度制定与推广、财政支付与兜底、监督实施与反馈在内的一系列机制。中华优秀传统文化中蕴含着丰富的应急行政管理智慧，尤其是《周易》的风险治理观、《救荒活民书》的赈灾救荒思想以及汪志伊的荒政管理思想，为解决当代人类危机治理难题提供了重要启示。因而有必要撷取这些思想的精要，提炼中国特色应急行政管理之道，将其创造性地转化为破解突发公共事件应对之困的生动实践。

10.1 《周易》的风险治理观

《周易》大致成书于殷末周初之际，相传为周文王姬昌被商朝末代暴君纣王囚禁时所撰，用以推衍六十四卦以渡患难。古往今来，《周易》一直被视为群经之首、大道之源，被无数思想家研究与传播，儒家更是把它奉作儒门圣典。在中国古代行政管理发展历程中，《周易》因其风险预防、风险应对、风险转化等思想和理念，被誉为真正把风险管理学理化的经典。可以说，《周易》的风险治理观是中国风险管理思想的智慧之源，构成了中国古代应急行政思想的重要内容。

10.1.1 风险预防思想

在奴隶社会时期，占卜作为一种超验行为，渗透在社会生活的方方面面，用于沟通人与鬼神，预测事物的发展趋势和吉凶祸福。卦爻辞最初只是某卦某爻的筮辞，是占问某事的原始记录，后来经过编纂被附于六十四卦的每卦、每爻之下。卦爻辞大体分为两类：一是判定吉凶之辞；二是叙事之辞。前者是对可能发生的风险进行的判断和警示。

（1）居安思危的忧患意识

忧患意识，是中华传统文化中具有鲜明特色的道德价值概念，体现了一种建立在高度历史自觉基础上的社会责任感，以及敢于正视和承受人间忧患的悲悯情怀。这样一种人文理想或精神境界，最早、最鲜明、最集中地体现在《周易》之中。《易传》是战国时期阐发和总结《周易》的论述，明确提出"危者使平，易者使倾"的观念。这告诉我们，为政者对"危辞"知所畏惧便可以使人平安，若掉以轻心则必将导致倾覆。换言之，为人为政都要对"危惧警戒之辞"保持敬畏，在平静少难之时更应提高警惕，防范"难事"发生。《周易》一共有六十四卦，代表人生六十四种不同的状况，每一卦都由六爻组成。《乾》卦九三爻说"君子终日乾乾，夕惕若厉，无咎"，意思是君子白天勤勉努力，晚上仍然要戒惧警惕，提防危险，最终才不会有灾难。又如《否》卦九五爻说："休否，大人吉。其亡其亡，系于苞桑。"说的是，即使在风险管理过程中处于有利地位，为政者也要时刻自警，避免走向灭亡，这样就能像系结于丛生的桑树一样安然无恙。《豫》卦初六爻说："初六鸣豫，志穷凶也。"意思是说，如果欢乐之志穷极，过于放松，人的意志必消退，身名必败裂，甚至会有凶险发生。可见，《周易》要求执政者把忧患意识内化为自己的基本素质，实现"君子安而不忘危，存而不忘亡，治而不忘乱"①，防止因"安"而生"危"。其对于居安思危忧患意识的强调，并不是要为政者时刻"杞人忧天"，而是要为政者正确认识行政管理中风险预防责任和防范能力的重要性。

（2）知几察微的防范意识

《周易》十分强调知几察微，《大畜》卦六四爻说："童牛之牯，元吉。"意思是给小牛角上装横木，以防止顶人，至为吉祥。当风险处于萌发阶段时，虽不具有威胁性，但管理者要能够及时采取行动，及时遏制其发展。《震》卦说："震：亨，震来虩虩，笑言哑哑；震惊百里，不丧匕鬯。"说的是当雷声传来，万物惶恐畏惧，有的人吓得浑身发抖，有的人却神态自若，手中的酒都没洒出来一滴。因恐惧而自省，提前采取行动，必能带来福泽。这告诉我们，在风险出现征兆时，人要能够及时响应，有所作为。《周易》认为，为政者不能被动地应对风险，应该做到以守为攻，将风险管理的主动权把握在自己手里，把风险管理的重点放在风险预防上，只有这样才能产生较好的治理效果。"出，可以守宗庙社稷，以为祭主也。"② 意思是即使君主外出，如果能够有长子留守宗庙社稷，成为祭祀典礼的操持者，那么也可以把可能发生的灾祸消灭在萌芽之时，保持国家的持续稳定。

《周易》的核心思想之一是风险预防，这在许多卦爻辞中都有述及。《坤》卦初六爻说："履霜，坚冰至。"意思是说，如果出门后发现脚下有霜，那就意味着结坚冰的寒冷日子要到来了，应该做好过冬的准备。《既济》卦明确提出"君子以思患而豫防之"，要

---

① 《周易·系辞下》。
② 《周易·象传下》。

求人们时刻思虑可能发生的风险。《系辞》说："夫《易》，圣人之所以极深而研几也。唯深也，故能通天下之志；唯几也，故能成天下之务。""研几"是《周易》中风险防范的重要思想和方法。几即微，每一次公共风险都会有发端，如果不能察觉并及时防范，就很可能会出现《坤》卦所说"臣弑其君，子弑其父"的恶果。这要求在应急行政管理中，要把风险防范意识作为最基本的认识加以重视。在《周易》中，防微杜渐的思想贯穿全书。其格外强调"千里之堤，溃于蚁穴"，深刻地揭示出，只有加强预警预防系统建设，做好充分准备，及时消除风险隐患，才能更好转移或降低风险。

（3）有备无患的准备意识

《周易》提倡"修德"，唐朝的孔颖达就曾提出，《周易》"六十四卦悉为修德防患之事"[①]。人的首要之务就是要加强自身的德行修为，时刻秉持责任意识。《履》卦初九爻说："素履，往无咎。"指出君子要朴素无华，小心行走，专心奉行循礼的意愿，必无咎害。君子"为德之时，先须履践其礼，敬事于上，故履为德之初基也"[②]，意思是为政者必须做到"居中守正"，恪守其德，提升自身的品行，增强执政的能力和风险预防意识。

《周易》指出，必须做好风险预防体系建设。《剥》卦说："山附于地，剥；上以厚下安宅。"意思是山受侵蚀逐渐接近于地面，这启示人们，位居在上的人应当效法此象，以厚德施于下层庶民而使之安居。《周易》对纣王的统治和商朝覆灭的原因进行总结和反思，认为在风险预防体系建设中应把"厚下安民"作为重点内容，以实现社会和谐安定、民众安居乐业，把体系建设的基础建立在人民的支持之上，形成全社会参与的格局。《周易》以知几察微为核心，指出在风险管理中要建立以预警响应为核心的预防体系，将风险管理的重心从应对阶段前移至预防阶段，做到"不困在豫慎，见祸在未形"[③]。正如《履》卦所告诫的，行走之路如同践履虎尾，只有加倍小心才能成功。一旦准备不足，缺乏预警，可能会发生"履虎尾咥人"的凶险遭遇。

《周易》还指出，要加强风险预防能力建设，做到韬光养晦。《乾》卦初九爻指出"潜龙勿用"，隐喻事物在发展之初，虽势头较好但比较弱小，应当小心谨慎，不可轻举妄动。在风险型社会中，管理者要认识到现有应急管理体系存在的短板，减少自己的弱势暴露在风险中的可能，否则会发生更大危机。《明夷》卦说："内文明而外柔顺，以蒙大难，文王以之。"这是说，应内含文明美德、外呈柔顺情态，以此承受大的灾难，周文王就是这样做的。这提醒我们，只有努力提高风险预防和应对能力，未雨绸缪，做好不同方面的准备工作，才能在风险管理中虽然外示"柔顺"，但仍能减少损失，及时化险为夷。

---

① 《周易正义·系辞下》。
② 《周易正义·系辞下》。
③ 《逸周书·王佩解》。

10.1.2 风险应对思想

（1）树立权变的风险应对理念

《周易》在强调把握时机的同时，也非常重视居危思变，认为风险作为事物的一种，也具有生命周期，风险应对的目标是把事物调整至长久的平衡与和谐状态，就像《系辞》所说："穷则变，变则通，通则久。"在事态发展过程中，风险呈现"吉""凶"两种状况，并随发展阶段的变化而相互转化。《乾》卦说："终日乾乾，与时偕行。"《损》卦言："损益盈虚，与时偕行。"管理者要认识到风险可能的变化趋势，在风险事件形成、扩散等不同阶段，以不同的方式加以应对，做到动静不失其时。在这个过程中，要认识到"时"作为事件变化节点的特征。在失序与有序中，《周易》追求持中、适度的状态，如《节》卦既反对涣散无序（"无节"），又反对过分严苛（"苦节"），主张在管理上保持平衡。当风险因子演化成现实风险后，管理者要善于判断风险程度，认清和抓住时机。当风险变化到一定程度时，还要具备妥善处理风险的能力。

《革》卦在我国历史上第一次提出了"革命"的概念，认为变革是自然和社会的普遍规律。《杂》卦说："革，去故也；鼎，取新也。"当出现《序》卦中"井道不可不革"的情况时，就说明改革已势在必行了。《周易》在《革》卦之后编纂《鼎》卦，两卦相对，前者讲破除陈旧，寓意改革；后者讲树立新风，寓意创新。破旧的同时也意味着立新，既在破旧中立新，又在立新中破旧。因此在风险应对中，我们要及时发现应急管理体系中导致风险发生的缺陷所在，探寻风险发生的原因，通过举一反三和危机学习，对机构设置、人员配备、物资储备以及预案设计等方面进行相应变革，构建完善的危机管理系统，进一步提高风险预防和应对能力。

（2）培养"贤人"治理风险

在《周易》中，"德"居于风险管理体系的中心位置，强调君子应厚德载物。孔子肯定《周易》作为忧患之作，目的是"垂法以示于后"[①]，通过制定道德法则来规范人的行为，以防止忧患之事。《无妄》卦说："其匪正有眚，不利有攸往。"如果背离正道，人就会遭遇灾害，不利于前行。这是《周易》从个人道德的要求出发，说明风险管理者坚守正道的重要意义。

《周易》指出，人们必须具有摆脱风险的坚定意志和诚信素质。《乾》卦说："天行健，君子以自强不息。"要求人无论处于何种情况，都要有坚定的意志和强大的决心应对风险。《中孚》卦说："有孚挛如，无咎。"古代帝王具有诚信并以其牵系天下人心，这样国家就没有祸患。从根本上看，应急管理的处置能力和根本力量来自广大人民群众，只

---

① 《周易正义·系辞下》。

有群策群力才能攻克一切难关。因此，在危机治理的全过程要强化公信力，提升对民众的号召力，确保政令有效施行。

《周易》还指出，人们应树立变化思维，提高自身应变能力。在应急管理实践中，很难精准预测突发事件发展的各种可能性。《周易》强调风险管理者要具备精准研判应对之策的效度的能力，从而提出"以贤治险"的主旨思想。参与风险预防与风险应对的"贤人"应具备良好的德性、坚韧的品质，拥有进行风险管理的处置能力，能够得到民众的信服，真正领导社会大众高效地治理危机。

（3）风险应对的人本管理理念

首先，风险应对要做到以民为本。《系辞》说："天地之大德曰生。"天地间最可贵的是人的生命，风险管理最根本的就是尊重和保护人的生命权。《夬》卦说："泽上于天，夬。君子以施禄及下，居德则忌。"意思是为政者应做到施禄于庶民，使人民生活和谐，如高高在上只谋私利，不施仁政，必会导致与人民对立，从而易生灾祸。《谦》卦说："君子以裒多益寡，称物平施。"意思是为政者要维护公平正义，为人民提供良好的生活环境。这也是历朝明君都深谙的损上益下的施政策略。《损》卦说："损，损下益上，其道上行。"如果为政者损害人民利益，从民众中获取私利，那么他必然会遭受同样的损失。自西周以降，统治阶级已意识到人民的力量，民心向背直接关系到统治基础的稳定与否。作为商朝的替代者，周朝统治者深知"汤武革命，顺乎天应乎人"的道理，周公的"用康保民""明德慎罚"等政策即是很好的例证。

其次，风险应对要能够安危结合。《周易》在强调"居安思危"的同时，也提出"居危思安""居危思变"等理念，认为"否"和"泰"的状态构成了一个循环往复的过程，物极则必反，否极则泰来。《系辞》说："危者使平，易者使倾，其道甚大，百物不废。惧以终始，其要无咎，此之谓易之道也。"意思是知所畏惧可以使人平安，掉以轻心必将导致倾覆。在风险管理中，为政者要认识到安和危的辩证关系，将平时预防与危时处置相结合，做到平战结合。

最后，风险应对要慎始善终，采取全周期管理。在《周易》每卦中六爻刚柔交错，分别代表了事物发展的不同阶段。从风险治理的系统性角度看，其描述的是风险变化和风险管理的全过程。在风险初现时要做好预防，风险发生后须及时"亡羊补牢"。这启示人们要有全过程思考的意识，重视风险的"始"期和"终"期，做到源头治理、早期控制。

10.1.3　风险转化思想

临危知变，明时进退。《否》卦曰："否之匪人，不利君子贞，大往小来，则是天地不交，而万物不通也。"从卦体上看，《否》卦上卦是乾卦，下卦是坤卦；天在上，地在下，天地隔绝，阴阳不相交通，完全是闭塞之象。从人事上来讲，当否之时，小人用事，邪气得逞，是非不分，黑白颠倒，是不利"君子贞"的。《睽》卦初九爻讲："丧马勿逐自复，见恶人无咎。"马跑了的时候，越追它就越跑。因此，人首先必须明确此时是何"时"，明时进退。《观》卦六三爻曰："观我生，进退，未失道也。"这里的观有内观和外观两层意思，通过内观自己的能力和位置，抑或外观所处之时，可以做到时可进则进，时可退则退，进退自如。"明时"的目的在于让人们依时而动，如《艮》卦所言："时止则止，时行则行，动静不失其时。"

反身修德，转危为安。天之道之所以可贵，不仅在于安居之时能够把握中正，更重要的是在危难之时善于把握正道，坚持操守，不被邪恶观念左右自己的方向。坚持中正不变，是"风险转化"需要把握的准则。《坤》卦云："地势坤，君子以厚德载物"；《彖》卦曰："至哉坤元，万物资生，乃顺承天。坤厚载物，德合无疆；含弘光大，品物咸亨。牝马地类，行地无疆；柔顺利贞，君子攸行。先迷失道，后顺得常。西南得朋，乃与类行。东北丧朋，乃终有庆。安贞之吉，应地无疆。"大地的德性是博大宽厚的，它负载万物，生养万物。所谓包容，既要容人，也要容物。人应该效法地之"容"德，培养一种宽厚的情怀、包容的精神。《周易》提倡的反身修德，是从根本上走出困境的方法。易之道，一阴一阳，穷则变，即阳极变阴，阴极变阳。为政者在进行风险管理的过程中也当如此注重政策调整，根据事态发展进行灵活变通，制定新的方案，采取新的应对措施，以转危为安。待到风险解除后，还要考虑再次出现灾祸的可能，进行风险再预防，切不可骄傲自满，导致"亢龙有悔"。

10.1.4 《周易》的风险治理观简评

《周易》作为群经之首，其蕴含的应急行政管理思想在数千年的实践中不断发展和丰富，逐渐形成了一套具有本土特色的危机治理学。从道的层面看，《周易》的风险治理观强调以政府为主体的风险管理和以民众个体为主体的风险管理相结合。从术的层面看，它重新回归到风险管理非常规性、非程序性的内涵上，强调从风险预防、风险应对和风险转化的全过程进行治理。这对于应对当今社会中各种复杂和高度不确定的风险因素，有着重要的启发意义和现实价值。

一方面，《周易》的人本主义为应急行政管理重视人的价值功能奠定了基础。《周易》确立的"三才之道，人道为本"的观念，把人作为危机行政管理的中心，提出要在风险治理中发挥人的积极性和创造性，化危为安、转危为机。尽管它在风险预测、预警、预控、处置等方面并没有涉及现代危机管理的具体方法，也无法实现程序化、常规化要求，但从人本主义出发，可以看到现代危机管理无论采用怎样先进的科技手段，利用怎样充足的物资条件，都不能忽略人的主体性因素。另一方面，《周易》以建设道德准则和人格规范的方式来防范或规避风险，强调了现代行政管理主体不可或缺的品性修养。《周易》认为规避风险的基本条件是尽可能地完善自身人格。人格是人内部的精神，是人的内部世界、内部结构。这里对行政人格的要求主要体现在道德、智慧和意志三个方面，行政人格合于应对风险的需要是公共伦理道德的要旨。正是基于这一点，《周易》的风险治理观对应急行政管理的重视在更具哲学意义的高度上彰显了它的独特魅力。行政管理者如能沿着人格方向去培养"生于忧患，死于安乐"的意识，就可能推动更多的人"从心所欲而不逾矩"，促进社会和谐稳定，最大程度、最高效率地防范和化解危机。

10.2　董煟的《救荒活民书》和赈灾救荒思想

董煟（? —1217 年），字季兴，号南隐，今江西德兴市人，南宋光宗绍熙四年（1193 年）进士，任辰溪县令时，兢兢业业，宵衣旰食，以致身染重病，于嘉定十年（1217 年）去世，朝廷追封其为朝奉郎。他于嘉泰年间向宁宗进呈的《救荒活民书》被誉为"南宋第一书"。该书分为三卷。上卷《考古以证今》，记载历代救荒事例，用"煟曰"阐明作者对过去救荒制度或措施的理解与评价。中卷《条陈今日救荒之策》，论述救荒之法。书中先指出："救荒之法不一，而大致有五：常平以赈粜，义仓以赈济，不足则劝分于有力之家，又遏籴有禁，抑价有禁。能行五者，则亦庶乎其可矣。"[①] 然后用"煟曰"表达作者对上述方法的解释。下卷《备述本朝名臣贤士之所议论施行》，即对名臣救荒思想及实践进行总结。作者将各种救荒事例及议论逐一在小标题的引导下罗列出来，如"毕仲游救荒""韩琦平价济村民"等，系统阐述了历代荒政之策，并对先贤治灾成效进行评价，这在中国古代荒政史上占有不可替代的地位。

10.2.1　荒政指导思想

积极救荒政策和行动应具有相应的指导思想。《救荒活民书》通过列举历代的救荒事例，为灾荒救济和管理提供了方法论上的借鉴。这不仅反映出董煟对灾荒的认识，而且为救灾应急行政管理提供了思想上的指导。

（1）"以民为本，施惠于民"的民本思想

民惟邦本，本固邦宁。救荒要做到以民为本，取之于民，用之于民。面对灾荒，如果救济及时、处置妥当就可以赢得民心，反之，则会失去民心甚至导致国家动荡。故此，统治者救荒之时应实行仁政，重视以人为本。书中记载，汉武帝称帝第二年，山东水灾严重，武帝开国库赈济灾民，但救助力量远远不够，遂向豪强富商借贷米粮，仍"不能相救"，于是将 70 万灾民迁至新秦中屯耕，口粮、衣物等皆由政府供给。数年间，该地区发展繁荣，出现"冠盖相望"的盛况。然而，也有统治者治灾不利，导致民众怨声载道，国家动荡不止。西汉末年，南方遭遇旱灾，王莽"使民煮木为酪"，百姓饿死十之七八，以致王朝很快灭亡。由此可见，得民心者得天下。

---

① 《救荒活民书·卷中》。

（2）"居安思危，未雨绸缪"的预防思想

灾害发生前的预防与准备工作十分重要。在灾荒发生之前，应先防患于未然，这样灾荒发生时才不会手忙脚乱，"国无九年之蓄，曰不足；无六年之蓄，曰急；无三年之蓄，曰国非其国也"①。同时注意与民休息，轻徭薄赋，这样社会才可以长治久安，"方今官多冗费，民无私蓄，一岁不登，逃亡满道，盖上下皆无储积故也"②，"其如农收有限，当量民力而取之。虽或差减，尚有数分之入。今若同取，一旦不堪其求，必致流亡之患，则永失常赋矣"③。因此，《救荒活民书》强调只有做好灾害来临前的准备，抗灾工作的开展才能达到事半功倍的效果。

（3）"多方参与，统筹治荒"的协同思想

民间力量参与救荒有两方面的含义：其一，加强地区间相互救济；其二，富民是赈灾不可缺少的力量。灾荒的发生大多呈地区分布，故古代州县地区间的相互救济对缓解灾荒有很大的作用。董煟大力提倡地区间通过相互协作共同应对灾害，认为"有无相济，真救荒之良法"④。他反对地方官员为保护本地利益及维护私利，在荒灾发生之际，纷纷筑堡自守，不肯施以援手。"今州县各私其民，官司各私其职，莫肯通融。异县贮储，不恤邻邑，哀哉！"⑤ 同时，董煟指出，仅靠政府力量救荒，无论人力物力财力都远远不够，应采取措施鼓励富民加入赈灾行列。一方面，以利诱之，如纳粟买官，"募天下入粟县官得以拜爵除罪"⑥；另一方面，让富户明白救人即救己的道理，"流民且至，无所处之，则疾疫起，并及汝矣"⑦。董煟在《救荒活民书》中多次提及多方参与灾荒救治的重要性，认为这不但可以提高救灾效率，而且有助于减轻灾民受灾程度，最重要的是减少了因救灾不及时、不完善引发的一些社会问题。

（4）"重视救荒，以身作则"的责任思想

董煟强调人在救荒中的重要作用，荒政之策应重视救荒官员的任用及考核，做到知人善任、赏罚严明。"择爱民干事之吏十数辈，召见便坐，喻以忧劳悯伤之意，令分使州县察视流民。先具见存及死亡之数与即今救济之状以闻，然后与转运、提刑、知州、通判等同共疾速商量，如何处置救养，可以全活民命；比至麦熟，合用米粮几何，如何营

---

① 《礼记·王制》。
② 《续资治通鉴长编·卷一百四十一》。
③ 《续资治通鉴长编·卷一百四十一》。
④ 《救荒活民书·卷上》。
⑤ 《救荒活民书·卷上》。
⑥ 《救荒活民书·卷上》。
⑦ 《救荒活民书·卷下》。

救，不至绝乏。"① 救荒官员在灾荒救治中发挥着极其重要的作用，对治灾有力的官吏要给予奖励，对治灾不力的官吏要严惩。书中讲述了这样一则故事——咸通十年，陕西大旱，百姓请求减免赋税，观察使崔荛指着庭院中的大树说："此尚有叶，何旱之有！杖之。"② 最后"民怒，故逐之。荛逃于民舍，渴求饮，民以溺饮之。坐贬昭州司马"③。可见，奖勤罚懒关系到官员的升迁贬抑，更关系到民心向背和社会稳定。董煟的荒政思想立足为政以德的政治根本，抓住了救荒的关键。

10.2.2　灾荒救济之术

董煟在《救荒活民书》中提出以五种救济方法为主、多种辅助方法相结合的全方位救荒思想以及富有建设性的救荒思路，包括：在乡村设仓，以解决运输问题；加强管理，以杜绝里正舞弊问题；通过劝分等方式动员民间力量参与乡村社会保障，补充政府救济不足；强调不抑价、禁遏籴，在不使用强制措施的情况下以市场机制平抑粮价，等等。此外还提出了一系列分工明确、组织严密的救灾应急行政管理流程。

（1）严密高效的赈灾程序

《救荒活民书》中记载的荒政救助对象以中下主户和客户为主，灾害救助程序包括诉灾、检放、抄札三个步骤。

诉灾是宋代灾害救济的第一道程序，即百姓向官府陈诉灾情。百姓遭遇灾害时，须快速、及时地向官府报告灾情，以便官府实施救助。需要说明的是，诉灾有限定期限，必须在规定的时间内报告灾情。"夏田以四月，秋田以七月，水田以八月……"④ 足见诉灾的时间限制十分严格。

检放是宋代灾害救助的第二道程序，即政府根据州县申报灾害的情况，核实民户受灾情况是否属实，相应减免田税。检放主要是检查民户所诉灾情是否属实，其次是确定放税分数。放税分数以十分为满分计算，并规定州县对灾伤的检放一般不超过四十天。

抄札是灾害救助的最后一道程序，即对受灾群众的姓名、家庭人口数量、受灾情况等逐一进行登记，以便发放救灾物资。抄札的真实与否直接关系到受灾民户所领生存物品的多少，关乎百姓生存，其重要性可见一斑。《救荒活民书》中的《支散流民斛斗画一指挥行移》中对抄札制度作了详细规定，一般规定"在十月之前完成"。

---

① 《诸臣奏议·卷一百六》。
② 《资治通鉴·唐纪六十七》。
③ 《资治通鉴·唐纪六十七》。
④ 《救荒活书书·卷中》。

（2）全方位多层次的救荒之策

董煟在《救荒活民书》中提出全方位救荒思想，即"常平以赈粜，义仓以赈济，不足则劝分于有力之家，又遏粜有禁，抑价有禁"[①]，对赈粜、赈济、赈贷的不同作用、实施对象及方法等作了细致分析，主张统治者要"厚下"恤民，以"仁政"减灾。其中，主要的救荒之策有如下几种。

其一，常平法。汉宣帝时耿寿昌首创，其"令边郡皆筑仓，以谷贱时增其贾而粜，以利农，谷贵时减贾而粜，名曰常平仓"[②]。所谓谷贵伤民，谷贱伤农，常平法即通过国家干预达到平抑粮价和救助灾荒的目的。董煟对此非常推崇，认为常平法在灾荒之年作用尤为显著，故在宋朝时，常平法普及之广为历朝所不能比。但是同时，他也认识到宋朝尤其是南宋时，其弊端逐渐凸显，往往流于形式，实际能发挥的作用甚小，"近世救荒，有司鄙吝，不敢尽发常平之粟。至于丰储、广惠等仓，又往往久不动支，化为埃尘"[③]。尽管如此，他仍反对废罢常平，认为常平法虽有不足，但只要"厘革其弊"，仍可以"用之"。为革其弊端，董煟提出了以下改革措施：一是恢复常平法的济粜功能，保证"无岁不粜，无岁不粜"[④]；二是加强对常平仓的管理，确保常平仓里的钱财不被挪作私用，常平钱物专用于赈济。

其二，义仓法。义仓又名社仓，"合于民间散贮，逐都择人掌之"[⑤]。最早起源于民间，政府只是负责管理，是古代地方上民间储存粮食以备赈灾自助的粮仓。然而，义仓多设置于州县，董煟认为这样做是非常不合理的。相较于城镇而言，农村受灾更为严重，而且乡村百姓对于自然灾害的抵御能力更弱。此外，当时有许多义仓被把持在地方官手中，有时会被官府移作他用，"义仓米不留诸乡而入县仓，悉为官吏移用"[⑥]。发放义仓粮食时也存在分配不公现象，"强梁者得之，善弱者不得也；附近者得之，远僻者不得也；胥吏里正之所厚者得之，鳏寡孤独疾病无告者未必得也"[⑦]。赈济灾民多以米为主，不仅容易造成浪费，还会滋生弊端。对此，董煟提出应对之法：第一，今后遇到灾荒之年，根据各地饥荒发生的情况，将义仓米粮运送到乡间发放；第二，直接以钱赈济饥民或钱米兼用；第三，选有德之辈负责管理。

其三，劝分法。劝分法是官府通过劝导富民出钱出粮的方式赈济灾民，维护社会秩序稳定。董煟提出应采取"惟以不劝劝之"[⑧]的政策。"利之所在，自然乐趋"[⑨]，若按照

---

① 《救荒活民书·卷中》。
② 《汉书·食货志》。
③ 《救荒活民书·卷上》。
④ 《救荒活民书·卷中》。
⑤ 《救荒活民书·卷中》。
⑥ 《救荒活民书·卷中》。
⑦ 《救荒活民书·卷中》。
⑧ 《救荒活民书·卷中》。
⑨ 《救荒活民书·卷中》。

市场规律，诱之以利，民户自然主动赈济灾民。同时，官员也要起到率先垂范的作用，在劝分过程中，若有些富民大户观望不前，这时就需要加强对他们的引导。仁宗时，梓州路转运使扈称在饥荒之际，拿出自己的禄米赈灾。受其影响，当地富家大族都"以米输入官"，最终"全活者数万人"。此外，董煟还强调必须加强地方监督管理，一旦发现官员有偷奸耍滑的情况，"即许按劾"。

其四，禁遏籴。其意思是不禁止他处的人来运输粮食。董煟针对有些州郡长官不仅见溺不救，而且擅自发布闭籴的法令，造成百姓流离失所，灾荒加剧。他指出，灾荒来临时要守望相助，"天下一家，饥荒亦有路分，今邻郡以吾境内丰稔而来告籴，义所当恤"①。他在批驳本郡粮食贩至他处会造成粮荒的观点的基础上，认为"凡邻路灾伤而辄闭籴者，以违制坐之"②。粮食的流通不仅"可活吾境内之民"，还"可活邻郡邻路之饥民"。如不采取措施救助灾民，则会导致严重后果，"饥民必起而作乱，以延旦夕之命"③。

其五，不抑价。董煟不主张限制粮食价格。米价随市场需求而涨落，如果政府强行干预，不但不利于治理灾荒，严重的话还会引起饥民暴乱。"兴贩不至，则境内乏食，上户之租有蓄积者，愈不敢出矣。饥民手持其钱，终日皇皇无告籴之所。其不肯甘心就死者，必起而为乱。"④反之，在发生饥荒的地方不限制粮食价格，会吸引一大批商人来此，此后米价自然会降下来。

除此之外，《救荒活民书》还对检旱、减租、贷种、捕蝗以及借贷内库等措施的利弊作了陈述，提出了改良之法。

10.2.3　董煟的赈灾救荒思想简评

董煟的《救荒活民书》是中国历史上第一部荒政专书，开创了荒政著作的编纂体例，其中蕴含的赈灾救荒思想对后世了解古代灾荒状况及救助策略具有重要参考价值。我国应急管理工作具有临时性、非程序化特征，制度规范不统一、管理组织体制分散，改进这些问题的关键在于建立一整套系统、科学的应急管理体系。这就有必要汲取董煟赈灾救荒思想的养分，使应急管理从"事后反应"向"事前保障"推进。《救荒活民书》虽着眼点在"救荒"上，但对于灾荒的预防和防备也是非常重视的。董煟认为"盖天下非有水旱之可忧，而无水旱之备者为可惧"⑤。面对各种突发紧急状态以及危机事件的威胁，过去我们通常想到的是如何应急式地做出"事后反应"。然而，应急管理规范系统的规程却要求我们必须重视全过程和全方位的管理。因此，这一变化要求各级干部在事前能切实做到未雨绸缪、居安思危，加强对各种风险及危机的分析、规避、防范与准备。正所谓"思则有备""有备无患"，必须坚持预防为主，将应急管理纳入国家整体发展框架，

---

① 《救荒活民书·卷中》。
② 《救荒活民书·卷上》。
③ 《救荒活民书·卷中》。
④ 《救荒活民书·卷中》。
⑤ 《救荒活民书·卷上》。

通过加强事前的预案编制、隐患排查、培训演练、宣传教育等常态化基础性工作，实现对突发事件的科学有效处置。与此同时应当看到，无论是政府、市场、社会组织，还是公民等，在应对突发事件时都存在自身的局限性，因而需要实现各方的协同治理，共同发挥正向作用，形成"统一指挥、反应灵敏、协调有序、运转高效"的应急管理体制机制，促进风险预警、社会动员、快速反应、应急处置整体联动，从而有效应对各类突发灾害和危机事件。

10.3　汪志伊的荒政管理思想

汪志伊（公元1743—1818年），字莘农，号稼门，又尝自号实夫，其先人自休宁迁居桐城白陂塘（今安徽省桐城市双港镇），世有隐德。汪志伊乾隆八年（1743年）生，年二十九中辛卯科举人，步入仕途后"其政绩之美甚众"①，后在闽浙总督任上因调查福建布政使李赓芸案失实而被革职。嘉庆二十三年（1818年）去世，终年76岁。汪志伊的《荒政辑要》大致作成于嘉庆十一年（1806年），书首有自叙，落款是"嘉庆十一年二月朔日皖江汪志伊叙于苏州节署之平政堂"。该书"广集古今办灾之法，既详且备"②，在相当长时期内是地方官吏的救灾指南和参考书。作者在书中对荒政之策作了较为全面的论述，形成了具有一定特色的荒政管理思想。这些思想基本上代表了清前期人们对荒政认知的深度和水平。③

10.3.1　"求贤能"的荒政人才思想

（1）荒政人才的重要性

在"法"与"人"的关系上，人才是最为关键的，"详于议法，不如慎于用人。盖人正而弊自除也，顾得人甚难"④。人才是荒政得以有效实施的有力保障。即使有好的法规和制度，如果没有很好的官吏来推行实施，它也不能发挥作用。汪志伊很注重荒政人才，"所至必修治书院，以兴贤才为急"⑤。比如设粥厂赈粥一事，有不良之吏于熬粥时偷梁换柱，以石灰充作面粉掺杂在稀粥中，其后果不堪设想，饿极之人往往食而倒毙，"一粥虽微，得之则生，弗得则死"⑥。荒政有赖良心施政，访求施政的合适人选是很难的一件事，

---

① 《惜抱轩文集后集·实心藏铭》。
② 《荒政辑要·跋》。
③ 本节主要辑自刘亚中《汪志伊〈荒政辑要〉所见之荒政思想》。
④ 《皇朝经世文编·敬陈吏治三事疏》。
⑤ 《桐城耆旧传·汪尚书传》。
⑥ 《荒政辑要·糜粥》。

"未有不得人而能清理者也。在院司当牧令是求，在州县宜衿耆是选，务在得人，方能济事"①。他在《荒政辑要》卷二专列"求贤能"一条，强调贤能之人对于实施荒政的重要性，引证元朝张光大、明朝林希元、明朝钟化民等历史上知名荒政专家的"人才论"，论证"择人委任，为第一要事，若委任得人，自然无弊"②。官吏素质及其是否认真行政是民政好坏之关键，荒政更是如此，因为荒政易于生弊，"灾务原属繁难，民情又多急迫，事本易于滋弊，吏遂缘以为奸"③。"责任莫重于亲民之吏，盖天下之安危在民，而小民之休戚在吏"④，官吏如何行使荒政之权直接关系百姓生死。虽然天灾的发生是自然的，但其造成的损失往往可以通过人的努力减少到最低限度。

（2）荒政人才如何发挥作用

汪志伊认为，施政官员须具备较高的行政素质，"地方官辄以为尽力尽心……为民父母者，独能晏然已乎？盖必慎终如始"⑤。他推崇以赏罚约束官员行为，求贤于赏罚之中，要求他们在救荒过程中做到信赏罚、崇法度。如在捕蝗工作中，对工作执行不力的要"立参不职"；地方水利倘若出现"坏久不修，修不完固，或因而害民者"⑥，地方官要追究一定责任，"从实按勘施行，遇该考满，务查水利无坏，方许起送……不次擢用"⑦。赏罚之功对于应急行政管理来说非常重要，天下之政务莫大于赏罚，要以赏罚之术来促使官员为民行政。

"救荒自古无奇策，救荒只患心不真，一片真心即奇策，真心安民不负君"，汪志伊要求地方官吏在天灾发生之前，要"随时体察，早为防范"⑧，"如州县官不早扑除（蝗蛹），以致长翅飞腾者，均革职拿问"⑨，当天灾发生之际，若"推诿迁延，严参议处"⑩。要求地方主管官员，带领佐贰部属，轻骑简从，亲往现场救灾，不得随意扰民，"不得派民供应，……马不得派自民间。如违例滋扰，跟役需索，藉端科派者，该管督抚严查"⑪。要求切实履行好赈济灾害过程中的一切工作，比如为疾病之民送医送药；鼓励有能力之人收养弃儿；禁止辖区内卖牛宰牛，如有奸贩敢于贱价收买耕牛并偷宰，要"通饬文武各衙门，分路严拿，尽法究处，并将所贩之牛，全数入官"⑫。

---

① 《荒政辑要·清源》。
② 《荒政辑要·清源》。
③ 《荒政辑要·叙》。
④ 《稼门文钞·实字说示江苏属官》。
⑤ 《荒政辑要·善后》。
⑥ 《荒政辑要·善后》。
⑦ 《荒政辑要·善后》。
⑧ 《荒政辑要·则例》。
⑨ 《荒政辑要·则例》。
⑩ 《荒政辑要·则例》。
⑪ 《荒政辑要·则例》。
⑫ 《荒政辑要·防范》。

10.3.2　标本兼治的救灾思想

（1）治标之法

首先，报灾工作要及时、快捷。清朝规定报灾时间是"夏灾不出六月，秋灾不出九月"①。汪志伊认为地方州县报灾时间应该更早些，因为"麦收在四五月，秋成在七八月，则是有收无收，荒熟早已定局，嗣后各州县被灾情形，应于五八月内勘确通报"②，并要求从报灾情形之日算起，四十五日内由州县到府院查核灾情上报完毕，如有迟误，则计日处分。对于续灾上报，也有时间限制，旱灾限四十日之内，其他如水、霜、风灾等，若是重灾限十五日之内，其他限二十日之内，以免延误救灾时机。

其次，对勘灾工作要细致缜密。汪志伊认为，灾害发生以后，往往会出现人祸甚于天灾的现象。人祸除来自"地方刁民"外，更主要的源于地方官吏所为，比如州县里保做荒卖荒，从中牟利，"所虑猾吏与贪官，忍心吃尽子孙饭，更恐蠹役与奸胥，侵蚀不顾民糜烂"③。各衙门书吏也视办灾为有利可图之事，给票造册均从中勒索。此弊最难清除，因此汪志伊要求地方官在复核时要特别留意和仔细查实。

再次，审户要具体确切。一州一县灾情定有不同，虽同村同庄灾情相差不大，但各户承受灾害程度定有差异，为把有限的救灾物资发放到最需要救助的人手中，发挥其最大救灾作用，必须做好审户工作。具体而言，有如下方法。

清代对受灾户的审定划分有极贫、次贫等级，以备赈济，但"极次贫的划分无既定标准"④，导致实际上无可依据，再加上各地田亩多少不同，人口多少互异，办赈官员认识也有分歧，所以在乾隆七年（1742年），山西、湖广、贵州等省份就因审户困难而不再划分等次，有些省份的灾户也少分等次，致使灾户等次划分混乱，影响了救灾赈济实效。汪志伊在此问题上根据自己的经验，制定了较为可行的操作标准，即将那些"产微力薄，家无担石，或房倾业废，孤寡老弱，鹄面鸠形，朝不谋夕者"⑤定为极贫之民；将那些"田虽被灾，盖藏未尽，或有微业可营，尚非急不及待者"⑥定为次贫之民。在救灾物资发放上，极贫无论年龄大小，人口全给；次贫者，少壮丁男酌给，其他全给。在查报灾口情形时，官员必须亲自验看，不能仅凭地保等从地方上汇报。除此之外，还区分有田散在各里而受灾有所不同者、佃户者、寄庄人户者、地方兵丁者、鳏寡孤独疲癃残疾之民、无田贫民因灾失业者等，均勘明灾情给予相应赈济。

---

① 《荒政辑要·查勘》。

② 《荒政辑要·查勘》。

③ 《稼门诗钞·丙寅秋亲勘淮扬海三州郡水灾》。

④ 李向军：《清代荒政研究》，中国农业出版社1995年版，第26页。

⑤ 《荒政辑要·查勘》。

⑥ 《荒政辑要·查勘》。

（2）治本之术

在赈灾过程中，给钱粮衣物只是救急，要真正摆脱灾荒之苦，恢复社会经济活力，必须注重灾后重建工作，也就是要号召灾民重建家园，重新树立生活希望，此即治本。汪志伊借鉴历史经验，提出不催小民之税，让流民回家生产，凡受灾"逃户复业者，宜给复三年"①。汪志伊在这一点上告诫地方官要时时以苍生为念，"四顾闾阎，居有定所乎？人肯完聚乎？食能果腹乎？田不荒芜乎？业不怠惰乎？俗果朴而风果醇乎？一有不然，民情即为之不安"②。对于那些背井离乡、日夜悲啼、乞食在外的饥民，如果他们愿意回家但又无路费的，应该给予一定资助，帮助他们回乡进行生产自救。"归流、弭盗、停征、教养"等多管齐下，此"四者皆仁政之大端，抚绥之急务"③。只有这样，才能在最短时间内使灾区恢复元气，否则，"若弭盗而不归其流，则劫夺之患不息；教养而不停其征，则妨民之困不除。农桑何由得盛，学校何从得兴？"④ 在这四项重要的灾后重建工作中，"停征"一项尤为重要。如果地方官严逼款项，追缴积欠，则丰年不如凶年，"举催积欠，胥徒在门，枷锁在身，求死不得，故流民不敢归乡"⑤，"饥于年者可救，饥于官者难逃"⑥，因而"当以抚恤黎民为首务"⑦。

（3）重民务实

在治标治本问题上，汪志伊虽然存在救荒避灾的禳弭论，但其主导思想仍然是重民务实的。《荒政辑要》虽然将"禳弭"单列一卷，但只有半卷内容属于真正的禳弭论，其余各卷内容无不是从国计民生出发，论述赈荒济困之策。有善后之举、防范之法，还有糜粥之方、籴粜之议等，如煮赈时如何让久饿之人不至于得赈暴食而丧命，为何熬粥适宜于用旧锅而不是用新锅，均叙述详尽。书中各条目列举简明且细致，便于荒政官员查照施行，"教农桑，兴水利，裕积贮，尚节俭，敦风俗，以为民生计者，精益求精"⑧。这种注重实政的灾害观，是清前期经世致用思想在荒政方面的体现。

汪志伊一生为官突出一个"实"字，"凡所行必本实心"⑨，曾就"实"字说于江苏省属官，又"自署晚年之号曰实夫"，并给自己百年之后的阴宅署名为"实心藏"。他持躬清严，惟以反身实践为宗，讲求身体力行，以"实心、实力、实干"要求和鞭策自己，时时提醒自己为官是否在为老百姓办事。在从山西灵石知县调任榆次时，他曾这样检讨

---

① 《荒政辑要·善后》。

② 《荒政辑要·善后》。

③ 《荒政辑要·善后》。

④ 《荒政辑要·善后》。

⑤ 《荒政辑要·善后》。

⑥ 《荒政辑要·善后》。

⑦ 《荒政辑要·善后》。

⑧ 《荒政辑要·叙》。

⑨ 《桐城耆旧传·汪尚书传》。

自己："奉来片檄量移官，弹指三年耻素餐；一担琴书一卷帖，去时犹似到时难。"[1] 作为一名封建官僚，有此境界和反躬自问的精神实在难得。可以想见，将时时自我检讨之心推行于荒政，不会做不到"情不切实"的。

10.3.3 灵活通变、劝富济贫的救荒思想

（1）随时地之宜而用之

荒政推行，不可照搬古人成法，须因时因地而宜。按照荒政惯常的做法，于荒年粮价高涨之时，政府要动用常平仓粮，使得粮价不至于过高，但也有超出平常之时。北宋熙宁年间，赵抃任越州知府，正遇"两浙旱蝗，米价踊贵。诸州皆榜道路，禁人增米价，人多饿死"[2]。这一区域仅越州独让米价昂贵，米商因趋利而纷纷将米粮运往越州销售，结果越州"米价更贱，而民无饿者"[3]。无独有偶，范仲淹任杭州知府时，"二浙阻饥，谷价方踊，每斗一百二十文"[4]。范仲淹将粮价提高到每斗一百八十文，时人不知所为，其结果也是"商贾争先，惟恐其后。米既辐辏，价亦随减"[5]。汪志伊对此二公所为的评价是"仁智兼全，行之固极其善，后世法令不可造次，须要揣时度势"[6]。

再如，"伐蛟之说，于宣歙之地为宜，与河朔之民言之，弗信也。捕蝗诸具，为兖豫梁宋之地所必备，执闽广吴越之民谋之，必笑且走矣"[7]。所谓"临事须当有术"，在实际荒政中，汪志伊也切实做到了这一点。乾隆丁未年夏天，山西大同旱饥。而大同有许多来自陕西和河北的民工，因天灾无工可做，回乡又无资金，于是强取豪夺，扰乱社会治安。当地官员强行弹压无效。汪志伊在大同办案，遂决计官资遣送民工归乡，每人给钱百文，分四路由官差护送，然后再对大同本籍灾民放赈灾粮，"郡遂以宁，此亦因地制宜之一法也"[8]，故"善为政者，因其势而利导之，则难办者转觉易为力矣"[9]。

（2）互为赈济，共渡难关

救荒措施的实施关系到社会方方面面。在救荒中，除官方出钱粮救助这一主渠道外，还应鼓励民间互为赈济，共渡难关，以便将灾害程度减少到最低。更重要的是，这种措施会很好地化解社会矛盾，增进社会稳定和安宁。汪志伊曾说，"一家勤而富，

---

① 《稼门诗钞·由灵石县调任榆次口号》。
② 《荒政辑要·籴粜》。
③ 《荒政辑要·籴粜》。
④ 《荒政辑要·籴粜》。
⑤ 《荒政辑要·籴粜》。
⑥ 《荒政辑要·籴粜》。
⑦ 《荒政辑要·附论六条》。
⑧ 《荒政辑要·附论六条》。
⑨ 《荒政辑要·清源》。

役者百千夫；富济贫不足，贫资富有余；饥寒不相迫，盗贼自然无；又安有蚁聚，蜂屯意外虞"①。所以他不提倡"剥富"，剥富会激化社会矛盾，而"劝富"则有利于缓解社会矛盾。《荒政辑要》中多次提到"劝富济贫"，在卷六里有"劝富户业主当商"条目，在卷七里有"劝捐粥""劝施粥""劝捐棉衣"等条目，这些都可作为济灾度荒的重要工作来抓。

汪志伊认为，对于民间贫富互济行为应由政府给予相应表彰。互济赈济行为可以分为三类：一类是"出粟助赈煮粥活人者"②，为上等之助；一类是"富民巨贾趁丰籴谷归里平粜，循环行之，至熟方持本而归者"③，为次等之助；一类是"借粟、借粮、借牛于乡人，待年丰而取偿者"④，为再次之助。但不论哪类，均属尚义之民。为褒扬其所为，由政府或给冠带，或奖匾额，或奖其子孙将来若犯杖罪可免。这种表彰也给予了那些家宽殷实之户以荣誉称号和精神鼓励。

10.3.4　汪志伊的荒政管理思想简评

清朝前期传统荒政思想已达到最高峰，正如《荒政辑要·叙》中所言，清代荒政"岂汉唐宋元明诸代小补之术所能及哉"。汪志伊的荒政管理思想标志着中国古代灾害应急行政管理思想几近成熟。道光时累官至陕西巡抚的杨名飏曾评价："汪稼门先生抚吴中时，刊有《荒政辑要》十卷。良法美意，采择无遗，斟酌尽善，诚宜古宜今之仁政也。"⑤咸丰初年（1851 年）任江苏巡抚的许乃钊还为《荒政辑要》道光二十一年重刊本作跋，曰"亦详晰，亦简要，司牧者人置一编，其有裨于实用者，岂浅少哉！"⑥。可见，汪志伊的荒政管理思想在历史上得到高度认可，其蕴含着古人防范自然灾害和应对公共危机的丰富知识与深邃智慧，其中有许多值得当代借鉴学习之处。

"民呼我为父母，我忍不视民如子乎？"汪志伊荒政管理思想中的民本理念是一以贯之的，虽然其中有维护封建统治的政治考量，但其爱民恤民的主张值得发扬。在当前公共危机应急救援中，要树立以人民为中心的抗灾救灾理念，使生命至上、救人优先成为出发点和落脚点。古代"报灾—勘灾—赈济—蠲免"的救荒程序前后相继，环环相扣，一定程度上保障了救援的有序开展。办赈，贵在急赈。可以借鉴汪志伊荒政管理思想，完善政府应急救援管理体制，建立应急响应制度，明确机构职责和分工，赋予地方官员应急处置权，以此来解决奏报环节复杂导致救灾拖沓滞后的问题。古代的大灾奇荒常常引发社会动荡和政治危机，乃至催生农民起义，导致连年战争。现代公共危机对社会秩

---

① 《稼门诗钞·保富箴》。
② 《荒政辑要·善后》。
③ 《荒政辑要·善后》。
④ 《荒政辑要·善后》。
⑤ 《荒政辑要·叙》。
⑥ 《荒政辑要·跋》。

序也有着很强的破坏力，不仅会造成生命财产损失，还会带来各种危机的连锁反应。因此，要重视危机疏导，防范次生灾害，树立科学灾害观，引导社会形成积极健康的舆论氛围，消弭危机负面效应，维护社会稳定。

 本章小结

我国古代应急行政思想历经几千年积淀，形成了极富营养的资源宝库，值得我们细致梳理和认真汲取。通过本章的学习，读者可以了解古代制度化的救荒程序和系统化的救荒理论，加深对灾害防治体系和防治能力现代化的认识。新时代新征程，我国发展进入战略机遇和风险挑战并存、不确定因素增多的时期，各种"黑天鹅""灰犀牛"事件随时可能发生，中国古代应急行政思想给予我们的启示不仅有助于当前应急管理体系建设，更有助于明确全灾种大应急、大安全大应急的方向，对完善公共安全体系，提高防灾减灾救灾和急难险重突发公共事件处置保障能力，具有重要的现实意义和指导价值。新时代加强应急行政管理须从以下几点着力：其一，统筹发展和安全，把安全贯穿于经济社会发展各方面全过程，与发展一同谋划、一同部署、一同落实；其二，坚持以防为主、防抗救相结合，坚持常态减灾和非常态救灾相统一，实现从注重灾后救助向注重灾前预防转变，从应对单一灾种向综合减灾转变，从减少灾害损失向减轻灾害风险转变；其三，完善以国家综合性消防救援队伍为主力军和国家队、以专业救援队伍为协同、以军队应急力量为突击、以社会力量为辅助的中国特色应急救援力量体系，积极适应"全灾种、大应急"形势任务需要；其四，不断完善统一指挥、专常兼备、反应灵敏、上下联动的中国特色应急管理体制，进一步优化统一领导、权责一致、权威高效的国家应急能力体系，构建现代化的组织指挥体系、风险防范体系、救援救灾体系、法制预案体系、支撑保障体系、社会共治体系。

 关键术语

研几　反身修德　诉灾　常平仓　禁遏籴　审户　停征　劝富济贫

 思考题

1. "危者使平，易者使倾"反映了《周易》怎样的风险管理思维？

2. 《周易》对理解全生命周期风险管理有何启示？

3. 《救荒活民书》中提到的赈灾程序具体包括哪些？

4. 如何理解董煟"多方参与，统筹治荒"的协同思想？

5. 在汪志伊的标本兼治救灾思想中，"治标"与"治本"分别指什么？

课外资源

10-1　增强忧患意识
做到居安思危

10-2　如何防灾减灾救灾？
习近平总书记强调这么做

10-3　地尽其力，
仓备饥馑——中国
古代备荒救灾的历史经验

第 11 章

中国古代行政改革思想

中国历朝历代的开拓者和著名的政治家，其改革思想与政策主张为"大一统"和太平盛世的形成奠定了基础。本章以商鞅、北魏孝文帝、王安石、张居正等重要历史人物及相关事件为例，对中国古代行政改革思想进行梳理，以系统阐释古代王朝为适应时代更替变化，是如何高效处理国家公共事务，调整内部体制和整个官僚结构，重新进行权力配置，并调整中央与地方、帝王与臣民之间关系的。

11.1　商鞅的行政改革思想

商鞅（约公元前 390—前 338 年），卫国人，原名公孙鞅，因功封于商，号商君，史称商鞅，法家学派代表人物。商鞅出仕于魏国，不得重用，后携李悝所撰《法经》赴秦，为秦孝公所看重并着手实施改革。正如李斯所说："孝公用商鞅之法，移风易俗，民以殷盛，国以富强，百姓乐用，诸侯亲服。"[①] 商鞅主持变法 19 年，使秦国的落后制度被彻底废除，经济社会得以迅速发展，秦国逐渐成为战国七雄中实力最强的国家，为后来嬴政完成统一大业打下了坚实基础。商鞅的行政改革思想集中体现于《商君书》中。《商君书》如今存世 24 篇。关于此书的作者，学界尚未有定论，但主流观点认为此书是商鞅及其后学汇编而成。

11.1.1　商鞅的行政改革背景

春秋战国时期是分封制走向崩溃、中央集权制度渐趋成型的时期。这一时期，由于农业生产工具大幅改进，生产力极大提高，同时手工业、商业开始活跃起来。伴随封建集权发展而实行的军功或事功赏田制度，使原有土地国有制逐步被土地私有制所取代，

---

① 《谏逐客书》。

生产关系的改变造就了地主这一新的阶级的出现。随着经济实力的增长，新兴地主阶级要求进行政治改革以获得相应权利，进而发展封建经济，建立地主阶级统治，这引起了当时社会秩序的剧烈变动。为此，各国纷纷掀起变法运动，如魏国的李悝变法、楚国的吴起变法等。据史料记载，秦国井田制瓦解、土地私有制产生和赋税改革均晚于其余六国，社会经济发展落后于齐、楚、燕、赵、魏、韩。为增强秦国实力，在争霸中处于有利地位，秦孝公引进人才以变法图强。中国历史上赫赫有名的改革——商鞅变法，正是在此背景下产生的。

公元前 359 年，秦孝公召开朝会命诸臣商议变法事宜。旧贵族代表甘龙、杜挚反对变法，他们认为"利不百，不变法；功不十，不易器……法古无过，循礼无邪"①。商鞅针锋相对地指出："前世不同教，何古之法？帝王不相复，何礼之循？"② "治世不一道，便国不必法古。汤、武之王也，不循古而兴；殷、夏之灭也，不易礼而亡。然则反古者未必可非，循礼者未足多是也。"③ 他极力主张"当时而立法，因事而制礼"④，以历史进化的思想驳斥旧贵族所谓"法古""循礼"的复古思想，为实行变法作了舆论准备。变法之争结束后，秦孝公采纳商鞅的改革建议，于公元前 359 年颁布《垦草令》，这也标志着商鞅变法拉了序幕。《垦草令》在秦国成功实施后，秦孝公于公元前 356 年任命商鞅为左庶长，在秦国实行第一次变法。公元前 350 年，为使秦国进一步向函谷关以东发展，商鞅又进行了第二次变法。

11.1.2 立禁：商鞅的行政改革理念

商鞅在继承前期法家尤其是李悝重法一派思想的基础上，强调以法治国的预设是人本好利，前提是明法尚公，方式是重罚轻赏，由此构成以"立禁"为核心的行政改革理念。

（1）预设：人本好利

在商鞅看来，"民之性，饥而求食，劳而求佚，苦则索乐，辱则求荣，此民之情也……故民生则计利，死则虑名……民之生，度而取长，称而取重，权而索利"⑤。人性好利是与生俱来的，而且贯穿人的一生。如果没有制度约束"好利"的人性，社会就会陷入混乱之中。这种预设为商鞅变法提供了理论依据。商鞅主张"法任而国治矣"⑥，宜采取他律性控制手段，以"立禁"来治理社会。换言之，就是借助国家权威建立官制，

---

① 《商君书·更法》。
② 《商君书·更法》。
③ 《商君书·更法》。
④ 《商君书·更法》。
⑤ 《商君书·算地》。
⑥ 《商君书·慎法》。

以法治的强制力对个人的行为实施严格监管。《商君书·靳令》有云："圣君之治人也，必得其心，故能用力。"统治者亦可以因势利导，利用人的好利本性来达成某种政治目的，实现国家的行政管理目标。

（2）前提：明法尚公

"法令者，民之命也，为治之本也。"[①] 商鞅认为法治的前提是立法，应首先明确法令和条目，设置法官法吏，以教导百姓。正如《商君书·定分》所指出的："故圣人必为法令，置官也，置吏也，为天下师，所以定名分也。名分定，则大诈贞信，巨盗愿悫，而各自治也。故夫名分定，势治之道也；名分不定，势乱之道也。"意思是说，明确法官法吏的职责是"定分"。名分确定之后，奸诈之人可以变得正直诚实，百姓都谨慎忠诚，而且都能自治。当公私判然，社会政治层面也会因此井然有序，反之则会陷入混乱。"故立法明分，而不以私害法，则治。"[②] 商鞅指出，立法的目的在于明晰事物所有权和个人本分，法所规定的属于"公"，违背法的行为属于"私"。简言之，商鞅认为法治的首要环节是"明分遵法"，而后才能"遵法尚公"。

当官吏和百姓了解法令后，如何坚持法治的公正性，实现以"法"达"治"，就成为当时行政改革的难题。对此，商鞅主张"作壹"：国家的政策要统一，不能"打架"；百姓的心态要专一，不能有干扰；山泽酒肉由国家统制，不能有漏洞。《商君书·赏刑》还从"壹赏""壹刑""壹教"三个维度对"作壹"进行了全面阐述。壹赏就是利禄官爵专出于兵事，没有别的去向。不管什么人，只要拼出死力为国家去打仗，国家的军队就会无敌于天下。壹刑就是不论职官大小，不论关系亲疏，对于公然违法犯法者都要予以惩戒，而不能徇私枉法，"壹刑者，刑无等级，自卿相、将军以至大夫、庶人，有不从王令、犯国禁、乱上制者，罪死不赦"[③] "守法守职之吏有不行王法者，罪死不赦，刑及三族"[④]。壹教就是把知识和思想统一于国家政策。从行政管理角度看，商鞅的上述观点维系和彰显了法治"尚公"的精神，具有积极的进步意义。

（3）方式：重罚轻赏

商鞅主张采取重罚轻赏的方式来推行法治，强调以法律的绝对权威约束人的行为，以惩罚为主要手段实现"一国皆善"。这体现了他的行政改革思想富于理想性的特点。其内容主要有以下几点。

其一，法治务须严格。"靳令，则治不留；法平，则吏无奸。法已定矣，不以善言害法。"[⑤] 在这里，"刑治"和"求过"最能凸显商鞅依法改革的思想精华，即谓之"以刑

---

① 《商君书·定分》。
② 《商君书·修权》。
③ 《商君书·赏刑》。
④ 《商君书·赏刑》。
⑤ 《商君书·靳令》。

治，以赏战，求过不求善"①。其大意是指，刑罚是行政改革的重要手段，管理者关注的是人们的过失、过错，而非善行。

其二，赏一罚九。商鞅将刑罚作为强国之策，"治国刑多而赏少。故王者刑九而赏一，削国赏九而刑一"②。他认为赏与罚的比例决定国家的强弱，治国应以罚为主，赏不过是罚的补充。

其三，轻罪重罚。在商鞅看来，既然轻罪都会受到重罚，谁还敢犯重罪，"故行刑，重其轻者，轻者不生，则重者无从至矣。此谓治之于其治也"③。他甚至还提倡"刑用于将过"，即把刑罚用在民众将要犯罪的时候，认为这样一来大的罪恶就不会发生。一方面，商鞅这种重罚主义体现了君主专制统治者残暴的阶级实质；另一方面，他主张对轻罪施以重刑严罚，使民众轻易不敢犯法，起到了"以刑去刑"的效果。

11.1.3　"立君""立官"：商鞅行政改革的重点

古代行政改革的实施有赖于君主与官员相互配合，商鞅基于"立君""立官"两个重点，分别对君主统治行为和官员职位承袭提出优化主张。这一系统性改革的思维和策略具有超越时代的价值。

（1）立君：行政领导改革

"立君"的内容主要有以下几点。

一是坚持法治，反对人治。商鞅认为，君主和群臣都必须遵守法律，"法者，君臣之所共操也"④。为了加强中央集权，维护君主的威信和巩固君主的地位，必须由君主亲自制定法律法令。法律法令一经颁布，君主不能任意违背，朝令夕改。

二是明确职责，高效作为。商鞅建议君主要抓纲举要，把握法治的关键问题，有效治理国家。"圣人非能通知万物之要也。故其治国，举要以致万物，故寡教而多功……圣人治国也，审壹而已矣。"⑤英明的君主善于做好大局性工作，如制定法律法令、统一赏罚标准等，对于土地管理、钱财统筹等琐碎事务则交由官吏们负责。成功的行政领导者不应统揽所有事务，而应有所侧重，进而提高治理效率。

三是重视修养，审时度势。君主的言行举止对社会风气的形成有重要的影响，同时也决定了整个行政管理工作的成效。"凡人臣之事君也，多以主所好事君。"⑥如果君主严格遵法行事，那么就不乏刚正不阿的忠臣；如果君主好听私下议论，就会充斥曲意逢迎

---

① 《商君书·靳令》。
② 《商君书·开塞》。
③ 《商君书·说民》。
④ 《商君书·修权》。
⑤ 《商君书·赏刑》。
⑥ 《商君书·修权》。

的奸臣。商鞅特别指出："故圣人之为国也，观俗立法则治，察国事本则宜。不观时俗，不察国本，则其法立而民乱，事剧而功寡。"① 这要求君主能够审时度势，因地制宜，而非主观臆断地制定法令。

（2）立官：人事行政改革

战国早期实行的世卿世禄制依靠世袭或从贵族中挑选人才与将领，逐渐导致社会阶层固化，为此各国纷纷尝试改革。例如，魏国变法最早，提出"食有劳而禄有功"②，不再以"亲故"而以"功劳"作为赏赐标准；吴起在楚国变法，"不如使封君之子孙三世而收爵禄，绝减百吏之禄秩"③，然后用所收减的爵禄"以奉选练之士"④。商鞅借鉴这些合理的改革措施，并结合秦国实际将其改造为一套更加彻底有效的新的"军功爵制"，"有军功者，各以率受上爵……宗室非有军功论，不得为属籍。明尊卑爵秩等级，各以差次名田宅，臣妾、衣服以家次"⑤。新的军功爵制是以国家授田及土地私有为基础的制度，它不同于旧的份地制。旧制度以"份地"的形式来酬答服兵役者，新制度则以"爵禄"的形式来酬答服兵役者，更能激起广大官兵对爵禄、田宅和税邑、隶臣等物质利益的贪欲，起到增强军队战斗力的作用。秦国军功爵制最完善、最合理，其军队实力在列国中最强，最终走上富国强兵的道路。

11.1.4 商鞅的户籍管理制度改革

户籍是中国古代征调赋役、落实行政管理制度、执行法律政策的主要依据，按照什么样的原则进行编制，其管理是否完善，直接影响行政改革的成效。春秋时期有"书社制度"，每二十五家为一社，以社之户口，书于版图，版即户籍。至战国时，地方长官每年都要将境内户口登记及赋税收入预算状况呈报国君。商鞅很早就意识到户籍管理的重要性，并从国家兴衰存亡的角度指出："欲强国，不知国十三数，地虽利，民虽众，国愈弱至削。"⑥ 因此，商鞅明确规定"令民为什伍，而相牧司连坐"⑦，将户籍管理与军事编组结合起来，在秦国建立严密的连坐制度，亦称为"什伍连坐法"。具体来说，就是将民户按照五家为伍、十家为什的单位进行军事化编制管理，一家有罪，其余各家均应告发，否则将连同惩罚。该制度在国家的基层社会中得到实施，对封建专制限制人身自由起到了关键作用，便于从顶端到底端进行直接控制。

严格的户籍管理，使改革的各项措施直接贯通社会基层，推动了经济发展，其作用

---

① 《商君书·算地》。
② 《说苑·政理》。
③ 《韩非子·和氏》。
④ 《韩非子·和氏》。
⑤ 《史记·商君列传》。
⑥ 《商君书·去强》。
⑦ 《史记·商君列传》。

主要体现在三个方面。其一，缩小生产单元，促进农业生产。据《史记·商君列传》记载："民有二男以上不分异者，倍其赋。"有两个以上男丁的人家必须另立门户，分财别居，各自耕种生产，否则就要加倍征收赋税。这一措施确立了以小家庭为单位的农户经济，极大地调动了农民从事粮食生产的积极性。其二，利用户籍限制贵族特权。商鞅主张"宗室非有军功者论，不得为属籍"，也就是说，宗室成员必须在战场上荣立军功才能列入户籍，否则将会被取消贵族资格。这种户籍的再认定，削弱了贵族特权，使他们加入农耕生产和对外征战的行列中。其三，强化国家赋税徭役征收。通过商鞅的户籍制度改革，秦国对不同阶层采取差异化管理及赋税征收方式，从而保障了国家财政收入和对劳动力的控制，实现了奖励耕战、富国强兵这一变法目标。

11.1.5 商鞅的行政改革思想简评

商鞅变法是春秋战国时期一次较为彻底的封建化改革运动，推动了奴隶制社会向封建制社会转型，符合新兴地主阶级的利益，顺应了社会进步与历史发展潮流。商鞅的一系列改革使秦国废除了旧制度，创立了新制度，在一定程度上打破了当时以"人治"为主的传统治国模式，是中国古代行政改革史上的开拓之举。商鞅虽死，其法犹在。商鞅的行政改革思想不仅为秦统一全国奠定了基础，而且对后世的改革产生了深远影响。其带来的启示如下。第一，彰显法律的权威性，坚持法治行政的理念以及依法改革的立场。法治是维护社会秩序和保障公平正义的重要手段，只有尊崇法治、敬畏法治，了解法律、掌握法律，善于运用法治思维和法治方式不断深化改革，才能确保国家长治久安。第二，破除一切不合时宜的体制机制弊端，突破利益固化的藩篱，在治国、执政、行政各个方面构建系统完备、科学规范、运行有效的制度体系，实现各个改革环节相互配合、协同运转，最大限度地将制度优势转化为治理效能。第三，建设一切行政活动依法、合法、守法的政府，同时也要建设一切行政活动合理、科学、有度的政府。加快推进政府职能转变、行政体制改革、科学民主决策，实现依法治国、依法执政、依法行政共同推进，将法治国家、法治政府、法治社会一体化建设提高到新水平。

11.2 北魏孝文帝的行政改革思想

北魏孝文帝拓跋宏（公元 467—499 年），鲜卑族，汉名元宏，献文帝拓跋弘长子，北魏王朝第七位皇帝，中国古代杰出的少数民族政治家、改革家。皇兴三年（469 年），拓跋宏被册立为皇太子，五岁即位，年号延兴，由冯太后临朝执政。冯太后对鲜卑化的朝廷进行中央集权改革，先整顿吏治，立三长制，实行均田制，再颁俸禄制。孝文帝深受其影响。太和十四年（公元 490 年），孝文帝正式亲政后，进一步推行改革并以南伐为名，于太和十八年（494 年）迁都洛阳，全面改革鲜卑旧俗，大力推动北魏经济、文化、社会、政治、军事等各方面发展，对中国历史产生了重要影响，史称"太和改制"。

11.2.1　北魏孝文帝的行政改革背景

公元 471 年，孝文帝拓跋宏继位。此时，北魏落后的文化制度造成的各种问题有增无减，阶级矛盾、民族矛盾充斥社会的方方面面，只有进行有效改革才能使北魏更加稳定地发展壮大。孝文帝首先确立"教随时设，治因事改"的指导思想和原则，于太和七年（483 年）底下诏宣布实行改革，其辞曰："淳风行于上古，礼化用乎近叶。是以夏、殷不嫌一族之婚，周世始绝同姓之娶。斯皆教随时设，治因事改者也。皇运初基，中原未混，拨乱经纶，日不暇给，古风遗朴，未遑厘改，后遂因循，迄兹莫变。朕属百年之期，当后仁之政，思易质旧，式昭惟新。自今悉禁绝之，有犯以不道论。"① 这一诏书以儒家学说为理论准则，通过论述夏、商、周三代婚姻制度的变化，指出北魏前朝的统治及现实状况中不合时宜之处，阐明了因时而制、因事而治的行政改革的必要性。孝文帝决心"变法改度"，变易质朴的古老风习，而实行"惟新""礼化"之教。儒家经典、历史经验以及实际需求三者的有机结合，构成北魏孝文帝的行政改革思想基本来源。

据《魏书》记载，太和十四年（490 年）冯太后去世，孝文帝与群臣讨论丧礼，表示："稽参古式，宪章旧典，四海移风，要荒革俗。"② 中国自古以来，政治家和思想家一般都把"文德"和"武功"作为治理天下的两个最重要方面。在和平时期，治理国家不宜用武功，而要用文德，即"时政平则文德用"③。从孝文帝之语不难看出，他对北魏当时的行政改革有非常深刻的认识：北魏前期的战争形势决定了道武帝、明元帝和太武帝三代帝王"锐意武功，未修文德"④，其后的文成帝、献文帝没有及时调整统治方针。若继续因循旧制，便无法适应已经变化了的形势，于是决定"稽参古式，宪章旧典"，以移风易俗，实现文德之治。这里所谓的"古式""旧典"，是指历史上和平时期治理国家的典章制度，行德治、施仁政无疑是孝文帝行政改革的方向和目标。

11.2.2　推进民族融合的汉化改革

北魏孝文帝的行政改革思想涉及面较广，其中最具特色的是力主汉化改革，实现民族融合。太和十七年至太和二十一年（493—497 年）间，拓跋宏革除鲜卑旧俗的改革掀起高潮。他通过对"迁洛之民"实行禁胡服、断北语、定门第、改汉姓、倡通婚等政策措施，促进了各民族交往交流交融。

其一，民族迁徙形成的杂居共处局面是实现民族融合的必备条件。正如陈寅恪先生

---

① 《魏书·高祖纪》。
② 《魏书·礼志三》。
③ 《后汉书·班梁列传》。
④ 《魏书·礼志三》。

指出的，"迁都洛阳乃北魏汉化政策中一大关键"①。钱穆先生也曾对孝文帝迁都缘由进行过详细分析："魏孝文迁都，自有其必然的动因。一则元魏政制，久已汉化，塞北荒寒，不配做新政治的中心。二则北方统一以后，若图吞并江南，则必先将首都南移。三则当时北魏政府，虽则逐步汉化，而一般鲜卑人，则以建国已逾百年，而不免暮气渐重，魏孝文实在想用迁都的政策来与他的种人以一种新刺激。"② 其二，语言的统一是实现民族融合的必备因素。《隋书·经籍志》曰："后魏初定中原，军容号令，皆以夷语。"迁洛以后，孝文帝即下诏："不得以北俗之语言于朝廷，若有违者，免所居官。"③ 他借行政强制力彻底消除鲜、汉两族在语言沟通上的隔阂。其三，力促鲜卑官员改革服饰，以求与中原汉族在外在形象上形同一体。在迁都洛阳以前，孝文帝就曾命李冲和冯诞、游明根、高闾等于"禁中"讨论服制。经过六年不断研究，最终制定出官吏的冠服，一从汉人衣冠，史云："（太和）十有八年……革衣服之制。"④ 其四，通婚是实现民族融合与共同发展的重要社会因素。孝文帝自迁洛后，遵循冯太后"禁止同姓相婚"的原则，推行鲜卑贵族与汉族大姓通婚。这不仅有利于消除民族隔阂，而且有利于借交融之名共同支持北魏政权。

太和十九年（495 年），孝文帝与刘昶进行了一场君臣对话，强调依靠官僚体制建立有序政治秩序的重要性，以及根据门第铨选官员的必要性，反驳"不必拘门"的言论，痛斥当时"清浊同流，混齐一等，君子小人，名品无别"⑤ 的状况，欲通过实施门阀政策，实现"仿像唐虞""有高三代""班镜九流，清一朝轨"的尊卑有别、井然有序的儒家盛世理想。随后，孝文帝颁布"代人定姓族诏"，对鲜卑贵族如何确定门第尊卑和等级、如何享受铨选入仕的权利作了详尽规定，确定了鲜卑贵族定姓族的具体方案。诏令明确规定："其穆、陆、贺、刘、楼、于、嵇、尉八姓，皆太祖已降，勋著当世，位尽王公，灼然可知者，且下司州、吏部，勿充猥官，一同四姓。"⑥ 其大意是，穆、陆、贺、刘、楼、嵇、尉八姓，从太祖皇帝以来，功勋卓越，著称于世，不要让他们充任卑微官职，而应当同卢、崔、郑、王四大姓一样对待。

11.2.3　选贤肃贪的官制改革

孝文帝认为，王朝的职官制度必须明确各机构的名品职责，这样任职者才能有法可依，有章可循，此乃吏治清明之前提。太和十七年（493 年），孝文帝颁布《职员令》，确定各级各类职官的名称、品第、职责等，开始推行官制改革。太和十八年（494 年），孝文帝亲自主导颁布《考课法》。该法分外考法令和内考法令两部分，前者主要用于考核

---

① 陈寅恪：《隋唐制度渊源略论稿》，上海古籍出版社 1982 年版，第 40 页。
② 钱穆：《国史大纲》（上册），商务印书馆 1994 年版，第 282—283 页。
③ 《魏书·高祖纪》。
④ 《魏书·高祖纪》。
⑤ 《魏书·刘昶列传》。
⑥ 《魏书·官氏志》。

地方官员，后者的考核对象主要是中央官员，规定每三年进行一次考绩，以其结果决定官员的升迁罢免，"欲令愚滞无妨于贤者，才能不壅于下位"①。孝文帝认为"心平性正、抑强哀弱、不避贵势、直情折狱"的官员才能被考评为上等。据《魏书》记载，在对尚书省的一次考评中，他说："自卿等在任，年垂二周，未尝言朕之一失，献可否之片规，又不尝进一贤而退一不肖。"② 结果"自尚书令、仆射以下，凡黜退二十余人，皆略举遗阙"③。

早在太和八年（484年），北魏就实行官员俸禄制，重视对称职守法官吏的褒奖。同时，孝文帝严厉惩处贪官污吏，诏令"禄行之后，赃满一匹者死"④，强调在执法中"克己忍亲，以率天下"⑤，做到不避亲疏、一视同仁。太和十二年至太和十五年（488—491年），有六位担任地方长官的皇室宗亲被削除官爵、徙配北镇甚至赐死。孝文帝还制定和颁布《御史令》，建立并完善监察制度。该法令明确规定："中尉督司百僚；治书侍御史纠察禁内。"⑥ 孝文帝主动为御史薛聪树立威信，"凡所弹劾，不避强御，孝文或欲宽贷者，聪辄争之"⑦。"朕见薛聪，不能不惮，何况诸人也？"⑧ 可见，对监察工作的支持使朝廷内外形成"贵戚敛手""豪右屏气"的较好氛围。正如《魏书》所描述，孝文帝在位时"肃明纲纪，赏罚必行，肇革旧轨，时多奉法"⑨，吏治十分清明。

孝文帝在选官用人上打破民族界限，兼顾魏晋旧门与当朝新贵。例如，他对汉族人才王肃的才华非常欣赏，对王肃所献的经国之道、治乱之策大为赞许，委其重任主持制定"官品百司"制度。李彪出身寒门，少孤贫，但学识渊博，具备刚辩之才，有治国之术，颇堪时用。孝文帝在特迁李彪秘书令诏中说道："苟有才能，何必拘族也？"⑩ 孝文帝"以郭祚晋魏名门"，提出"应推郭祚之门"⑪。太和二十一年（497年），出巡长安时，孝文帝路经郭祚七世祖、曹魏名臣郭淮之庙，赞叹曰"先贤后哲，顿在一门"⑫，特意吩咐有司举行祭祀。

11.2.4　推行德治仁政的社会管理改革

孝文帝吸取政权强悍暴虐、迷信武力统治导致灭亡的教训，采纳儒家德治仁政的行

---

① 《魏书·高祖纪》。
② 《魏书·献文六王列传》。
③ 《通典·选举三》。
④ 《魏书·高祖纪》。
⑤ 《魏书·景穆十二王列传》。
⑥ 《魏书·神元平文诸帝子孙列传》。
⑦ 《北史·薛聪列传》。
⑧ 《北史·薛聪列传》。
⑨ 《魏书·良吏列传序》。
⑩ 《魏书·李彪列传》。
⑪ 《魏书·宋弁列传》。
⑫ 《魏书·郭祚列传》。

政管理思想，重视民生治理。在位期间，他从荒政管理、鼓励农桑、社会救助等方面进行改革，缓和了社会矛盾，使北魏政权得以巩固。

（1）赈灾、移民与编户造籍

自然灾害频发使北魏统治区域内经济凋敝，农业连年歉收，百姓苦不堪言。大量饥民不断涌现，如不采取措施，势必激化社会矛盾甚至演化为农民起义。据史料记载，孝文帝在位近 30 年，共计发生自然灾害 23 次。其中，在 11 次大范围自然灾害中，他下诏开仓赈灾 10 次，减免租赋 3 次。12 次局部灾害发生后，下诏开仓赈灾 11 次，减免租赋 8 次。这些赈灾恤民、救助民生的措施取得了明显效果，其中成效最大的是太和七年（483 年）对冀定二州饥民的救济：“六月，定州上言，为粥给饥人，所活九十四万七千余口……冀州上言，为粥给饥民，所活七十五万一千七百余口。”①

孝文帝曾下诏移民就食，即把灾区百姓迁移到没有受灾的地方安置。太和七年“以冀、定二州民饥，诏郡县为粥于路以食之，又驰关津之禁，任其去来”②，他将民生置于社会控制之上，开仓赈恤，鼓励移民，辅以编户造籍。为加强流民治理，他曾下诏说：“去夏以岁旱民饥，须遣就食，旧籍杂乱，难可分简，故依局割民，阅户造籍，欲令去留得实，赈贷平均。然乃者以来，犹有饿死衢路，无人收识。良由本部不明，籍贯未实，廪恤不周，以至于此。朕猥居民上，闻用慨然。可重遣精检，勿令遗漏。”③ 太和十一年（487 年），针对雁门、代郡、秦州等地灾情，诏曰：“今年谷不登，听民出关就食。遣使者造籍，分遣去留，所在开仓赈恤。”④ 孝文帝还向群臣寻求安民之策，李彪上书建议：“宜析州郡常调九分之二，京都度支岁用之余，各立官司，年丰籴积于仓，时俭则加私之二，粜之于人。”⑤ 孝文帝欣然接受并付诸实施，“自此公私丰赡，虽时有水旱，不为灾也”⑥。

（2）重农、均田与创设三长制

当孝文帝询问如何防止农业灾害时，高祐回答道：“但当旌贤佐政，敬授民时，则灾消穰至矣。”⑦ 意思是说，只要选拔贤才佐治政事，不干扰百姓顺时耕作，就可以获得丰收。孝文帝积极采纳这些建议，多次下诏劝课农桑，以加大重农力度，其中最知名的劝农诏令当属太和九年（485 年）颁布的均田令：“致令地有遗利，民无余财，或争亩畔以亡身，或因饥馑以弃业，而欲天下太平，百姓丰足，安可得哉？今遣使者循行郡州，与

---

①　《魏书·高祖纪》。

②　《魏书·高祖纪》。

③　《魏书·高祖纪》。

④　《魏书·高祖纪》。

⑤　《魏书·李彪列传》。

⑥　《魏书·食货志》。

⑦　《魏书·高祐列传》。

牧守均给天下之田，还受以生死为断，劝课农桑，兴富民之本。"① 其主要内容有：男子十五岁以上受露田四十亩，桑田二十亩；妇人受露田二十亩；土地不准买卖；奴婢受田数量和办法与农民相同；地方官吏各随在职地区给予公田，不许出卖，等等。均田令限制了地主豪强兼并土地，有助于鼓励农民开垦荒地，恢复和发展农业生产，安定社会秩序，增加国家赋税收入，在一定程度上达到了"天下太平，百姓丰足"的目的。

农民富足以后如何收取税赋是北魏巩固统治需要考虑的重要问题之一。太和十年（486年），孝文帝接受汉族地主李冲的建议，废除宗主督护制，创立"三长制"，即五家立一邻长，五邻立一里长，五里立一党长，其职责是检查户口、监督耕作、征收租调、征发徭役和兵役。三长享有一定的优待，可以免除一人到三人的官役。由于三长直属州郡，原荫附于豪强的荫户也将成为国家的编户，中央政权必将与豪强地主为户口和劳动力展开争夺，故该建议在朝廷中引起激烈争论。冯太后从加强封建集权出发，支持实行"三长制"，认为其好处在于既可使征收租调有凭有据，又能查出大量的隐匿户口。有学者认为，三长是从大族豪强中产生的，他们不仅本人可享受免予征戍的特权，亲属中也有一至三人可获得同样的待遇。但也有学者反对这种观点，认为大族是不可能当三长的。总体上说，较之于宗主督护制，三长制是一种历史进步，其与均田制相辅而行，打破了豪强荫庇户口的合法性，使国家直接控制的自耕农大量增加，财政赋税收入得以提高，农民负担有所减轻，从而强化了北魏政权的社会管理基础。

（3）养老保障与社会优抚

第一，对"不满六十而有废痼之疾，无大功亲、穷困无以自疗者"②，孝文帝主张给予医疗救治，其中针对特别困难的疾病患者，主张设立专门的医治场所，派医师实行隔离救护。第二，重视老年群体，强调以孝治国。孝文帝认为，"人之所崇，莫重于孝顺"③，为此大力推行孝文化，奖励孝悌，赐予孝者帛谷或授予官职以彰孝于天下。同时，孝文帝严惩不孝，太和十一年（487年）特下诏："三千之罪，莫大于不孝。"④ 孝文帝主张实行尊老养老制度，"民年八十已上，听一子不从役。孤独、癃老、笃疾、贫穷不能自存者，三长内迭养食之"⑤。又赐予老年人衣食、爵位、鸠杖或假以官职，如"以尉元为三老，游明根为五更"⑥。《魏书》载："诏赐百岁以上假县令，九十以上赐爵三级，八十以上赐爵二级，七十以上赐爵一级。"⑦ 孝文帝对敬畏高年古礼的践行，是对鲜卑早期的"贵少贱老"习俗的变革。第三，对将士进行优抚。优抚对象包括将领和普通士兵，既有现役军人，也有阵亡将士和伤病者。措施包括免除将士租赋，赐予将士爵位、布帛等。

---

① 《魏书·高祖纪》。
② 《北史·高祖孝文帝本纪》。
③ 《魏书·尉元列传》。
④ 《魏书·刑罚志》。
⑤ 《魏书·食货志》。
⑥ 《魏书·高祖纪》。
⑦ 《魏书·高祖纪》。

第四，大规模修改法律，减刑宽禁，轻刑恤囚。孝文帝亲录囚徒，决断疑案，承继了先秦以来埋葬无主骸骨的善政。

11.2.5　北魏孝文帝的行政改革思想简评

回顾孝文帝的行政改革，"教随时设，治因事改"的指导思想和原则始终没有动摇，行德治、施仁政的基本方向和目标也不曾发生改变。客观地讲，这些措施对北魏政权的巩固与发展起到了巨大推动作用，将民族融合进程推向了历史新高潮。不可否认的是，这场改革也具有明显的"强制"特点，鲜、汉民族融合进程中呈现"捏合"的特征，并不符合客观规律。相对于其他措施，孝文帝实行的门阀政策比较温和，兼顾了鲜卑贵族的历史与现状，对已形成的政治利益采取了一种制度化保护。由此，北魏在封建皇权主导下形成新的秩序，政治制度与行政管理体制随之发生深刻变革。我们可得出如下结论：孝文帝长达十余年的改革本质上是对历史文化、政治现状、行政资源的合理判断及利用，反映了他学习先进文化和制度，既尊重传统又锐于创新的改革思维和魄力。

北魏孝文帝改革是一场以儒家思想为引导和推动的行政改革，通过强化各民族融合与移风易俗、制定官吏俸禄制度、推行均田制和三长制、调整地方行政机构等，有效缓和了当时日益尖锐的社会矛盾，整顿了吏治，为加强中央集权并促进北魏向成熟封建制转型，进而自上而下构建统一的行政管理体系提供了支持。孝文帝的行政改革思想对北魏乃至后世政治、经济、文化和社会均产生了深远影响，推动了中华民族共同体的发展，其积极意义值得肯定和弘扬。时至今日，顺应历史发展和时势变迁，对旧的政策、制度和习俗予以调整及变革，仍是以行政改革巩固执政基础的应有之义。

11.3　王安石的行政改革思想

王安石（公元 1021—1086 年），字介甫，号半山，临川（今江西省抚州市）人，北宋著名的思想家、政治家、改革家。宋仁宗末年，曾作《上仁宗皇帝言事书》，要求对宋初以来的法度进行全盘改革，但未被采纳。宋神宗即位后，任翰林学士，上《本朝百年无事札子》，继续阐述变法主张。熙宁二年（1069 年），升任参知政事，主持变法，陆续制定均输法、青苗法、农田水利法、募役法、市易法、方田均税法、保甲法、保马法、将兵法等，次年拜相，大力推行改革。变法初期，神宗对王安石言听计从，然而在新法实施中出现诸多问题，导致反对者声势颇大，且变法派内部也出现分裂。熙宁七年（1074 年），王安石被罢相，一年后被神宗再次起用，旋即又因变法上的分歧而被罢相，出判江宁。元祐元年（1086 年），保守派得势，新法皆废，王安石病逝于钟山。

11.3.1　王安石的行政改革背景

北宋是从后周手里夺得天下的，取得政权后采取"守内虚外"战略，把预防内部篡权当作主要工作，而将边防作为次位。这种政策一直沿用了近百年，至神宗时，表面看来无事，实则隐患交织。当时土地兼并、税收负担不合理导致生产下降、农民生活困苦，冗官冗兵冗费问题使财政危机升级，形成贫弱不堪的状况。庆历三年（1043 年），宋仁宗授命范仲淹等人实行新政，整顿吏治，选拔人才，发展农业，加强军备，但因触犯官僚地主阶级的利益而遭反对和诽谤，庆历新政历时一年四个月就夭折了。嘉祐三年（1058 年），在地方任职的王安石应召入朝担任三司度支判官，条陈国家积弊和改革方法，但未引起重视。治平四年（1067 年）正月，年方 20 岁的赵顼登基，是为宋神宗。神宗是一位发奋好学、勤于政事的年轻皇帝，对内忧外患极为不满，感到"天下弊事至多，不可不革"[①]。宋神宗即位三个月，令王安石出任江宁知府，不久召为翰林学士兼侍讲。熙宁元年（1068 年），王安石入朝参与国家大政，翌年二月，神宗不顾元老勋臣反对，下令将 49 岁的王安石破格提拔为参知政事，经常同他商讨改革变法事宜。

11.3.2　人才培养与官僚制度改革

（1）"以中人为制"的行政改革理念

熙宁元年（1068 年）四月，宋神宗召王安石越次入对。在"熙宁首对"中，神宗向其询问何以效仿唐太宗成为一代明君，王安石却对神宗提出"以尧舜为法"的改革目标，答道："陛下每事当以尧舜为法。唐太宗所知不远，所为不尽合法度；但乘隋极乱之后，子孙又皆昏恶，所以独见称于后世。道有升降，处今之世，恐须每事以尧舜为法。尧舜所为，至简而不烦，至要而不迂，至易而不难，但末世学士大夫不能通知圣人之道，故常以尧舜为高而不可及，不知圣人经世立法，常以中人为制也。"[②]"以中人为制"并非王安石首创，《礼记·表记》云："子曰：仁之难成久矣，惟君子能之。是故君子不以其所能者病人，不以人之所不能者愧人。是故圣人之制行也，不制以己，使民有所劝勉愧耻，以行其言。"郑玄注《礼记正义》："以中人为制，则贤者劝勉，不及者愧耻，圣人之言乃行也。"其原意是圣人要高标准要求自己，在治人方面要放宽要求，以此激励劝勉他人。这里是指以君主为主体，以中人为对象，由有为之君对天下之士进行思想和行为的改造，使其成为实现"三代之治"的工具。这种改革理念的根源在于，封建专制体制下君主通过对爵禄的垄断而操控官僚的经济命脉，反映出王安石行政改革思想带有浓厚的法家色彩。

---

① 《宋史全文·卷十一》。
② 《宋史全文·卷十一》。

王安石对"以中人为制"的具体解释我们不得而知，但我们可以从他阐发《中庸》时所说的话中略窥一二："夫教者在中人，修之则谓之教，至于圣人，则岂俟乎修而至也？若颜回者，是亦中人之性也，唯能修之不已，故庶几于圣人也"[①]。这句话的意思是，圣人是不需要修或教的，教的对象是中人。王安石以颜回这样的资质普通的"中人"为例，强调从"中人"到"几于圣人"的过程中"教"的重要性。由此可得出推论：王安石认为人性在外在干预下是可以改变的，应力图发挥教化对人的改造作用。王安石坚持人性后天论，这反映在其行政改革的思想内核上，首先是培养人才，提升士大夫的品德及才能。嘉祐四年（1059 年），他赴京任职，向宋仁宗上呈了著名的"万言书"，其内容是实践先王法度陶冶人才的方案，即教、养、取、任之法："教"是通过教育让士大夫能为治理国家和天下所用；"养"是"饶之以财、约之以礼、裁之以法"[②]；"取"是建立合理的考选人才之法；"任"是按其才能使各得其所。

王安石在《答王深甫书》中表达了对法律的看法："故某于江东，得吏之大罪有所不治，而治其小罪……以为方今之理势，未可以致刑。致刑则刑重矣，而所治者少；不致刑则刑轻矣，而所治者多，理势固然也。"[③] 这段话的意思是，法律的目的并不是要惩罚人们的过错，而是要防止人们犯错，因此要着重在细微的环节上进行防范，从而达到提升社会治理的功效。可以说其观点十分接近现代法律精神，这在他后来推行新法的行政改革实践中得到了充分体现。熙宁二年（1069 年），王安石出任参知政事后，向神宗重申"中人以下变为君子"的主张，认为"变风俗，立法度，最方今所急也。凡欲美风俗，在长君子，消小人"[④]。

面对新法的反对之声，王安石强调君主在立法度中的重要性。人主是法的制定者，天底下没有皇帝不能指挥的道理，其不能为法所限制，即"人主制法而不当制于法"。他将关于新法的争论看成一场战斗：皇帝与"流俗"之间的斗争应当寸步不让，此即"人主当化俗而不当化于俗"之意。王安石还对君道和臣道进行区分："为物所制者，臣道也；制物者，君道也。陛下若问故事有无，是为物所制。"[⑤] 很显然，"故事有无"不能构成君主行为范围的限制，君主是绝对的主导者。他的这种"人主制法"的行政改革思想是对先秦法家所谓"生法者君也"的继承，但前人在理论上基本还是认为法令高于君主本人。

（2）"文武并举"重构官僚行政秩序

"艺祖革命，首用文吏而夺武臣之权，宋之尚文，端本乎此。"[⑥] 为不重蹈晚唐、五代覆辙，宋太祖在立国之初，通过重用文臣来构建文官体制。太宗沿袭这一治国方略，"兴

---

①　《礼记集说·卷一百二十三》。

②　《临川先生文集·上仁宗皇帝言事书》。

③　《临川先生文集·答王深甫书》。

④　《宋宰辅编年录·卷七》。

⑤　《续资治通鉴长编·卷二百十四》。

⑥　《宋史·文苑列传》。

文教，抑武事"，进一步确立了文治靖国的策略。故苏轼有言："宋兴七十余年，民不知兵，富而教之，至天圣、景祐极矣，而斯文终有愧于古。"① 但这一政策在士大夫阶层中养成重文轻武的风气，弱化了宋朝的军事实力，导致军备废弛。王安石洞察到厌战、畏战的颓败之风，以及将骄卒惰，无力抵御外侮，危及国家政权的严重危机，提出文武并举，重构官僚行政秩序的改革主张。他指出，当务之急须矫正"今之学者，以为文武异事，吾知治文事而已"② 的文武分途观念，要求从学校教育入手，做到"士之所学者，文武之道也"③，即士应文武并举，既要修文，也要从事骑射。王安石认为"边疆、宿卫，此乃天下之重任"④，不能仅属之于卒伍，必委之于士。仅由行伍出身、以军功起家的人担负边防重任，可能威胁政权安定。可见，王安石并非想要动摇"文治靖国"的国本，而是提倡从改变士之所学始，进而改革北宋的文官系统。他重视教育在培养政治精英中的作用，把学校视作教化治国的重要场域。可见，王安石对时局有着清醒且切实的把握，他文武并举的主张具有一定针对性。

11.3.3 国家干预的财税制度改革

"民不加赋而国用饶"是"新法"的财政改革核心思想，也是王安石行政改革过程中与反对派辩论的焦点。他笃信社会财富并不是一成不变的定数，而是可以通过价值创造不断增加的。政府应采取适当的政策引导价值创造，使新增的财富满足国用，这样就不会增加百姓的负担。反对派的观点则针锋相对，比如司马光说："天地所生财货百物，止有此数，不在民则在官。"⑤ 言下之意，要实现"国用饶"，必定要"民加赋"。较于传统自然经济的小农观点，王安石的财政思想要先进得多，他不仅看到经济增长的潜力，而且还富有预见性地指出经济增长的方向：一是加大传统的资源开发力度，即"因天下之力，以生天下之财"⑥；二是重视流通，建立开放性的经济体系，即"富其家者资之国，富其国者资之天下"⑦。王安石在财政领域的改革，主要是围绕这两个经济增长的方向展开的。针对前者，实施青苗法、农田水利法、募役法；针对后者，实施市易法，以改善国家财政收入状况，稳定封建统治局面。

（1）青苗法："因天下之力，以生天下之财"

熙宁二年（1069 年）九月，王安石颁布青苗法改革，规定以各路常平、广惠仓所积存的钱谷为本，遇粮价贵，即较市价降低出售；遇粮价贱，即较市价增高收购。对于所

---

① 《苏轼文集·六一居士集叙》。
② 《临川先生文集·上仁宗皇帝言事书》。
③ 《临川先生文集·上仁宗皇帝言事书》。
④ 《临川先生文集·上仁宗皇帝言事书》。
⑤ 《续资治通鉴·宋纪六十六》。
⑥ 《宋史·王安石列传》。
⑦ 《临川先生文集·与马运判书》。

积现钱，每年分两期，即在需要播种的正月和夏、秋未熟的五月，按自愿原则由农民向政府借贷钱物。待收成后，随夏、秋两税，加息十分之二或十分之三归还谷物或现钱。青苗法使农民在新陈不接之际，不致受"兼并之家"高利贷的盘剥，能够"赴时趋事"。从青苗法内容看，其希望达到三个目的：一是通过政府向农民发放钱物借贷来代替富户发放高利贷的方式，抑制土地兼并，保证耕者有其田，保障田赋收入来源；二是在青黄不接的时候贷之以青苗钱，一定程度上缓解农民生活疾苦，发挥常平仓的调剂作用；三是节流。为降低政府放贷风险，王安石实行十户联保的方法，让富裕的上户给贫穷的下户作担保。这样原本不需要借贷的上户也被抑配（强行摊派），下户无力偿还贷款时，就会连累到上户。"抑配上户"的做法，一方面使上户承担起应承担的田赋责任，另一方面节省了政府在社会保障方面的支出。

（2）市易法："富其家者资其国，富其国者资之天下"

熙宁五年（1072 年）三月，王安石颁布市易法改革，规定由政府出资一百万贯，在开封设立"市易务"，平价时收购商贩滞销的货物，待市场缺货时再卖出。同时，向商贩放贷，要求以财产作抵押，五人以上互保，每年纳息二分，从而达到"通有无、权贵贱，以平物价，所以抑兼并也"的目的，通过"摧兼并，收其赢余"①，以增加政府的财政收入。该法后来被废除，反对该法的人认为这种做法是不值当的，"言者交论市易之患，被于天下，本钱无虑千二百万缗，率二分其息，十有五年之间，子本当数倍，今乃仅足本钱"②。其实，市易法施行之后，每年都为财政提供了一笔优厚的现款。从李悝、贾谊、桑弘羊到王安石，中国一直在重农抑商的路上来回踱步。历史上一次又一次的变法，也大多是由于国家出现财政危机，因而总是首先在商业或商人身上打主意，不仅想通过商税等正当渠道来谋利，而且想通过限制、控制、打击商人的手段，将商业利润转化为财政收入。可以说，市易法是王安石试图通过国家强制力来操纵市场以谋取利润的举措。

11.3.4 "寓兵于农、兵农合一"改革

中国自古以来就有兵农合一的观念。《国语·周语上》记载："三时务农，而一时讲武。"③ 即要求百姓在农闲时进行军事训练，以备战争所需。唐代府兵制更是宋代学者经常引为典据的范例。在安史之乱后，由于藩镇割据，许多士大夫如李泌、白居易、杜牧等，都主张恢复唐初的府兵制，以制衡藩镇。在唐末文士的笔下，这一制度被描述成三代圣王寓兵于农的理想制度。到了宋代，由于募兵而来的禁军屡战屡败，张方平、范仲淹等宋朝官员遂有恢复府兵制的设想。治平元年（1064 年），韩琦建议仿效宋夏战争时期在陕西设置的乡兵"弓手"，建立"义勇"，将原来临时性的做法制度化。总之，自唐

---

① 《续资治通鉴长编·卷二百四十》。
② 《宋史·吕嘉问列传》。
③ 《国语·周语上》。

至宋，兵农合一的府兵制逐渐成为儒家士大夫讨论兵制行政管理时经常标榜的模式。

王安石对于"寓兵于农、兵农合一"也持赞成态度，落实到具体的改革措施上，即是"保甲法"。一方面，历代农民很少形成自组织，导致农村社会封闭落后，丧失自我演进的可能。自上而下的社区化管理形式，有助于使社会文明礼俗、商品物资以及政策资源从城镇向广大农民所在的农村辐射，便于将农村人口纳入管理范围和推进公共事务的发展。另一方面，保甲法附带推行的民兵制度，可以促进民间尚武，这是冷兵器时代一个民族增强军事能力的根本途径。一如王安石所说："今所以为保甲，足以除盗，然非特除盗也，固可渐习其为兵……然后使与募兵相参，则可以消募兵骄志，省养兵财费，事渐可以复古。此宗庙长久计，非小事也。"[1] 在他看来，保甲制可以产生维护治安、充实兵员的作用，其意义相当于现代的社区管理，这于古代更为关键。

王安石对当时的兵制十分不满。他认为招募而来的士兵大多是流民，战斗力极低的士兵持续耗费国库资源，使朝廷养兵之费逐年递增，而兵民分离是造成养兵费多、战斗力低下的主要原因。他在《上五事札子》中指出，保甲之法"使行什伍相维，邻里相属，察奸而显诸仁，宿兵而藏诸用……保甲之法成，则寇乱息而威势强矣"。意思是，实行保甲法有双重目的：一是通过此法使民户相维，建立严密的地主阶级治安统治网络，防止犯上作乱；二是训练民兵代替募兵，使募兵制向征兵制过渡，解决外部军事危机，同时节省养兵财用，缓解积弱困境。后者也是王安石实行保甲法最根本的目的。

11.3.5　王安石的行政改革思想简评

王安石变法是一场轰轰烈烈的行政改革运动，主要是为了解决国家财政危机和当时突出的社会问题。这场改革使财政收入大幅增长，缓解了北宋"积贫"的局面，同时建立了全国性的军事储备，提高了军队战斗力，使北宋政权得以稳定与巩固。然而，由于其变法内容触及大官僚、大地主切身利益，遭受到保守派的强烈抵制，王安石深陷众疑群谤之中。因得不到皇帝的支持，变法没有能够继续实施下去。王安石于熙宁七年（1074年）辞去相位，改革以失败告终。究其原因，首先，变法派仅看重固定的法制，而忽视变法内容与现实的落差。这种灵活性不足的改革因损害社会各阶层利益而缺乏广泛支持。其次，在变法过程中，王安石急功近利、急于求成，未能处理好改革产生的连带问题，使变法陷入泥淖。比如青苗法沦为官府搜刮的形式，使上户变得贫困。下户常常无力偿还债务，官府为避免下户有借无还，干脆只借贷给上户，从而违背了赈济的目的。最后，改革后期变法派内部产生分歧，许多人从自身利益出发而不顾全大局，导致内部四分五裂。

随着历史进程的不断演变，从今天的角度来看，王安石变法仍具有全面性、前瞻性、多元化的特点，对后世行政改革有着重要影响。王安石行政改革思想的最核心主张是强化君主对官僚的控制，一方面使"中人以下变为君子"，培养忠君爱国的行政人员，提高

---

① 《续资治通鉴长编·卷二百二十一》。

国家的整体治理能力和水平；另一方面发挥君主在"立法度"中的主导作用，敢于破旧例、开先河，这也是强化行政改革执行力的体现。在变法期间，他践行"以中人为制"的理念，注重运用法度和教化来培养人才，强调文武并举，重构官僚秩序，使政府架构得到进一步优化，治理绩效得到进一步提升。伴随着这场国家干预的财税体制改革，政府财政状况明显好转，基本达到预期目的，有效缓解了阶级矛盾。其中，青苗法颁布实行之后，北宋财政出现盈余，彻底扭转了财政赤字困局，这充分证明王安石改革取得了实际成效。青苗法作为政府直接向民众借贷的一次尝试，继承了我国历史上常平仓制度和农村信贷实践的优秀经验并加以革新，形成了超越此前任何一个时代、完整而统一的农户联保无抵押小额贷款制度，在我国乃至世界农村金融史上都具有开创性意义。

11.4　张居正的行政改革思想

张居正（公元 1525—1582 年），字叔大，号太岳，湖广江陵（今湖北省江陵县）人，明朝政治家、思想家和改革家，辅佐明神宗开展"万历新政"，史称"张居正改革"。嘉靖二十六年（1547 年）中进士，隆庆元年（1567 年）任吏部左侍郎兼东阁大学士，后迁任内阁次辅，为吏部尚书、建极殿大学士。隆庆六年（1572 年），代高拱任内阁首辅，晋中极殿大学士，执掌实权达十年之久，成为一代权相。他实行了一系列改革措施：财政上，清仗田地，推行"一条鞭法"，总括赋、役，皆以银缴；军事上，任用戚继光、李成梁等名将镇北边，用凌云翼、殷正茂等平定西南叛乱；吏治上，实行综核名实，采取"考成法"考核各级官吏，政体为之肃然，扭转了嘉靖、隆庆以来政治腐败、边防松弛和民穷财竭的局面。万历十年（1582 年）六月病逝，著有《张太岳集》《书经直解》《帝鉴图说》等。

11.4.1　张居正的行政改革背景

当历史进入万历年间，中国的经济、政治、思想文化和社会生活等都发生了巨大变化。封建土地所有制日趋衰落，商品经济进一步发展，在南方一些地区的纺织业部门中出现了资本主义萌芽。与此同时，以王阳明为代表的心学占据了社会舆论的中心，掀起一股反传统的新思潮。这一学说主张社会问题本质上是个人的心性问题，提倡知行合一，强调通过个人修为跳出世俗社会的限制与束缚。但张居正在推行改革时，选择务实地解决社会现实问题，而不是回避矛盾。他认为阳明心学是一种空谈，有损社会风气，不利于改革。

张居正在改革前首先对全国的书院进行整顿，要求删除儒家书院中的心学课程，严厉禁止其在全国范围的讲学和传播，禁止印刷相关著作，统一行政改革思想。其次，大力宣传改革思想和政策，在学堂中广泛讲授改革益处，主张开设改革课程，在科举考试中考核关于新政的内容，形成全社会重视行政改革的氛围。最后，限制对改革的负面议论。他在舆论引导中提出"省议论"的观点，主张民众不要质疑改革的合法性与必要性，须认可改革并支持改革。

当时，皇帝、藩王、勋戚、官僚、地主等加紧掠夺和兼并土地，农民失地成为严峻的社会问题，统治阶级面临政治危机。嘉靖帝由统治前期的锐意进取转向后期的消极荒殆，长期不理朝政，导致大臣间互相倾轧，党争不断。隆庆帝即位后虽一度实行除旧布新的改革政策，但纵情声色，实际上未能使朝政有所好转，"帝未能振肃乾纲，矫除积习，盖亦宽恕有余，而刚明不足者与"①。可以说，随着中央专制集权的不断强化，封建官僚行政的弊端更加暴露，吏治尤为腐败。嘉靖以来，当国者或"政以贿成"，或务姑息之政，吏不恤民，驱而为盗。

明朝已在北方与蒙古作战多年，同时还要在东南沿海应对倭寇的侵扰，加上镇压农民起义，军费支出浩大。此外，明太祖在立朝之初实行分封，到明中叶，各地的宗藩人口已成规模，宗室禄米让国家不堪重负。隆庆二至三年（1568—1569年），国家财政的预算是收入 250 万两白银，但支出超过 400 万两白银，财政赤字异常严重。到万历初期，国家财政已到山穷水尽的地步。军政方面的危机表现为武备废弛。嘉靖二十九年（1550年），蒙古鞑靼部俺答汗率兵绕过大同，直下通州，进逼北京，大肆劫掠，制造了"庚戌之变"，使明朝都城成为抵御入侵的第一线，情况万分紧急。

11.4.2 "振纪纲"：集中行政权力

张居正在审时度势的基础上对行政状况进行分析，认为"国威未振，人有侮心"②"纪纲不肃，法度不行，上下务为姑息，百事悉从委徇"③。之所以形成这种状况，是因为官吏无视朝廷及君主的权威，拖拉敷衍，延误公事，导致行政效率低下。在他看来，君主政治赖以运行的庞大官僚机器几近瘫痪，直接影响到明王朝的安危存亡。国家元气的强弱、行政效率的高低，主要表现在纪纲是否振作。所谓纪纲，指的是国家的法纪和政教号令，也就是中央的行政权威。如果把国家比作人的身体，那么纪纲就如同指挥全身的神经中枢。作为一个国家，自然不能没有一定的纪纲，国势的强弱、行政效率的高低就由此决定。因此，为把国家治理好，使之由弱变强，只有振其纪纲，径直抓住根本，带动其他环节。张居正指出："人主以一身而居乎兆民之上，临制四海之广，所以能使天下皆服从其教令，整齐而不乱者，纪纲而已。"④ 这里所说的纪纲，指的就是统治集团的权力法纪，"振纪纲"即强化君臣统属关系，加强君主对整个行政体系的控制。

"振纪纲"思想主要包含三层含义。其一，君主要亲自总揽法纪刑赏之权。正如张居正所说："张法纪以肃群工，揽权纲而贞百度，刑赏予夺，一归之公道，而不必曲徇乎私

①　《明史·穆宗本纪》。
②　《张太岳集·与李太仆渐庵论治体》。
③　《张太岳集·陈六事疏》。
④　《张太岳集·陈六事疏》。

情。"① 法纪刑赏之权如同"太阿之柄"，君主"不可一日而倒持者也"②，否则会丧失权威，失去对群臣百官的控制。其二，要强化君主诏令的绝对权威。"君者，主令者也；臣者，行君之令，而致之民者也。"③ 行政命令是君主权威的实际运用与具体体现，在专制政治条件下，全部行政活动的运行主要是由君主颁诏令自上而下推动的。张居正明确要求树立君主诏令的至上权威，如有"违限不行奏报者，从实查参，坐以违制之罪"④。其三，君主要严明法制。他认为，君主"无威"，臣下就"无法"，严明法制是强化中央行政权威的制度保障。正确的做法是"情可顺而不可徇，法宜严而不宜猛"⑤，严明法制的关键是执法公平无私、不偏不倚，做到"法所当加，虽贵近不宥；事有所枉，虽疏贱必申"⑥。

张居正在推动行政改革之前，迈出的第一步就是整合政治体系的核心权力，达成思想共识。由于万历帝年龄较小，不能掌握独断权力，因而要想真正地推行改革，必须整合皇帝身边的权力附属体系。张居正在改革过程中，没有学习传统的儒家政客"文死谏"和"清君侧"的逻辑，而采用更加务实的领导艺术。一方面通过联合皇帝母亲，防止外戚干政，另一方面联合司礼监掌印太监冯保，防止太监擅权，从而协调政治核心权力，形成改革合力。张居正迈出的第二步是整顿吏治，排除改革反对派势力。行政改革的最大挑战在于会打破官僚体系中的利益格局，招致既得利益者的反对。张居正为保障行政改革的顺利进行，对官僚制度进行大刀阔斧的整饬，对传统儒家保守派予以打击，重用改革派官员，通过纠正政风和学风形成了有利于改革的政治环境。

11.4.3　"考成法"对人事与组织制度的改革

张居正担任首辅后，积极完善官僚组织体系，优化人员配置，大力裁减冗余，提高了行政组织的执行效率，特别是通过制定和实施"考成法"，使万历初年出现"起衰振隳"的局面。其具体改革措施如下。

第一，加强权力集中。考成法赋予内阁更高地位，规定其在六部和六科之上，既可以直接管理六部的所有政务，还能够管理主要负责督查的六科。可见，在张居正担任首辅期间，内阁的权力高度集中，有利于上行下效、政令畅通。然而，内阁凌驾于监察部门之上，可能导致行政权力缺乏有效监督，这为权力滥用留下了漏洞。

第二，监督检查体系改革。明朝一直实行言官制度。"言官"是官阶较低的官员，他们一旦发现问题，可直接向皇帝弹劾。但在明末官场中这种制度已沦为部分言官谋求政治资本的工具。张居正认为，言官制度不利于行政效率的提高，易出现徒有虚名、不务

---

① 《张太岳集·陈六事疏》。
② 《张太岳集·陈六事疏》。
③ 《张太岳集·陈六事疏》。
④ 《张太岳集·陈六事疏》。
⑤ 《张太岳集·陈六事疏》。
⑥ 《张太岳集·陈六事疏》。

实事的现象，因此，他对官僚系统进行整顿，建立严格的官员考核系统，废除个人弹劾制度，采取以六科为主体对各级官吏进行考核的行政制度。

第三，绩效考核制度改革。考成法规定：凡是六部和都察院遇到奏章，或是奉旨题奏，或是奉旨覆奏，在转发给各相关衙门时都要先斟酌路程的远近和事情的缓急，确定办理的期限，并设立文簿进行记录，每月月末注销。张居正通过规范化的考核，建立基于业绩评价的官僚运行系统，提高了行政部门的办事效率。他要求按照具体工作内容分类设置标准，在整个行政组织内由上级对下级进行绩效考核，以确保政令畅通。同时，考成法明确规定，官员身份按照编制进行统一计划和管理，裁减闲散的冗员，从而节省大量行政开支。

第四，严厉惩治腐败。明朝末年，地方官员为获得晋升，大多依附于京官，出现地方官员与京官相互勾结干预政策制定和执行的现象。为打击腐败，张居正推行巡案御史制度，主要任务是收集地方官员和京官的贪腐证据，然后把材料直接送交内阁处理。对于巡案御史的腐败行为，张居正采取加倍惩罚的形式予以震慑，对违法者，"不问官职崇卑、出身资格，一体惩之，必罪无赦"①。

11.4.4 "一条鞭法"对财税体制的改革

张居正十分重视通过改革促进经济发展，认为物质基础高度发达是国家治理优化的前提。明初一地所贡不过十多种特产，但到明中叶多达上千种，宫廷和中央各部所需，都由里甲无偿供应，地方官府的杂办也名目繁多。由于从朝廷到地方层层盘剥加码，农民承受不了苛重的赋税，不得已抛荒逃税，导致实征赋税总额大幅下降。针对土地丈量不准确和赋役不统一的问题，张居正实行了"一条鞭法"改革。一条鞭法，又称"条编法""类编法""明编法""总赋法"，其主要内容是简化税制，调整以往烦冗杂乱的徭役制度，将徭役与田赋合而为一。具体内容是：先将所征调的赋和役分别归并，再将扰民最烈的役并入田赋内；原来十年一轮的里甲制度改为每年编派一次；赋役普遍用银折纳；征收、起解、运送由百姓自理改为官府办理；赋税外的"土贡"和杂税也合并征收。

万历四年（1576年），在浙江、江西、福建试行基础上，张居正奏请将一条鞭法改革推广到湖广地区。万历九年（1581年），又诏旨通行全国，遂成通行法制。一条鞭法的实施，首先在一定程度上匡正了原来赋役不均的弊病，沉重的财政负担部分地从农民身上转到了大土地所有者身上。其次，这一改革措施删并了烦冗的征收项目，有效限制了地方官吏借征调之名无节度地对百姓进行勒索的行为，对社会生产力的发展起到积极的推动作用。再次，以银役代替力役，客观上使封建依附关系有了些许松动，有利于农业生产力的解放。最后，改革后计亩征银，折办于官。在田赋征收上，除苏、松、杭、嘉、湖一带仍征实物以供皇室食用外，其余一律改为折色银。这标志着自汉以后我国封

---

① 《张太岳集·答四川巡抚张濂滨》。

建社会田赋制度已由实物税阶段转为货币税阶段。另外，一条鞭法的实施，还大大减轻了实物起解输送过程中因漕运、贮存而造成的损耗，使"丁粮毕输于官"[①]。综上分析，张居正财税体系改革是继"两税法"之后对我国封建田赋制度的又一重大发展，具有重要的历史进步意义。

11.4.5　张居正的行政改革思想简评

张居正在改革中善于运用领导艺术，统一统治集团意志，平衡政治权力体系，从而形成改革共识，塑造了有利于改革的社会舆论氛围。他还积极整顿吏治，构建效率优先的官场风气，采取"省议论、振纪纲、重诏令、核名实、固邦本、饬武备"等有效措施，对封建行政体制进行大刀阔斧的改革。一条鞭法赋役合征给百姓带来诸多便利，减少了贪官污吏从中渔利的环节，既减轻农民的负担，又给国家带来了稳定的财政收入。这是封建社会历史上从未有过的创举。应当看到，张居正的行政改革思想不仅在严肃官员考核、强化官员监督、提高行政效率等方面发挥了指导作用，而且对明代中期经济、民生、政治的复苏产生了巨大影响。他本人也凭借着个人卓绝的执政能力使万历初年官僚政治的效率达到了顶峰。

然而，考成法也有考核主体单一、内阁自身缺乏监督、考核标准不灵活、重罚轻赏、激励约束不对称等不足，加之一条鞭法的局限性和法制建设的不健全，改革措施难免存在一些不科学和不完备的地方，最终仍未能彻底解决乱收费和滥收费的问题。令人遗憾的是，张居正只是依靠个人的过人精力和智慧在中国历史上树立了一个改革的典范，并没有从根本上对明王朝实施结构性的"手术"，导致王朝的治绩随着其身逝而烟消云散。他去世后被明神宗抄家，直至明熹宗天启二年（1622 年）才恢复名誉。当然，张居正所留下的行政改革思想及非凡事业仍值得人们去反复思索、品味，并从中得到宝贵启示：各级政府应加强舆论引导，统一思想认识，各方协力推动改革；树立科学的政绩观，构建以高质量发展为导向的地方政府绩效评价体系，加强全方位考核监督，切实提高治理效能；深化财税体制改革，使群众获得更多实惠和利益，多渠道增加财政收入，既要做大"蛋糕"，更要分好"蛋糕"；适应新时代经济社会发展需要，进一步优化调整税收科目、标准、方式等，以税制改革促进生产力水平的提高和社会总财富的累积。

本章小结

我国古代历史上的历次改革和变法蕴含着丰富而深邃的行政改革思想，亟待进一步总结和提炼，为当下乃至未来的治国理政提供借鉴与启示。比如：通过"集小都乡邑聚为县"，强化中央集权和政令统一，这对于当今政府机构的扁平化和专业化改革具有参考价值，启发我们简化行政层级，减少行政冗余，提高行政效率；商鞅变法主张统一度量

[①]　《明史·食货志》。

衡等，不仅对促进当时的经济交流和消除地方割据起到了重要作用，而且启示我们在现代行政管理中推广标准化流程和服务，以提升跨区域协同的效率和一致性；古代变法往往伴随着法律制度的革新和完善，这在某种意义上与依法行政、构建法治政府具有契合性；加强人才选拔以及通过俸禄和晋升来激励官员的做法，启示我们建立更加公平、透明的用人机制，并通过绩效考核等方式来提升公务员的积极性。值得肯定的是，古代变法多提倡可以改善民生的重农政策，这对于现代政府关注民生、发展社会福利事业具有借鉴意义。此外，古代的许多变法都不是一蹴而就的，而是经过长期的探索和实践逐步完善的，这提示我们在深化行政改革时必须保持耐心和定力，稳步推进，确保改革措施能够稳定实施并取得实效。中国历史数千年，变法改革很多，几乎每个朝代都有新政。鉴于篇幅有限，本章以人物为枢纽、事件为节点，选取商鞅、北魏孝文帝、王安石、张居正等著名改革家的思想予以阐释，深入浅出地呈现了中国古代行政改革的时代背景、指导理念、核心主张及经验教训。读者通过学习，不仅可以管窥历史一貌，而且有助于以史为鉴、开拓创新，增强全面深化改革的历史主动性，推进国家治理体系和治理能力现代化。

关键术语

作壹　军功爵制　什伍连坐法　均田制　三长制　以中人为制　抑配上户　振纪纲
一条鞭法

思考题

1. 简述商鞅基于"立君""立官"提出的系统性改革思维和策略。
2. 为什么说北魏孝文帝的行政改革是在儒家思想的引导与推动下发起的？
3. 如何理解王安石"民不加赋而国用饶"的财政改革思想？
4. 张居正"振纪纲"思想包含哪些具体内容？

课外资源

11-1　北魏孝文帝汉化改革：
各民族文化互鉴融通的精彩篇章

11-2　古代改革给人们生活
带来的深远影响

11-3　晚明推行一条鞭法
台前幕后

主要参考文献

[1]《诗经》，中华书局，2015 年。

[2]《周易译注》，上海古籍出版社，2007 年。

[3]《道德经》，中华书局，2021 年。

[4]《论语》，中华书局，2006 年。

[5]《孙子兵法》，中华书局，2022 年。

[6]《吕氏春秋》，中华书局，2011 年。

[7]《商君书》，中华书局，2011 年。

[8]《韩非子》，中华书局，2010 年。

[9]《荀子》，《百子全书》本，浙江古籍出版社，1998 年。

[10]《管子》，《百子全书》本，浙江古籍出版社，1998 年。

[11]《周礼》，阮元《十三经注疏》本，浙江古籍出版社，1998 年。

[12]《孟子》，阮元《十三经注疏》本，浙江古籍出版社，1998 年。

[13]《尚书》，阮元《十三经注疏》本，浙江古籍出版社，1998 年。

[14]《左传》，阮元《十三经注疏》本，浙江古籍出版社，1998 年。

[15]《礼记》，阮元《十三经注疏》本，浙江古籍出版社，1998 年。

[16] 司马迁：《史记》，中华书局，2006 年。

[17] 董仲舒：《春秋繁露》，上海古籍出版社，1989 年。

[18] 刘向：《说苑》，中华书局，2022 年。

[19] 贾谊：《新书》，中华书局，2012 年。

[20] 桓宽：《盐铁论》，中华书局，2023 年。

[21] 王符：《潜夫论》，中华书局，2022 年。

[22] 崔寔、仲长统：《政论·昌言》，中华书局，2021 年。

[23] 刘劭：《人物志》，中华书局，2022 年。

[24] 诸葛亮：《诸葛亮集》，中华书局，2012 年。

[25] 孔晁：《逸周书》，浙江大学出版社，2021 年。

[26] 陈寿：《三国志》，中华书局，2012 年。

[27] 班固：《汉书》，中华书局，2012 年。

[28] 范晔：《后汉书》，中华书局，2012 年。

[29] 荀悦、袁宏：《两汉纪》，中华书局，2005 年。

［30］魏收：《魏书》，中华书局，2016 年。

［31］魏征、令狐德棻：《隋书》，中华书局，1997 年。

［32］李延寿：《北史》，中华书局，2013 年。

［33］吴兢：《贞观政要》，中华书局，2003 年。

［34］孔颖达：《周易正义》，九州出版社，2020 年。

［35］柳宗元：《柳宗元集》，中华书局，1979 年。

［36］马其昶：《韩昌黎文集校注》，上海古籍出版社，1986 年。

［37］罗隐：《罗隐集》，中华书局，1983 年。

［38］白居易：《白居易集》，中华书局，1979 年。

［39］陆贽：《陆宣公集》，浙江古籍出版社，1988 年。

［40］李林甫：《唐六典》，中华书局，2014 年。

［41］刘昫：《旧唐书》，中华书局，1975 年。

［42］欧阳修、宋祁：《新唐书》，中华书局，1975 年。

［43］司马光：《司马光奏议》，山西人民出版社，1986 年。

［44］司马光：《资治通鉴》，中华书局，2019 年。

［45］李焘：《续资治通鉴长编》，中华书局，2004 年。

［46］朱熹：《晦庵先生朱文公文集》，北京图书馆出版社，2006 年。

［47］朱熹：《四书章句集注》，中华书局，2011 年。

［48］黎靖德：《朱子语类》，中华书局，2020 年。

［49］王安石：《王安石全集》，崇文书局，2020 年。

［50］叶适：《叶适集》，中华书局，2010 年。

［51］刘劭：《人物志》，中华书局，2014 年。

［52］脱脱：《宋史》，中华书局，1985 年。

［53］马端临：《文献通考》，中华书局，2006 年。

［54］张养浩：《张养浩集》，吉林文史出版社，2008 年。

［55］张养浩：《为政忠告》，辽宁教育出版社，1998 年。

［56］许衡：《许衡集》，中华书局，2019 年。

［57］宋濂：《元史》，中华书局，2016 年。

［58］朱元璋：《明太祖集》，黄山书社，1991 年。

［59］张居正：《张太岳集》，上海古籍出版社，1984 年。

［60］唐甄：《潜书》，中华书局，2009 年。

［61］黄宗羲：《明夷待访录》，中华书局，1981 年。

［62］顾炎武：《日知录集释》，中华书局，2020 年。

［63］顾炎武：《顾亭林诗文集》，中华书局，2008 年。

［64］李东阳：《大明会典》，广陵书社，2007 年。

［65］张廷玉：《明史》，中华书局，1974 年。

［66］赵尔巽：《清史稿》，中华书局，1976 年。

［67］董煟：《救荒活民书》，中国书店，2018 年。

［68］葛荃：《中国古代行政管理思想史》，天津人民出版社，2016 年。

［69］刘泽华：《中国政治思想史》，浙江人民出版社，2020 年。

［70］刘文瑞、李尧远：《中国古代管理思想史论》，人民出版社，2023 年。

［71］刘文瑞：《中国古代政治制度》，中国书籍出版社，2018 年。

［72］朱仁显：《中国传统行政思想》，福建人民出版社，2000 年。

［73］丁小萍：《中国古代政治智慧》，浙江大学出版社，2005 年。

［74］江荣海：《中国政治思想史九讲》，北京大学出版社，2012 年。

［75］马平安：《政治家与古代国家治理》，团结出版社，2018 年。

［76］卢广森：《中国古代行政管理概论》，河南人民出版社，1993 年。

［77］左言东：《中国古代行政管理概要》，知识产权出版社，2014 年。

［78］虞崇胜：《中国行政史》，高等教育出版社，1999 年。

［79］田兆阳：《中国古代行政学说史》，北京出版社，2007 年。

［80］萨孟武：《中国社会政治史》，生活·读书·新知三联书店，2021 年。

［81］钱穆：《国史大纲》，商务印书馆，2015 年。

［82］侯外庐：《中国思想史纲》，中国青年出版社，1980 年。

［83］萧公权：《中国政治思想史》，新星出版社，2010 年。

［84］姜以读、李容生：《中国古代政府管理思想精粹》，国家行政学院出版社，2000 年。

［85］乐承耀：《中国古代执政案例选编》，上海社会科学院出版社，2006 年。

［86］徐伟新：《大国之治：中国古代的治理智慧》，外文出版社，2021 年。

［87］夏书章：《行政管理学》，中山大学出版社，2018 年。

［88］丁煌：《行政学原理》，武汉大学出版社，2007 年。

［89］王冰、徐晓林：《中国公共管理要籍选读》，人民出版社，2021 年。

［90］李孔怀：《中国古代行政制度史》，复旦大学出版社，2006 年。

［91］张晋藩：《中国古代行政管理体制研究》，光明日报出版社，1988 年。

［92］柏桦：《中国官制史》，万卷出版公司，2020 年。

［93］田广清：《中国领导思想史》，上海交通大学出版社，2007 年。

［94］邱永明：《中国古代监察制度史》，上海人民出版社，2006 年。

［95］刘双舟：《明代监察法制研究》，中国检察出版社，2004 年。

［96］张立文：《朱熹思想研究》，中国社会科学出版社，1994 年。

［97］郑天挺、谭其骧：《中国历史大辞典》，上海辞书出版社，2007 年。

［98］朱东润：《张居正大传》，陕西师范大学出版社，2009 年。

［99］李文海、夏明方：《中国荒政全书》，北京古籍出版社，2004 年。

［100］李向军：《清代荒政研究》，中国农业出版社，1995 年。

后　记

在完成这部《中国古代行政管理思想概论》之时，我仿佛穿越了时空，与先贤们进行了一场跨越千年的对话。教材的编写始于一个偶然的机会——在一次人才培养方案修订研讨会上，几位老师讨论起古代中国的行政管理智慧及其现代价值，这引发了我对这一主题的兴趣，并萌生编撰一部介绍中国古代行政管理思想教材的念头。

看似寻常最奇崛，成如容易却艰辛。编写这样一部作品，需要对古代中国的政治体制、社会结构和历史文化有系统而深刻的认识，意味着要对数千年来的史料进行整理和分析，这是一项极为艰巨的任务。在编写过程中，面临的第一个挑战便是如何从浩如烟海的文献中筛选出最核心的内容。为确保资料的真实性和准确性，我们花费了大量的时间和精力核实原始典籍，包括《史记》《汉书》《资治通鉴》等重要史书及各类传世文献。此外，我们还批判地吸收了近现代学者的观点，以求得更为全面和客观的评述。另一个挑战在于如何将古代的行政管理思想与现代国家治理相结合，赋予其时代价值。我们意识到，虽然历史条件已发生巨大变化，但许多基本的管理原则与方法仍具有借鉴意义。在书中，我们尝试从中国式现代化治理的角度对其进行解读和评价，希冀为今天的管理者提供一些启示。

经过近三年的努力，在教材即将面世之际，我首先对全体参编人员表示衷心感谢，是大家的辛勤付出使得这一切成为可能。

主编方堃负责本书的设计、统稿、修改及审定。本书各章编写的具体分工情况是：雷烨瑶、陈俊俊、尤思怡、郑博阳撰写了第 1 章；满肖言（爱丁堡大学）、袁悠、叶思雨撰写了第 2 章；柳奕彤、罗琴、李乐、刘巴烁、姜滢滢、白逸宸撰写了第 3 章；明珠（华中师范大学）、刘学丹（湖北省图书馆）撰写了第 4 章；黎万、钟肖键、韦艳玉撰写了第 5 章；张振昌（华中师范大学）、普戡倪（昆明医科大学）撰写了第 6 章；李杨（湖北经济学院）、明珠（华中师范大学）、王莉莹撰写了第 7 章；杨姗姗、云新亮（天津师范大学）、李浩撰写了第 8 章；陈晴好、张运龙、张欣茗、潘峻撰写了第 9 章；刘盟、钟卓稳撰写了第 10 章；吴泌龙（华中师范大学）、明珠（华中师范大学）、张曦文、余玓芸撰写了第 11 章。符佳娴、曾歆旆、杨依寒、王澄诚、周诗慧、曹帅、冉力睿、闫安、焦靖、霍致远、宗佳玉参与了古籍校对。

这部教材作为本人多年来课程教学与研究的结果，得到了中南民族大学教材建设项目、中央高校基本科研业务费专项资金重点项目"新安全格局下城市民族关系评价监测体系构建研究"（CSZ24015）的资助。我要向支持教材出版的教务处、科发院等部门领导表示感谢，没有你们的帮助和鼓励，这项工作将难以完成。

除参考文献外，本书在编写中还参考了大量国内外专家学者的成果，限于篇幅未能逐一列出，谨在此一并表示感谢。吴开松教授、苏祖勤教授、彭庆军教授、李红玲教授、方付建教授对教材的编写及出版提出了诸多建设性意见，在此深表谢意。

尽管本书尽可能地涵盖了中国古代行政管理思想的主要方面，但仍有一些值得深入探讨的问题留待后续研究者去挖掘。比如，不同朝代之间行政制度变迁的原因及其内在逻辑，古代行政管理实践中的具体操作方法及其效果评估，以及这些古老智慧如何与现代信息技术相融合，为构建更加高效、透明、公平的治理体系提供借鉴等。

由于学识与水平有限，相关资料收集难度大，书中错误和缺漏难免。我们不揣浅陋，诚挚期待学界方家批评指正，不吝赐教。

最后，希望本书能够成为连接过去与未来的桥梁，让更多人了解并珍视这份来自中国古代的智慧财富，讲好中国特色治理故事！

方　堃

2024 年夏于武汉南湖之畔

版权声明

　　为了辅助学生深入学习和探索行政管理这一专业领域，促进优质知识的传播，本书精选了一批课外资源。基于对这些内容所有者权利的尊重，特在此声明：上述内容所涉版权、著作权等权益，均属于原作品版权人、著作权人。在此，本书编写团队衷心感谢所有原始作品的相关版权权益人及所属机构对高等教育事业的大力支持！